“中国村庄发展：浙江样本研究”丛书

主编　陈野

# 花开富贵

## 绍兴棠棣村发展研究

BLOOM AND PROSPERITY

DEVELOPMENT STUDY OF TANGDI VILLAGE, SHAOXING

俞为洁等◎著

ZHEJIANG UNIVERSITY PRESS
浙江大学出版社

**图书在版编目（CIP）数据**

花开富贵：绍兴棠棣村发展研究 /俞为洁等著. —
杭州：浙江大学出版社，2021.11
（“中国村庄发展：浙江样本研究”丛书 / 陈野主编）
ISBN 978-7-308-21342-4

Ⅰ. ①花… Ⅱ. ①俞… Ⅲ. ①农村经济发展—研究—
绍兴 Ⅳ. ①F327.555

中国版本图书馆CIP数据核字（2021）第085237号

**花开富贵：绍兴棠棣村发展研究**
俞为洁 等著

---

**丛书策划** 陈丽霞　宋旭华　赵　静
**丛书统筹** 赵　静　王荣鑫
**责任编辑** 吴　庆
**责任校对** 吴　超
**装帧设计** 林智广告
**出版发行** 浙江大学出版社
（杭州市天目山路148号　邮政编码　310007）
（网址：http：//www.zjupress.com）
**排　　版** 杭州林智广告有限公司
**印　　刷** 浙江省邮电印刷股份有限公司
**开　　本** 710mm×1000mm　1/16
**印　　张** 24
**插　　页** 4
**字　　数** 416千
**版 印 次** 2021年11月第1版　2021年11月第1次印刷
**书　　号** ISBN 978-7-308-21342-4
**定　　价** 98.00元

---


浙江大学出版社市场运营中心联系方式：0571-88925591；http：//zjdxcbs.tmall.com

# “中国村庄发展：浙江样本研究”项目组研究人员名单

## “中国村庄发展：浙江样本研究”丛书

**丛书主编**　陈　野

**首席专家**　闻海燕　顾益康

---

## “花开富贵：绍兴棠棣村发展研究”课题组简介

**课题组组长**　俞为洁

**课题组成员**　宋雪玲　张秀梅　金海萍　俞为洁
闻海燕　徐剑锋（按姓氏笔画排名）

---

棠棣村鸟瞰图（村委会提供）

智慧农业基地（俞为洁摄）

智慧农业基地（俞为洁摄）

兰谷苑（村委会提供）

正在拗造型的罗汉松（俞为洁摄）

村民苗圃（俞为洁摄）

村庄老屋（俞为洁摄）

村民别墅（俞为洁摄）

党群服务中心（村委会提供）

绍兴市棠棣乡村振兴讲习所（村委会提供）

千亩花田（村委会提供）

兰泽路（村委会提供）

白石庙古戏台（村委会提供）

兰文化馆（村委会提供）

庙池景色（村委会提供）

外国人游棠棣（村委会提供）

# 浙江文化研究工程成果文库总序

有人将文化比作一条来自老祖宗而又流向未来的河，这是说文化的传统，通过纵向传承和横向传递，生生不息地影响和引领着人们的生存与发展；有人说文化是人类的思想、智慧、信仰、情感和生活的载体、方式和方法，这是将文化作为人们代代相传的生活方式的整体。我们说，文化为群体生活提供规范、方式与环境，文化通过传承为社会进步发挥基础作用，文化会促进或制约经济乃至整个社会的发展。文化的力量，已经深深熔铸在民族的生命力、创造力和凝聚力之中。

在人类文化演化的进程中，各种文化都在其内部生成众多的元素、层次与类型，由此决定了文化的多样性与复杂性。

中国文化的博大精深，来源于其内部生成的多姿多彩；中国文化的历久弥新，取决于其变迁过程中各种元素、层次、类型在内容和结构上通过碰撞、解构、融合而产生的革故鼎新的强大动力。

中国土地广袤、疆域辽阔，不同区域间因自然环境、经济环境、社会环境等诸多方面的差异，建构了不同的区域文化。区域文化如同百川归海，共同汇聚成中国文化的大传统，这种大传统如同春风化雨，渗透于各种区域文化之中。在这个过程中，区域文化如同清溪山泉潺潺不息，在中国文化的共同价值取向下，以自己的独特个性支撑着、引领着本地经济社会的发展。

从区域文化入手，对一地文化的历史与现状展开全面、系统、扎实、有序的研究，一方面可以藉此梳理和弘扬当地的历史传统和文化资源，繁荣和丰富当代的先进文化建设活动，规划和指导未来的文化发展蓝图，增强文化软实力，为全面建设小康社会、加快推进社会主义现代化提供思想保证、精神动力、智力支持和舆论力量；另一方面，这也是深入了解中国文化、研究中国文化、发展中国文化、创新中国文化的重要途径之一。如今，区域文化研究日益受到各地重视，成为我国文化研究走向深入的一个重要标志。我们今天实施浙江文化研究工程，其目的和意义也在于此。

千百年来，浙江人民积淀和传承了一个底蕴深厚的文化传统。这种文化传统的独特性，正在于它令人惊叹的富于创造力的智慧和力量。

浙江文化中富于创造力的基因，早早地出现在其历史的源头。在浙江新石器时代最为著名的跨湖桥、河姆渡、马家浜和良渚的考古文化中，浙江先民们都以不同凡响的作为，在中华民族的文明之源留下了创造和进步的印记。

浙江人民在与时俱进的历史轨迹上一路走来，秉承富于创造力的文化传统，这深深地融汇在一代代浙江人民的血液中，体现在浙江人民的行为上，也在浙江历史上众多杰出人物身上得到充分展示。从大禹的因势利导、敬业治水，到勾践的卧薪尝胆、励精图治；从钱氏的保境安民、纳土归宋，到胡则的为官一任、造福一方；从岳飞、于谦的精忠报国、清白一生，到方孝孺、张苍水的刚正不阿、以身殉国；从沈括的博学多识、精研深究，到竺可桢的科学救国、求是一生；无论是陈亮、叶适的经世致用，还是黄宗羲的工商皆本；无论是王充、王阳明的批判、自觉，还是龚自珍、蔡元培的开明、开放，等等，都展示了浙江深厚的文化底蕴，凝聚了浙江人民求真务实的创造精神。

代代相传的文化创造的作为和精神，从观念、态度、行为方式和价值取向上，孕育、形成和发展了渊源有自的浙江地域文化传统和与时俱进的浙江文化精神，她滋育着浙江的生命力、催生着浙江的凝聚力、激发着浙江的创造力、培植着浙江的竞争力，激励着浙江人民永不自满、永不停息，在各个不同的历史时期不断地超越自我、创业奋进。

悠久深厚、意韵丰富的浙江文化传统，是历史赐予我们的宝贵财富，也是我们开拓未来的丰富资源和不竭动力。党的十六大以来推进浙江新发展的实践，使我们越来越深刻地认识到，与国家实施改革开放大政方针相伴随的浙江经济社会持续快速健康发展的深层原因，就在于浙江深厚的文化底蕴和文化传统与当今时代精神的有机结合，就在于发展先进生产力与发展先进文化的有机结合。今后一个时期浙江能否在全面建设小康社会、加快社会主义现代化建设进程中继续走在前列，很大程度上取决于我们对文化力量的深刻认识、对发展先进文化的高度自觉和对加快建设文化大省的工作力度。我们应该看到，文化的力量最终可以转化为物质的力量，文化的软实力最终可以转化为经济的硬实力。文化要素是综合竞争力的核心要素，文化资源是经济社会发展的重要资源，文化素质是领导者和劳动者的首要素质。因此，研究浙江文化的历史与现状，增强文化软实力，为浙江的现代化建设服务，是浙江人民的共同事业，也是浙江各级党委、政府的重要使命和责任。

2005 年 7 月召开的中共浙江省委十一届八次全会，作出《关于加快建设文化大省的决定》，提出要从增强先进文化凝聚力、解放和发展生产力、增强社会公共服务能力入手，大力实施文明素质工程、文化精品工程、文化研究工程、文化保护工程、文化产业促进工程、文化阵地工程、文化传播工程、文化人才工程等“八项工程”，实施科教兴国和人才强国战略，加快建设教育、科技、卫生、体育等“四个强省”。作为文化建设“八项工程”之一的文化研究工程，其任务就是系统研究浙江文化的历史成就和当代发展，深入挖掘浙江文化底蕴、研究浙江现象、总结浙江经验、指导浙江未来的发展。

浙江文化研究工程将重点研究“今、古、人、文”四个方面，即围绕浙江当代发展问题研究、浙江历史文化专题研究、浙江名人研究、浙江历史文献整理四大板块，开展系统研究，出版系列丛书。在研究内容上，深入挖掘浙江文化底蕴，系统梳理和分析浙江历史文化的内部结构、变化规律和地域特色，坚持和发展浙江精神；研究浙江文化与其他地域文化的异同，厘清浙江文化在中国文化中的地位和相互影响的关系；围绕浙江生动的当代实践，深入解读浙江现象，总结浙江经验，指导浙江发展。在研究力量上，通过课题组织、出版资助、重点研究基地建设、加强省内外大院名校合作、整合各地各部门力量等途径，形成上下联动、学界互动的整体合力。在成果运用上，注重研究成果的学术价值和应用价值，充分发挥其认识世界、传承文明、创新理论、咨政育人、服务社会的重要作用。

我们希望通过实施浙江文化研究工程，努力用浙江历史教育浙江人民、用浙江文化熏陶浙江人民、用浙江精神鼓舞浙江人民、用浙江经验引领浙江人民，进一步激发浙江人民的无穷智慧和伟大创造能力，推动浙江实现又快又好发展。

今天，我们踏着来自历史的河流，受着一方百姓的期许，理应负起使命，至诚奉献，让我们的文化绵延不绝，让我们的创造生生不息。

2006 年 5 月 30 日于杭州

# 浙江文化研究工程成果文库序言

袁家军

浙江是中华文明的发祥地之一，历史悠久、人文荟萃，素称“文物之邦”“人文渊薮”，从河姆渡的陶灶炊烟到良渚的文明星火，从吴越争霸的千古传奇到宋韵文化的风雅气度，从革命红船的扬帆起航到新中国成立初期的筚路蓝缕，从改革开放的敢为人先到新时代的变革创新，都留下了弥足珍贵的历史文化财富。纵览浙江发展的历史，文化是软实力、也是硬实力，是支撑力、也是变革力，为浙江干在实处、走在前列、勇立潮头提供了独特的精神激励和智力支持。

2003 年，习近平同志在浙江工作时作出“八八战略”重大决策部署，明确提出要进一步发挥浙江的人文优势，积极推进科教兴省、人才强省，加快建设文化大省。2005 年 7 月，习近平同志主持召开省委十一届八次全会，亲自擘画加快建设文化大省的宏伟蓝图。在习近平同志的亲自谋划、亲自布局下，浙江形成了文化建设“3+8+4”的总体框架思路，即全面把握增强先进文化的凝聚力、解放和发展文化生产力、提高社会公共服务力等“三个着力点”，启动实施文明素质工程、文化精品工程、文化研究工程、文化保护工程、文化产业促进工程、文化阵地工程、文化传播工程、文化人才工程等“八项工程”，加快建设教育、科技、卫生、体育等“四个强省”，构建起浙江文化建设的“四梁八柱”。这些年来，我们按照习近平同志当年作出的战略部署，坚持一张蓝图绘到底、一任接着一任干，不断推进以文铸魂、以文育德、以文图强、以文传道、以文兴业、以文惠民、以文塑韵，走出了一条具有中国特色、时代特征、浙江特点的文化发展之路。

文化研究工程是浙江文化建设最具标志性的成果之一。随着第一期和第二期文化研究工程的成功实施，产生了一批重点研究项目和重大研究成果，培育了一批具有浙江特色和全国影响的优势学科，打造了一批高水平的学术团队和在全国有影响力的学术名师、学科骨干。2015 年结束的第一批浙江文化研究工程共立研究项目 811 项，出版学术著作千余部。2017 年 3 月启动的第二期浙江文化研究工程，已开展了 52 个系列研究，立重大课题 65 项、重点课题 284 项，出版学术著作 1000 多部。特别是形成了《宋画全集》等中国历代绘画大系、《共和国命运的抉择与思考——毛泽东在浙江的 785 个日日夜夜》等领袖与浙江研究系列、《红船逐浪：浙江“站起来”的革命历程与精神传承》等“浙 100 年”研究系列、《浙江通史》《南宋史研究丛书》等浙江历史专题史研究系列、《良渚文化研究丛书》等浙江史前文化研究系列、《儒学正脉——王守仁传》等浙江历史名人研究系列、《吕祖谦全集》等浙江文献集成系列。可以说，浙江文化研究工程，赓续了浙江悠久深厚的文化血脉，挖掘了浙江深层次的文化基因，提升了浙江的文化软实力，彰显了浙江在海内外的学术影响力，为浙江当代发展提供了坚实的理论支撑和智力支持，为坚定文化自信提供了浙江素材。

当前，浙江已经踏上了实现第二个百年奋斗目标的新征程，正在奋力打造“重要窗口”，争创社会主义现代化先行省，高质量发展建设共同富裕示范区。文化工作在浙江高质量发展建设共同富裕示范区中具有决定性作用，是关键变量；展现共同富裕美好社会的图景，文化是最富魅力、最吸引人、最具辨识度的标识。我们要发挥文化铸魂塑形赋能功能，为高质量发展建设共同富裕示范区注入强大文化力量，特别是要坚持把深化文化研究工程作为打造新时代文化高地的重要抓手，努力使其成为研究阐释习近平新时代中国特色社会主义思想的重要阵地、传承创新浙江优秀传统文化革命文化社会主义先进文化的重要平台、构建中国特色哲学社会科学的重要载体、推广展示浙江文化独特魅力的重要窗口。

新时代浙江文化研究工程将延续“今、古、人、文”主题，重点突出当代发展研究、历史文化研究、“新时代浙学”建构，努力把浙江的历史与未来贯通起来，使浙学品牌更加彰显、浙江文化形象更加鲜明、中国特色哲学社会科学的浙江元素更加丰富。新时代浙江文化研究工程将坚守“红色根脉”，更加注重深入挖掘浙江红色资源，持续深化“习近平新时代中国特色社会主义思想在浙江的探索与实践”课题研究，努力让浙江成为践行创新理论的标杆之地、传播中华文明的思想之窗；擦亮以宋韵文化为代表的浙江历史文化金名片，从思想、制度、经济、社会、百姓生活、文学艺术、建筑、宗教等方面全方位立体化系统性研究阐述宋韵文化，努力让千年宋韵更好地在新时代“流动”起来、“传承”下去；科学解读浙江历史文化的丰富内涵和时代价值，更加注重学术成果的创造性转化，探索拓展浙学成果推广与普及的机制、形式、载体、平台，努力让浙学成果成为有世界影响的东方思想标识；充分动员省内外高水平专家学者参与工程研究，坚持以项目引育高端社科人才，努力打造一支走在全国前列的哲学社会科学领军人才队伍；系统推进文化研究数智创新，努力提升社科研究的科学化水平，提供更多高质量文化成果供给。

伟大的时代，需要伟大作品、伟大精神、伟大力量。期待新时代浙江文化研究工程有更多的优秀成果问世，以浙江文化之窗更好地展现中华文化的生命力、影响力、凝聚力、创造力，为忠实践行“八八战略”、奋力打造“重要窗口”，争创社会主义现代化先行省，高质量发展建设共同富裕示范区，提供强大思想保证、舆论支持、精神动力和文化条件。

# 丛书序言

P R E F A C E

中国乡村曲折艰难的现代化进程，步履艰难而又波澜壮阔。其意蕴之丰沛，与中国生活、中国社会和中国文化深切相连。回溯中国乡村自1840年中国社会开启现代转型以来走过的兴衰起伏之命运轨迹，可谓千回百转、曲折萦纡。数辈乡民身居不同时代，应对多重挑战，以吃苦耐劳、隐忍柔韧、顽强进取的品格精神，维系了村庄命脉和厚重历史。

一

当代乡村发展，承历史之重，开乡村现代化之时代新局。改革开放以来，浙江乡村变化巨大，以其走在前列的先行先试，开乡村发展的时代新局，呈现了发展中国家走向现代化的轨迹，为中国乡村的现代化发展提供了分析参照的样本。有鉴于此，本套丛书以"中国村庄发展：浙江样本研究"为主题，着力于从以下方面开展研究，并取得相应成果。

改革开放40多年，特别是自2003年习近平同志在浙江工作后，作为习近平新时代中国特色社会主义思想的重要萌发地，浙江乡村发展迈入新阶段，呈现城乡融合、"五位一体"全面发展的新态势。习近平同志以以人为本、执政为民的治理理念和统揽全局的思维方式，对浙江乡村发展全面布局，实施"千村示范，万村整治"等重点工程，从推动产业新发展、建设新社区、培育新农民、树立新风尚、构建新体制等维度全面推进乡村发展。习近平同志有关乡村发展的理性思考、创造性实践和历史性成果，是我们选择浙江村庄作为中国村庄发展样本加以研究的重要遵循和行动指南。

村庄是最基层的社会单位之一，是最为鲜活丰沛的日常生活之地，是中华历史文化传统的重要根基，是我国全面建成小康社会、开启全面建设社会主义现代化国家新征程的重要建设领域。然而，由古至今，村庄也是最缺乏历史记载和文献档案系统、最难听到它本真的话语呼声、最难触摸到它脉动的心灵、最难见到它在历史进程中完整形影的场所。本丛书旨在以长时段的历史研究视野，观察、记录和研析作为基层生活共同体的中国村庄，在面对社会转型期的急剧巨变时，如何通过调整、舍弃、更新、吸纳共同体内在结构和要素的策略，重建与生活、与生产、与社会、与时代均相契合的新型乡村社会生活的规则和秩序，以此维系村庄生存，推动村庄发展，提升村庄品质。同时，亦拟以翔实细致的个案性剖析，探求乡村传统建构的实际场景和内在机制。故此，在各专著框架中，特设“史地篇”，追寻村庄过往在其当下时段中的历史投射，记述村庄的整体性历史进程，定位其当今发展在乡村文明进程中的历史坐标，为观察、研究村庄建立长程的历史背景；特设“访谈篇”，以大量的村民口述访谈和全面系统的乡村档案收集整理，为一直以来缺乏史料积淀的村庄建立由文献、田野调查和口述访谈为架构的资料系统，记下了村民传承、维系、建设、发展村庄的种种心声；尤其重视以经济、政治、治理、文化、生态等各篇组合的整体性研究，通过深度驻村调研、深层次介入村庄内部生产生活环境，为不同类型村庄在当代社会变革时期所做的探索与发展，建立起完整的事实记录和分析样本，在浩瀚苍茫的历史时空中留下了我们这个时代的乡村社会发展印记，见证了乡村传统建构中的众多真实过程。

乡村研究是社会学、历史学、政治学、文化学等学科的重要领域，村庄个案研究、专题研究、历史断代研究、现实问题研究等成果丰硕。本套丛书以11个村庄为研究对象，以各个村的纵向历史发展特别是改革开放40多年来的乡村发展基本轨迹为历史纵轴，以独具浙江特色的村庄经济、政治、文化、社会、治理、生态等为记述研究主体，从不同角度记述浙江乡村发展轨迹，并从中提炼具有普遍意义的发展路径、特征和价值，为相关学科深化乡村研究提供了丰富个案和鲜明的地方资源。

乡村发展在我国改革开放史中具有众多首创之功和重要的历史地位，目前乡村振兴背景下来自各级党委、各级政府、社会各界和广大村民等的积极作为，是当代中国历史进程的重要组成部分。本套丛书各部专著所述浙江村庄历史和改革开放40多年来的乡村建设历程、发展成就和价值意义，以来自乡村一线这种最为社会基层的真实场景、鲜活实践和全方位的研究阐释，极大地丰富了浙江以至中国当代发展研究的内涵，为党史、新中国史、改革开放史、社会主义发展史的研究，输送了来自乡村大地的源头活水，增强了研究的内在活力。

本套丛书积极探索学术研究对接当下社会需求的内在理路，将来自改革前沿的现实问题研究与学术研究紧密结合，在全面系统记述乡村历史、开展理论研究的同时，直面乡村建设发展中的困境、不足和问题，走进当代社会实践，走向乡村基层，走进乡民群体，在与政府、乡村和农民的互动中开展现实问题专题研究，发挥学术研究参与现实社会建设的作用和价值，以理性分析、务实举措从村庄发展现实问题中提炼可供下一步乡村振兴所需的理论资源和对策建议，撰写多个智库报告，得到省委省政府领导多项肯定性批示，实现了学术研究中问题意识、现实关切和人文关怀的有机关联，提升了人文社科研究在基层社会的知晓度和影响力。

## 二

自项目正式实施以来，项目组科研人员深入全省相关市县宣传、文化、旅游、建设、农办等政府部门和百余个村庄开展深入调研。从东部海岛到西部田园，从浙南山区到浙北平原，课题组成员顶着烈日酷暑、冒着风雨严寒，克服诸多困难，走进田间地头，结交农民朋友，深入农户开展深度访谈，全方位多视角实地考察村庄发展实况。5 年来深入乡村的实践探索和项目研究，让我们收获良多，也给我们带来很多启示。

在本套丛书研究和撰写过程中，乡镇村干部群众一致认为本研究在梳理村庄历史、增强集体认同、提升文化自信、提供发展资源、理清发展思路等方面，与乡镇和村的建设需求十分契合，对项目研究给予极大肯定，表现出极高的参与和配合热情，尤其热切地表达了对专业性强、学术水平高的人文社科研究的衷心期待。蕴含于乡村大地的家园故土寻根意愿、强烈的文化自觉意识、丰富的创业创新业绩、高昂进取的精神面貌和积极态度，以及存在于一些村庄的老龄化、空心化、业态陈旧、过度开发、贫富差距、文化生活单调等发展中的问题和不足，均让我们深切感受到村庄发展的巨大需求空间，看到了乡村社会发展对专家学者的热切期盼。广阔的乡村大地，正是开展人文社科研究、获取厚重科研成果的丰富沃土。

习近平总书记指出："人民的需要和呼唤，是科技进步和创新的时代声音。"社会科学工作者只有走出书斋，积极探索学术研究对接当下社会需求的内在理路，深入开展脚踏实地的基层调研，将哲学社科理论研究与社会实践紧密结合，将来自改革前沿的现实问题与学术研究紧密结合，准确了解社情民意、把握时代脉搏，实现学术研究中问题意识、现实关切和人文关怀的有机关联，才能克服从书本到书本、从理论到理论的研究局限，强化基础理论研究厚重感，提升应用对策研究针对性，取得适应现实所需、彰显学术价值、具有中国气派的哲学社会科学研究成果。

以重大系列项目构建综合性学术团队，开展集聚多学科、多梯队联合共事的集体攻关项目，既整合了原先相对分散的科研力量，也在团队的协同共进、交流互鉴、相互砥砺中营建起浓厚的学术氛围、深厚的同事情谊，为年轻科研人员的成长提供了优质平台，达到了既出成果又出人才的双赢效果。

5 年来的学术劳作和辛勤付出，让我们收获满满，既有研究专著的丰硕成果，也是一次整合院内乡村研究相关科研力量、以团队合作形式开展重大主题研究的实战历练，为我院培育乡村研究平台、打造乡村研究品牌、历练乡村研究队伍、承担乡村研究重大课题，做出了有益尝试，取得了扎实成效。创新不易，守成更难，开拓尤需勇气、毅力和实力。衷心祝愿项目组和各位科研人员以本套丛书出版为新起点，勉力精进，深耕勤研，取得更多丰硕成果。

浙江省社会科学院副院长、研究员

"中国村庄发展：浙江样本研究"项目负责人、丛书主编　陈　野

2020 年 12 月 6 日

# 丛书绪论

INTRODUCTION

中国是一个历史悠久的农业大国，农业是关系到国计民生的基础产业，农民是占人口最多的社会群体，农村是最广阔的地域空间。“三农”问题在我们党和国家发展中占有重中之重的地位。村庄作为中国最古老的社区，既是农民的集居地，也是农业赖以发展的基础，亦是农耕文明、农耕文化、地域文化生存发展之地。从一定意义上来说，村庄发展就是“三农”发展的缩影，村庄发展演变也反映着社会的变革趋势，特别是城乡关系的发展变化趋势。

村庄是乡村经济社会发展最基础、最基本的单元，村庄发展也是整个中国经济社会发展演变的一个风向标。无论是城市发展还是农村发展、工业发展还是农业发展都会在村庄的发展上表现出来，所以研究中国村庄发展实际上是解剖中国经济社会变革的“麻雀”，“麻雀虽小、五脏俱全”，我们通过对改革开放 40 多年来村庄发展的一些样本的解剖，可以揭示中国改革开放 40 多年来政治、经济、社会、生态和文化等方面的发展轨迹与发展规律，起到“窥一斑、见全貌”的作用。

## 一、改革开放 40 多年来浙江村庄发展的基本经验

浙江是 5000 年中华文明实证地、中国革命红船起航地、改革开放先行地和习近平新时代中国特色社会主义思想的重要萌发地。浙江作为中国东部沿海发达的代表省之一，市场化、工业化、城镇化进程走在全国的前列，同时浙江也是地域差异性十分明显的省份，“七山一水二分田”的基本省情和兼有山海之利的特点，使得浙江村庄发展的多样性特色十分明显。由浙江省第二期文化研究工程重大系列项目“中国村庄发展：浙江样本研究”形成的这套丛书，选取的 11 个村庄研究样本，既来自 11 个地（市），也兼顾了发达地区明星村与欠发达地区的后发村、平原村与山区村、城郊区村

与纯农区村、少数民族村与海岛渔村等不同类型的地域村庄。这11个不同村庄在浙江既有一定的代表性，也隐含了发展的普遍性与多样性相统一的规律性。特别是改革开放的伟大变革是从农村开始的，改革开放的先行者和主力军也是农民。“春江水暖鸭先知”，从一定意义上来说，浙江村庄也是浙江变革最早、最快的地方，因此这11个样本村庄的研究就有了多方面的意义与价值。

丛书的11个不同类型的浙江村庄个案，每个研究基本上都由史地、经济、社会、治理、生活、生态、文化、访谈、文献等篇组成，从而分析每个村庄发展基础，记述发展历史，总结发展经验，解释发展动因，揭示发展本质，提炼样本价值。浙江这11个样本村庄地域位置各异，资源禀赋不一，发展水平参差不齐，但通过对这11个个案村改革开放40多年来的发展历程、发展实绩、发展经验、发展动因等的整体分析，我们大致上可以揭示浙江农村40多年改革开放的基本经验，也可以从中寻找到浙江40多年改革开放与发展之所以能够走在全国前列的内在原因。正如时任浙江省委书记习近平同志总结的，浙江发展快是因为农村发展快，浙江富是因为农民率先富，浙江活是因为农村搞得活。从这11个个案样本村的发展总体情况来分析，浙江村庄40多年改革开放中值得全国村庄借鉴的发展经验主要有以下五点：

一是坚持走以“人民大众创造财富、人民政府创造环境”为运行机制的大众市场经济的创新发展之路。改革开放以来浙江把家庭联产承包制改革对农民生产力的解放运用到了极致，通过千百万农民率先闯市场，鼓励农民以市场为导向调整优化农业结构，鼓励农民务工经商，大力发展乡镇经济、家庭工业和个私经济，率先在全省快速推进市场化、工业化和城镇化的进程，促进农民分工分业分化，让千百万农民成为自主创业创富的市场经营主体，形成了“百万能人创业创富、千万农民就业致富”的新格局。以乡镇企业、个私经济为主体的民营经济不仅带动了农民快速致富，也成为推动浙江工业化、市场化最强大的力量。花园村、上园村、邵家丘村、缪家村等村庄的发展都实证了这一以农民大众为创业创新主体力量的创新发展之路。农民大众和民营企业成为全省市场经济绝对的主体力量，市场化、工业化、城镇化中的浙江农民的创造力得到了前所未有的爆发。同时，浙江各级政府按照时任省委书记习近平的“以人为本谋‘三农’”的要求，为农民自由全面发展创造环境，大力改善基础设施、公共服务和人居环境，推进“最多跑一次”改革，形成了“人民大众创业致富、人民政府管理服务”“人民大众创造财富、人民政府创造环境”的大众市场经济的创新发展模式。这一发展路子非常全面地体现了以人民为中心的发展思想，做到了发展为了人民、发展依靠人民、发展成果为人民共享，浙江这一大众市场经济的运行机制使浙江“三农”发展表现了极大的创造力。

二是坚持走“城乡融合发展、一二三产业融合发展”的城乡一体化的协调发展之路。城乡关系在“三农”问题解决上起着极为重要的作用。改革开放以来，浙江逐步改革了城乡二元分割体制，允许农民到城镇务工经商，走出了一条农民城镇农民建的城镇化之路，县城和小城镇成为农民首选的安居乐业之地。特别是从新世纪以来，时任浙江省委书记习近平亲自制定《浙江省统筹城乡发展　推进城乡一体化纲要》，实施了新型城镇化与建设新农村双轮驱动的新战略，实施千村示范、万村整治的工程，大力推动城市基础设施向农村延伸、城市公共服务向农村覆盖、城市现代文明向农村辐射，快速缩小了城乡在基础设施、公共服务和现代文明方面的差距。经过十几年坚持不懈的建设，我们这 11 个个案村庄无一例外地都变成了生态宜居的美丽乡村，农村人居环境得到了根本性改善。在这一背景下，城市出现了逆城市化和新一轮“上山下乡”的热潮，追求绿色生态的城市消费者热衷于到美丽乡村来休闲度假、养生养老，城市有识之士和城市资本技术也开始出现了“上山下乡”，到美丽乡村发展民宿等美丽经济和现代农业。传统农业也出现了加速向现代农业转变的新趋势。家家粮棉油、户户小而全的小农经营大幅减少，适度规模经营的家庭农场、合作社、龙头企业成为新型农业经营主体。大学毕业生、研究生、留学归来的高层次农二代和来自城市的农创客给浙江农业注入了新的生机和活力。同时，农业出现了功能多样化以及与第二、第三产业相融合的新趋势，休闲观光农业、文创农业、体验农业、智慧农业、设施农业等新型农业业态快速增多，现代农业呈现出与第二、第三产业深度融合的全产业链发展的新趋势。农业绿色化、标准化、品质化、品牌化让浙江农业呈现出前所未有的发展新态势。

三是坚持走“绿水青山就是金山银山”理念为引领的生态生活优先的绿色发展之路。浙江人多地少，人均资源稀缺，在改革开放初期，为了解决产品短缺、工业品供应匮乏问题，被迫走了一条以牺牲生态环境为代价的粗放型、数量型经济发展之路。在世纪之交，生产发展与生态保护的矛盾更加突出。2003 年，时任浙江省委书记习近平高瞻远瞩地提出了建设生态省和绿色浙江的新战略。在全省实施“千村示范、万村整治”工程，2005 年习近平在安吉余村首次提出了“绿水青山就是金山银山”理念，强调优美的生态环境就是最普惠的民生福祉。在农村经济发展上，把为农民创造优美生活环境、优良生态环境放到首要位置。本丛书 11 个样本村无一例外地都开展了农村人居环境和生态环境整治，将原来污染严重的垃圾村建设成为生态宜居的美丽乡村。像余村、棠棣村、清漾村、沙滩村等都成为美丽乡村精品村和文化旅游名村，美丽乡村成为农民引以为豪的美好生活的幸福家园，也成为城市人越来越向往的休闲度假、养生养老的生态乐园。越来越多的城市消费者、投资者兴起“上山下乡”的新热潮。乡村旅游、农家乐、民宿、体验农业等“美丽”经济和“乡愁”产业成为“两山”转化的有效载体，这些绿色产业成为浙江农民创业就业、创业致富的新亮点。

四是坚持走“对外开放、对内开放”相互联动的特色块状经济的开放发展之路。通过对改革开放前后的经济发展路子的比较，使浙江干部群众意识到全方位开放经济和市场经济是发挥资源小省、市场大省优势的必然选择。浙江抓住中国的对外开放新机遇，大力发挥劳动力人才和工贸优势，大力发展市场在外、原料基地在外的“两头在外”的集聚化、特色化生产加工、贸易基地，形成了柯桥轻纺、海宁皮革、义乌小商品、永康小五金、桐乡羊毛衫、东阳红木家具、大唐袜业等特色块状经济。本书的 11 个样本村在这一开放发展大潮中形成的一村一品、一村一业的特色专业村的发展模式，则是浙江这种开放型块状经济的基础和重要生力军。这种“两头在外、无中生有”的块状产业是县域经济、农村经济的强大支撑和竞争力所在，都是浙江农民创业就业的主阵地，也是浙江民营经济具有强大竞争力的重要因素。在浙江这些以县城和小城镇为依托的特色块状经济集聚发展的地方，浙江农民只要有劳动能力就可以找到工作岗位，只要有资本就可创业办实业。目前这种对外对内双向开放和市场原料两头在外的块状经济正向产业集群的方向转型，并通过智能化改造促进传统制造业向先进制造业转型。通过这种双向开放的特色块状经济的发展，以农民和民营经济为主体的县域经济也得到了不断提升，成为浙江“三农”发展极为亮丽的风景线。

五是坚持走家庭经营、合作经营互促共进，鼓励先富帮扶后富、双管齐下的共创共富的共享发展之路。在 40 多年改革发展中，浙江农村逐步形成了符合社会主义市场经济发展要求的经营体制。确立了农户家庭经营在农业生产中的主体和基础地位，强调这适合农业自然再生产和经济再生产相结合的产业特点，也适合社会主义市场经济运行机制，但我们家庭经营规模太小、数量太多，参与市场竞争能力非常有限。因此，在发挥家庭经营在农业生产中的基础作用的同时，充分发挥合作经营在农民走向市场中的服务作用。为了适应现代农业发展的要求，浙江在农业经营体制上不断地推陈出新，一方面我们按照承包农地“三权分置”的原则，促进土地经营权向专业大户、家庭农场和龙头企业集中。另一方面，通过发展专业合作社，特别是大力发展生产合作、供销合作、信用合作三位一体的农合联组织，为农业家庭经营提供全方位的合作服务。与此同时，村经济合作社作为集体土地所有者代表和社区集体经济组织，承担起发展壮大集体经济为社员服务的职能。在农业创业创富和收入分配方面，我们致力于打破分配上的平均主义和“大锅饭”，允许和鼓励一部分人和一部分地区，通过勤劳致富和创业开拓市场先富起来，同时引导和鼓励先富带后富，先富帮后富。本丛书中处于欠发达地区的缙云北山村、海岛地区的蚂蚁岛村和龙峰民族村等，也都先后走上了先富带后富、大家一起富的共富之路。浙江 40 多年改革开放中的“三农”发展实践证明，共同富裕不等于平均富裕，不能通过计划经济搞纯而又纯的公有制、过度集中的单一公有制经济来实现，而是要通过发展社会主义市场经济，充分发挥市场机制的基础作用和政府的积极有为作用，让千百万农民成为独立的家庭经营的市场主体，在此基础上，政府通过发展合作经营和扶贫攻坚，帮扶欠发达地区和低收入群体增强发展能力。只有让一部分地区、一部分人群先富起来，才能形成先富带后富、大家共同富裕的共同发展的新格局。

## 二、浙江村庄发展的个性特色和影响因素

以本套丛书所述11个村庄为代表的浙江村庄发展经验弥足珍贵，有许多值得全国村庄借鉴的地方。而通过对这11个村庄历史地理、资源禀赋、社会文化、人文环境、政府服务等多方面的深入挖掘和综合思考，揭示这11个村庄之所以发展快、发展好、发展有个性特色的深层次的原因及其规律性，则更是我们这套丛书出版所要达到的一个重大预期目标。全面分析浙江这些村庄的历史文化、地理区位、资源禀赋、产业特点、人文因素、发展环境、政府服务等多方面因素，浙江村庄发展与下列五大因素密切相关：地域位置与资源禀赋、文化传承与人文素养、乡村能人与乡村干部、改革政策与民众认知、地方领导与地方治理。这五大因素影响并决定着村庄发展方向、发展特点和发展水平。

首先是地域位置与资源禀赋。中国人常说“一方水土养一方人”，浙江就是受这方面因素影响特别大的地方，尤其是农业生产为基础的村庄发展以及民风民俗影响更是特别直接。浙江地处中国东部沿海长三角地区，气候是亚热带季风气候，四季分明，雨热同季，气候多变同时又有人多地少、山多田少、人均农业资源不足等特点。这些地域特点与资源禀赋总体上使得浙江农民和村庄发展形成了自身的群体特征。农业生产一年四季都可进行，农民既勤劳又节俭，家庭手工业发达。同时相邻地区的差异性也比较大，如杭嘉湖、宁绍平原这种江南水乡地区的村庄与村民同浙西南山区、浙中山区盆地的村庄产业及民俗民风的差异性也比较大，但总体上浙江村民勤奋节俭、农商兼营、心灵手巧的特点十分明显。

其次是文化传承与人文素养因素，这也是对村庄发展影响久远的因素。浙江是

中华民族5000年农耕文明实证地、中国农业文明重要发祥地，有将近万年的上山文化、八千年跨湖桥文化、七千年河姆渡文化、六千年马家浜文化和五千年良渚文化，这种农耕文化对浙江村庄和农民影响极其深远。农耕文化影响下形成的天人合一、道法自然的农事理念，巧用资源、精耕细作的农作制度，勤劳勤俭、勤学勤勉的农家品质，村落集居、族人互助的农村价值及耕读传家、回馈乡里的乡贤精神都使得浙江村庄发展带有明显的农耕文化、民俗文化影响的深深的烙印。

第三是当地乡村能人与乡村干部因素的作用非常巨大。我们从11个样本村的40年改革发展的历程与成效来看，乡村能人和乡村干部的行为、思维的影响是决定性的。尤其那些在改革开放中率先富起来的村庄，诸如样本村中金华的花园村、温州的上园村、宁波的邵家丘村、绍兴的棠棣村、丽水的北山村等，都是由乡村能人和乡村干部带头闯市场、带头经商办厂兴实业而带领村民群众走上共创共富之路的。可以说在所有发展因素中，这种能人因素的作用是极其明显的，尤其是村庄的干部，应该既有创业创富闯市场的能力，又有带领村民走共同富裕道路的奉献精神，这显得尤为重要。

第四是政策导向与民众认知的因素。这在村庄改革开放40多年发展中的影响力也特别的明显。浙江这种具有悠久的农商兼营、工农商皆本的地俗文化和人多地少的地方，在计划经济和以粮为纲的左的年代，浙江人的手工业和家庭工业、小商品生产都被当作资本主义尾巴砍光了，农民生活十分贫穷。在1978年改革开放和普遍实行包产到户的新的改革政策环境下，浙江农民发展商品生产、乡镇企业、个私经济的积极性得到全面激发。从实践来看，农民群众对改革政策的认同度越高、响应越热烈的地方，村庄的经济社会发展就越快，农民们致富的速度也越快，政策效应也越明显。当然，这也与当地党委政府的工作力度密切相关，政策宣传和贯彻落实越到位的地方，农民群众认知度越高，政策效果也越明显。

第五是地方领导和地方治理的因素，这也是村庄发展十分重要的因素。地方领导思想是否开放、思路是否开阔、对“三农”工作是否重视、对农民群众感情是否深厚、工作作风是否求真务实，这些都关系到能否为当地村庄发展创造良好的环境条件。如改革开放初期，温州地方领导、金华东阳义乌地方领导、宁波余姚地方领导的思想比较开放、开明，作风求真务实，就为这些地方村庄改革发展创造了比较宽松的发展环境。在乡村地方治理上，浙江农村都比较好地实行了村民委员会自治的地方治理，并且很多地方都把村民自治与德治、法治紧密结合起来，形成了村民自治、德治、法治“三治合一”的地方治理模式，为村民自我治理、自我发展创造了良好的治理机制。

总之，浙江村庄在 40 年改革开放中发展的经验弥足珍贵，值得各地借鉴，发展的内在机制、规律也反映了中国改革开放以来“三农”发展的规律性。本丛书记述的浙江 11 个样本村庄的发展各具特色，但也有许多共性的经验、规律可循，期望读者们能从这一丛书的村庄发展案例中发现一些对今后中国村庄有借鉴意义的东西，希望大家将这一丛书看作研究浙江 40 年改革开放村庄发展和“三农”发展的一个重要窗口。

“中国村庄发展：浙江样本研究”项目首席专家　顾益康

2020 年 10 月

# 目录

CONTENTS

C O N T E N T S

# 导语　棠棣村的乡村振兴之路

在城市化和现代化的推进过程中，乡村衰落曾是世界性的普遍规律，墨西哥、阿根廷等众多发展中国家因此纷纷坠入“现代化陷阱”，城市化和现代化进程被衰落的乡村拖累，停滞不前甚至严重倒退。中国改革开放已经40多年，中国社会的主要矛盾已转化为人民日益增长的美好生活需要和不平衡不充分的发展之间的矛盾，城乡发展不平衡、农村发展不充分已成为社会主要矛盾的重要表现之一，已成为决胜全面小康社会的最大制约和突出短板。中国是否能成功避开这个“现代化陷阱”，关键就看乡村是否能够在城市化和现代化的大背景下重新振兴。

党中央高瞻远瞩，早在2005年的十六届五中全会上就提出了建设社会主义新农村战略，2011年又开始了“美丽乡村建设”的试点工作。2017年习近平总书记在党的十九大上，代表第十八届中央委员会向大会作了题为《决胜全面建成小康社会　夺取新时代中国特色社会主义伟大胜利》的报告，明确提出了乡村振兴战略，“要坚持农业农村优先发展，按照产业兴旺、生态宜居、乡风文明、治理有效、生活富裕的总要求，建立健全城乡融合发展体制机制和政策体系，加快推进农业农村现代化”。实施乡村振兴战略，是党中央站在中国特色社会主义进入新时代的历史方位、社会主要矛盾发生转变而做出的一项重大战略决策，是决胜全面建成小康社会进而全面建设社会主义现代化国家的一项重大战略任务，是“新农村建设”和“美丽乡村建设”的升级和质变飞越。实施乡村振兴战略，产业兴旺是支撑，生态宜居是关键，乡风文明是基础，治理有效是保证，生活富裕是目的。这是一个历史性的重大战略部署，为中国社会全面实现现代化和可持续发展，指明了方向。

棠棣村位于绍兴市柯桥区漓渚镇西北部的丘陵半山区，下辖刘家、头社、二社3个自然村，全村面积2.91平方公里（4365亩），其中耕地830亩（水田705亩，旱地125亩）、山地1936亩（其中有约130亩为陡坡岩石山，不能种植），道路、水库、溪流、建筑等非种植地约1599亩。现有村民476户1468人。[①] 因为地处丘陵半山区，资源贫乏，人多地少，棠棣村曾是绍兴最贫穷的村庄之一。改革开放后，依靠兰花和花木特色产业，棠棣村成了绍兴最富裕、最美丽、最和谐、最文明的村庄之一，2017年村民的人均年收入已达7.5万元，2018年达8万，2019年达8.5万，豪华气派的农家别墅点缀于青山绿水之间，宛如世外花坞，先后获得了“浙江省AAA级景观村庄”、“浙江省文明村”、“浙江省最美村庄”、“国家级美丽宜居示范村”、“全国生态文化村”、“全国乡村振兴示范村”、“全国文明村”、“全国乡村旅游重点村”、“中国美丽休闲乡村”等众多荣誉。

棠棣村就是乡村振兴的一个鲜活样板，棠棣村从贫穷落后走向富强文明的过程，就是乡村振兴的一个探索过程。在党中央提出乡村振兴战略后，棠棣人的心里更踏实了，前进的步伐越迈越大，振兴之路也越走越宽。

## 一、以优势花木产业为依托，推进产业兴旺

棠棣村三面环山，土壤贫瘠，旱田、冷水田较多，优质水田比例较低，而且山深林茂，野猪、松鼠、麻雀等鸟兽害严重，故农作单调，以种植水稻和番薯为主，产量不高，无农作优势；村庄和周边山岭以杂树林为主，这里的土壤、气候也没有发展山核桃、香榧等优质林产的条件，而且因为交通运输和加工技术条件的限制，这里也没有发展毛竹、茶叶和水果产业的优势；这里山岭陡峭，缺少可供回旋的山地牧场，因此也无法发展大规模山地畜牧业；村境溪流是漓渚江源头，溪流窄浅湍急，无法通航，村人进出主要依靠陡峭岭道和泥石小道，肩挑背扛，故亦无交通、贸易之优势。因此，棠棣村可以说是一个资源贫乏、发展条件先天不足的小山村。

就是在这种看似毫无优势的产业困境中，棠棣先民硬是寻到了一线生机——村庄所在的兰渚山区是越兰的原产地，相传越王句践曾“种兰渚山”。兰花雅静幽香，与梅、竹、菊共称“花中四君子”，是中国人最喜爱的花卉之一，也是花卉交易的大项之一。棠棣村民利用冬闲翻山越岭寻找野生兰花，采掘下来后卖给爱兰人或养兰专业户。如果挖到新品种，那就是一本万利的买卖，棠棣村曾有不少先人以此致富。因为缺少其他产业优势，棠棣人特别在乎兰花这条生路，比其他人更愿意花工夫钻研业务，并率先掌握了“识兰”和“养兰”这两个传统兰业的核心

① 2018年年底的人口统计数据。

技术。识兰很重要，上山采兰都在冬季农闲之时，此时兰草还没开花，如果能凭茎叶辨识出兰花品种，就能避免新品、珍品贱卖。养兰更重要，采到新品、珍品培育出分株后再出售，就能做到利益最大化。识兰和养兰都是经验性很强的技术活，大多父子、翁婿或舅甥、叔侄相传，村里因此形成了不少兰艺世家。至迟在清朝、民国时期，棠棣村已逐渐形成“水稻 + 兰花”的产业模式，既有“粮”又有“钱”，生活向好。这是棠棣村先民因地制宜找到的一条致富路，而且因为掌握了识兰、养兰等核心技术，这条产业之路不仅没有因为野生兰花资源日趋枯竭而夭折，反而越做越大，成了绍兴兰业的领头羊。

中华人民共和国成立后，国家实行社会主义计划经济，农村实行社会主义合作化道路，农业生产上实行“以粮为纲”，意识形态上狠批封、资、修。兰花不能吃不能穿，还自带浓烈的“封资修”气息，棠棣兰业不可避免地走向衰落。但因地制宜的产业自有其顽强的生命力，轰轰烈烈的粮食生产热潮下，兰业仍被村民隐秘地经营着，从未真正断绝。

改革开放后，市场经济得到了鼓励，村民纷纷重拾祖业，恢复稻、兰兼营的传统生产模式。但这个时候又出现了一个新问题，兰业是个技术活，一般都是家族传承，何况野生兰资源有限，寻采不易，名品兰花价格高昂、市场竞争激烈，因此不是谁想做就能做得成、做得好的。于是，一些不懂兰花的村民另辟蹊径，开始上山挖掘映山红、黄杨、老树桩等野生花木，或在自留地和房前屋后种植花木，然后挑着花木跟着兰农外出闯市场。棠棣村的山地土壤多为略偏酸性的红黄壤，沙性土壤土层深厚，气候温暖湿润，非常适合花木种植。他们先是跟着兰农到苏州、杭州、上海等传统兰花销售区去卖花木，但很快，他们和兰农就发现了新形势下的新市场，直奔东北、华北等北方地区卖花。因为在计划经济体制下，这些重工业基地曾是中国最富裕的地区。而且那里气候寒冷，自然植被单调，但室内供暖却可以让南方花木在室内安全过冬。而且东北有不少源于日本的茶梅、五针松等花木品种，南方没有，他们就把这些东北花卉品种挑回来，卖给江浙一带刚兴起的花圃苗圃。这是棠棣村产业发展进程中又一次重大的抉择，是在传统兰业带动下的又一次因地制宜、乘势而为的成功的产业扩张。从此，棠棣村产业进入兰花和花木双强的模式，兰花也是花，因此这种双强不是分力而为，而是聚力共进。棠棣兰花在历史上已形成产业优势，新兴的花木业基础大，发展快，两者合力，为做强、做大兰花和花木产业打下了坚实的基础。

棠棣花农很懂得乘势而为的道理，产业跟着市场不断调整。20 世纪 90 年代，随着城镇化建设的快速推进，城市绿化方兴未艾，部分村民抓住时机组建园林绿化公司，承接道路、城建、房产领域的大型绿化工程项目，为棠棣村花木业拓展了一个乘势发展的新领域。但随着城市规划的完善，城市基建和房地产市场趋于饱和，城市绿化花木的需求也随之大减。不过，眼观六路的棠棣人很快发现，失之东隅，收之桑榆，随着高新产业的日新月异，高端写字楼拔地而起，耐阴、易养护的绿色盆栽需求量由此快速增长。于是，棠棣花农马上转向绿萝等绿色耐阴盆栽植物的生产，在广州等气候温暖地区建立大规模生产基地，以量取胜，迅速抢占绿色耐阴盆栽植物的销售市场。同时，他们发现随着人民生活水平的不断提高，高档花卉和树桩盆景越来越好卖，市场前景不错，因此一些技术好、实力强的花农就开始加重这一块的种养比例，最有名的就是罗汉松大型树桩盆景，获得了很好的收益。兰花也同样走起了高档化、精品化的路子，棠棣兰花在各种兰花展评会上获奖无数，棠棣村兰农金定先率先建起了全国品种最全的“中国春兰样品园”，棠棣村成了绍兴甚至全国公认的一个兰花产业中心。通过不断的调整，棠棣村的兰花和花木产业一路向好，在规模和效益上都有了大幅度的提升。

兰花和花木种植业都需要土地，随着产业的不断扩大，村庄的土地资源也随之越来越紧张。为此，棠棣村人又做出了两个重要的抉择：一是走出去，在周边乡村甚至外省租用土地，建立种植基地，扩大花木生产。当时，周边村庄的经济发展程度普遍落后于棠棣村，因此土地租金比本村便宜。挑担卖花也早已被遍布全国的销售点替代，全国各大花卉市场基本都有棠棣人。二是再次聚合村庄资源，强化优势产业。棠棣人在 20 世纪 90 年代就逐渐放弃了劳动力需求大、农资成本高、赚钱却不多的传统稻作，到 1997 年前后村里已无人种稻。改革开放后村民办起来的漂染、五金、陶瓷等企业，也陆续被关停、外迁，腾出的土地全部用于兰花和花木产业。

大约在 2010 年的时候，棠棣村已形成“四个 95%”：全村 95% 以上的可种植土地种植了花木（含兰花，下同）；全村 95% 以上的劳动力直接或间接从事花木产业；全村 95% 以上的企业或经营户都是村民自主经营；村民 95% 以上的收入来自花木产业。形成了兰花、绿化苗木、阴生植物、树桩盆景四块产业优势。虽然兰花产量有限，发展速度和规模都不如其他花木，但其地位不可动摇，国内兰界约有 50% 的新品种出自棠棣，约有 80% 的老品种是由棠棣兰农发掘培育的，棠棣兰花远销日本、韩国、东南亚国家和台湾、香港地区。兰花是绍兴市花，也是棠棣村的村花。棠棣村因此成了名副其实的“绍兴花木第一村”，花木产业成了棠棣村一支独大的支柱产业。

乡村振兴战略中产业兴旺的目的，是将经济社会发展的利益更多地留在农村、留给农民。棠棣村人获得的产业利润、培养的人才、建立的营销资源，都属于村民自己所有，钱、资源和人最后都回流到了村里。因此，棠棣村的产业兴旺属于真正旺了村庄、富了村民的产业。

### 二、以美丽乡村建设为契机，实现生态宜居

从社会主义新农村建设的“村容整洁”，到美丽乡村建设的“村村优美”，再到乡村振兴战略的“生态宜居”，人与自然的和谐得到了越来越多的重视，十九大报告指出：“建设生态文明是中华民族永续发展的千年大计。必须树立和践行绿水青山就是金山银山的理念，像对待生命一样对待生态环境。”棠棣村的山区环境和花木产业，让它在“生态宜居”的建设上有了一份天然的“绿色”优势，但困难也很大，因为棠棣村走的是个体经济道路，村民有钱了，并不代表村集体有钱。特别是 2003 年刘家、头社、二社 3 村合并为棠棣村之前，集体经济非常薄弱，因为“以前集体的山、田、地都分给各家各户了，集体的厂房、企业也都转制了”[①]。村级自治组织是乡村振兴的实施主体，承担了多方面的管理和服务功能，如果集体经济薄弱，村庄治理就很难运转起来，乡村振兴需要雄厚的集体经济作支撑。

在如何强化村集体经济、尽快实现村庄生态宜居的问题上，棠棣村的村干部有非常清晰的认识和思路。他们认为：就棠棣村这种集体经济薄弱的村庄来说，争取政府项目，借助政府投资，将村庄建设融入政府大规划，无疑是村庄建设最快最有效的途径。“现在光靠我们自己的资金，要建设一个村的话，是不可能的。现在项目投资都很大的，你小打小闹，这个村庄到何年何月能建设好？”因此他们将主要工作精力放在了“抓项目”上，“所有的政策不可能是普惠的，要牢牢抓住机遇，这个就是村干部最主要的责任。失去的话，几年可能都跟不上了”[②]。

谁都知道政府项目好，问题是凭什么政府要把这个项目给你们村而不是别的村？任何事情都有自己的天时、地利、人和。就天时看，长期以来为支持国家工

① 刘建明访谈记录。
② 刘建明访谈记录。

业化和城市优先发展，农业、农村、农民做出了巨大贡献，付出了巨大牺牲。长期存在的城乡二元体制，使“三农”问题成了我国当前不平衡不充分发展最为突出的一部分。改革开放以来，我国综合国力和经济实力得到极大增强，国家支持“三农”发展、反哺乡村的能力越来越强，投资乡村振兴的项目也就越来越多。就地利看，棠棣村有很好的区位优势，离漓渚镇、绍兴市都不远，到镇里只有十分钟左右的自驾车程，到市里也只需半小时左右，很适合城市配套项目和乡村旅游项目的建设。最后比拼的就是“人和”的因素了。农村的工作没有这么好做，村庄基础建设、景观建设、产业发展，最后都会涉及土地问题，土地是农民的命根子，但凡涉及土地的事，在哪个村都不好解决。迁坟、拆宅还会涉及所谓的风水和子孙运势等民间俗信，也是轻易动不得的东西。在一些干群关系紧张的村，常常会因为这些事弄得鸡飞狗跳、头破血流。但在棠棣村，因为党员干部廉洁奉公，干群关系融洽，村民对村干部的信任度非常高，这些工作都进行得又快又好，例如早在 1997 年刘家村就已率先开始改厕和迁坟工作，走在了全镇的前列。而政府项目要的就是村干部的这种高效的工作能力。

正是有了这样的思想认识和前期的工作实绩，2011 年棠棣村成功抓住了美丽乡村建设的契机，跻身绍兴县“美丽乡村”创建村的行列。这一年，浙江省省委、省政府印发《浙江省美丽乡村建设行动计划（2011—2015 年）》，启动“千村示范，万村整治”，正式开始了美丽乡村建设工程。“美丽乡村”的建设要求中，有一条就是“村村优美”。为此，棠棣村深入开展环境综合整治，按照绿化、亮化、序化、美化的“四化”要求，不断优化生态环境和农村人居环境。先后委托绍兴越州都市规划设计院和厦门大学，对棠棣村进行整体性的规划设计，规划设计充分考虑了乡村居住区的特点，布局合理，经济适用，环境优美，交通便捷，设施配套功能齐全。棠棣村是山村，又以花木业为支柱产业，生态、绿化基础较好，远处是郁郁葱葱的自然山林，近处的山坡田园都是村民种植的花卉苗木。为此，他们将主要精力放在了村庄景观特色的打造上，以“村在绿中，房在树中、人在花中”、“一花一草、一庭一院皆风景”为目标，在景观配置（尤其是节点景观）、星级庭院创建、绿色家庭评选等方面做了大量工作，取得了良好的效果。

特别值得一提的是，在“生态宜居”建设上，棠棣村人很有远见。在全国农村大搞村民集居的形势下，他们坚持了传统山村的特色，没有走城镇化集居式改造，宅还在，邻还在，山还在，田还在，村民居住在环境优美、生活便捷而且依然熟悉的环境里，那份舒心自然是集居式居住无法替代的。因为传统乡村社会的一切，包括自然的、人文的因素，都与当地农民的生产、生活高度契合，呈现出一种人与环境相互适应、相互支撑的情景。房屋、道路、草木、农田、陂塘、荒野等等要素构成的生态景观，既供养着村民的吃穿住行，又是被村民改造的结果。在这种乡村景观里，人和自然是你中有我、我中有你，和谐存在的，这也是村民最舒适的生活状态。印度建筑师巴克里希纳·多西就说过："当生活方式和建筑融为一体的时候，生命才能开始庆祝。"这种村居环境，不仅让村民住得舒心，更难得的是留住了消逝的历史，留住了乡愁，为随后兴起的乡村旅游留下了宝贵的资源。

在很多村庄还在拆迁、补偿、上访的泥淖中苦苦挣扎的时候，棠棣村已经快马加鞭，把该做的事都井井有条地做好了，在"美丽乡村"的建设工作中远远冲在了绍兴县的前列，并因此被确定为 2015 年"浙江省美丽乡村建设"和"浙江省精神文明建设"现场会的主要节点。为配合现场会活动需要，棠棣村花了一个多月时间就造好了村委办公楼和文化礼堂，花了两三个月就造好了兰泽路，做好了所有现场会的准备工作，被参会人员惊叹为"棠棣速度"。

2016 年浙江省省委、省政府印发《浙江省深化美丽乡村建设行动计划（2016—2020 年）》，同时全面启动农村文化礼堂建设。同年，先行一步的棠棣村文化礼堂荣获"绍兴市农村文化礼堂十佳特色示范点"称号，2017 年被评为"浙江省社会科学普及基地"，成为五星级文化礼堂。2017 年，党的"十九大"报告提出了全面实施"乡村振兴"战略，美丽乡村建设迎来全新的发展机遇。绍兴市柯桥区在漓渚镇推出了国家级"田园综合体"试点项目——花香漓渚田园综合体，这是全国首批 15 个国家田园综合体试点之一。棠棣村因为之前积累的信誉，顺利拿到了其中的"千亩花田"项目，成为田园综合体项目的核心村。为此，棠棣村积极整合现有的农业资源、产业基础和传统文化，开展千亩花田、兰心民宿、乡村振兴实训基地（即绍兴市棠棣乡村振兴讲习所）等项目建设。同时，为深化田园综合体项目，柯桥区政府和杭州电子科技大学签订了战略合作协议，共同兴建智慧农业示范区。因为政府对棠棣村的办事效率越来越有信心，这个项目最后也被放在了棠棣村。这个智慧农业示范区以推进智能化装备在设施农业中的应用推广为核心，同时也将成为棠棣村现代观光农业的一部分。这些项目建设，将棠棣村打造成了一个更加生态宜居的集种植、休闲、观光于一体的农庄乐园。

这些项目都是村集体项目，来自这些项目的政府资助、奖励和项目本身的收益，迅速壮大了村集体经济的财力，“我们村这两年陆续建成了村委办公楼和文化礼堂、乡村振兴实训基地，这些都属于集体资产。同时，我们把农户的承包田地流转到村集体的土地再次流转给大户，随着田园综合体建设，流转收入会有增加。同时，随着乡村振兴实训基地启用、智慧农业发展，相信村集体经济收入会有很大增长”①。日益壮大的村集体经济，成了村庄实现“生态宜居”最坚实的资金保障，整个村庄建设由此进入更高层级的良性循环。

## 三、以乡土文化为基础，建设乡风文明

从新农村建设到乡村振兴战略，“乡风文明”的表述在字面上没有变，但在内涵上更加强调新时代对优秀传统文化的传承和创新。这是因为中国千百年来以农立国，形成了丰富多彩的乡土文化，它们是中华文化重要的根脉和宝贵的文化遗产，是中华文化不断生长的丰厚土壤。而且“文化是依赖象征体系和个人的记忆而维持着的社会共同经验。历史对于个人并不是点缀的饰物，而是实用的不能或缺的生活基础”②，乡土文化是世代累积的行之有效的知识和经验，充分认识乡土文化的历史价值，有助于保持文化的延续性和社会的有序性。

乡土文化包含丰富的、系统的地方性生产和生活知识，以及人与自然、人与人的相处行为准则，乡风文明建设主要涉及后半部分的内容。这种“行为准则”多以家风、民俗、乡规民约等形式出现，包括了思想观念、人文精神和道德规范。它们像一只无形的手，规范着村民的言行，维系着群体的生存和繁衍。作为被群体默认的“行为准则”，乡土文化在农村具有广泛的群众基础。在乡风文明的建设中，如果以乡土文化为基础，必能取得事半功倍的效果。反之，忽视乡土文化价值另起炉灶的乡风文明建设，必成无源之水、无本之木而事倍功半。

乡风文明建设的重要任务就是去恶扬善，挖掘和阐发中华优秀乡土文化，“培育与社会主义核心价值观相契合，与社会主义新农村建设相适应的优良家风、文明乡风和新乡贤文化”③，使和谐、孝道、五伦、八德等中华民族最基本的最接地气的文化基因，与当代文化相适应、与现代社会相协调，从而推动乡土文化的创造性转化、创新性发展，重构乡村的伦理秩序和文化生态。

乡村振兴战略强调乡村振兴必须以人的现代化为前提，而人的现代化首先就

① 刘建明访谈记录。
② 费孝通．乡土中国 [M]. 北京：北京出版社，2005：22—23.
③ 中共中央党史和文献研究院．十八大以来重要文献选编（下）[G]. 北京：中央文献出版社，2018：546.

是思想观念的现代化。因此，可以说“乡风文明”就是乡村振兴之魂，是乡村振兴凝心聚力的黏合剂和发动机。

棠棣村在乡风文明建设上很有优势。因为棠棣村村民勤劳互助、和睦友爱，民风、家风的基础都非常好。

棠棣人的勤劳是出了名的，别人冬闲时，他们冒着料峭寒风翻山越岭寻采兰花，别人过春节时，他们挑着花担走街串巷去叫卖。集体化时期，他们硬是将山多田少、土地贫瘠的小山村的稻田亩产量，做到了全镇领先的地步。改革开放后，他们又成了最早闯荡市场的先行者之一，忍受着恶劣的交通和食宿条件，挑着花担走南闯北卖兰花卖花木。“说尽千言万语，走遍千山万水，想出千方百计，历经千辛万苦”，就是他们最真实的写照。村里几乎没有闲人，就连七八十岁的老人，只要身体允许，也都不愿意闲着，不是在自家的田头打理花木、蔬菜，就是给种植大户打小工，或给村里做保洁，或在家里帮儿女带孙辈、操持家务。老人们觉得：只要还干得动活，我就是有用的人；只有干着活，这日子才踏实。棠棣人把“致富”看作是勤劳的结果，因此村民的自我责任感特别强，没有等、要、靠的意识，村民觉得有这个时间去争那补助，还不如抓紧干活，自己多赚点钱。同时，出于对“勤劳”的敬重，即使是救贫济困，村民和村委大都也是通过提供合适的劳动岗位来帮助贫困者，很少直接给钱，为的就是奖勤罚懒，倡导和发扬勤劳之风。勤劳是棠棣村人的最高荣誉，棠棣精神的核心就是“人勤春早”，勤劳的人在村里很受敬重。

棠棣人不仅勤劳，而且很有互助精神。相较于城市社区，农村是一个生于斯、长于斯的熟人社会，村民彼此熟悉，抬头不见低头见。棠棣村以钱、金、刘三大姓为主，村民大多亲连亲、眷连眷，在“熟人”之外又增添了一层血缘关系。从产业模式来看，纯农业经营的地方，劳作可以单家独户完成，而且一切收益几乎都来自土地和村庄，对资源得失比较敏感，因此相对来说，这种类型的村庄，村民之间的关系比较淡漠，而且容易发生利益纠纷。相反，农业之外兼有商业经营的地方，特别是那些农作条件不好、比较穷、被迫通过外出经商赚钱养家的地方，村民的互助性会比较强。因为“在家千日好，出门万事难”，在外的村民只有团结互助，才有可能立足市场，而且商业赚的就是“差价”，信息非常重要。因此，这类乡村大多有抱团闯天下的精神，善于沟通和交流，处事圆融，乐于分享，棠棣村就是这样的村庄。在生意上，他们老人带新人、大户带小户、合作社带散户，技术、信息共享，形成了一个也不掉队、有钱大家赚的良好营商氛围，形成了全国性的花木销售网络，不少地方还出现了棠棣人的花木销售专区。在生活上，留守老人或孤寡老人，邻居会把他们当亲戚一样出手照应。村里的党员干部与困难村民结成了一对一帮扶对子，还发动群众组织了几支志愿者队伍，随时为困难村民提供各种帮助。

常言道：家和万事兴。棠棣村人的家风很好，尊老爱幼、彼此关照，在他们的心里，这是做人的基本道理。棠棣人的自我责任感特别强，他们认定赚钱是自家的事，要靠自己勤劳努力，不嫉妒不攀比，不向政府伸手，不等、要、靠。同样，对赡养老人，他们也执如是观。这里的人家都是自家老人自己养，子女赡养老人被认为是天经地义的事，虽然村里有很多人在外经商，但至今村里都不需要开办托老所、敬老食堂等村办养老服务设施。因为很多村民宁愿少赚钱也要留在村里照顾父母，宁愿忍受夫妻分居也要留一人在家陪伴和照顾父母，即使兄弟姐妹几家全部在外经商，也会轮班回家照顾父母，实在无人能回也会为父母找好保姆。因为有花木生意积累的财富以及社保、医保等养老托底的保障，棠棣村的老人基本都不缺钱，但看望陪伴、给父母零花钱、给父母买衣食礼物，在村民眼里都是理所当然的事。老人住院多由老伴和子女亲自陪护，极少雇护工。更难得的是，他们不仅"孝"，而且"顺"，不会以"孝"之名强求父母和自己一起过"高雅"的生活，只要父母过得舒心就好，愿住老屋就住老屋，愿在田头干活就干活，进门不愿换鞋那就不换鞋。他们深知所谓的孝顺，从来都不是单指把父母供养于高堂、对父母言听计从，而是一种感恩与付出的精神。儿孙对老人孝顺，老人对小辈也是极尽关爱，棠棣村的留守儿童都是老人抚养照顾长大的。棠棣村人的夫妻、婆媳、兄弟关系也普遍较好。棠棣村的男人不仅干活、经商是一把好手，而且比较有家庭责任感，养家糊口、扶助弟妹、赡养父母，在他们心里都是分内之事，父亲早逝的家庭，长子都自觉承担起了维护家庭的责任，颇有"长兄如父"的古风道义。棠棣人也没有重男轻女的观念，因为计划生育政策，村里有不少人家只有一个或两个女儿，但即使是在经济最困难的时候，只要女儿肯读书，父母宁愿苦自己，也会像供儿子一样供女儿读书。因为在教育和家庭情感上不受歧视，棠棣女子普遍性格开朗，处事能力很强。不论在家为女，还是嫁人为妻，都是又勤快又能干。她们曾是走南闯北挑花队的主力，现在很多外地的销售点也都是媳妇独当一面，丈夫只负责组织货源或在家种植花木；有些则是丈夫在外闯荡，妻子留在家中又管经营又照顾老小，把事情处理得井井有条、妥妥当当，深得丈夫和家人的敬重。很多棠棣人的姓名中都带有母姓，棠棣人家的财权大多归妻子掌管，让人一眼就能明了棠棣妇女在家庭中的地位。棠棣村人见多识广，而且经商养成了他们信息共通、抱团打拼的个性，因此心胸开阔，性格上普遍比较大度，这对家庭和睦很重要。一家人干起活来都不惜力气，钱上却看得很淡，家人之间并不斤斤计较，很多家庭至今仍不分家，活大家一起干，财权却放心地交给儿媳妇管。因此，棠棣村的好婆媳、好夫妻、好儿女比比皆是。

棠棣村充分认识到乡村文化现在正面临着一个机遇与挑战共存的历史时刻，因为“改革开放以来，随着城乡交互的日益频繁，多元社会思潮的涌入打破了乡村的封闭边界，其所带来的消极影响之一便是传统道德规范的式微”[①]。现在正是深入挖掘乡村文化，重塑乡风文明的关键时刻。为此，棠棣村借助自身良好的民风、家风基础，以文明礼仪教育为抓手，深入挖掘乡村优秀传统文化蕴含的思想观念、人文精神、道德规范，结合时代要求继承、创新，让乡村文化展现出永久魅力和时代风采。

他们结合“晒家风家训”、文明家庭与星级庭院创建，开展五好家庭、文明家庭、平安家庭、绿色家庭评选。同时，开展好媳妇、孝子女、好公婆、好夫妻、好邻居等道德模范和好人好事的评选活动，尚德励志的学子和保家卫国的军人也都榜上有名。村干部更是以身作则，带了好头，2016年村党总支书记、村委主任刘建明家庭被评为全国五好家庭标兵户、全国第一届文明家庭。棠棣村希望借助这些活动，“强化道德教化作用，引导农民向上向善，孝老爱亲，重义守信，勤俭持家”[②]，“凝聚起向上、崇善、爱美的强大正能量”[③]。同时这种道德激励约束机制，还能“引导农民自我管理、自我教育、自我服务、自我提高，实现家庭和睦、邻里和谐、干群融洽”[④]。

过去，村民文化水平普遍较低，农村的文化生活也很单调，最多赶赶庙会看看戏，因此抽烟喝酒、赌博、求神拜佛的人会比较多。村干部知道：这种事光靠

① 孙经纬. 十八大以来国家对乡村治理秩序的形塑——基于8个“中央一号文件”的考察[J]. 河南农业大学学报（社会科学版），2020，22（3）：12.

② 中共中央党史和文献研究院. 十九大以来重要文献选编（上）[G]. 北京：中央文献出版社，2019：168：168.

③ 中共中央文献研究室. 十八大以来重要文献选编（中）[G]. 北京：中央文献出版社，2016：284：284.

④ 中共中央党史和文献研究院. 十九大以来重要文献选编（上）[G]. 北京：中央文献出版社，2019：169：169.

法律法规很难禁绝、断根，只有村民的文化生活丰富了、生活观念改变了，才有可能用积极向上的文化娱乐和科学思想，将村民吸引过来，自觉远离那些不好的、不健康的生活方式。为此，他们在村庄建设中规划了阅览室、篮球场、文化礼堂、文化文场、露天舞台、健身绿道等丰富的文化体育活动场所。通过歌舞表演、讲座、培训等村民喜闻乐见的方式，革除陋习，宣扬新风，传播科学文化知识，让村民逐渐养成文明的生活观念和习惯。同时开展插花、剪纸等文化艺术类培训，提高村民的文化艺术修养。棠棣村是“千年兰乡”，兰花是一种很有文化内涵的花卉，因此村民中有艺术爱好和特长的人不少，村委把这些村民组织起来，成立花卉协会、棠棣之花舞蹈队、戏迷俱乐部、书画俱乐部、棠棣之花摄影俱乐部、民间人才俱乐部、棠棣合唱团等文化联谊团体，不仅让他们有切磋技艺、交流信息和心得的地方，还为他们提供各种展示才艺的平台，提升他们学习和钻研的积极性。

卫生习惯一直是农村的老大难问题。过去农家房屋破旧，村庄道路都是泥石路，而且种田需要肥料，家家户户都有自家的粪坑和猪圈，田角地头、村口路旁也有不少用于积粪的茅坑和露天粪坑，农家散养的鸡鸭猫狗也在村里乱跑。村干部一方面通过健康讲座、医护咨询服务等方式宣传现代卫生观念，提高村民的健康养生意识；一方面深入农家做深入细致的思想工作，动之以情，晓之以理。在为村民解决各种实际困难的前提下，结合道路硬化、溪岸驳坎、公共厕所、污水纳管、垃圾分类以及抽水马桶、自来水、燃气进户等硬件设施的改造，逐渐培养起了村民良好的卫生习惯。同时，村委对卫生工作还进行了制度上的保障，村庄公共卫生包给保洁公司负责，局部重点地区还另雇村民做保洁。村委每天有专人巡视村庄，看到村民在门口乱放杂物之类的事，就会及时和村民沟通整改。在家里家外都干净整洁的基础上，他们又配合村庄景观改造和庭院绿化工作，在培养村民良好卫生习惯的同时，着力提升村民的审美情趣。

风俗是过去生活和生产中形成的一种应对方式，在初期往往有它的合理性甚至先进性，不然也不可能作为习俗代代相传，但在传承的过程中，往往会偏离初衷变了样，良俗终成恶习。例如红白包，本是穷帮穷，共渡难关，后来则成了盲目攀比的大操大办，甚至变相的行贿受贿。但人是社会性动物，个体往往无力脱离风俗、改变风俗，作为熟人社会的农村，习俗对村民生活、情感和心理的影响更大。棠棣村是个历史悠久的小山村，村中以钱、金、刘三大姓为主，村民大多连亲带眷，因此民风淳朴，相处和谐，但相应地，人情往来的压力也较大，“人情大似债，头顶锅来卖”。为此，村里的党员干部以身作则，对红白包的数额、酒席的桌数、婚丧礼仪的天数都作了严格的规定，同时借助村规民约，引导村民轻钱重情，倡导朴素的宴席文化，积极支持村民举办文化礼堂草坪婚礼等新式婚礼，移风易俗，取得了良好的效果。

正是在村干部的积极规划和引领下，本就淳朴的乡风更加文明和谐，在乡村文明建设中取得了优异的成绩。

## 四、以“三治”融合为抓手，达到治理有效

乡村是国家治理体系的“神经末梢”，是党在农村基层一切工作的出发点和落脚点，是实施乡村振兴战略的基石，更是国家治理体系和治理能力现代化的基础。但传统的乡村治理是碎片化、能人化、家族化的治理，法治意识淡薄，治理理念、治理方式、治理水平已远远不适应乡村振兴的需要。

从新农村建设的“管理民主”到乡村振兴战略的“治理有效”，是在自治和法治的基础上强调了德治（德治的主要内容就是文明乡风建设）。这是因为随着农村人口结构、社区公共事务的深刻调整，以及利益主体、组织资源的日趋多元，仅仅依靠村民自治原则规范村干部与群众的关系是不够的；城乡人口双向流动的增多、外来资本的进入、产权关系的复杂化，也需要更强大的法治来规范和调节农村社区的各类关系。但自治和法治都需要较高的社会成本，如果能够以德化人、形成共识，促进全社会遵守共同的行为准则，就可以大幅度降低农村社会的治理成本。因此，只有将自治、法治、德治“三治”融合的思想与乡村治理体系的实践相结合，加强基层党组织建设，健全以村党组织为核心，村民委员会、村务监督委员会、集体经济组织、社会组织广泛参与的“一核多元”村级治理架构，健全村党组织领导下的村民自治制度，深化乡村法治，创新乡村德治，实现治理体系和治理能力的现代化，才能真正达到治理有效的目的。

村民自治是中国乡村治理的重要特色，是“三治”的基础。乡村振兴的最终目的是让广大农民成为最直接的受益者，让农业有奔头，让农民职业有吸引力，让农村成为乐园。因此，实施乡村振兴战略的主体必须是农民，必须坚持农民立场，要紧紧依靠农民，唤醒农民对其主人翁地位的意识，充分调动和发挥广大农民的积极性、主动性、创造性。村民自治需要制度的保障，要健全和完善村民自治制度，推

进村务公开，同时要发挥社会各类人才、新乡贤等群体在乡村治理中的作用。

2014 年党的十八届四中全会已提出全面依法治国的战略决策，但乡村法治建设一直是其中最薄弱的一块，主要表现在涉农立法不健全、农民法治意识薄弱、农村普法工作难推进。法治是自治和德治的保障和边界，加强法治建设，就是要提高村民法治认识水平和法律保护意识，教育农民牢固树立学法、懂法、爱法、护法、用法的思想观念，厚植法治文化，依法办事，从而奠定坚实的农民法律保护基础。

德治以自治和法治为基石，并对自治和法治形成有力补充。德润人心，道德其实就是内心的法律。2015 年“中央一号文件”首次提出“把法治建设和德治建设紧密结合起来”，2018 年的“中央一号文件”则对乡村德治建设进行了系统完整的论述。在实践中，德治主要“通过深入挖掘乡村道德规范、努力应用乡村道德价值、大力推广移风易俗”三方面的举措来实现。[①]

“三治”融合思想起源于浙江，早在 2013 年，浙江就从基层社会治理实践中总结出了“三治”融合的经验，被誉为新时代枫桥经验的精髓，新时代基层社会治理创新的发展方面。因为源自浙江，所以“三治”融合特别契合浙江的“水土”，在浙江的推行很顺利。

棠棣村在“三治”融合上就做得非常好，他们建立和完善通畅的民意表达机制，同时制定《村规民约》、《家风家训》守则，成立乡贤参事会、组建民情调解团，合力推动和完善村民自治制度。村委的职责也自觉地从“管理型”向“服务型”转变；建立和完善了一整套村治规章制度，涵盖村务管理、党员管理、村民管理等各个方面，形成了依法治村的制度体系。村务管理包括决策程序、议事规则、财务管理、村务公开、公共事务管理、联系群众、干部考核等；同时通过乡风文明建设聚力德治，积极开展家风家训、文明家庭、善举义行的争创、评比活动，移风易俗，引领时代新风尚，让德治真正成为乡村治理的润滑剂和凝心力。

在乡村治理中，基层党组织就是“一核多元”中的那个“核”，“纲举目张”中的那个“纲”。习近平总书记在 2013 年中央农村工作会议上强调：“农村工作千头万绪，抓好农村基层组织建设是关键。无论农村社会结构如何变化，无论各类经济社会组织如何发育成长，农村基层党组织的领导地位不能动摇、战斗堡垒作用

① 孙经纬．十八大以来国家对乡村治理秩序的形塑——基于 8 个“中央一号文件”的考察 [J]. 河南农业大学学报（社会科学版），2020，22（3）：12.

不能削弱。"[①] 打铁还需自身硬，棠棣村党总支首先抓的就是党员干部的廉洁奉公。廉洁和奉公是相辅相成的，只有做到不以权谋私的人，才能真正做到公平处事。棠棣村属于能人治村，村两委班子成员大多都是生意能手，家里都有不小的产业，但村两委有条不成文的规定："我们进村委班子，大家说好是来干实事的，而不是来坐办公室的。"[②] 如果舍不下小家的利益，那就请你辞职回家。刘建明书记还总结乡村治理经验，在 2017 年 5 月提出"五星达标、3A 争创"，两三天后绍兴市确定以棠棣村的"五星达标、3A 争创"为样本，在全市推广。在 2017 年的第十二届中国全面小康论坛会上，绍兴市提交的"五星达标、3A 争创"工作机制荣获"中国十大社会治理创新奖"。正是依靠这种廉洁奉公、舍小家为大家的精神，依靠对党和国家农村经济社会发展一揽子政策的准确把握，村党组织在棠棣村成了真正的战斗堡垒、先锋旗子，赢得了村民的信任和支持，为开展和推进村庄建设奠定了坚实的民意基础。

棠棣村的"三治"融合中，民主调解功不可没。生活中的矛盾，就像田里的草，没有是不可能的，唯一的办法就是及时除草。虽然历朝历代都有法律，但在长期的历史发展过程中，熟人社会、人情社会的特质已深深内嵌于中国乡村社会，这使得"基层治理法制化单纯推进依法行政是不够的"，"无论如何，不管采用何种手段，与千家万户农民打交道的基层治理都不可能走向严格的规则化、齐整化"[③]，因为"实现乡村善治，离不开乡村社会全体成员的共同参与，离不开农村居民注重乡土人情、道德规范的情感认同"[④]。"打官司"费钱又费精力，判决的也只是事情对错，却往往解不开双方结下的仇怨。何况乡村的矛盾，大多是一些鸡毛蒜皮的利益纠纷，达不到犯罪的程度，但如果不及时解决，又很容易激化矛盾，发展为刑事案件。因此，调解在乡村社会就显得特别重要，被棠棣村干部视为村庄治理的法宝之一。村里制订了严格周密的调解制度。村干部都有对应的联系户，定期走访，听取意见，发现矛盾及时介入解决。村民遇到纠纷来村委会找干部说理，找到谁就由谁负责到底，决不推诿。重大的事，则由集体讨论决定。村里还成立了"和老师"义务调解团，协助村委开展调解工作。棠棣村的调解有理有据，细致耐心，他们一方面积极宣传和推进法制建设，有法必遵，有律必依，一方面

① 中共中央文献研究室 . 十八大以来重要文献选编（上）[G]. 北京：中央文献出版社，2014：684.

② 王永良访谈记录。

③ 陈峰 . 乡村治理的术与道：贺雪峰序言 [M]. 北京：社会科学文献出版社，2016.

④ 张锟 . 依靠法治提升乡村治理能力 [N]. 河南日报，2019-03-18（6）.

调动人情、道德，动之以情，晓之以理，积极调解、化解矛盾。很多矛盾和纠纷其实就来源于村民对事情的不了解，因为不了解，所以总怀疑背后有猫腻，有黑幕，总怕自己吃了哑巴亏。因此，村里特别注重村民对村庄事务的知情权、表达权，充分保障村民的民主自治权，“重要的事情都是支委、村两委讨论过的，决定要做的事情，就要开党员大会、村民代表会议、户长会议，所有大的项目我们都必须开这几个会”[①]。同时坚持党务、村务、财务全部公开，村里还有“村事大家管”微信群，随时公布信息，交流意见。再加上党员干部本身廉洁奉公，在村民中威信很高。因此，棠棣村调解成功率很高，“基本上 95% 的问题都能在当天解决”，[②] 村民纠纷“99% 都解决在村子里的，打官司之类的不太有”[③]。棠棣村成了名副其实的法治村，没有上访，没有治安、刑事案件，村民安居乐业。

## 五、以三产融合为核心，促进共同富裕

我国陆地国土面积 960 万平方千米，根据 2016 年中国国土资源公报，全国耕地面积 20.24 亿亩，但由于人口基数庞大，人均耕地面积却只有 0.092 平方千米，[④] 尤其是山村，大都人多地少，农业劳动力大量富余。而且因为城乡二元体制，工农业产品长期存在着严重的“剪刀差”。这些因素导致改革开放后，大量的农业劳动力以农民工的形式转移到城市，造成了严重的农村“空心化”现象。这期间，虽然乡镇企业曾“异军突起”，开辟了我国工业化的第二战场，为大量农业人口提供了就业岗位，也让不少乡村和农民完成了原始资本积累，但分散布局的乡镇企业土地资源利用率极低，生产效率低下，而且大多会造成严重的环境污染。因此，经过 20 世纪九十年代初期的乡镇企业改制和集中布局，以及九十年代后期土地管理制度的调整，大多数的乡镇企业被关停并转。乡村衰败看似无解，然祸兮福所倚，新的生机往往就孕育于衰败之中。

随着社会经济的整体进步，乡村和城镇都出现了新的需求。一是农民对生活有了更多的向往，他们不仅要求农业得到发展，而且要求农村经济全面繁荣；不仅要求在农村有稳定的就业和收入，而且要有完善的基础设施、便捷的公共服务、可靠的社会保障、丰富的文化活动，过上现代化的、有尊严的生活；不仅要求物

① 刘建明访谈记录

② 王永良访谈记录。

③ 钱立新访谈记录。

④ 袁志刚 . 人口与土地资源文献综述 [J]. 合作经济与科技，2020（8）：32.

质生活上的富足，而且要求生活在好山、好水、好风光之中。[①] 二是随着城市居民消费的加速升级，在充足的农产品需求之外，还产生了大量对农业多功能性的新需求，“乡村优质的食物、清新的空气、优美的景观、健康自然的生活方式以及令人向往的乡村文化和风俗体验，都对城市居民产生了新的吸引力”[②]。

正是在这样的时代背景下，2015 年的中央一号文件围绕加大改革创新力度、加快农业现代化建设的主题，提出了一系列既富有战略高度和创新价值又能落地生根的政策措施。其中，最引人注目的便是提出了推进农村一二三产业融合发展的理念。2015 年 12 月 30 日，国务院办公厅印发《关于推进农村一二三产业融合发展的指导意见》，强调要通过推进农村三产融合发展，促进农业增效、农民增收和农村繁荣，为国民经济持续健康发展和全面建成小康社会提供重要支撑。在此基础上，党的十九大从国家战略的高度，提出“促进农村一二三产业融合发展，支持和鼓励农民就业创业，拓宽增收渠道”的实施方案，为乡村发展走出困局提供了更具创新性和操作性的战略视角，指明了乡村产业振兴的关键是产业融合发展。但这不只是针对乡村振兴的政策，更是争取城乡共赢、国家全面繁荣的关键的一步棋。

城镇化发展导致的乡村衰落，主要是因为产业分割条件下农业丧失多功能性造成的，因此只有通过产业融合重拾农业多功能性，在融合的过程中创造新供给，培育新业态，才能实现基于农业多功能性的价值增值目标。农业收益低下，和其产业特性有关，因为农业产业不能采用完全的分工制度，所以农业的劳动生产力总不及制造业。农村三产融合的核心思维就是要突破“在农业内部寻求进一步分工的局限，将农业整体地参与到更大范围内的社会产业间分工之中，通过让农业参与全社会的发展，来分享全社会发展所获得的果实，进而实现农业的进步和农民的增收”[③]。

农村三产融合，以农业为基本依托，通过产业联动、产业集聚、技术渗透、体制创新等方式，将资本、技术以及资源要素进行跨界集约化配置，使农业生产、农产品加工和销售、餐饮、休闲以及其他服务业有机地整合在一起，使得农村

① 叶兴庆 . 新时代中国乡村振兴战略论纲 [J]. 改革，2018（1）：66.
② 周立，李彦岩，王彩虹，方平 . 乡村振兴战略中的产业融合和六次产业发展 [J]. 新疆师范大学学报：哲学社会科学版，2018，39（3）：18.
③ 苏毅清，游玉婷，王志刚 . 农村一二三产业融合发展：理论探讨、现状分析与对策建议 [J]. 中国软科学，2016（8）：23.

一二三产业之间紧密相连、协同发展，最终实现农业产业链延伸、产业范围扩展和农民收入增加。[①] 国内现在大多“以休闲农业、乡村旅游、农村电商、现代食品产业等新产业、新业态为引领，着力构建现代农业产业体系、生产体系、经营体系，推动农业向二、三产业延伸，促进农村一二三产业融合发展，使农村产业体系全面振兴”[②]。

很显然，这种以农业为基本依托的农村一二三产业的融合发展，能有效促进当地农民和本地产业发展形成有机融合，实现农民的本地甚至本村就业。同时因为产业的延伸和融合，拓展了农业功能，培育了农村新的增长点，新业态的发展空间越来越广阔，农民在乡村的创业、创新机会也就越来越多。因此，这种融合不仅让更多的产业链增值收益留在了产地，留给了农民，而且因为培育和发展新业态的需要，农业现代化要素被越来越多地引入农村，农业农村的设施和互联互通也被进一步强化。留住了人也留住了钱，既建设了村庄也推进了农业现代化，这才是解决农村衰落问题的根本出路，也是保障农民共同富裕的基石。

浙江是全国最发达的省区之一，产业发展和经济实力都处于全国的领先地位，因此早在国家政策出台前就开始了三产融合的实践。

棠棣村的兰花和花木产业基础很好，美丽乡村建设也将村庄打造得环境优美、生活便捷。但因为外出经商人员较多，村庄也存在着一定的留守老人和留守儿童现象，也出现了一定程度的花木种植业后继乏人的现象。为此，棠棣村及时抓住“花香漓渚”国家田园综合体项目，依托美丽乡村建设的良好基础，依托成熟的兰花和花木业，积极推进三产融合，重点发展民宿、培训基地和观光休闲农业。

棠棣村通过有效的土地流转，将承包地向专业大户、合作社等经营主体流转，推进农业规模经营；着力打造“千亩花田”，种植观赏性较强的农作物和花卉，利用农业景观和农业空间吸引游客凝聚人气；与高校合作智慧农业示范区，推进智能化装备在设施农业中的应用，发展现代化观光农业；以独有的“棠棣速度”拆除旧厂房，建起绍兴棠棣乡村振兴实训基地，为旅游和考察学习提供餐饮、住宿、导游、宣讲、培训等服务；对村庄景观和绿化景观实施深化工程，为田园综合体和智慧农业示范区修建配套的木栈道、观景平台、公共厕所等旅游设施。同时，鼓励村民发展电商贸易、鼓励村民到田园综合体的“千亩花市”和“千亩花苑”租

① 马晓河．推进农村一二三产业深度融合发展 [J]. 中国合作经济，2015（2）：43.
② 叶兴庆．新时代中国乡村振兴战略论纲 [J]. 改革，2018（1）：68.

棚租地，鼓励村民创建文创产业。

这些举措，为棠棣村兰花和花木产业链的前伸、后延提供了充足的基础支撑。棠棣村被成功打造成了以兰花和花木种植、交易为主导产业、以兰花文化创意体验为新兴产业的特色旅游景区村，顺利实现了以美丽产业带动美丽经济的产业融合和提升。

## 结语

中国地域辽阔，乡村在地域、区位、资源条件上差距很大，当前中国农村至少存在三种相当不同的农村：一是沿海城市经济带农村地区，以珠三角和长三角为典型，这些地区已经工业化，农村城市化了，这类农村占全国农村的总数不超过 10%；二是广大的一般农业型农村地区，主要从事传统农业生产，占全国农村 80% 以上；三是适合发展休闲农业和乡村旅游等新业态的具有区位条件或旅游资源的农村地区，占全国农村 5% 以下。[①] 因此，中国乡村的振兴之路不可能有一个通用的模式，棠棣村能给出的也只是一个个案样板。

归纳起来，棠棣村在乡村振兴中有五点经验值得特别注意：

1. 产业的选择很重要，因地制宜才能根基稳定，乘势而为才能长久发展，产业“绿色”才能经济、生态双丰收。

2. 产业利润和人才最终属于村庄、属于村民自己很重要，钱和人是乡村振兴的基础。

3. 努力和机遇都很重要，“人勤春早”的棠棣精神和争分夺秒的“棠棣速度”，让棠棣村的村庄发展和政府项目获得双赢，并由此建立起良好的互信协作关系，为进一步的合作发展打下了良好的基础。

4. 现代文明必须根植于传统文明之上才有活力，才能真正实现德治。

5. 人是乡村振兴中最关键的因素，领头人很重要，党员干部的廉洁奉公、奋发有为是干群关系的基础，只有干群关系和谐了，才能有效推进村庄发展。

中国是一个农业大国，也是一个农民大国。党中央在中华人民共和国成立之初就提出要实现中国从一个农业国向工业国的转变。随着工业化、城镇化的深入推进，中国人口城镇化率已经从 1978 年的 18% 提高到 2016 年的 57.35%，农业增加值占国内生产总值的份额已经从 1978 年的 30% 下降到 2016 年的 8.6%。但

① 贺雪峰．关于实施乡村振兴战略的几个问题 [J]. 南京农业大学学报（社会科学版），2018，18（3）：20−21.

是，农业在国民经济中的基础地位没有改变，大量人口生活在农村的基本国情没有改变。即使到了城镇人口超过 70% 实现现代化的时候，仍会有 4 亿多的人口在农村生产生活。在这么巨量农村人口的背景下，中国无论如何不能让农村衰败。乡村落后，必然导致全局被动。因此，乡村振兴是需要长久关注的问题，棠棣村的样板价值也会因此长期存在。

# 史地篇

## 山乡生涯　兰农兼营

SHIDI PIAN
SHANXIANG SHENGYA LANNONG JIANYING

# 花开富贵

棠棣村下辖刘家、头社、二社三个自然村，三村各有主姓，历史悠久。村庄地处漓渚山区，动植物资源丰富，但农作条件较差，村民有兰、农兼营的传统，是绍兴著名的兰乡。1949 年到 1978 年，通过农田水利和农业现代化建设，棠棣村的农业生产有了长足的发展，但兰业受到抑制。改革开放后，传统农业逐渐被兰花和花木业完全替代，棠棣村成了真正的花木村。[①]

① 本篇除第一章和第二章的“村庄沿革”外，其他部分的论述均截至 1978 年。

# 第一章 地理环境和自然资源

棠棣村是位于绍兴漓渚山区的一个小山村，三面环山，气候温暖湿润，具有生物多样性优势，但山多田少，粮食产量偏低。棠棣溪是漓渚江的正源，溪寒清浅，不通舟楫。兰花是传统农作之外最主要的物产。

## 第一节 地理和气候

### 一、地理方位和地形地貌

棠棣村由头社、二社、刘家三个自然村组成，位于绍兴市柯桥区（原绍兴县）漓渚镇西面5公里处，东经120° 16’～120° 48’、北纬29° 4’～30° 14’，距绍兴市区18公里，距柯桥区20公里。全村面积2.91平方公里（4365亩），耕地只有830亩（水田705亩，旱地125亩），山地有1936亩（其中有约130亩为不能种植的陡坡岩石山），属于丘陵半山区的村庄类型。

棠棣村地处丘陵山地，南、西、北三面环山，海拔高度都在200米以上，坡陡岭峭。村庄地势西北高、东南低，由山岭到丘陵到溪谷平原，递降明显，海拔在400米～50米。整个村庄像一把骨耜，呈西北—东南向斜置在青山绿水之间。

棠棣村四界清晰。东至棠一村三社自然村，以百梁溪为界；南接双山岗，山背面是棠二村吴家坞自然村；西界鹤翅岭，越岭就是黄山畈村的姚村自然村；北界太山岭，岭北是湖塘街道的石门自然村。

棠棣村山脉属于会稽山系西干山脉的中部分支。村境内有尖子山、大坞山、螳螂山、双山岗和庙山5座山。有鹤翅岭、太山岭、倒山岭3条岭。

尖子山坐落于刘家自然村后背，由北向南延伸至鹤翅岭。西北山脉主峰顶子尖海拔 400 米，为村境最高峰。

螳螂山在刘家自然村西面，由西向东走向，海拔 285 米，因山尖形似一只螳螂，故名“螳螂尖”。

双山岗坐落于头社自然村之南，岗的走向由南至北，延伸至棠一村相家塔自然村的后背，海拔 250 米左右。双山岗的南麓是黄山畈村的塔石自然村，塔石相传是西楚霸王项羽的爱妃虞姬的故乡，以出美女闻名，故此山又称“美女山”。传说山中藏有宝物，其中有只项羽送给虞姬的金脚盆。

庙山是一座东南向、海拔 150 米左右的小山，位于村庄比较中心的位置。山顶原有一座供奉白鹤娘娘的白石庙，故名“庙山”。之所以叫“白石庙”，据说是因为山上有一块很大的裸露的白色的石头。[①] 大概明末清初的时候，山顶上的庙倒了，有根梁从山顶翻滚下来，落在了现在白石庙的位置，村民认为这是白鹤娘娘自己选的新址，于是就在这里重建了一座规模很大的白石庙。1956 年温黛（WANDA）大台风时，庙被吹倒了。虽然后来又重建了，但只恢复了包括戏台在内的很小一部分庙宇建筑。

鹤翅岭古称“狱翠岭”，后人多称“岳齿岭”，海拔 200 米左右。坐落于棠棣村的西面。鹤翅岭是一个古老的地名，《暨阳西安白浦刘金氏宗谱（忠孝堂）》棠棣分谱[②]（以下简称“忠孝堂金氏棠棣分谱”）记金世琦卒于乾隆丙午年（1786），妻劳氏卒于乾隆己酉年（1789），“与公合葬鹤翅岭下小西山”。说明至迟在清乾隆年间，这条岭就叫“鹤翅岭”。岭下有座小山，因为地处头社之西，故称“小西山”，也可能与“日落西山”一词有关，因为就棠棣村来说，这个山凹就是每天日落的地方。

由茅秧岭—烂船湾中坝—母岭村后山—倒山岭—鹤翅岭—太山岭形成的山脉，是一道分水岭，岭东为鉴湖水系，岭西为浦阳江水系。棠棣村的水系属于鉴湖水系，是鉴湖水的主源。

棠棣村溪流众多，众多小溪汇聚成头社溪、头社小溪、刘家溪三条较大的溪流，在二社附近汇聚成棠棣溪。头社溪发源于头社自然村的岳齿岭和倒山岭，头社小溪和刘家溪发源于刘家自然村，刘家溪的源头在刘家自然村北面的太山岭，

① 诸良峰访谈记录。
② 暨阳西安白浦刘金氏宗谱（忠孝堂）[M]. 金春标，等 . 总理 . 刻本 .1868（同治七年）.

刘家溪是棠棣溪的正源。

棠棣溪全长 5000 米，在九板桥与源自红星茅秧岭的红星溪汇合，流入漓渚下市头洞桥成河设埠。再向东至义桥，与源自六峰的小步江汇合成漓渚江，江面顿时开阔，至钟堰汇入鉴湖大江，直通绍兴。史称鉴湖有 36 源，实有 43 源，以漓渚江为正源，而漓渚江的正源就是刘家溪。《绍兴县志》：“漓渚江源于棠棣刘家村太山岭，经九板桥、义桥、下娄、徐山，于钟堰汇入鉴湖大江，全长 20.4 千米。”[①] 以鉴湖水酿造的绍兴老酒之所以如此醇美，也与漓渚江有关。因为漓渚江流域的沙土岩石富含钼和锶，而这两种微量元素与酿酒原料中的蛋白质结合后，会产生丰富的氨基酸。

除了这些自然的地形地貌外，棠棣村还有不少人工景观。刘家自然村原来有一条长 400 余米的风水埂，埂上生长着樟树、枫树、毛竹等植物，将刘家围成了燕子窝状。头社自然村也有一条长 40 米左右的风水埂，埂上樟树、苦竹成片，曾有棵硕大的古枫树，树身直径 1 米左右，树高超过三层楼，1958 年“大跃进”时被砍掉了。“风水埂不知建于何时，人工堆土筑成的，说是为了保住风水不外泄。埂上种有很多树，我记得头社的风水埂上有两棵大枫树，“大跃进”时被砍掉了，有人拿去建房，房子现在还在。埂在‘农业学大寨’时被推平，整成农田了。”[②] 绍兴、诸暨一带的很多乡村，以前都筑有风水埂，这一带似乎有修筑风水埂的传统。

村里还有许多人工截筑溪流后形成的大大小小的池塘，用石块和石板铺筑，兼有救火和洗物的功能，所以每隔一段路都会修筑一个。小溪一路下流，这些池塘如碧珠串缀在溪流上，美丽又实用。

中华人民共和国成立后，村里陆续修筑了大大小小十个水库以及配套的灌溉沟渠。这些水库和沟渠不仅改变了村庄的地理风貌，也改变了村庄的农业景观。因为过去村民只能在溪旁谷地上开水田、种水稻，山上只有自然林和旱地，有了水库后，就可以在山上造梯田、种水稻了，农业景观随之改观。

## 二、气候和自然灾害

棠棣村处于亚热带季风气候区，受季风气候的影响，温和多雨，四季分明。冬夏长，春秋短。一年中最冷的是 1 月，最热的是 7 月。4 ～ 6 月的梅雨季，是

① 《绍兴县志》编委会 . 绍兴县志：第 1 册 [M]. 北京：中华书局，1999：190.

② 金伟桥访谈记录。

这里降水量最大的季节。因为三面环山，雾明显多于平原地区，一般在后半夜到清晨日出前形成，日出后两三个小时后逐渐消散，这种山雾非常有利于植物的生长。因此从整体上看，棠棣村气候温暖湿润，光照、雨水充足，是个适宜人类生活和农林生产的好地方。

但这里冬季易受寒潮影响，夏季易受热带或赤道海洋气候因素的控制，加上半山区的地形、地貌比平原地区复杂，因此不时也会发生一些气象灾害。

春季是冷、暖空气的交锋期，冷暖不定。三四月间经常阴雨连绵，还有倒春寒现象，故极易发生低温霜冻灾害。例如 1963 年 4 月 6—9 日发生倒春寒，最低气温 2.9℃，降雪，早稻秧苗受冻害。1987 年发生倒春寒，4 月 17 日早稻秧田边出现狗牙齿冰。甚至三四月份偶尔还会下冰雹，常伴狂风暴雨倾泻而下，雹粒大多只有黄豆大小，也有大如鸟蛋、鸡蛋的。冰雹不仅会冻坏农作物，而且会砸坏农作物、草木甚至人畜、房屋。

夏季容易出现台风、暴雨、高温和伏旱等灾害性天气，尤其是 4 ～ 6 月的梅雨季，易发生涝灾。七八月份则多雷阵雨，雷阵雨瞬间降雨量大，极易造成山洪暴发。例如 1964 年梅雨季棠棣村两处暴发山洪，下游棠棣大溪堤岸多处被冲毁，良田变成了沙石滩；1992 年 7 月 5 日连降大雨，棠棣村多处堤坝被冲毁；2013 年 6 月，由于长时间下雨，且雨量较大，在连续两天两夜的暴雨后，山洪暴发，刘家自然村 5 处出洪，花木地被冲成了沙石滩，头社和二社自然村也发生了泥石流。现在村民改烧燃气，不再上山砍柴，山上植被茂密，发生泥石流的可能性就小了。

七八月份多台风，台风是棠棣村比较常见的一种气象灾害。1956 年 8 月 1 日，在宁波象山县南庄乡登陆的 12 号超强台风温黛过境棠棣，过境雨量 203 毫米，房屋倒塌，连白石庙的大殿也被吹倒，大树被连根拔起，庄稼倒伏受淹，损失惨重。1963 年 6 月 24—28 日强台风导致山洪暴发，1997 年 8 月 18 日遭 11 号强台风前锋袭击，棠棣村农业、花木业损失惨重。

因为七八月份天气炎热，蒸发量大，故也经常出现旱情。1934 年大旱，整个棠棣村颗粒无收，村民只得外出逃荒；1951 年 7 月 18 日—8 月 18 日，一个月没下雨，棠棣的丘陵、梯田基本无收；1953 年 7 月，棠棣晚稻田断水开裂，玉米晒死；1961 年 6—8 月，连续干旱 70 天，粮食减产 5 成以上；1963 年 7 月，晴热干旱，山坡梯田无法下种；1966 年 8 月，30 多天未雨，溪塘干涸，晚稻严重受损；1967 年 6 月 24 日—10 月 31 日，100 多天无雨，靠天田晚稻无法耕种，粮食歉收，竹木枯萎，地势较高的刘家大队，灾情尤其严重；1971 年 6 月 27—9 月 17 日两个多月无雨，山田秋粮基本绝收；1990 年 7 月中旬起，干旱 30 多天，滴雨未下，饮水发生困难，粮食减产。

9 月入秋后，经常会出现阴雨连绵的天气，俗谓“秋雨”。秋季也是台风频发的季节，例如 1962 年 9 月 3—7 日受 14 号台风影响，连降暴雨，降水量达 235.6～558.3 毫米，山洪大暴发，出现多处泥石流，良田成沙石地，低田全淹没。鉴湖女侠秋瑾的绝笔“秋风秋雨愁煞人”，也在一定程度上点出了绍兴秋雨连绵、湿冷阴郁又台风狂暴的特性。秋季也时发干旱，例如 1960 年发生秋旱，山坡梯田作物枯死。

深秋时节以及接下去的冬季，则要防范霜冻。霜每年出现的迟早差异较大，最早会出现在 9 月下旬，最迟在 10 月中旬。终霜日一般在 3 月下旬，也有迟至 4 月上旬的。冬季会有寒潮和雪灾。1963 年冬降大雪 10 天，积雪没膝；1964 年冬大雪连降 20 多天，厚达几尺，毛竹压断，民房倒塌，耕牛冻死。

## 第二节　自然资源

棠棣村多红黄泥砂性土壤，虽不肥沃，但土层深厚。农田条件差，多旱地和冷水田，兴修水库和梯田后，情况有所改观。水资源较丰富，但地处溪源，水寒溪浅，久晴易涸，久雨易洪，且无通航之利。山区丘陵地区生态环境繁杂多样，因此本土的动植物种类较齐全。

### 一、岩石和土壤

棠棣村的地质结构由侏罗系和奥陶系构成，村境中分布较广的是溶泥灰岩、夹泥灰质沙岩、凝灰岩和呈酸性、中酸性的熔岩。

棠棣村的侏罗系岩浆岩，岩体多为花岗闪长斑岩，地表有两个露头，面积约 1.5 平方公里，呈岩板产出。棠棣村的奥陶系泥岩和粉砂岩，分布在茅秧岭—棠棣—容山一带，岩体出露不全，属奥陶系上统长坞组，为黄绿色中层状粉砾质泥岩或泥质粉砂岩，夹细砂岩和粉砂组成韵律层，与下伏黄泥岗组呈整合接触。二社大畈一带的黄粉泥田就属于奥陶系。

这里的土壤为黄红泥土属砂性土壤，母质为页岩、片板岩风化体，质地轻粘到中粘，风化、发育度好，土质虽较贫瘠，但土层深厚，平均厚 50 ～ 100 厘米，酸性。可细分为两种：（1）黄红泥土，母质为震旦纪地层的砂、页岩、片板岩，土色暗红棕色，质地中粘，pH5.7，呈酸性。土层深厚，但土壤缺磷、钾，有机质也比较缺乏。虽然土壤养分含量不高，但由于全土层深厚，土壤养分总量比较高，所以作物仍能旺盛生长，适宜种植番薯和茶树。（2）砾石黄红泥土，母质为震旦纪地层的砂、页岩，酸性。由于所处部位坡度陡，植被稀疏，土体砾石成分多，大于一毫米的石砾含量达 1% 以上，故土壤侵蚀比较严重。其他性状类似黄红泥土。适宜种植旱粮和茶树，但要注意水平条植，砌坎保土。[①]

这种土壤条件，除适宜种植番薯、茶树等农林作物外，也非常适宜种植花卉苗木，“这里是微酸性土壤，适合种茶花、茶梅、桂花之类喜酸性的植物”[②]，这也正是棠棣村发展兰花和花木种植业的土壤优势。

## 二、农田

棠棣村为半山区类型的乡村，历来人多地少，人均土地不足半亩。农田类型包括水田、旱地和山地。

村庄地势西北高，东南低，这种地势也影响了村内农田的分布和类型，处于高处的刘家和头社的农田条件比较差，田块小而分散，错落于溪谷林麓，土壤砂性，蓄水和保肥能力都比较弱，旱田多，水田少。而且刘家和头社地处山溪之源，溪寒水冷，以此寒冽之水灌溉农田，导致田土温度较低，俗称“冷水田”。这种冷水田属酸性土壤，普遍缺乏磷、钾等元素，再加上田土温度低，土壤微生物不活跃，导致田土僵硬，含氧量低，故稻根发不开，稻棵长不大，亩产量偏低，一般只有 300 斤左右。

此外，刘家的“汪田”也比较多，“汪田就是两座大山之间凹下去且有水的地方改造出来的田，一般都是冷水田，主要种水稻，产量比较低。因为两边有山，光照时间短。而且老鼠很多，因为山里老鼠多，这里的稻田又不成片，所以老鼠都钻到田里来吃稻谷。我们除了放点老鼠药，也没有别的办法。现在汪田主要种喜阴花木，而且这种凹下去的地方不用浇水”[③]，种花木正好。

---

① 绍兴县土壤普查办公室 . 全国第二次土壤普查：浙江省绍兴县土壤志 [M]. 绍兴：绍兴县蚕种场印刷厂，1984：43，44.

② 钱立新访谈记录。

③ 钱立新访谈记录。

处于地势较低处的二社，农田条件比较好，不仅农田数量多，而且地块平坦连片，土质肥沃，非常适宜农作，水稻亩产有 400 斤左右。

土改时，头社耕地面积 236 亩，刘家 271 亩，二社 325 亩，合计 832 亩。

20 世纪六七十年代大规模的水利和农田基本建设，为棠棣村开垦了较大量的优质农田，“头社的田主要就靠那时造‘大寨田’造出来的”[①]。改革开放后分田到户，村民深受其利，“1982 年分田到户时我已结婚，生有一女。我的小家分到一亩三分水稻田，半亩自留地，半亩旱地，山地十亩左右”[②]。实行家庭联产承包责任制后，田里的收成直接影响农户的收入，因此农户对农田都很爱护。1984 年公布的绍兴农田土壤检测数据，有两个采样点就在棠棣村（见表 1–1）。[③] 检测数据表明：棠棣村的农田土壤虽然先天比较贫瘠，但在农户的精心养护下，这个时期农田土壤的状况和肥力都是比较好的。

表 1–1　棠棣村土样检测数据

| 采样地点 | 土种名称 | 有机质含量（级别） | 全氮含量（级别） | 速效磷（级别） | 速效钾（级别） | pH（水浸） |
|---|---|---|---|---|---|---|
| 刘家大队 | 狭谷泥砂田 | 6.30%（高） | 0.356（高） | 13ppm（高） | 85ppm（中） | 7.4 |
| 头社头社畈 | 黄粉泥田 | 4.56%（高） | 0.261（高） | 5ppm（低） | 48ppm（低） | 6.2 |

## 三、水

棠棣村有头社溪、头社小溪、刘家溪 3 条较大的溪流，三溪汇流后一般称为棠棣溪。此外，村里还有一些分支小溪流、小水沟。溪流上分布了许多人工截流挖筑的小池塘，供村民洗涤之用，兼作救火水源。

棠棣溪是漓渚江的源头，溪流浅短，久晴易干涸，久雨易发山洪。陡峭、狭窄、水浅的溪流也无法通航。阴寒的溪水也不适合灌溉农田、饲养鱼虾，修筑水库后，积聚的水被太阳晒暖，水质才有了明显的改善。

村民饮用水多用井水，棠棣村有 3 口古井，2 口在二社，1 口在头社。“从我记忆起，村（头社）里就有一口井，全村人饮水都要到井里挑，每家有一口水缸，

① 金伟桥访谈记录。

② 蒋岳兴访谈记录。

③ 绍兴县土壤普查办公室 . 全国第二次土壤普查：浙江省绍兴县土壤志 [M]. 绍兴：绍兴县蚕种场印刷厂，1984：164.

挑满为止”[①]。二社的陈家弄路下有一口泉水井，上桥头和下桥头村民的饮用水就靠这口泉水井。刘家是刘家溪的源头，溪水洁净，村民直接饮用溪水。

1981 年，刘家花圃出资造了一座水塔，刘家村民从此用上了自来水。1996 年头社在黄狗山顶造了一座水塔，头社村民也用上了自来水。2008 年 5 月，棠棣村开通了来自绍兴小舜江的自来水，全村村民用上了标准的自来水。但水井并未被完全废弃，例如金伟桥 88 岁的母亲独居老屋，他每天都会去看望母亲，“帮她打好井水”，因为母亲“喜欢用井水”[②]。

在农药滥用的年代，农田水系统污染严重。改革开放后，村里出现的一些污染性企业，也对水体造成了污染。随着人们生态意识的增强，农药的使用趋于规范，污染性企业被陆续关闭或外迁工业区，至 2015 年村里已没有污染企业，[③]溪流池塘重回清澈。

## 四、动植物

棠棣村为丘陵半山区，生态环境复杂多样，故境内动植物资源丰富。以前村人有打猎的习惯，但春季动物繁殖季是不让打的，颇有先秦古风。[④]秋冬季可以打，主要打野猪、山羊。村民金立成有次打到了一只 300 斤的野猪。[⑤]1996 年 10 月 1 日，国家实施《枪支管理法》，猎枪都被收走了，不让打猎了。

山中有豹、豺（俗称“豺狼”）等猛兽，但很少见。山间林地和田头村落比较常见的哺乳动物有野猪、角麂、南狐（竹狗）、山兔、猪獾、黄鼬（黄鼠儿狼）、刺猬、水獭、穿山甲、鼬獾（俗称“田挖佬”）、松鼠以及小家鼠、黑线姬鼠，棕色田鼠、小白鼠、水鼠等。野猪成群结队地出没，竹林里的冬笋、山地里的番薯都是野猪的美食。番薯地只要被一只野猪发现，会招来一群猪，一夜之间将番薯拱食一空，村民只能在番薯田里挂上瓶瓶罐罐之类能碰撞出响声的东西，以期吓退野猪。黄鼬，以鼠为食，但偶尔也会进村偷吃农家饲养的鸡、鸭。鼬獾喜欢在田塍、水坝上打洞，导致塍、坝漏水甚至溃塌。过去山地主要种番薯，几乎不种

---

① 2019 年 2 月 18 日金伟桥相告。

② 金伟桥访谈记录。

③ 马可远，张兴刚 . 绍兴“花木第一村”全面关停污染企业：棠棣之花，开在满山遍野处 [N]. 浙江日报，2015-11-10（19）.

④ 吕不韦 . 吕氏春秋 [M]// 诸子集成 . 杭州：浙江古籍出版社，1999：1306，1308.《吕氏春秋》：孟春“禁止伐木，无覆巢，无杀孩虫胎夭飞鸟，无麛无卵”；仲春“无竭川泽，无漉陂池，无焚山林”。

⑤ 2019 年 9 月 19 日金伟桥相告。

玉米，因为山上松鼠很多，结出的玉米都被松鼠吃光。玉米只能在村道两旁的田里种一点，因为道路上经常会有人走动，松鼠不太敢过来。田鼠会啃食田里的粮食和瓜果，山地作物尤受其害。家鼠会偷吃谷仓和家里的食物，还会啃咬家具、衣被，甚至传播疾病。

鸟类有燕子、杜鹃、野鸭、豆雁、雉鸡（山鸡）、竹鸡、稻鸡、山雀、麻雀、喜鹊、斑鸠（鹧鸪）、翠鸟、鹭鸟、鸲鹆（俗称“八哥”）、画眉、白头翁、黄莺（黄鹂）、啄木鸟、乌鸦、老鹰、长耳鸮（猫头鹰）等，包括留鸟和候鸟。鸟类对农业有益亦有害，鸟会捕食昆虫，此为益；鸟会啄食谷子和果实，此为害。出于文化影响和利害权衡，村民对鸟类喜厌不一。燕子是村民喜爱的一种候鸟，秋去春来，多在农家屋檐或堂屋棚上衔泥做窝，农家以燕来筑窝为吉，都会细心呵护，盼其来年再入旧窝。喜鹊的叫声很讨喜，民间视为吉祥鸟。长耳鸮捕食田鼠，田鼠为农田大害，故村民亦会加以保护。乌鸦，体色黑，叫声难听，民间视为凶兆。老鹰主要捕食鼠、蛇、兔、鸟，但有时也会捕食村民养的鸡、鸭、鹅，故村民遇之会驱赶，以保护家禽。麻雀集群生活，常常群飞而至啄食稻谷，是江南稻作减产的主要原因之一，村民在稻田立稻草人、挂铃铛，就是为了防范麻雀，1956 年麻雀被定为“四害”（另三“害”是苍蝇、蚊子和老鼠）之一，遭到群众运动式的围歼，数量急剧减少。到 1959 年意识到捕杀过头了，才将“四害”重新确定为老鼠、臭虫、苍蝇和蚊子，后来臭虫又被蟑螂替代。改革开放后，随着生态环境的好转，麻雀越来越多，因为九十年代末村里已无人种稻，麻雀的主要危害变成了啄食蔬果，尤其是缺少食物的冬季和初春季节，成群飞来，瞬间就能把整块地的蔬菜啄光。

爬行两栖类动物主要有火赤练蛇、水赤练蛇、王蟒蛇、灰蟒蛇、乌梢蛇、眼镜蛇、竹叶青蛇、青草蛇、菜花蛇、银环蛇、杠秤花蛇、黑眉锦蛇、水蛇、两头蛇、乌龟、克蛇龟、鳖、大头鳖、壁虎、蜥蜴、蟾蜍、青蛙、雨蛙、虎斑蛙、金钱蛙等。村民在山林田间劳动时易被蛇咬伤，例如竹林里的竹叶青，剧毒，但体色与竹叶几乎一致，很难发现。因此，村民劳作时都会注意防范，进入林间草丛时手持木棒扫打前路，“打草惊蛇”让蛇躲开。有些蛇会进入村庄捕食鼠、蛙，偶尔也会捕食幼小鸡鸭甚至伤及村民。“稻花香里说丰年，听取蛙声一片”（宋·辛弃疾《西江月》），蛙是农田害虫的天敌，也是农民的宝贝。

鱼有青鱼、草鱼、鳙鱼、鲢、鲤、鲫、鳊、鳝、鳗、泥鳅、杜父（土步）、魔头鱼（魔鼠佬）、石斑鱼（青小鲤）等，虾有米虾、沼虾、小龙虾等，蟹有河蟹、山石蟹等，贝有河蚌、田螺、螺蛳等。棠棣地处山区和溪源，虽然鱼虾螺贝种类不少，但产量有限，主要生息于自然溪流以及池塘、水库、沟渠、水田等人工水域中。大量使用农药和化肥的年代，水田中的泥鳅、田螺等生物几乎绝迹，随着人们生态环保意识的增强，才慢慢恢复。

此外，还有螳螂、纺织娘、蟋蟀、蚱蜢、蜘蛛、八脚、蜻蜓、蝼蛄、叩头虫、七星瓢虫、尺蠖、萤火虫、金龟子、地老虎、蝴蝶、蜗牛、蜈蚣、蚰蜒等各种“虫”类。其中不少是农田害虫，如稻蓟马、小绿叶蝉、黑尾叶蝉、白翅叶蝉、棉叶蝉、灰飞虱、褐飞虱、桑虱、蚜虫、甘薯小象、玉米象、米象、豆象、螟虫、卷叶虫、天牛等。有些则会对人畜造成伤害，如蚊子、苍蝇、蟑螂、牛虻、大黄蜂、胡蜂、钉螺、山蚂蟥、田蚂蟥等。白蚁是木构建筑的大害，金小蜂、蚯蚓是农业益虫，土蜜蜂、洋蜜蜂、野蜜蜂可被人类利用。

植物资源非常丰富，木本植物有樟、枫、杉、柏、梓、桂、柳、槭、构、麻栎、女贞等70多种亚热带常见树种，包括栗、毛桃、野山楂、山枇杷、野柿、银杏、无花果等果用树种，以及茶、桑、油茶、乌桕、乌米饭、茱萸、山苍子、棕榈等具有较高经济价值的树种。松树是棠棣村最主要的山林树种，民国漓渚人张拯滋编撰的《螭阳志》中就讲道：“棠棣山，去螭峰西南四里。张涵一《棠棣松涛》诗：苍叟何其怒吼多，惊人声势不消磨。每逢霁月光风候，仿佛麾军次第过。”[①] 棠棣山林植被中，还有不少人工林树种。中华人民共和国成立后，非常重视绿化工作，开展了大规模的、持续的植树造林运动。棠棣村的土壤比较适合种松树，由政府飞播造林，主要是马尾松。但马尾松树节多而大，不适合作家具，成材率低。村民比较喜欢种的是杉树，杉树树干笔直，又防蛀，造房子栋梁都用杉树。20世纪六十年代中期兰考县县委书记焦裕禄带领人民种泡桐治沙防风发展农业生产，直至病逝，全国为此掀起了向焦裕禄同志学习的热潮，而且当时泡桐木材出口形势大好，因此泡桐也随之在全国推广种植，头社就种过泡桐树。棠棣村以前有很多古树大木，六七十年代国家木材供应紧张，1976年绍兴县森工站的10多个工人来到村里，在村里砍了一年多的树，头社畈大古樟等大量古树大木被砍倒拉走，不然现在村里的景观还会更漂亮。改革开放后，随着花木业的发展，农田和山地

① 张拯滋．螭阳志：第1卷[M]．// 绍兴丛书编辑委员会．绍兴丛书：第1辑第10册．北京：中华书局，2006：834.

都被村民种上了花木，主要有广玉兰、玉兰、杜英、桂花等，形成了棠棣村特有的植被新景观。以前被村民看重的杉树，现在没人种了，因为市场化后，进口的木材更好更便宜。

竹类主要有毛竹、雷竹、淡竹（早竹）、苦竹、石竹、冈竹、孵鸡竹、朱联竹、乌眼竹、棕叶竹、笔笔竹、金毛竹、板枪头竹（判官竹）等。竹子以器用为主，笋竹不多。出笋最早的是雷竹，正月底就可开掘。淡竹出笋期比雷竹迟 10 多天，冈竹又比淡竹迟 10 多天，冈竹笋的味道比淡竹笋好，竹篾的韧性也比淡竹好，是竹编的上等材料。毛竹一年可以收两次笋，春天萌出的笋叫“毛笋”，需与肥肉一起烹煮才不伤胃，也可晒成笋干贮藏食用；冬天挖的毛竹笋叫“冬笋”。冬笋是未出土的笋，身形圆胖，故俗称“团笋”，脆嫩鲜美，但不能多挖，否则会伤到整个竹林的生长。孵鸡竹适应性强，繁殖快，但笋味不及淡笋。苦竹和石竹出笋都比较迟，石竹一般入夏才出笋，笋微苦但鲜嫩，多有食用。苦竹笋味道太苦，一般不食用，但竹竿挺直，竹质细腻坚固，且因味苦，少蛀虫，故常用作搭棚杆和晾衣杆。朱联竹、乌眼竹、笔笔竹、金毛竹、板枪头竹（判官竹）都是野生小竹，笋也可以采拔食用。另有一种箬竹，竹丛矮小，但竹叶长大，可包粽子，可作斗笠、船篷的衬垫，竹枝可制竹筷或毛笔笔杆，但笋不能食用。

草类就更多，有铁线蕨、贯众、石松、石韦、虎耳草、含羞草、野豌豆、野荸荠、野慈菇等，可用作草药的就有 400 多种，水浮莲、酱败草、革命草等都是很好的猪饲料，革命草也是沤制草肥的主要原料。当然对棠棣村村民来说，最重要的“草”就是野生兰花了。

## 第三节 物产

棠棣村历史上是一个农、兰兼营的村庄，物产以农产品和兰花为主。传统农产品主要有稻谷、大麦、小麦、番薯和油菜，此外还有玉米、高粱、荞麦、南瓜、豇豆、绿豆、赤豆、大豆等杂粮，芝麻、向日葵等油料作物，长梗白菜、胡瓶种白菜、油冬儿菜、芥菜、苋菜、韭菜、大蒜、胶菜、菠菜、豌豆等蔬菜，桃、李、橘、柿、西瓜等水果，但种植量都不大，以自食为主，很少作为商品出售。畜禽主要有猪、羊、兔、鸡、鸭、鹅等，以猪、鸡为主。林产则有竹（笋）、茶叶、柴草，但产量不大，仍以自食自用为主。1978 年以后，棠棣村逐渐发展成以兰花和花木为主业的村庄，兰花和各种花木成了最主要的物产。

## 一、稻谷

水稻是棠棣村最主要的粮食作物，有六十日、七十日（早稻）、花秋（晚稻）、红壳糯（糯稻）等传统稻种。“六十日”是个非常古老的稻种，宋代方志中已有记载。[①] 六十日和七十日都是生长期较短的早熟品种，产量低，米质差，但成熟较早，可接济夏荒，可与晚稻连作。因为山多田少，村民口粮长期不能自足，平时要靠番薯、瓜菜代粮。

20 世纪五六十年代，开始引进和推广水稻良种，包括陆才号、矮脚南特、莲塘早、广陆矮 4 号等早稻品种和新太湖青、农湖 6 号、农垦 58、嘉湖 4 号、秀水等晚稻品种。这些都是适合双季稻和三熟制的矮秆良种，粮食总产有所提高。1976 年开始推广杂交稻，产量更高，粮食问题得到基本解决。

改革开放后，随着粮食市场的放开，棠棣村放弃了早稻种植，因为早稻产量低、米质差，不耐饥，还卖不出价钱，而且双季稻需要“双抢”劳作，农民非常劳累。放弃早稻种植，就省下了相应的劳力和农资投入，土地也得到了休养生息，因此种一季晚稻的产量和收益其实和双季稻差不多。此后，随着花木业的蓬勃发展，棠棣村种稻的人越来越少，20 世纪九十年代已很少有人种稻，1997 年全村已无一人种稻，村民都是买米吃。

## 二、兰花

棠棣位于越兰资源最丰富的兰渚山山区。相传春秋晚期的越王句践已在兰渚山种兰，南宋宝庆《会稽续志》云：“《越绝书》云：句践种兰渚山。旧经曰：兰渚山，句践种兰之地。”[②] 漓渚镇南面的漓渚山坡，自中庄起延伸至尚书村南面的铜坑岭，棠棣头社村西延伸到六峰村直至容山坡下，统称兰渚山。[③] 明代绍兴文人徐渭曾作《山谷歌》咏之：“句践种兰必择地，只今兰渚乃其处。……吾越兰谱本如此，只今春来稽山里，兰花兰叶垂云紫”。[④]

---

① 游修龄 . 古代早稻品种“六十日”之谜 // 游修龄 . 农史研究文集 [G]. 北京：中国农业出版社，1999：401-405.

② 张淏 . 宝庆会稽续志：第 4 卷 [M]. 李能成，点校 //（南宋）会稽二志点校 . 合肥：安徽文艺出版社，2012：442. 今本《越绝书》中无此条记载。

③ 《漓渚镇志》编纂委员会 . 漓渚镇志 [M]. 北京：中华书局，2012：36.

④ 徐渭 . 徐渭集 [M]. 北京：中华书局，2019：140.

棠棣兰农采寻和培育了不少兰花名品。据《兰蕙小史》记载：秀字，“光绪二十八年（1902）春绍人小阿龙（引者注：即金小阿龙）得湖州骆驼桥行花摊上”；鹤龄仙，“宣统元年（1909）钱鹤龄掘得之赤蕙也”；叠钱，“绍人王念益出”，“初为万寿寺至诚和尚手植，民国三年（1914）赠九峰阁”；江南新极品，“民国四年（1915）钱阿禄出”；涵碧梅，“民国戊午（1918）春绍人刘德林出”[①]。

20 世纪六七十年代，兰业式微，改革开放后兰业才逐渐得到恢复和发展。2001 年，头社金定先的棠棣兰园被中国花卉协会兰花分会确定为国字号的“中国春兰样品园”。

### 三、花木

1978 年前后棠棣村开始发展花木业，现已成为棠棣村与兰花并肩的主业之一。

最初种植和售卖的都是本地花木，有些甚至是直接从山上挖来的野生花木。主要有茶花、桂花、广玉兰、罗汉松、杜鹃等。后来是什么好卖就种什么，如茶梅、五针松、樱花等。现在已形成绿化苗木、阴生植物、树桩盆景三大花木优势。

① 吴恩元 . 兰蕙小史 [M]. 唐驼，校订 . 周膺，吴晶，点校 . 北京：当代中国出版社，2014：141，142，133，140.

# 第二章　村庄沿革和村民族姓

棠棣村历史悠久，村中有刘、金、钱三大姓，聚族而居，婚嫁主要都在周边地区。村民大多从事农业，农闲兼事兰业。

## 第一节　村庄沿革

### 一、村庄由来

“棠棣”最初不是一个村名，而是这一片地区的泛称。这里是丘陵半山区，山多田少，地形复杂，高低不平的山冈纵横交错，大片坡地土层深厚，红黄泥略偏酸性，非常适宜花木生长，相传最常见的就是棠棣这种树，所以这里就被人称作了“棠棣”。棠棣里、棠棣乡、棠棣人民公社、棠棣村等名称，均由此而来。这个区域内，因为水系、山系的分隔，传统上分为棠棣红星、棠二、朱家坞三片区，棠棣村属于棠棣红星片。

春秋战国时期，这一带属于越国，棠棣村附近的漓渚、兰渚山、良戈等地名，都与越国历史有关。秦朝设立郡县制，这里属于会稽郡山阴县。南宋嘉泰元年（1201），绍兴府山阴县设14乡43里，这一带属迎恩乡明福里，嘉泰《会稽志》:“迎恩乡，旧名‘永昌’。在（山阴）县西北二十五里。管里四：兰上里、明福里、会昌里、苦竹里。”[①] 此志记六峰山“有溪出山麓，产杨梅，居民百余户”[②]。六峰山就在现今棠棣村近旁。元朝至元九年（1272）废绍兴府，称绍兴路，改“乡里制”为“都图制”。明朝洪武十四年（1381），图以下再设里、甲。清朝这里属

① 施宿.嘉泰会稽志：第12卷[M].李能成，点校//（南宋）会稽二志点校.合肥：安徽文艺出版社，2012：226.

② 施宿.嘉泰会稽志：第9卷[M].李能成，点校//（南宋）会稽二志点校.合肥：安徽文艺出版社，2012：163.

于二十六都，称“唐里”，嘉庆《山阴县志》：“离渚（引者注：即漓渚）在府城西三十里，发源自唐里、六峰诸山，合于离渚溪。唐康使君所居。”[①] 清朝宣统二年（1910），实行地方自治，废都、图，置乡、镇，这里属于集庆乡。

棠棣村形成于何时？不得而知，但有一些线索可寻：据忠孝堂金氏棠棣分谱记载，头社金氏从诸暨白浦迁来，最早迁过来的是第 17 世升一公的四个儿子中的长子（任一公金守成）和幼子（任七公金天成）。金守成生于明万历癸巳年（1593），卒于清康熙辛亥年（1671），享年 79 岁。金天成生卒年缺载。从金守成的生卒年推测，头社金氏是在明末清初这个时段迁入头社的。这本宗谱还记载文六公金文相卒于康熙甲申年（1704），“葬刘家园墙下”；文八公金禹玉卒于乾隆己卯年（1759），“葬三社竹园”。文十三公金文钊生于乾隆甲申年（1764），原配朱氏生于乾隆丙戌年（1766），两人生了三个女儿，其中的二女儿嫁“二社钱士奎”。武十七公金兆法，生于乾隆丁未年（1787），卒于咸丰乙卯年（1855），“配三社里王氏”。这些记载说明，现今棠棣村中的刘家、二社自然村以及相邻的棠一村三社自然村，至迟在清朝康熙、乾隆年间已聚居成村。

## 二、民国时期的建置

民国元年（1912）山阴、会稽合并为绍兴县，县下设置沿袭清制。民国十七年（1928）国民政府颁布《县组织法》，改“乡镇制”为“村里制”。县以下设区、里、村。棠棣归属山阴县第七区漓渚里棠棣联合村，棠棣联合村下辖东山下、毫岭头、竹节岭、平园、棠棣（包括现在的头社、二社、三社和刘家）五个村。

民国十九年（1930）区以下设乡镇，原漓渚里改为漓渚镇，棠棣联合村属集庆乡。民国二十一年（1932）全县精简为十区，集庆乡被撤销，棠棣联合村属第六区棠秀乡。民国二十三年（1934）开始撤区并乡，民国二十四年（1935）漓渚镇、尚大乡、山岩乡、螭阳乡、棠秀乡、桃庄乡、越南乡等一镇六乡，合并为集庆乡，棠棣重归集庆乡。民国二十九年（1940）九月集庆乡改称漓渚镇，属南池区。民国三十年（1941）南池区并入平水区。抗日战争时期，漓渚镇遭受巨大破坏，商店不满百户，不足以成镇，民国三十四年（1945）遂改漓渚镇为漓渚乡。民国三十五年（1946）全县划分为七个指导区 73 个乡镇，棠棣属第二指导区漓渚

① 嘉庆山阴县志：第 4 卷 [M]. 徐元梅，朱文翰，等 . 纂修 // 绍兴丛书编辑委员会 . 绍兴丛书：第 1 辑第 8 册 . 北京：中华书局，2006：514.

区。民国三十七年（1948）12 月全县七个指导区缩减为五个，另增设四个区署，漓渚区署下辖漓渚、双山、梅里、朱华、兰亭、秦望六个乡，头社、二社、刘家归属漓渚乡第七保，保下设甲，刘家为第六甲，头社为第七甲，二社为第八甲。

### 三、中华人民共和国时期的建置

1949 年 5 月绍兴县解放。6 月 6 日绍兴县人民政府成立，废除保甲制，成立漓渚区，下辖六个乡，棠棣属漓渚乡。是年 11 月，漓渚乡内区划调整，成立棠棣乡，头社、二社、三社、刘家、贾山头、毫岭头、东山下、相家塔八个自然村一起成立农民协会（简称“农会”），农会办公地址设在三社。

1950 年 11 月，棠棣乡开展土地改革，下辖五个行政村，六峰为一村，头社、二社、三社、刘家为二村，贾山头、毫岭头、东山下、相家塔为三村，茅秧岭、马岭头、下徐村为四村，吴家坞、大庙前、大坞为五村，乡政府设在三社。1952 年，绍兴县委根据“因地制宜、自愿结合、等价交换、民主管理”的原则，号召农民互助合作。同年 3 月，刘家的刘吉棠和刘岳太，带头组建互助组，有 18 户农民参加了互助组，有田 85 亩。此后，二社的钱来寿和钱大金水也组建了互助组。1955 年 1 月，二社在互助组的基础上，率先组建二社初级社（亦称“棠一初级社”或“棠棣第一农业生产合作社”），社长钱大金水。紧接着，头社和刘家也都组建了各自的初级社。

1956 年 3 月撤区并乡，棠棣乡与漓渚乡合并，称棠棣乡。头社、二社、刘家三个初级社和三社的初级社，合并为高级农业生产合作社，称“棠一高级农业生产合作社”，简称“棠一高级社”。

为贯彻中央《关于在农村建立人民公社的决定》，1958 年 8 月绍兴开始建立人民公社，实行军事化管理，以区建社，镇乡为营，又叫“管理区”。营以下的村为连，生产队为排，生产小组为班，“政社合一，以社代政”，当时称为“大公社”。原漓渚区改称漓渚人民公社，棠棣（乡）为第一营（又称“棠棣管理区”），第一营下辖棠棣、贾山头、六峰山、漓渚、小步、大兴、九板桥、红星等连，当时头社、刘家合为一个连，二社单独设连。

1961 年 4 月，中央要求调整人民公社规模，撤销大公社，恢复区建制，以原乡为单位建立人民公社。漓渚区下辖漓渚公社和棠棣公社，棠一高级社归属棠棣人民公社，下分四个生产大队：头社、二社、刘家、三社。大队下设生产队，头社大队下分两个生产队，二社大队下分六个生产队，刘家大队下分五个生产队，一共有 13 个生产队。1958 年至 1963 年，绍兴富盛镇的上王村（后改称“上旺”），在村民王金友的带领下，以“八把山锄创大业”的精神，将穷山恶水改造成“青山绿水好地方，山上是银行，平川是粮仓”的社会主义新农村，绍兴由此掀起“农业学大寨，江南学上旺”的高潮。为了方便开山造田，发挥集体劳动的优势，上述的 13 个生产队又根据自愿互利的原则，合并为八个生产队：头社一队、二队，二社一队、二队、三队，刘家一队、二队、三队，以生产小队为核算单位。

1966 年“文化大革命”爆发，各生产大队都成立了贫下中农协会。1968 年棠棣公社成立革命委员会，各大队成立革命领导小组。1970 年 5 月 9 日，绍兴县革命委员会核心小组研究决定：撤并棠棣公社。棠棣公社与漓渚公社合并，成立漓渚公社革命委员会。1975 年棠棣和漓渚又分开，恢复棠棣公社。

1981 年 3 月绍兴县改为绍兴市（县级市）。1983 年绍兴地区撤销绍兴市（县级市），恢复绍兴县，撤销人民公社，恢复乡、镇制，生产大队改为行政村。头社、二社、刘家各自成立行政村，各村设村民委员会，原生产队改为村民小组。

1992 年全县撤区并乡扩镇，撤销漓渚区，棠棣乡并入漓渚镇。2003 年漓渚镇调整行政村，头社、二社、刘家三个行政村合并为棠棣村，头社、二社、刘家成为棠棣村下的三个自然村。2013 年 11 月，绍兴县更名为绍兴市柯桥区。

## 第二节　村民族姓

### 一、主要姓氏

棠棣村的三个自然村之间，没有非常明显的山岭、江河等自然地理因素的界隔，但三个自然村各有主姓，刘家以刘姓为主，二社以钱姓为主，头社则多金姓。这种姓氏现象说明：这三个自然村在形成之初就是聚族而居的，而且没有发生过大规模的人口死亡和移民现象。虽然因为婚嫁、零星移民等原因，陆续有其他姓氏杂居其中，但刘、钱、金至今仍是棠棣村的三大姓。

#### （一）钱姓

钱姓主要聚居在二社，至迟在清早期已有钱姓聚居二社。据忠孝堂金氏棠棣分谱记载，生于乾隆甲申年（1764）的文十三公有三个女儿，二女儿嫁的就是“二社钱士奎”。

钱姓是棠棣金氏最主要的婚配对象之一，文字辈有一人娶钱姓之妻，武字辈有三人、家字辈有两人、忠字辈有六人、孝字辈有一人，金家五辈人共有 13 人娶钱姓姑娘为妻，在妻姓的出现频率上仅次于张姓（29 人）、王姓（15 人）和陈姓（14 人）。[①] 虽然宗谱未登记这些钱姓姑娘的原籍，但妻姓中如此频繁地出现钱姓，再结合文十三公次女嫁“二社钱士奎”的记载，推测这些钱姓姑娘应该大多来自二社。说明至迟在棠棣金氏发展到文字辈的时候，二社已出现了较多的钱姓人家，而且与相邻的头社金氏形成了较稳定的婚嫁关系。

如今二社有钱姓 534 人，占二社人口的 94.84%，同时钱姓也是棠棣村最大的姓。[②]

### （二）金姓

头社金姓，因为有《暨阳西安白浦刘金氏宗谱（忠孝堂）》存世，其家族延续的情况比较清楚。“暨阳”即今诸暨，“西安”即今“衢州”。参考《暨阳开化刘氏宗谱》[③] 和《暨阳白浦刘金氏宗谱》[④] 的记载，可以大致了解到：棠棣金姓本姓刘，追述西汉中山靖王刘胜为始先祖。唐末为避吴越王钱镠名讳（镠、刘同音）改姓金，“钱镠据吴越，改刘为金，姓谱自有金氏”[⑤]。因为劉(刘的繁体字）字中带有“金”字，俗称“金刀刘”，故刘姓改姓时多取金姓。

《暨阳西安白浦刘金氏宗谱(忠孝堂)》记有忠孝堂的辈份字表(宗谱中称为“棠棣字母”)：“百四公—千—文—正—阜—玉—辅—惠—辉—涵—高—登—科—恩—进—仕—升—任—汇—文—武—世—家—忠—孝—节—义—报—君—永—言—孝—思—行—道—显”[⑥]。据说棠棣金姓的先祖原籍河南，后逃难到彭城（今江苏徐州）。有一支后来迁到浙江金华东阳，再迁衢州开化。明末，刘恕（即百四公）从开化迁居诸暨紫砶螺峰（今诸暨店口镇紫岩），是为紫岩始祖、忠孝堂一世祖。刘恕第三子刘述（千字辈的千十六公）从螺峰迁至诸暨白浦（在今阮市镇），是为

① 据《暨阳西安白浦刘金氏宗谱（忠孝堂）》棠棣分谱统计。

② 钱立新访谈记录。

③ 暨阳开化刘氏宗谱（二十四卷本）[M]. 刘元夔，等 . 纂修 . 木活字本 .1947（民国三十六年）.

④ 暨阳白浦刘金氏宗谱（忠孝堂）（十卷本）[M]. 金足民，等 . 纂修 . 木活字本 .1937（民国二十六年）.

⑤ 朱彧 . 萍洲可谈 : 第 1 卷 [M]. 李伟国，校点 // 宋元笔记小说大观 : 第 2 册 . 上海：上海古籍出版社，2007：2303.

⑥ 按常规，辈分字会以诗的形成出现，但笔者多方请教，仍无法将此“棠棣字母”断句成诗。后在调研中了解到有些普通家族，因为族中缺少“文化人”，所以拟定的辈分字会随意取一些“好字”、“好词”放在一起，不一定成诗，“棠棣字母”很可能就属于这种情况。

白浦始祖、忠孝堂二世祖。从此忠孝堂金氏在诸暨开枝散叶，阮市镇金家站村也是他们的迁居地之一，金家站村离棠棣村只有二十几里路。第 17 世升字辈的升一公，生了四个儿子：长子任一公（金守成）、次子任二公、三子任四公、幼子任七公（金天成）。任一公和任七公从白浦迁居棠棣村，被视为“棠棣之祖”。

棠棣金氏都是任一公和任七公的后代，辈分传承清晰。任一公有四子，分大房、二房、三房、幼房四房传续，任七公只有一个独子，单房传承。这本族谱记载了棠棣从“任”字辈到“义”字辈这十世的情况，但世字辈之后入谱的各辈大多没有完整的生卒年记载了。世字辈的卒年多在清嘉庆（1796—1820）、道光（1821—1850）年间，但因辈分传承的复杂性，越到后来，辈分大年纪小或辈分小年纪大的情况会越来越常见，例如武字辈的武廿六公生于嘉庆甲戌年（1814），卒于同治甲子年（1864），比很多世字辈的人年纪还要小。这本宗谱刊刻于清同治七年（1868），依此推算，从始迁祖任一公的生年（1593 年）算起，到义字辈入谱，这十代人的繁衍延续了近 300 年的时间。

民国时，金姓仍是棠棣的显姓，《螭阳志》引张金山《棠棣里》诗云：“里亦名棠棣，金姓著于时。”[①]

### （三）刘姓

忠孝堂金氏棠棣分谱记载文六公卒于康熙甲申年（1704），“葬刘家园墙下”，说明至迟在康熙年间，这里已有刘姓聚居，并有了“刘家园”这样的地名。

刘家和二社一样，是同姓聚居特征比较明显的一个村庄，棠棣村的刘姓大多居住在刘家，刘姓占刘家总人口的 70.8%。

### （四）其他姓氏

除钱、金、刘三大姓外，棠棣村还有徐、张、王、陈、蒋、李、史、任、孙、罗等众多姓氏。

这些姓在忠孝堂金氏棠棣分谱显示的妻姓中也都出现过，张、徐、王等姓的出现频率还不低。因为古代乡村习惯于就近娶嫁，这些姓氏的姑娘大部分应该就来自本村或周边村庄的人家。

张姓在头社和刘家都有分布，头社较多。陈姓主要分布在头社，是头社仅次

---

① 张拯滋 . 螭阳志：第 2 卷 [M]// 绍兴丛书编辑委员会 . 绍兴丛书：第 1 辑第 10 册 . 北京：中华书局，2006：840.

于金姓的大姓。棠棣村的王姓有很多来自邻村棠一村的三社自然村。例如住在刘家的王永良家，是爷爷辈从三社迁过来的，迁居刘家已有 80 多年，亲戚大都还在三社，彼此至今还有走动。[①] 三社的王姓历史悠久，忠孝堂金氏棠棣分谱里已提到武十七公金兆法（1787—1855）“配三社里王氏”。

相较而言，二社的姓氏最纯粹，以钱姓为主，其他姓比较少见；刘家次之，刘姓外也有少量其他姓；头社姓氏最杂，以金姓和陈姓最多，还有较多其他姓氏杂居其中。

## 二、姓名习俗

通过对棠棣村人古今姓名的观察，可以发现棠棣村人取名主要有以下几个特点：

### （一）名字中带辈分字

一个家族中，同辈人的名字，中间那个字或最后那个字大多相同，而且相同的这个字大多就是辈分字。家族分支越来越多后，同辈人的名字中不一定都会使用同一个辈分字，但同个家庭的亲兄弟或血缘亲近的堂兄弟，名字中往往还会有一个字是相同的，这个字不一定是辈分字，但作用类似于辈分字。这一点在忠孝堂金氏棠棣分谱中可以清楚看到。

### （二）以数字为名

棠棣村人有用数字起名的习俗：例如民国时期有采兰人叫胡七十、王六九，棠棣最后一位保长叫钱六四，1961 年头社大队第二生产队队长叫金五十，有个拖拉机手叫金五四，二社大队第三生产队队长叫钱五九。此外还有叫金小五十、金小五六、金五六、陈五十的村民。

以数字为名，在唐尤其是宋、元时期比较常见，一直流传到近现代，甚至还影响到了日本等邻国。这种数字名，最初不是真正的名字，只是以行第相唤的一种“小名”。“行第”即一个人在兄弟姐妹中的排行顺序，很多时候不单指在家庭也指在家族中的排行。这种情况在唐朝很常见，例如“景龙初，有韩令珪起自细微，好以行第呼朝士”[②]，岑仲勉在《唐人行第录》中也讲到自己“抗战前攻唐史，见唐

① 2019 年 4 月 25 日村民王永良相告。
② 王谠. 唐语林校证：第 5 卷 [M]. 周勋初，校证. 北京：中华书局，2012：452.

人诗文喜以行第相称”[①]。在敦煌文书和洞窟供养人题记中也发现了大量以数字为名的人，如赵什七、李什一、梁什七、令狐什六等。[②]宋袭唐俗，数字名更加普遍，洪迈的《夷坚志》中涉及了很多数字名，如陈五、金四、李八、欧十一、张十、杜三、沈十九、徐三、徐十三、段二十六、熊二、刘十二、周三、隗六、从四、尹二、李十六、崔三、陈二、陈十四、赵十七、胡廿二、叶七、曹三、胡廿四、郭二、范十五、杨廿一、闾丘十五、沈二八等。唐宋时期数字名的数字都比较小，基本在三十以内，这是因为即使是个大家族，同辈兄弟姐妹的人数总是有限的。元朝时情况有变，这种数字名变成了真正的名字，而且“数字”来源更繁杂，有行第，也有其出生时父母的合计年龄。产生这种变化的原因是“元制，庶民无职者，不许取名，止以行第及父母年齿合计为名”[③]。推翻元朝的明朝，由农民起义军建立，帝王将相大多出身贫寒，故其父祖辈中也常见数字名，例如“开平王常遇春，曾祖四三，祖重五，父六六；东瓯王汤和，曾祖五一，祖六一，父七一”[④]。

绍兴文脉昌盛，古风存续。晚清学者徐诚庵就曾告诉朴学大师俞樾：“见在绍兴乡间，颇有以数目字为名者。如夫年二十四，妇年二十二，合为四十六，生子即名四六；夫年二十三，妇年二十二，合为四十五，生子或名为五九,五九四十五也。”[⑤]也就说，数字可以直接用父母之合龄，也可用合龄的乘数，如父母合龄为四十五，儿名可叫“五九”。鲁迅作品中的绍兴人也常见数字名，如《风波》中的“八一嫂”、《离婚》中的“八三”、《社戏》里的“六一公公”等。

### （三）以“阿”字入名

棠棣村村民的名字，带“阿”字的特别多。用“阿”字取名，在古代就很常见，多是父母为孩子取的小名，以示亲昵、宠爱。但百姓孩子往往上不起学，不用取学名，小名也就叫成了大名。

名字中带有“阿”字的棠棣村村民，大多出生于20世纪七十年代之前，七十年代之后就很少见了。这是因为七十年代出生的孩子，他们的父母大多接受过扫盲教育和初小基础教育，有了给孩子取个好名的能力。而且七十年代计划生育政

① 岑仲勉. 唐人行第录：自序 [M]. 北京：中华书局，2004：3.
② 高启安. 信仰与生活：唐宋间敦煌社会诸相探赜 [M]. 兰州：甘肃教育出版社，2013：13.
③ 俞樾. 春在堂随笔：第5卷 [M]. 张道贵，丁凤麟，点校. 南京：江苏人民出版社，1984：75.
④ 俞樾. 春在堂随笔：第5卷 [M]. 张道贵，丁凤麟，点校. 南京：江苏人民出版社，1984：76.
⑤ 俞樾. 春在堂随笔：第5卷 [M]. 张道贵，丁凤麟，点校. 南京：江苏人民出版社，1984：76.

策趋紧，每家只有一两个孩子，都是家里的“宝贝”，长辈愿意花更多的精力给孩子取个好名。

### （四）以母姓入名

棠棣村有许多将父母姓氏合在一起取的名字，母姓紧随父姓之后。棠棣村的妇女非常勤劳而且能干，家庭地位普遍较高。孩子姓名用父母姓氏合取，也从侧面证明棠棣村男人比较尊重妻子，男女平等的风气比较浓郁。

### （五）用“岳”、“关”等字取名

棠棣村有不少村民的名字里带有“岳”或“关”字。这些名字很可能和这一带寄名神灵的习俗有关。父母认为将孩子寄名于神灵名下，神灵就会保佑他健康成长。寄名于岳爷爷菩萨（即岳飞）的孩子，名字中都要有个“岳”字。从杭州到诸暨一线曾是岳家军的活动区，有许多地名与岳家军有关，例如萧山进贤镇的欢潭村、岳驻村、岳驻岭，诸暨的牛皋村、牛皋岭等，因此这一带民间比较崇拜岳飞。同理，寄名关公的，名字中都有一个“关”字。

### （六）以大小、上下来区分同姓同名者

棠棣村民的姓氏主要集中在钱、金、刘三大姓，因此很容易出现同名同姓的情况，于是村人就约定俗成地依照年龄的长幼，加“大”或“小”字以示区分，至今如此。例如民国时期有个采兰人叫金小阿龙，1953—1959 年头社的农会主任叫钱大金水，1961—1982 年的刘家大队的大队长叫刘大阿芳，1961 年刘家大队第一生产队队长叫刘大阿根，第五生产队队长叫刘小关兴。此外还有金小连中、金大连中、金大五十、金小五十、金小五六、刘小阿根、刘小阿芳、刘大关心、刘小关心、钱大伯康等。

棠棣村整体地势村口低、村底高，越往里走地势越高，因此也有用住家位置来区分同名同姓者的现象，住在高处者称“上”，住在低处者称“下”，如钱上伯良、钱下伯良、钱下先方、钱下水林等。

## 第三节　人口繁衍

人口是村落的基础条件，没有人口也就谈不上村落。以棠棣金氏为例，通过忠孝堂金氏棠棣分谱，可以清楚地看到任一公和任七公兄弟俩的子孙，在头社这

片土地上生根开花、枝繁叶茂的过程，这同时也是一个村庄形成和发展的过程。

中华人民共和国成立后，因为生活条件和医疗条件的改善，人口增长很快。20 世纪五十年代初，棠棣村只有 125 户 550 人左右，1964 年已有 208 户 998 人。此后受计划生育政策影响，人口增速减缓，1975 年全村有 258 户 1240 人，1978 年有 278 户 1274 人。

## 一、婚姻

人口的繁衍，首先取决于婚配和生育。

### （一）娶妻、招赘

忠孝堂金氏棠棣分谱婚配姓氏统计（姓后的数字代表人次）如下：

任字辈和汇字辈都只记载了一个妻姓，分别是陈和何；

文字辈涉及 12 个妻姓：汪、范、毛、叶、沈、钱、胡、吴、许、陈、朱、洪；

武字辈涉及 13 个妻姓：王 3、张 2、陈 2、陶、茹、蔡、姚、俞、曹、陆、鲁、寿、罗；

世字辈涉及 16 个妻姓：张 5、朱 3、钱 3、邵 3、徐 3、劳 3、陈 2、王 2、蒋 2、孙 2、罗、俞、潘、何、姚、马；

家字辈涉及 19 个妻姓：张 7、徐 5、陈 3、陆 2、邵 2、钱 2、杜 2、周 2、沈 2、王 2、蔡、蒋、黄、俞、丁、茹、章、杨、童；

忠字辈涉及 19 个妻姓：钱 6、张 5、杜 4、王 3、邵 3、沈 2、陈 2、何 2、叶、吴、胡、俞、毛、徐、韩、章、杨、史、李；

孝字辈涉及 23 个妻姓：张 8、王 4、邵 3、俞 2、陈 2、寿、潘、韩、沈、戴、曹、何、徐、朱、周、任、钱、章、马、余、蒋、杜、叶；

节字辈涉及 11 个姓妻：张 2、虞、赵、吴、王、徐、邵、蒋、杜、孙、章；

义字辈涉及 1 个妻姓：胡。

因为此宗谱中有较大量的妻姓缺载，再加上有些字迹漫漶无法辨认，这个统计很不完善。但从这个冰山一角的数据，结合宗谱中的其他零星记载，仍可以观察到棠棣金氏在婚配上的一些信息：

1、棠棣金氏所娶妻子的姓氏多而杂。从始迁祖任一公、任七公的任字辈到义字辈这十辈中，有记载的妻（包括继妻和妾）姓，共有陈、何、汪、范、毛、沈、叶、钱、胡、吴、许、陈、朱、洪、王、张、陶、茹、蔡、姚、俞、曹、陆、鲁、寿、罗、邵、徐、劳、蒋、孙、潘、马、杜、周、黄、丁、章、杨、童、韩、史、李、戴、任、余、虞、赵 48 个姓，但没有一个金姓和刘姓（因为棠棣金姓是从刘姓改姓而来的）。

2、迁居棠棣后，棠棣金氏婚配对象的姓氏呈逐渐增多的趋势。前四辈（任、汇、文、武字辈）的通婚姓氏只有一个“陈”姓有重复，其他 12 个姓王、张、陶、茹、蔡、姚、俞、曹、陆、鲁、寿、罗都是新出现的姓；第五辈（世字辈）新出现了邵、徐、劳、蒋、孙、潘、马 7 个姓；第六辈（家字辈）新出现了杜、周、黄、丁、章、杨、童 7 个姓；第七辈（忠字辈）新出现了韩、史、李 3 个姓；第八辈（孝字辈）新出现了戴、任、余 3 个姓；第九辈（节字辈）新出现了虞、赵 2 个姓。节字辈和义字辈记载的通婚姓氏数量减少，是因为修谱时，这两代人大都还未达到婚配年龄。

3、妻姓出现人次最高的是“张”姓，达 29 人次。此外比较高的有王姓 15 人次、陈姓 14 人次，钱姓 13 人次，邵姓 12 人次，徐姓 11 人次、杜姓 8 人次，沈、俞姓各 6 人次，何、蒋、朱姓各 5 人次，章姓 4 人次，叶、胡、吴、陆、劳、孙、周姓各 3 人次，毛、茹、蔡、姚、曹、寿、罗、潘、马、杨、韩姓各 2 人次，其余姓都只出现了 1 次。

4、有少数几条记载涉及了“妻”的原籍信息。例如武十七公“配三社里王氏”，说明其妻王氏来自现今棠一村的三社自然村。又如武廿七公“配茅山头陈氏”，世一公继娶漓渚小埠张氏。浙江叫“茅山头”的地名有好几个，离棠棣最近的是鉴湖镇的茅山头，中间只隔了一个兰亭镇，武廿七公娶的陈氏很可能就是鉴湖镇茅头山的陈氏。

这一切都说明：（1）棠棣金氏坚持同姓不婚的原则，对避免近亲繁殖，追求优生，有较强的自主意识；（2）局限于交通条件、家族亲情（娘家是出嫁姑娘最有力的保障）、经济人情互助互济等因素，古代娶妻嫁女一般都会在周边地区选择，棠棣金氏也是如此。但在就近婚嫁的前提下，棠棣金氏仍在努力拓展新的婚配姓氏，说明他们对避免近亲繁殖确实很重视；（3）随着聚居时间的延长，棠棣金氏和周边某些村落、某些家族逐渐形成了相对稳定的通婚关系，那些在娶妻名单中出现率较高的姓氏，就暗示了这种相对稳定的通婚关系。尤其是钱、张、虞等姓氏，在棠棣金氏娶和嫁的名单中都有出现，其中漓渚小埠的张姓，更有 1 条娶、2 条嫁的记载，进一步证实了这种相对稳定关系的存在。

一些无男丁人家，则通过招赘承续香火。以前，上门女婿的地位比较低，入赘后要改姓女方的姓，相当于给这家做儿子了，生育的子女也要随女方姓。1949 年以后，招赘之事仍然存在，入赘者有外省的也有本地的。一般来说，招赘的人家，经济条件大都要比男方好一些。但在新思想新观念的影响，人们不再歧视入赘者，赘婿也不用改姓女方姓。

## （二）续娶和置妾

在正妻无后或早逝的情况下，为生育子女或照顾失母幼儿，男子多会续娶。在忠孝堂金氏棠棣分谱中，这种情况就比较普遍。文二公、文十三公、武廿二公、世一公、世九公、世十公、世十四公、家五公、家七十四公、家八十二公、忠十五公、忠八十四公、忠八十五公、孝五十三公等，都有过继妻。但置妾的情况不多，只有少数几例。例如：武十公配蔡氏，生三子，副姚氏，生二子；家六十五公配□氏，副陈氏，生一子。结合族谱里记载的棠棣金氏的捐官事例，说明当年棠棣金氏中有些人家的经济条件是比较好的，是完全有能力置妾的。但从总体情况看，棠棣金氏对婚姻关系比较保守、忠诚，会为家族兴盛续娶，但即使财力丰沛，也很少会为了享乐置妾。续娶的情况在后来的棠棣村也一直存在。

## （三）嫁女

对忠孝堂金氏棠棣分谱中姑娘出嫁地进行的统计发现：棠棣金氏姑娘嫁本村（头社）的不多，大多嫁在附近村镇。因为棠棣金氏是由诸暨白浦（现属阮市镇）分支而来，因此棠棣的金家姑娘回嫁诸暨阮市、店口的情况也比较常见，店口、阮市二镇相邻，与漓渚镇均有道路相接，路途也不算远。例如：

文十三公原配朱氏生 3 女，“长适徐山陈，次适二社钱士奎，三适漓渚”，继妻洪氏所生一女，“适良公舍邵”。

文十六公有 3 女，“长适礓石虞，次适小埠张，幼适礓石虞”。

武廿六公有 1 女“适乌槎头陈高”。

武廿七公有 2 女，“长适小埠张曰正，幼适诸邑七里蒋贻声”。

世三公有 1 女“适弦腔”。

这些棠棣村金姓姑娘出嫁的地点，现在大多还能查得。例如：

徐山，是福全镇的一个古村落，明代著名思想家王守仁（王阳明）的生母郑太夫人的墓就迁葬于此。福全镇是与漓渚镇东界相交的一个镇。徐山村现存有大夫第、罗太史第、罗进士第等较多古建筑，罗姓是此村的大姓，且多读书入仕之人。此村与棠棣金氏可能存在着比较稳定的婚嫁关系，武廿六公娶的就是“徐山罗氏”。

二社，至今仍是棠棣村的一个自然村，而且至今仍以钱姓为主。

漓渚，不论是指漓渚村还是漓渚镇，都在现今漓渚镇境内。

良公舍，不知何意。一说即“堂屋子”，[①] 也即宗家堂屋。过去大族大户建祠堂有几进，小姓小户建宗家堂屋只有几间，甚至只有一间房，供同宗族的人祭祀、办婚丧大事、聚会议事。人口繁衍会导致同族分房，分出去的各房会分建自己的“堂屋子”，所以村里的大姓往往会有几个宗家堂屋，宗家堂屋属于这一族或这一房的共同房产。棠棣村现在还存留着几个宗家堂屋，但已非常破旧，只用于办丧事；一说可能是指诸暨阮市的“良戈舍”（地名），两者读音接近。[②]

礶石，应该就是黄山畈村的“塔石”自然村。黄山畈村与棠棣村相邻，在棠棣村的西面，翻过鹤翅岭就到了，再往前走能一直通到诸暨店口镇。相传此村是西楚霸王项羽的爱妾虞姬的故乡，虞姓是此村大姓，历史上建有虞姬娘娘庙。据说这个村的姑娘特别漂亮。为怀念项羽，此村女子忌用“翠”字取名，因为翠字由羽、卒二字组构。文十六公长女和幼女嫁的都是石塔的虞姓人家。

相传宋朝时，漓渚已有大埠、小埠两个埠头，商业繁荣。文十六公的次女和武廿七公的长女，嫁的都是小埠的张姓人家。小埠亦称“小步”：“大埠即漓渚埠，小埠即小步。张春霞有‘步小自能行隐地，心平何必用机关’句。”[③] 当年这里有小集市，但只有小船能进来，故称“小埠”。小步是张氏聚居地，“漓渚小步张氏，宋季浙西廉访使张庚，隐居山阴之梅里尖（今属福田镇），其子张祥迁于漓渚”[④]。

乌槎头，现在是诸暨店口镇亭凉树下村下辖的一个自然村，陈姓是此村的大姓，有光绪乙未年孝思堂《乌槎陈氏宗谱》存世。武廿六公女嫁的就是乌槎头的陈高。诸暨店口镇是与漓渚镇西界相交的一个镇，两镇百姓交往频繁。

诸邑七里，应该就是诸暨店口镇七里村。蒋姓是此村大姓。武廿七公幼女嫁

---

① 村民金伟桥询问村中老人后相告。

② 2019 年 4 月 24 日咨询村民金立成时，他推测有这个可能。

③ 张拯滋 . 螭阳志：第 2 卷 [M]. // 绍兴丛书编辑委员会 . 绍兴丛书 : 第 1 辑第 10 册 . 北京：中华书局，2006：840.

④ 《绍兴县志》编委会 . 绍兴县志：第 1 册 [M]. 北京：中华书局，1999：338.

的就是诸邑七里的蒋贻声。

弦腔，位于诸暨店口镇与绍兴漓渚镇交界处，弦腔村东部的上弦腔属于绍兴，西部的下弦腔属于诸暨，口音和风俗习惯更偏诸暨。

棠棣村一直延续着这种就近婚嫁的传统。例如金定先（1938 年生）的姐姐嫁在邻村六峰村，小妹嫁在漓渚镇上，“嫁的就是镇上的老字号酱园‘浩福昌酱园’那户人家”。金定先有四个女儿，长女招婿，二女嫁在本村，三女嫁在棠一村，小女嫁在诸暨；[①] 刘幼珍（1947 年生）的“娘家婆家都在刘家村”[②]；钱涛（1993 年生）的奶奶是“平水镇同康村人”，他的大姑“嫁在了那个村（同康村）”[③]。一直到改革开放后，随着外出求学就业的年轻人越来越多，婚嫁模式才略有改变。

## 二、承祧

因为夫妻不能生育，或者孩子夭折而家庭绝嗣的情况，以前还是比较常见的。但男孩不仅代表着血脉的延续，而且和老人赡养、祖宗祭祀等现实问题纠缠在一起。因此，作为一个家族来说，是不会轻易让一个家庭绝嗣的，在条件允许的情况下，都会通过过继、兼领养、承祧等办法让那个家庭的香火延续下去。

### （一）过继

过继，忠孝堂金氏棠棣分谱中很常见。例如：家七十四公金学浩生了四个儿子：忠六十九公（金成宝）、忠七十二公（金成珠）、忠八十一公（金成扬）和忠八十三公（金成芳）。结果大哥金成宝和三弟金成扬都无后，小弟金成芳只生了一个儿子孝七十三公（金瑞兰），只有二弟金成珠生了三个儿子，于是金成珠将自己的长子孝六十七公（金瑞宗）过继给了哥哥，以确保长房的存续，又将次子孝七十二公过继给了同样无后的三弟金成扬，自己只留了一个幼子孝七十六公（金瑞有）。通过过继的方法，四个兄弟总算各家都有了一个儿子承续香火。

过继大多在亲兄弟或堂兄弟之间进行。但偶尔也会发生在姻亲之间。例如武二十公与妻俞氏所生三子中的幼子金大成，就“出继母舅俞国文公为嗣”，也就是过继给舅舅当儿子了。

---

① 金静访谈记录。金静是金定先的二女儿。

② 刘幼珍访谈记录。

③ 钱涛访谈记录。

### （二）领养

“过继”特指领养亲戚的男孩，但“领养”的孩子就不一定有亲戚关系了，也不一定是男孩，但以男孩为多，大多因为无子或只有女儿而领养男孩。这种情况在棠棣村也时有发生。

### （三）兼承祧

兼承祧是指某个男子不仅要为父母承担起生育后代、养老送终、扫墓供祭的责任，而且要为那些无后的叔伯长辈肩负起这种责任，使这些无后的叔伯长辈生前有人养老送终，死后有人扫墓祭祀，以免沦落为孤魂野鬼。当然，这些人的遗产也归这个兼承祧人继承。

从忠孝堂金氏棠棣分谱的记录看，兼承祧在棠棣金氏家族里也很常见，例如：

武廿三公有五子：金大林、金大春、金大江、金大校、金大云。金大校无后，由二哥金大春的独子金祖有兼承祧。

武廿六公有四子：金世久、金世田、金世孝、金世圣。金世久生四子：金学广、金学庆、金学明、金学貌。金世田无后，金世久就让自己的幼子金学貌兼承其祧。金学貌的三个哥哥学广、学庆、学明均无子，而他也只有一个儿子金□富，他让金□富兼承三哥金学明祧。这样一来，相当于他这个独子金□富要兼承金世田、金学貌、金学明三家之祧了。

## 第四节　身份职业

棠棣村村民历史上以务农为主，多为农民，但也有一些从事其他职业或兼有其他身份的人，简述如下：

### 官吏

在忠孝堂金氏棠棣分谱中，个别村民的姓名后记有官职。例如文八公（金禹玉）标注为“迪功郎”，世十四公（金世禄）、世四十八公（金大春）、家三十五公（金家正）、孝三十六公，标注为“登仕郎”。二社钱氏在清朝时也出过一个举人，“有个官帽留在村里，在外面做过候补道台之类的官，据说是捐官捐来的。二社钱姓一支有好几个分脉，一房二房的，每年轮流供这顶官帽，大概在‘文化大革命’

时官帽丢失了”[①]。

“捐官”又称捐纳，是封建王朝为弥补财政困难，允许士民向国家捐纳钱物以取得爵位、官职的一种方式。清朝比较盛行捐官，不同的官阶明码标价，道台是能捐纳的最高官职了。因为官位有限，而且政府会有意识地控制买官者出任实职，所以捐纳所得的官职多为虚衔，候补道台就是如此，道台只有一个，候补道台一大堆，基本上一辈子都候补不到一个实职，只能在衙门做些协助工作，甚至在家候到死。大多数捐官者毕竟财力有限，只能捐些迪功郎、登仕郎之类八、九品的小官。

迪功郎是出现于宋朝的一个官名,《宋史·职官志八》称迪功郎为“从九品”,《宋史·职官志九》称“自开府至迪功，凡三十七阶”[②]。可见“迪功”是职位最低的文官官阶。明朝定“迪功郎”为正八品。清朝其实已经没有迪功郎这个官阶，但因为清人捐官，所得多是正八品或从八品的官衔，所以民间修谱时常将这些人员记为迪功郎，以等同于明朝的迪功郎。从忠孝堂金氏棠棣分谱可知，文八公（金禹玉）生于康熙己巳（1689）年，卒于乾隆己卯（1759）年，是任七公独子汇八公的长子，先后娶过胡氏、吴氏两房妻子，胡氏无子，吴氏生三子。他能娶两房妻子并养育三个儿子，可见家庭条件较好，捐个迪功郎，应该有这个财力。

登仕郎，在清朝是一个正九品的虚衔，只要花点钱就可以买到。当时民间稍有财力的人家，大多会为老人买一个“登仕郎”，写入墓志和族谱，也算是老人及其家族的一点荣耀。

由此可见，棠棣村人虽以务农为主，但有些富裕家庭捐过官，主要是为了买个虚衔光耀门庭。

### 手工业者

“一技在手，吃穿不愁”，以前乡村子弟有条件的话，都会拜师学点手艺，学的大都是乡村生活比较需要的木匠、竹匠、泥水匠等，或专职，或兼职。棠棣村因为地少人多，学手艺的风气特别浓厚，“村里以前学木工的人蛮多的，都说有门技术就饿不煞了”[③]，因此村里的能工巧匠也比较多。

木匠分大木、细木、圆木三种。大木就是造房子的木匠，因为当时的房子都

① 钱立新访谈记录。
② 脱脱，等.宋史：第168卷，第169卷[M].北京：中华书局，1977：4017，4051.
③ 钱立新访谈记录。

是梁柱木结构的，刘家的王阿祝是村里有名的大木师傅。造房也少不了泥水匠，二社的钱水寿就是村里有名的泥水匠。1956 年，棠棣村遭遇超强台风温黛的袭击，民房大片倒塌，需要重建，大木匠和泥水匠都不够用了，刘家的刘关千、刘幼泉等人，在老师傅的指点下，大胆上手，成了当时村民建房的“急救兵”，村民亲切地戏称他们为“五六师傅”。

细木是打家具的木匠，家里的床、凳、桌、椅、橱、柜等家具都要请细木师傅做。金定先是村里有名的细木师傅，“他大概是 20 多岁时开始自己学着做木工的。我们村和周边别的村经常请他去打家具”，“还带出了很多徒弟，基本是村里的”[①]。钱传康说 1971 年他结婚时，“家具就是村里的木匠金定先做的”[②]。

圆木即箍桶师傅，一切圆形的木器如马桶、水桶、粪桶、米桶、脸盆、脚盆等，都要请圆木师傅做。这些东西在村民当时的生产和生活中都是不可缺少的。

棠棣山间多竹，生活和生产中也有很多竹器。夏粮收割前，是竹篾匠最忙的时候，因为担谷、晒谷需要的箩、筐、簟等都需要竹篾匠来修补或新做，故乡谚云：“六月里的竹篾匠，好比朝上的宰相。”

棠棣村不是传统蚕桑村，但有些村民有烘茧技术。金定先没有木工生意时，也会“去外地烘茧赚钱”[③]。

打锡箔是绍兴地区历史悠久的一种民间产业。刘家的刘顺德、刘阿奎，二社的钱阿六，都曾是锡箔庄的上间师傅（即技术好的师傅）。村里的一些家庭妇女，闲时也会打点锡箔补贴家用。

1958 年，人民公社将村里的手艺人组织起来，办起了农具修理、被服、建筑等乡村企业，但和从事农作的村民一样记工分，一样参加村里的年终粮、钱分配。“四清”运动（1963—1966）以后，这些企业里的社员，逐渐开始实行工资制，但要向队里交纳一部分收入抵扣工分，例如金关心“1968—1970 年左右在漓渚区建筑大队里做泥工，交过生产队后，每天只能拿到 3 毛，一个月就有 9 块钱”[④]。生产队原则上是不允许社员个人外出做工的，个别手艺人在得到生产队同意后外出做工，但和那些乡村企业员工一样，外出做工期间的收入要按月或按日交纳一部分给生产队。因为只有这样，他们在年终时才能从生产队分到口粮。当时只有城

① 金静访谈记录。
② 钱传康访谈记录。
③ 金静访谈记录。
④ 金关心访谈记录。

市居民有购粮证和粮票，农民是没有的，所以农民即使有钱也没法去粮店买粮，年终从生产队分到的粮食，是村民一家人全年的口粮保障。但这些手艺人只要自己手艺过关，收入都要比纯粹种田的好。例如金定先外出做木工，“外面一天赚六毛，只需交队里两毛，还是合算的”[①]。金关心 1975 后前后结婚，当时他在漓渚建筑大队干活，“一个月差不多有八九十块一个月，因为我当时包活，有两块多一天的收入，交给生产队每天一块钱，其他都归自己，收入已经高起来了”，“我带着她（妻子）做小工，每天九毛钱。当时如果在生产队做的话，只有两毛钱一天”[②]。

棠棣村是个山村，人多田少，劳动力本来就有富裕，多点人出去做工，交回生产队的钱就多，队里的工分值就会提高，大家年终分红时就能多分点钱。因此，只要政策允许，生产队私下是“鼓励”村民外出打工的，只要农忙季节回来参加“双抢”就行，因为“双抢”期间劳动力很紧张，这时乡村企业都会放农忙假，社员个人也不允许外出做工。

### 兰农和花农

棠棣为兰、农兼营的村庄，农闲时节多从事采兰培兰卖兰活动，并逐渐出现一些技术传承的兰户。改革开放前后则出现了一些种植和贩卖花木的花农（详见第三章第二节、第三节）。

### 郎中、医生

村里原来只有土郎中，20 世纪六七十年代，国家开始为村民培养赤脚医生（详见第四章第三节）。

### 佣工和保姆

以前棠棣村有很多无田无产的穷人家，只能做佣工或保姆以维持生计。

头社的穷困户特别多，不少人家的妇女都去上海做嬷嬷（即乳母）以接济家用。头社的张海荣家是头社最穷的一户人家，全家五口人没有半间房子，没有一分土地，全靠他做长工打短工、妻子替人家舂米来维持生活。二社的钱阿寿，一家六口人，只有两间平房，无田无地，全靠他打工度日。一到夏季插秧时，就给地主、富农去种田。一过小满就到湖塘、萧山等地去给地主种单季稻。种田是强

---

① 金静访谈记录。
② 金关心访谈记录。

体力劳动，工资比较高，插种一天田，大工可得一斗米的报酬，小工可得两升米。但家里仍然不够吃，春天靠草子粥、夏天靠大小麦糊头、冬天靠萝卜粥来补充。1947 年，钱阿寿积劳成疾又无钱医治，不幸病逝，一家老小只能靠他妻子给别人家舂米、打杂来糊口。刘家刘幼珍的公公和丈夫以前都是做长工的，公公“66 岁去世的，年轻时做长年（引者注：长年即长工）落下的病”，丈夫“七八岁就给地主看牛，耕田时，牛草篰和铁犁都要他挑了去，到了田里，牛耕田，他要去割牛草，赤脚走。大点就去做长年了”[①]。

中华人民共和国成立后，农村走社会主义集体化道路，人人平等，没有了雇佣关系，大家都是社员。

**行商坐贾**

棠棣村以前除了采卖兰花，其他商业活动很少，但有个别村民开过小店，做过小贩（详见第三章第三节）。

**军人和民兵**

1950 年 12 月，国家号召抗美援朝、保家卫国，二村（1950 年 11 月棠棣乡的头社、二社、三社、刘家组合为二村）的钱仁棠、钱阿根等 7 位青年报名参加中国人民志愿军，赴朝参战。钱仁棠是棠棣乡民兵连连长，“当时参军很自豪的，村里人叫‘抢光荣花’”，他抢到了光荣花，“但大家心里也知道，当兵是九死一生的事”，但他还是毅然去了。[②] 他是 1951 年 6 月在绍兴入伍的，1952 年 1 月 5 日进入朝鲜参战，在华北坦克五团工兵营三连当战士。1955 年国家颁布《中华人民共和国兵役法》，开始实行义务兵役制。从抗美援朝至 1978 年，棠棣村有 14 人参军服役。钱仁棠立过两次三等功，是漓渚镇军功章最多的抗美援朝战士，受到过朝鲜民主主义人民共和国主席金日成的接见。

中华人民共和国成立之初，村里就成立了民兵连，连以下设排和班。参加者都是村里的雇农、贫农、下中农，手工业者和无业者家庭的青年男女。土改时，民兵们剿匪反霸，保卫村庄，白天参加生产劳动，夜间轮流站岗、巡逻，成了土改工作的重要保障力量。1952 年 12 月 21 日，漓渚区小步蔡家村的后天道（哈啦会）道徒发动了反革命暴动，250 余名道徒冲进漓渚区政府，切断电话，打砸区

① 刘幼珍访谈记录。
② 钱涛访谈记录。

公所，抢夺民兵武器，烧毁档案，打死民兵一人，打伤干部群众 26 人。县人民政府派出武装大队镇压了这次反革命暴动，十名负隅顽抗的暴徒被击毙，当时棠棣二村有 20 多个民兵参加了这次平暴。平时，民兵连最主要的任务是配合政府完成征兵工作，维护村庄治安，“过年过节村里会组织民兵巡逻队，主要是为了防火灾，因为过年过节鞭炮之类放得比较多”[①]。公安有重大抓捕行动时，民兵连也会协助外围防守。

① 钱立新访谈记录。

# 第三章　生产和贸易

棠棣村山多田少，土壤贫瘠，鸟兽害严重，水稻等农作物产量不高。传统上以农、林互补的方式维持生活，最有特色的传统林业就是采兰养兰和花木种植。棠棣村的传统贸易以贩卖兰花为主，改革开放前后兰花和花木贸易开始并重。

## 第一节　农业生产

### 一、土地和耕作制度

#### （一）土地制度

农作离不开土地。以前，棠棣村的土地大多属于地主、富农，占人口不到10%的地主、富农，占据着70%～80%的土地。但这里的地主多是中、小地主，拥有三五十亩不等的耕地，一般是雇用1～3个长工耕作一部分土地，按年付酬，农忙季节再雇几个短工帮忙，按天付酬，另外的土地出租，收取租金。地租有现租（即分租）、定租、预租（即押租）和转租四种形式。

1950年6月，中央人民政府颁布《中华人民共和国土地改革法》，以期实现"耕者有其田"的伟大理想。当年年底，土改工作队开始驻村进行宣传教育，成立农协会，训练和培训农民骨干，开始了轰轰烈烈的土改运动。斗地主，分田地，地主富农被没收的其他财产，全部搬到白石庙晒场，由农协会统一分给村民。刘家地主的房屋也被分配给了二社、三社的穷人居住。甚至为了村和村之间的财富均衡，刘家最大那家地主的农具和家具还被搬去分给五村的穷人。

但土改后，很多人家因为缺少劳动力和农资，种不了地，村里重新出现了土地买卖的现象，雇佣和高利贷现象也随之抬头。为了避免翻身得解放的农民重新沦为赤贫，1952 年绍兴县委根据“因地制宜、自愿结合、等价交换、民主管理”的原则，引导农民以几户或几十户为单位组成农业生产互助组，解决贫困农户缺农具、缺劳力的问题。刘家组织起了二村的第一个互助组，接着头社、二社也组建了互助组。互助组主要以帮工方式互助，有的互助组建立之后还集资购置农具，有的互助组不但在劳力上互助，而且还在种子、资金、技术上互相调剂帮忙，有力地促进了生产，保障了全体组员的利益。

1955 年，在互助组的基础上，二村的头社、二社、刘家先后成立了“头社初级社”、“二社初级社”（又称“棠一初级社”）和“刘家初级社”。1956 年 1 月，二村的头社、二社、三社、刘家四个自然村合并成立了“棠一高级农业生产合作社”（简称“棠一高级社”）。高级社取消了个体农民土地所有制，改为土地集体所有制，除分配少量自留地外，95% 的耕地以及大型生产农具、牲畜均归集体所有。在分配方式上，取消了按入股土地分配的方式，全部实行工分制，按劳分配，多劳多得。高级社让村民真正步入了集体化道路。1956 年，亩产 755 斤，社员人均年收入达 85.60 元，那时大米每斤只要 0.13 元，社员生活向好，糠菜代粮的现象大为减少。

但就是在这一片大好形势下，党对基本国情的认识发生了偏差，“致使制定的路线、方针、政策脱离了中国的基本国情，脱离了中国最大的实际”，“1958 年的‘大跃进’和‘人民公社化’，希图过早地进入共产主义”，是一次“超越阶段”的教训。① 当时各地以区为单位建立人民公社，以乡镇为营，以村为连，以生产队为排，以生产小组为班，实行组织军事化、行动战斗化、生活集体化的“政社合一”体制。头社、二社、刘家属于漓渚人民公社第一营。土地政策实行“一大二公”，原属高级社的土地和社员的自留地、坟地、宅基地等一切土地，连同耕畜、大型农具等生产资料以及一切公共财产都无偿收归公社所有。农民集中劳动，统一核算，统一分配，劳动力无偿调拨。② 全国各地争放高产“卫星”，号称“人有多大胆，地有多大产”、“一天等于二十年，跑步进入共产主义”。1959 年棠棣村也在白石庙前种“万斤田”，在头社畈搞“万斤粮”，结果因违背自然规律，颗粒无收。

① 2017 年 7 月 26 日习近平在省部级主要领导“学习习近平总书记重要讲话精神，迎接党的十九大”专题研讨班开班式上的讲话。

② 这一时期，棠棣村 18 岁以上男劳力分期分批被调拨到漓渚运送铁矿石，到漓渚烧小高炉大办钢铁，赴陈村水库筑大坝，工分却仍在队里拿，严重影响了生产队里的农业生产和年终的工分值。

这种基于良好的愿望却超越了基本国情的瞎折腾，严重挫伤了农民的生产积极性、主动性和创造性。

紧接着的三年灾害，导致全国粮食供应严重不足。1960—1962 年村民的月人均口粮（大米）分别只有 14 公斤、13 公斤、12 公斤，很多人因饥饿得了浮肿病。1960 年底，党中央开始“纠正农村工作中‘左’的错误，并且决定对国民经济实行‘调整、巩固、充实、提高’的方针，随即制定和执行了一系列正确的政策和果断的措施”，“从 1962 年到 1966 年国民经济得到了比较顺利的恢复和发展”。[①] 但在随后的“文化大革命”中，实行“割资本主义尾巴”，农民的生产积极性再次受挫，村民生活长期徘徊在温饱线上。

一直到改革开放后，尤其是实行家庭联产承包责任制后，土改时“耕者有其田”的初衷，才得到了真正的落实，村民才真正实现了耕其田、乐其业的理想。

### （二）耕作制度

棠棣村以前种的都是单季晚稻，抗日战争前后曾推行“嵌稻”（即间作双季稻），后来又发展出连作双季稻，连作双季稻需要品种优化和育秧技术的保障。双季稻的收、种都在最炎热的 7 月底 8 月初，而且收、种都要抢时间赶季节，因此农民生活中出现了极其辛苦的“双抢”劳作。双季稻极耗地力，于是又发展出了双季稻与草子（绿肥作物）的连作制。但限于人力以及肥料、品种等农资和技术的不足，大部分农家种的还是一季稻或间作双季稻。中华人民共和国成立后，政府大力推广农业科技，引进优良品种，逐步形成三熟制，主要有“早稻—晚稻—大麦 / 小麦”、“早稻—晚稻—油菜”、“早稻—晚稻—草子”三种连作方式。当然，粮食作物也可以和蔬果搭成三熟，如“大小麦—早稻—荸荠 / 慈菇 / 芋艿”、“大小麦—茭白 / 西瓜 / 梨头瓜 / 黄瓜—晚稻”等。

传统旱地一般一年种一季旱粮，包括大麦、小麦、油菜、大豆、豇豆、赤豆、绿豆、豌豆、番薯、玉米、高粱、荞麦、瓜类等。中华人民共和国成立后，多为两熟，间有三熟。主要有“大小麦—花生”、“大小麦—向日葵”、“油菜—番薯”、“大小麦—番薯—蔬菜”、“大小麦—绿豆 / 赤豆 / 芝麻”等连作方式。有些村民为了提高土地利用率，还实行间种，如在大麦、小麦、豆类幼苗的行间间种蔬菜，在番薯地间种绿豆、芝麻、玉米、向日葵等。

① 习近平在中央党校 2009 年秋季开学典礼上的讲话。

## 二、农田水利和农业技术

### （一）农田水利

棠棣村农作条件差，水田大都分布在溪谷之中，水寒，光照不足，多冷水田、汪田，产量偏低，村民只能在山坡上开垦旱地种植大小麦和番薯等杂粮以补充口粮。但这里的山坡多为疏松砂壤，一经开垦易遭暴雨冲刷，泥去石留，甚至引发泥石流，而且这种砂壤涵养水肥的能力很差，地力消耗快，如果肥料跟不上，很快就会变成无法种植的瘠土，而且连晴几日就会发生旱情。何况，以前柴草是农家最主要的燃料，山上的植被早被砍得稀稀拉拉，山体水分涵养能力本就偏弱，一遇干旱就绝水断流，一遇山洪则堤决田毁。因此，棠棣村要发展农业，首先要解决的就是水利灌溉问题。

中华人民共和国成立后，视水利为农业的命脉，开始大力发展水利事业。兴修水利离不开集体的力量，这时候合作化体制的优势就突显出来了，棠棣村的水利设施都是合作化以后的成果。从 1954 年冬天开始，绍兴县每年举办一次水利技术培训班，每个行政村都要派农民参加培训，就这样陆续培养出了一批农民水利技术员。棠棣大队的钱阿江、钱惠乔等都参加过培训，上级技术员李松龄来村里选库址、搞设计时，他们成了得力的助手，棠棣大队由此开启了兴修水利的高潮，1955 年就成了全省“兴修水利工程”的一面红旗。1973 年掀起农田基本建设热潮，各生产队又修建、改造了不少水利排灌工程。至 1978 年，棠棣村已陆续建成大大小小十个水库（船沙坞水库、大汪水库、平园水库、水曲田头太山岭下水库、老太山岭水库、汪家横水库、大方水库、双园池水库、青龙湾水库、倒山岭水库）以及与水库配套的三条灌溉渠。水库和灌溉渠形成“长藤结瓜、塘库相连”的乡村水利体系，雨水、山溪有库蓄，库水满溢有渠排，排灌有序，有效缓减了旱涝灾害。而且被拦蓄在水库的山溪水，被太阳晒过，不再寒冽，更适合农田灌溉。

棠棣村配合农田水利建设，开展农田改造运动，开辟和整治了大片的农田和梯田。过去，棠棣村的水田田块大小不一、高低不平，难以开展排灌和机械化耕作。在“农业学大寨，江南学上旺”的运动中，头社、二社、刘家三个大队完成了 67 亩的旱改田（即将旱田改造成水田），其中头社 21 亩，二社 25 亩，刘家 21 亩。1972 年冬季，棠棣村又掀起了开垦“大寨田”的热潮，造田 120 亩，开辟茶园 240 亩，栽桑 140 亩。“大寨田”都是修建在山坡上的梯田，筑有田坎，有土坎、石坎和土石混合坎，能有效防止水土流失，农田得以保土、保肥、保水。而且梯田修在高高的山坡上，不像传统水田那样分布在谷底，通风和光照条件都远远好于谷底的水田，水稻产量因此大幅提升，每亩能有六七百斤的产量。棠棣村村民的口粮在 20 世纪七十年代初得到了基本保障，主要靠的就是这些“大寨田”。

### （二）农业技术

1. 农业机械化

棠棣村过去耕田主要靠牛和铁耙，效率低，农民辛苦。中华人民共和国成立后，政府积极推进农业机械化。起初，受制于薄弱的电力和工业基础，农业机械化进展缓慢。1958 年推广双轮双铧犁和电耕犁，皆因使用不便，未能普及。1969 年，刘家、头社、二社各自有了一台拖拉机，拖拉机可轻松翻耕土地，还可以装货载人跑运输，成了农村最实用、最得力的农家宝。

灌溉以前靠手牵水车和脚踏水车车水，也用水桶、粪料桶挑水浇田，碰到严重旱灾时就没有办法了。1960 年村里有了柴油机灌溉，1974 年通电后，陆续用上了电动抽水机、潜水泵和农排泵。

收割靠镰刀。稻草和麦秆草要用穿杠（一种两头不削尖的冲杠）挑回去，因为草捆体积很大，所以穿杠都有两三米长。有了拖拉机后，就用拖拉机运载谷子、秸秆了。

过去打稻用稻桶，扇谷靠风车，碾米靠木砻、踏碓。受制于财力，一些体积大、不常用的农具，大都是几户人家合置一个共用。头社的一间老屋里有一架废弃的木风车（扇谷车），车身上就有几行墨字：华根、荣生、水青、水根、水林五户之用。1956 年村里有了脚踏打稻机（脱粒机）和柴油碾米机，六十年代开始使用柴油打稻机。1974 年 8 月，村里通电后，全部改用电动打稻机和电动碾米机。

2. 品种改良

以前棠棣村没有什么特别好的水稻品种，早稻主要有早熟但低产的“六十日”、“七十日”和“莲塘早”，晚稻主要有“花秋”和少量红壳糯。传统水稻都是高秆稻（秆长超 1 米），无法密植，且易倒伏受灾。20 世纪六十年代，为配合连作制和高产的要求，农业科学家终于成功培育出了矮秆稻，抗倒伏且耐密植耐肥料，极大地提高了水稻亩产量。其中的早稻良种都有早熟、耐肥、不易倒伏的特点，连作晚稻则有立冬节前成熟、抗病虫、穗大粒多的特点。在棠棣村推广的主要矮秆良种有矮脚南特、农垦 58、广四、农虎 6 号、陆才号、广陆矮 4 号、浙辐等。1976 年，引种杂交水稻，亩产达 450 余公斤，比常规晚稻增产 20%。矮秆良种和杂交水稻对水稻增产起了决定性的作用，“20 世纪 60 年代世界矮秆稻育种的绿色革命源于我国，使水稻单产提高 15%—20%。而 70 年代杂交水稻的育成，更是水稻育种史上的一次重大突破，给我国水稻生产带来了一次飞跃，使水稻产量在矮秆良种的基础上再增加 20% 左右，并为发展世界粮食生产做出了历史性贡献”①。

水稻之外，大小麦和其他作物的良种选育也取得了很大成果。棠棣村引种过兰溪早小麦、三月黄、安徽 10 号、杨麦 1 号、杨麦 3 号、杨麦 4 号、杨麦 5 号、908 等小麦良种，以及浙麦 1 号、早熟 3 号、秀麦 1 号等大麦良种。

3. 农药和化肥

过去农民对病虫害几乎毫无办法。中华人民共和国成立后，政府不仅为村里培养植保员，而且积极推广农药和农药喷雾机。喷雾器早期使用的是单管喷雾器，1958 年改进为手摇背负式喷雾器，1968 年引进了工农 16 型、联合 14 型喷雾机，施药效果越来越好，劳动强度却在降低。

传统农家肥主要有人畜粪肥、塘泥、焦泥灰、草木灰等。焦泥灰和草木灰对棠棣农业很重要，因为棠棣多冷水田，冷水田田土温度低，土壤微生物不活跃，田土僵硬，含氧量低，故稻根发不开，稻棵长不大，而且这种山区冷水田均属酸性土壤，缺乏磷、钾等元素，故产量偏低。需要施用石灰、骨灰、草木灰等碱性肥料来中和酸性土壤，生石灰遇水会发热甚至沸腾，可有效提升土温，骨灰富含磷元素，草木灰富含钾元素，还兼有疏松土壤的功效。改良冷水田效果最好的是石灰。光绪《建昌县乡土志》云：“土人用（石灰）以壅寒冽之田，收量增加。”② 但棠棣一带并不产石灰，远途贩运，成本必高，因此只能以草木灰、焦泥灰来替代。

发展连作制后，农家肥已无法满足维持和恢复地力的需求，使用化肥已迫在眉睫。一开始，棠棣村偶尔能分配到一点三角牌进口化肥，后来又有了氯化铵、硫酸铵。1958 年开始按计划分配氮肥，但数量有限，根本不能满足生产的需要。1963 年 12 月 18 日时任代总理邓小平在会见朝鲜国际贸易促进委员会代表团时就讲到：“我们国家太大，一下解决问题不容易。拿化肥来说，至少需要 7 千万吨，

---

① 夏如兵. 近代中国水稻育种科技的发展历程 [J]. 农业考古，2010，（4）：34.

② 建昌县乡土志：第 12 卷 [M]. 谭鸿基，修. 吴士仁，纂. 刻本. 1907（光绪三十三年）：3a.

而现在化肥产量只有 200 万吨多一点。”[①]1976 年棠棣村早稻田每亩只分到 1 斤尿素，只够施秧田。另一个问题是，早期的化肥肥效单一，基本上只有氮，土壤元素开始失衡，作物徒长茎叶。因此，1966 年开始推广磷肥，磷肥可增加作物的分蘖和结实率。1967 年开始试用钾肥，以氯化钾为主，施用钾肥后，作物茎秆明显增粗，叶笃秆青，抗病力、抗倒力增强，这点对多台风的绍兴很重要，对土壤先天缺钾的棠棣村尤其重要。但从总体上看，1978 年前化肥的供应量远远满足不了连作的需求和对高产的追求。很多时候，还得到处去收集有机肥救急。绍兴市环境卫生管理处就曾发动员工收集人粪肥支援农业，各乡镇按规定地点和时间，排队领粪。漓渚镇曾派出几十条大船将人粪肥运至漓渚埠头，再分配到各村，农民要走几里甚至十几里路将粪挑回村里。

## 三、农业生产

### （一）粮食作物

水稻是棠棣村最主要的粮食作物，因为地处丘陵半山区，水田数量少，田畈分散，且多冷水田、汪田，鸟兽灾也比较严重，因此过去这里的水稻产量普遍较低。经过土改、农业合作化和农业现代化发展，这里的农业生产有了长足的发展。早在 20 世纪五十年代，棠棣乡就成了全省的粮食“千斤乡”，其中的二村粮食生产超纲要。1969 年二社的夏粮亩产 819 斤，1972 年头社的秋粮亩产达到 721 斤，全年亩产量达 1463 斤，都是当年漓渚镇粮食亩产量的最高数字。

南宋时，绍兴麦作已较普遍，绍兴诗人陆游就有“有山皆种麦，有水皆种粳”[②]（《农家叹》）的诗句。小麦基本都种在山上的旱地里，大麦则种在（水）田里，“过去山上的旱地主要种小麦，山下的田很少种小麦，因为田要作秧田，农时来不及的。但大麦主要种在田里，因为大麦收好，刚好接着种早稻，农时不冲突的”[③]。大麦种田里，其实就是稻麦连作制。但同一块田，种稻时要把它摊平灌水成水田，种大麦时又要起垄排水成旱田，在依靠牛力和人力的锄犁时代，要在稻、麦轮作中不断地改变农田的水旱结构，绝非易事。因此，虽然可以多收一季粮食，而且麦熟于春夏之交，可济春荒，但实行麦稻连作的农家并不多。

番薯原产美洲，在明末清初传入中国，但不知何时传入棠棣。因为适应性强，

① 中央文献研究室 . 邓小平年谱（1904—1974）：下册 [M]. 北京：中央文献出版社，2009:1782.
② 陆游 . 陆放翁全集 · 剑南诗稿：第 32 卷 [M]. 北京：中国书店，1995：502.
③ 金伟桥访谈记录。

既省工又省肥，故旱地多有种植，土质疏松的沙壤旱地尤其适合种番薯。棠棣村种的番薯，有红皮白心、红皮黄心等不同品种。高产而且淀粉含量高的“胜利8号”，很长时间都是这里的当家品种，适合加工成番薯粉、番薯丝，既可自食，也可出售。番薯粉和芝麻调和，可油炸成香脆的番薯片，是村民年节重要的待客食品。肉质绵糯的番薯品种，适合整只蒸煮食用，也可和稻米一起做番薯饭、番薯粥，是村民重要的粮食补充，在20世纪六十年代初的“三年困难时期”，番薯一度成了村民的主粮。

玉米俗称“义粟”或“六谷”，有“早义粟”和“秋义粟”两种。早义粟谷雨播种，夏至收，性糯，适合嫩时鲜食；秋义粟芒种前播种，至白露时节老熟采收，性硬，淀粉含量高，可磨成粉煮糊、摊饼食用，也可用作畜禽精饲料。玉米的种植和管理都比较简单，又耐瘠耐旱，点穴直播，略施草木灰肥，平时适当除草、培土即可。但种在山地的玉米，常被松鼠啃食一空，因此玉米大多种在村道旁经常有人走动的地方，种植规模不大。

棠棣村有丰富的大豆品种，农历五月可以吃的叫“五月拔”，依次类推，有六月拔、七月拔、八月拔，最迟的是九月拔。凡是上半年收获的，都叫“早毛豆”；下半年收获的都叫“晚毛豆”或“迟毛豆”。嫩豆叫毛豆，可以当菜吃，老熟豆粒叫黄豆，一般磨粉做豆制品。大豆富含植物蛋白质，在缺少肉类和油脂的贫困年代，大豆是村民重要的蛋白质营养来源。大豆作物都有根瘤菌，能将空气中的氮固定于土壤，因此村民除在田边地角零星种植外，有时也用作大田的轮作作物，为下茬作物固定氮肥。

### （二）经济作物

棠棣村有蚕桑传统，“解放前就有人养蚕，蚕茧送到（漓渚）镇上去卖”①，但一直未成为棠棣村人的主业。二社的平园里曾有大片的桑园，大部分水田的田塍上也种有一排排的桑树，村里有几十户人家养蚕。中华人民共和国成立后，陆续推广过蚕桑，1964年村里开始较大规模推广种桑养蚕，二社约有30亩桑田，刘家20多亩，头社15亩。“农业学大寨”时期，棠棣村栽桑140亩。1975年这些新栽的桑苗多已成林，可以采摘桑叶了，这一年头社养蚕4张，二社5张，刘家15张，创历史最高水平。

---

① 刘幼珍访谈记录。

棠棣村有悠久的种茶历史，但只有零星种植，不算传统茶村。中华人民共和国成立后，漓渚镇被列为绍兴县的茶叶产区之一，棠棣村为此也陆续开垦了一些茶园。特别是“农业学大寨”期间，结合水利和梯田工程，开垦了较多的茶园。当时棠棣村附近的棠二、贾山头、大兴、小步都办起了机械制茶厂，生产绿茶。棠棣村出产的茶叶大多由这些茶厂收购加工，20 世纪八十年代初是棠棣村茶叶产量最高的时候。

棠棣村的蔬菜、水果大多都是自种自食，没有形成产业化生产。但在 20 世纪六七十年代，各生产队也曾开辟荒山种植水果，例如刘家 1964 年在小岗里种了 10 亩苹果，在大毛湾种了 20 亩梨头，1968 年又在大毛湾种了 10 亩李子；头社 1968 年到大王山种了 15 亩李子，1977 年在倒山次弄种了 62 亩柑橘；二社 1968 年在中冷弄种了 15 亩李子，1970 年在大岙里种了 7.5 亩梨头。但因山区鸟兽害严重，水果损失大，最后都没有发展起来。

### （三）畜禽养殖

棠棣村的畜禽业并不发达，养牛是为了农耕，但家家户户大多会养点猪、鸡、鸭、鹅等家畜禽，自食或出售。

江南水田土壤粘滞，所养耕牛多为力大耐劳的水牛。黄牛体型较小，一般只用作拉车、拉磨的役畜。除耕田外，施用河泥、厩栏肥等湿重肥料时，也需要耕牛拉着装载这些肥料的泥盘在田里走，农民跟随在泥盘旁随手抛撒盘上的肥料。养牛需要专人牧放，人力成本较高，因此以前棠棣村养牛不多，无牛农家只能靠人力锄耕。中华人民共和国成立后，浙江省人民政府制定和颁布了有关保护和奖励繁殖耕畜的相关政策与法规，1952 年绍兴县人民政府发放耕牛贷款，扶持农民饲养耕牛，禁止宰杀耕牛，耕牛数量由此逐年增加。1966 年是棠棣村饲养耕牛数量最高的年份，年底存栏 16 头。那时，“小队会指定一个人养牛，每天到山上去放牛。耕田季节牛要在田里耕田，养牛人就要割了草来喂牛。那时小队里只有两头牛。当时刘家村有四个小队，十多户人家一个小队”[①]。20 世纪七十年代，耕牛逐渐被拖拉机等农业机械替代，饲养量随之递减。

猪是杂食动物，饲料广泛，“番薯藤、青菜、酱败草、残羹剩饭都可以喂猪”[②]，但猪的食量比较大，限于饲料不足以及疫病防治能力的薄弱，每家都养得

① 刘幼珍访谈记录。
② 刘幼珍访谈记录。

不多。中华人民共和国成立后，随着信贷、良种、防疫、饲料等问题逐渐得到解决，养猪业总体向好，但集体化时期的某些时段，只能办集体养猪场，家庭不能私养。一直到20世纪七十年代，农村养猪才恢复“以私养为主”，并且采取了一系列奖励政策，养猪户不仅能分配到饲料粮、饲料地，而且每出售一头猪，供销社生猪收购站就会奖励50斤饲料票、5尺布票。每逢收获季节，生产队的菜籽壳、麦梢头、草混头、瘪谷、萝卜菜、番薯藤等等均按猪的头数进行无偿分配。1974年村里通电后，村里使用电力碾米，碾米所得的糠粞成了猪的精饲料。村民重燃养猪热情，“基本上每家都有，一般都养两头左右”[①]，“猪是每家自己养的，养母猪，生小猪，一窝可生七八只，小猪养到十四五斤就去卖掉，一只大概可以卖20多元。母猪一年能生二窝”[②]，但养母猪、小猪较费精饲料，“母猪吃糠，小猪断奶后吃稀饭，早上烧一大锅，让它们吃一天”[③]，因此养种猪在奖励上是加倍计算的。

棠棣村有养山羊传统，但养得不多，以自养自食为主，饲养量最多的年份是1963年。羊是草食动物，无需精饲料，但需放牧场地和放牧劳力，棠棣村山坡草场不足，因此养羊不多。

棠棣村没有养兔传统，20世纪五十年代有人开始养兔，六十年代初肉食品供应紧缺，有农户养兔自给。1963年开始养长毛兔，可定期剪毛出售，供销社收购价格高，故推广迅速。1980年是长毛兔的养殖高峰，此后因为兔毛跌价和花木业的兴起，就没人养兔了。

鸡几乎家家都会养几只，小鸡多由农家老母鸡孵育，少量从外地引进。中华人民共和国成立后，推广新式哺坊，常年供应沙地大鸡种（又称“萧山鸡”）、洋鸡等良种苗禽，哺坊的小鸡是利用炕火成批孵出来的，俗称“火焙鸡”。萧山鸡是中国优良的肉、蛋兼用型鸡种，育成于萧山，是杭嘉湖和绍兴地区最受欢迎的鸡种，素以体大、肉鲜著称，特别是育肥后的阉鸡，皮脂淡黄色，肉质鲜嫩，汤汁香浓。棠棣农家一般早春开始养鸡，晚春阉鸡，春节宰食或出售，养一年大概能养到三到五斤重。母鸡的产蛋量较低，一年100枚左右。20世纪六十年代初粮食紧缺，无饲料养鸡，养鸡数量明显下降，鸡蛋靠外地调入供应。此后，随着经济形势的好转，农家养鸡逐渐恢复正常。

① 钱立新访谈记录。
② 刘幼珍访谈记录。
③ 刘幼珍访谈记录。

棠棣人养鸭不多，主要养麻鸭，俗称“潮鸭”、“绍鸭”，是我国优良的蛋用型鸭种。麻鸭长得快、产蛋多、觅食能力强、食谱广、饲料省，为农家首选品种。也有人饲养北京鸭、苏种鸭和瘤鸭（洋鸭、番鸭）等肉鸭，体形肥大多肉。鸭群无人看管就会跑到稻田里啄食稻谷，因此集体化时期对养鸭有严格的控制。20世纪六十年代后期，供销社收购鸭蛋、肉鸭时会给奖励，农家养鸭有所恢复。

## 第二节　兰花和花木生产

### 一、兰花

绍兴是越兰的原产地，棠棣人是绍兴兰农中最重要的一支力量。清朝、民国时期出版的不少兰花著作，如《兰蕙同心录》《兰蕙小史》《兰蕙备忘录》等，大都包含了绍兴兰人、棠棣兰人的经验，书中纪录的很多名品也是绍兴人发现或培育的，这些书的作者大多到绍兴做过调研或向绍兴兰农请教过，有些还成了绍兴兰农的朋友。例如吴恩元《兰蕙小史》（1923年版）记录的绿梅、玉梅、宋锦旋梅、雪美人、汤梅、赛锦旋、萃英梅、祥字、宜春仙、洛仙、楼梅、庆华梅、仙蝶、江南新极品、叠钱、涵碧梅、鹤龄仙、华林荷素、碧莲、富华梅、秀字、笑春等兰蕙名品，都是绍兴人发现和培育的，其中就有金小阿龙、钱鹤龄、钱阿禄、刘德林等棠棣兰农。沈白涛（1910—1964）的《兰蕙备忘录》，则记录了与棠棣兰人刘张富（亦写作刘长富）、刘兆德（亦写作刘绍德、刘召德）、钱金水（刘张富之婿）、刘掌金（即刘长金）的密切交往。

棠棣兰农之所以能在绍兴兰业中脱颖而出，是因为他们率先掌握了兰花生产的一些关键技术，包括寻兰、识兰和养兰。

兰花喜欢潮湿、通风、阴凉的环境，喜欢肥沃疏松的酸性土壤，采兰人必须了解兰花的这种生长习性，根据山的朝向、林木稀茂程度和土质加以综合判断，才有可能找到野生兰花。山体北坡溪流旁的泥沙林地里最容易找到兰花，因为这里没有直射的强光，水雾缭绕，地面因枯叶堆积而富含腐殖质。

兰农去山里采掘兰花的季节，兰花还没开花，最多只有花苞，棠棣兰农最大的本事之一就是根据兰花长势、叶形和花苞判断兰花的品种，“那时做兰花，主要是‘认’兰花，我太爷爷（钱阿禄）就有这个本事，看到兰花叶子就能判断是什么兰花品种”[①]。因为普通兰花和名品、新品兰花之间的价格天差地别，因此识兰技术就显得非常重要。凭借着过硬的识兰本事，棠棣人发现过太平宪梅、涵碧梅、江南新极品、长寿梅、虞山梅、秀字、叠钱梅、碧莲梅、鹤龄仙等不少新品名兰。据《兰蕙小史》记载：秀字，“光绪二十八年（1902）春绍人小阿龙得湖州骆驼桥行花摊上”；鹤龄仙，“宣统元年（1909）钱鹤龄掘得之赤蕙也”；叠钱，“绍人王念益出”，“初为万寿寺至诚和尚手植，民国三年（1914）赠九峰阁”；江南新极品，“民国四年（1915）钱阿禄出”；涵碧梅，“民国戊午（1918）春绍人刘德林出”[②]。

如果挖到新品后能自己培育繁殖后再出售，就可以挣到更多的钱。因此清朝开始就有棠棣人摸索、学习养兰技术，逐渐出现了一些养兰大户，他们手里少则养有五六十盆兰花，多则二三百盆，兰花品种在百种以上。有些养兰高手则被富贵人家请去管理兰圃，例如棠一村三社自然村的诸涨富，他舅舅史月掌是育兰高手，早年为上海麦哈银行总买办王宪臣打理兰圃。1913 年 14 岁的诸涨富去上海跟随舅舅学艺，五年后独立为上海同丰金铺和恒孚银楼老板徐蒲荪育兰，不数年徐氏花圃名兰荟萃，名声大振。又如头社的金大来，曾在太湖洞庭山为上海麦哈银行总买办种兰，20 世纪五十年代才回头社。

中华人民共和国成立后，受计划经济和意识形态各种因素的影响，兰业受到抑制，村民只能在私底下偷偷地采兰、养兰。金静回忆：大约 1974、1975 年的时候，“家里的阳台上就搭了棚开始养兰花了。之前，兰花就放在屋角落里养，或养在他（金定先）舅公家”[③]。改革开放后，兰业重兴，并与花木一起逐渐成为棠棣村的支柱产业。

## 二、花木

传说古代这里生长着很多棠棣树，以至于有了“棠棣”这个地名。棠棣为蔷薇科樱属落叶灌木，学名郁李，花瓣白色或粉红色，果深红色，可食，果仁是一味中药。明陈嘉谟《本草蒙筌》记郁李（唐棣）：“山谷丘陵，每多种植。六月采实，碎核取仁。汤泡去皮，研烂方用。消浮肿肌表，竟利小便。宣结气肠中，立通关格。破血润燥，亦易成功。……实小味甘，红熟堪啖。”[④]

---

① 钱立新访谈记录。

② 吴恩元．兰蕙小史 [M]．唐驼，校订．周膺，吴晶，点校．北京：当代中国出版社，2014:141，142，133，140.

③ 金静访谈记录。

④ 陈嘉谟．本草蒙筌：第 7 卷 [M]．陆拯，赵法新，校点．北京：中国中医药出版社，2013：192.

棠棣村人不知何时开始种花卖花，“上世纪四五十年代，这里只卖兰花，其他的绿化花木是不搞的”①。可以确定的是，至迟在1975年、1976年左右已有生产小队开始种花、卖花，1979年出现了第一家集体苗圃——刘家苗圃（有些资料称“刘家花圃”），此后集体苗圃、花圃越办越多，但分田到户后逐渐被个体苗圃、花圃所取代，出现家家户户种植花木的情景，花木业逐渐成为棠棣村的主业。

## 第三节　工商贸易

以前，棠棣村除了木工、泥工、篾匠等民间匠人，没有其他像样的手工业。改革开放前后，才陆续出现了一些五金、制衣、漂染、砖瓦等小企业。但随着兰花和花木业的发展，以及政府对环境污染的严控，这些企业后来都陆续外迁或关停并转了。

除了在农闲时做点兰花生意，棠棣人也很少做其他生意。据说头社的金吉祥曾在邻村朱家坞开过一家小杂货店，刘家的刘金复曾在漓渚镇上开过南货店，后因来回不便，将店转让给了镇上的裘通原；头社的张阿长、金阿虎农闲时会到上海去收购麻袋、老酒坛。因此，卖兰花可以说是棠棣人以前最大的贸易活动，也是棠棣人农业之外最大的收入来源。

中华人民共和国成立之初，实行计划经济，社员们生产的农副产品，政府通过供销社征收征购。而且当时实行“以粮为纲”的政策，其他农业产品的生产都受到了不同程度的限制，更不要说不能吃不能穿的兰花了。何况集体所有制下，社员都要参加生产队的劳动，也没工夫外出，而且那时农民的口粮是生产队里分的，手里没粮票，城里所有的粮食产品都要凭粮票供应，因此农民进城有钱也买不到饭吃。农民外出办事，或自带米饭或饿着肚子回家。这些因素导致当时的商业贸易活动非常微弱。一直到改革开放以后，贸易才重现勃兴之势。20世纪七十年代末，村里已有万元户，八十年代已有好几个万元户。

### （一）兰花贸易

棠棣人春、夏、秋三季从事农作，冬闲时进山采兰，赶在春耕前挑着担到处去叫卖，近至绍兴城，远至嘉兴、上海、苏州、无锡、南京、扬州等地。古建筑

① 刘阿锦访谈记录。

园林学家陈从周（1918—2000）是绍兴人，有次他画了一幅兰花，作家、教育家叶圣陶（1894—1988）在画上题了这样两句诗：“忽忆往事坊巷里，绍兴音唤卖兰花。”叶圣陶是苏州人，可见当时有绍兴人到苏州叫卖兰花。但山野中常见的兰花品种并不值钱，明朝绍兴人徐渭的《兰》诗中就讲道：“兰亭旧种越王兰，碧浪红香天下传。近日野香成秉束，一篮不值五文钱。”[①] 陈从周也提道：“当时卖兰花的都是绍兴人，挑了担跑遍全国，甚至要到海外。以很廉的价格，予人以无限幽香，窗前案上有此一丛，雅香馨芬之气，是世界上其他花所不及的，兰为国香，并非无因。”[②]

即使挖到名品、新品兰花，最初因为不会培育繁殖或没有合适的养兰场地，大都也是直接卖给有钱人（这种人往往有专业养兰人为其打理花圃）或养兰专业户，“我家最迟在我爷爷手里就开始做兰花生意了，到附近的山里挖野生兰花卖，种的很少，主要是因为那时技术不够好，而且栽培条件也不够，没有棚，冬天兰花都要冻死的”，“（漓渚）镇上有钱的养兰人，经常到我们家来，挖到好的，他们就来买，主要买去繁殖，这些人也算是种兰名家。当时我家条件差，没条件养，挖到好品种卖点钱就算了，没有长远打算”[③]。《兰蕙小史》中记载的由棠棣兰农采掘到的那些名品兰，最后大多也是被有钱人和兰户买走的。

20 世纪二三十年代，绍兴城里开起了兰花交易所，每年早春举行兰花花会，绍兴兰花的知名度因此越来越高，对新品的追求也越来越疯狂。当时社会上流传着“九节梅瓣，洋钿上万；千梅万水仙，一荷无处求”的民谚（谚语中的梅、水仙、荷，都是兰花的品类），名兰的身价已达到让人咋舌的地步。据说头社有位金姓兰农养有名兰，被一张姓客户花 5000 块银元买走，金姓兰农因此得以在村里购地造屋，建起兰圃，并陆续购进了宋梅、龙字、大一品、程梅、关顶等兰花名品，培养繁殖。1921 年，棠棣兰农刘和模采得一株蕙梅新品，被上海麦哈银行总买办王宪臣以 925 块银元购去；1923 年，棠棣兰农金阿海也发现了一株蕙兰新品，被王宪臣以 450 银元买去，取名为“太平宪梅”。另据《兰蕙小史》记载：刘德林发现的涵碧梅，“（杭州）九峰阁购得时蕊长仅寸余，因水色极佳，爱不忍释，故给以昂价始能成议”；据说也是棠棣兰人发现的寰球荷鼎，“壬戌年（1922）产于上虞大

① 徐渭 . 徐渭集 [M]. 北京：中华书局，2019：1300.
② 陈从周 . 帘青集 [M]. 上海：同济大学出版社，1987：85.
③ 钱迪红访谈记录。

舌埠山中”，“郁孔昭以八百元买入。癸亥（1923）春存草三筒零，经俞致祥、唐驼介绍转让与秦采南，得价洋六百五十元”[①]。

有养兰技术的兰农，采掘到好品种，会自家繁育新苗株出售，这样就能赚更多的钱。1944 年出生的钱传康说：“（我）爷爷种兰花的，挖来野兰，选育品种，如西神梅、宋梅等，一般的草兰是不值钱的。爷爷那时到上海去卖兰，主要也是卖品种兰。”[②]头社的史阿毛（曾因入赘改姓金），儿子史月棠，孙子史大江，一家三代传承兰业，因兰致富，后迁居桐乡石门湾，置田千亩，土改时是那里最大的地主。

受中国传统文化的影响，日本人也非常喜欢兰花。早在民国初年，就有棠棣人到日本推销兰花，“我太爷爷（钱阿禄）和爷爷都是做兰花的，我们家里太爷爷这辈应该是做得最好的，但爷爷死得早，兰花手艺就没传下来。大概是袁世凯当皇帝那年，太爷爷到日本大阪去推销兰花，有朋友熟人介绍去的，我太爷爷是村里第一个出国的人”[③]。上海开明书店的小原荣次郎也曾来棠棣采买名兰，和兰农王六九切磋兰艺，并邀请王六九到日本参观访问。抗战时期，百业凋敝，买兰花的人少了，但懂行的日本人却熟门熟路来棠棣掠夺兰花名品了。

中华人民共和国成立初期，棠棣人仍像过去一样外出卖兰，“上世纪四五十年代，这里只卖兰花，其他的绿化花木是不搞的。那个时候我们就是去上海啊江苏南京啊卖兰花”[④]。但集体化以后就不让外出卖兰花了，只有个别村民借着各种理由偷偷出去卖，“爷爷主要从事采兰，大爷爷在上海卖兰花，爷爷采来交给大爷爷卖。爷爷那时候不太出去卖兰花”[⑤]；“父辈就开始做兰花生意。一开始都是偷偷跑出去卖花的”，“我 1968 年 16 岁开始跟人去上海菜市场卖兰花。当时猪肉 6 角 8 分一斤，每天卖花能挣 10 元。以走亲戚的名义出去卖花”[⑥]。金定先就去过很多地方卖兰花，“1952 年已开始在上海卖兰种兰，1962（年）冬天去北京卖兰，1963（年）往辽宁、吉林、黑龙江销售兰花，1970（年）前往山东青岛、张店、济南卖兰，1971（年）往黑龙江齐齐哈尔、北安等地销售兰花，1977（年）又往山东张

① 吴恩元 . 兰蕙小史 [M]. 唐驼，校订 . 周膺，吴晶，点校 . 北京：当代中国出版社，2014:141，137.
② 钱传康访谈记录。
③ 钱立新访谈记录。
④ 刘阿锦访谈记录。
⑤ 钱迪红访谈记录。
⑥ 蒋岳兴访谈记录。

店等地推销兰花”[①]。改革开放后，卖兰重新成为棠棣人最重要的收入之一。

### （二）花木贸易

绍兴人爱花，历来有买花赏花的习俗，因此有不少专业花农。南宋绍兴诗人陆游就写过一首诗《城南上原陈翁以卖花为业，得钱悉供酒资，又不能独饮，逢人辄强与共醉，辛亥九月十二日偶过其门访之，败屋一间，妻子饥寒而此翁已大醉矣，殆隐者也，为赋一诗》，专咏城南上原以卖花为生的陈翁“朝卖一株紫，暮卖一枝红”[②]。康熙《会稽县志》亦云：花朝二月二日，“士人竞买花木，植之园圃”[③]。

不清楚棠棣人是什么时候开始卖花的，但至迟在20世纪七十年代中期已有生产小队种花卖花的行为，1979年开始出现集体苗圃，分田到户后逐渐被个体苗圃取代，那时几乎家家户户挑担外出卖花，出售花木的收入逐渐成为棠棣村大部分人家最主要的收入来源。一开始，他们是跟着村里的兰户到经济文化比较发达的上海、苏州等传统售兰区卖花木，但很快他们就发现了更广阔的北方市场，尤其是东北。因为北方是国家重点工业区，在计划经济体制下，也是中国最富裕的地区。北方天气寒冷，植物多为针叶林和落叶宽叶林，种类单调，花卉植物尤其稀少，但室内却有供暖，南方植物在室内完全养得活。而且那时候大部分人都还在体制内混生活，下海经商的人很少，卖花木的人就更少了，因此棠棣村挑花队的买卖最初几乎没有竞争，非常好做，棠棣村人因此快速致富。

---

① 金定先先生2009年手写简历。

② 陆游．陆放翁全集·剑南诗稿：第23卷[M]．北京：中国书店，1995：392.

③ 康熙会稽县志：第7卷[M]．吕化龙，修．董钦德，纂．刻本．1674（康熙十三年）// 绍兴丛书编辑委员会．绍兴丛书：第1辑第7册．北京：中华书局，2006:323.

# 第四章　建筑、交通和医疗卫生

棠棣村的传统建筑以泥墙木构建筑和草屋为主，因地制宜的“三合土”泥墙是这里的建筑特色，旧时村里也有几处石墙门建筑。棠棣村属于溪源型丘陵半山区，村内只有陆路、山道与外交通，无通航之水路，出行基本靠脚走，贸易基本靠肩挑背扛。旧时山村缺医少药，医疗主要靠几个土郎中，1949 年以后，由于政府对农民健康的重视，医疗卫生工作有了很大的进步。

## 第一节　建筑

棠棣村以前最常见的是泥墙或砖墙木结构平屋，只有少数地主、富农家有二层木结构楼房，门前大多铺有石板路或砂石路，也有不少穷人住的是草房。例如刘家的刘德友有五个儿女，却只有三间草房，一直到 1954 年，才在草房前造了一间用地面积不到十平方米的小楼房，给儿子刘伯泉当婚房。头社金关心（1946 年生）回忆：“我父亲去世比较早，那时候我才五岁（虚岁）。家里比较困难，没有人照顾，只有一间草屋，竹子编织的。”[①] 因为村里房屋大多简陋，1956 年 6 月温黛强台风过境时，一半以上的房屋都倒塌了。

头社 27 号及其附近现在还保留着几间老屋，梁柱木结构二层楼，柱下有石柱础，砖墙，黑瓦，木板门，木花格窗，有檐廊，檐廊地面铺石板，大门前有两三

① 金关心访谈记录。

级石板台阶，其中一块石板的一端凿刻有“祀神所”[①]三个行书大字。在这座老屋的后面，还有一座结构类似的老屋，已经过初步修整。这两座老屋都是宗族堂屋，偏屋放置祖先牌位，中间大厅供族人举办婚丧大事，已经有100多年历史了。两座老屋之间的碎石道上，也铺着一块刻有“（祀）神所”（“祀”字部位已缺损）字样的石碑，字体及字的大小与前面那块几乎一模一样，这块石碑所在的位置上，原来有个石台门。在村庄比较偏僻的区域，还保留有不少泥墙或砖墙木结构老屋，可惜大都已成危房，不能住人了。

棠棣村老屋的泥墙（亦称“沙墙”）很有特色，是用“山上挖来的沙泥加点石灰板筑而成”[②]。金关心（1946年生）19岁时造新房，造的还是这种泥墙屋，“那时候是用我们当地的沙泥建起来的沙墙屋。一共三间沙墙屋，一共分开建了3次”，“讨老婆大概是1974年，那时候还是沙墙屋”[③]。夯筑这种泥墙需要黄泥、沙和石灰三种原料，村人戏称为“三合土”。因为这里的黄泥沙性较重，因此夯墙时不仅要加石灰，还要加稻草段，以增加黏合度。这里的坟包也是用这种“三合土”堆筑的，很牢固。这种泥墙木结构房屋，就地取材，建造成本低，但墙体易渗水软塌，因此大多建在地势高燥、排水良好的地方，而且一般只建一层平房，很少建二层。

绍兴有钱有势的人喜欢造台门，棠棣村里也有过台门。刘家以前有个乌台门，是个砖墙方台门，二社有上桥头和下桥头两座石框台门，可惜现在这些台门建筑都没有了。

20世纪五六十年代，生育率高，人口大增，很多村民不得不扩建或新建房屋。但那时候村民收入有限，物资供给匮乏，交通运输不便，因此村民建造的大多仍是就地取材的泥墙木结构平房。据统计，1949—1980年前后，大多数村民仍居住在祖传的老屋里，仍有5%的村民住草屋，户均占屋1.5间，建筑面积不足30平方米，人均建筑面积不到12平方米。

---

① 这种凿刻有“祀神所”字样的石碑，民间比较常见，多立于墓地的左前方。清明扫墓时，要先到石碑前祭祀保护墓地的后土娘娘（有些石碑上还刻有山神、龙神、福神之类的神灵名号），然后再去墓前祭扫。后土最初代表的是土地神，亦称地母、社神，因为天公地母、天阳地阴，后土又成了主掌幽都的神，东汉王逸《楚辞》注即称：“幽都，地下后土所治也。地下幽冥，故称幽都。”头社发现的这两块“祀神所”石牌，可能是村民造房铺路时从废弃墓地拿来的。村民金伟桥（1953年生）说他小时候到山上割草，还见过这种石碑。村民钱立新说，鸡头山（在三社和六峰村交界之处）有一块刻着“鸡头山之神”的石碑。

② 钱传康访谈记录。

③ 金关心访谈记录。

## 第二节 交通

### 一、岭道和村路

棠棣村有鹤翅岭、太山岭、倒山岭三条岭道，是旧时村民出入村庄的主要通道。

鹤翅岭位于头社的西北面，由西向东，海拔 200 米左右，岭高坡陡。岭道为古道，长约 1.5 公里，宽 1.5 米左右，路面铺石子，坡道设置有石台阶，约有数百阶。岭上、岭下各有一凉亭。此岭因为岭道铺了石子和石阶，形同利齿，故俗称"岳齿岭"。鹤翅岭是棠棣村和朱家坞村之间的主要通道，20 世纪七八十年代在大方小学做老师的金伟桥说："棠棣村西面是岳齿岭，翻过岳齿岭就是朱家坞村，穿过这个村，一直可以到诸暨。朱家坞村和石门村山多柴多，他们出来卖柴，都要翻山道过来，走过棠棣村，一直挑到漓渚埠头交易市场去卖"，"棠棣村西面的朱家坞村人比较多，小学也较大，有一个完小，和棠棣村隔着一个岳齿岭，我们经常翻岭到他们那里开会，他们也经常翻岭到我们这里开会，那时会多"[①]。

太山岭位于刘家自然村北面，海拔 300 米左右，自北向南，岭道比鹤翅岭陡峭，岭道中有几段是人踏出来的崎岖小路，弯弯曲曲，路面不足 1 米宽，行路艰难。翻过岭道就是湖塘街道的石门村，再往前可通达刑塘、夏履等地，"以前石门村和棠棣村都属于棠棣乡，乡政府在棠棣村东面的红星村，石门村的人到乡政府开会，都要翻太山岭过来，穿过刘家自然村去的。我们两个村的关系蛮好的，村里有好几个石门村嫁过来的媳妇"[②]。

倒山岭岭道长 1 公里左右，宽 1.5 米，路面铺石子，坡道有石台阶，山岭不高，行走较轻松，是棠棣通往棠二村吴家坞、大庙前等自然村的主要通道，再往前走也可以通到诸暨。

过去棠棣村与漓渚镇之间有一条不足两米的泥石路，出村口，经三社、贾山头、毫岭头、九板桥，过万深庵，可一直通达漓渚埠头。1969 年这条路被拓宽改建为简易沙石公路，称"漓头公路"，用漓渚铁矿西区的废渣铺设路面，新建了杨家桥和九板桥，并上延至刘家和二社，下延至漓渚汽车站。

① 金伟桥访谈记录。
② 金伟桥访谈记录。

村内道路过去多是泥路，雨天一身泥，晴天一身灰。村庄主干道是一条不足两米宽的石子路，路面用鹅卵石铺成，路面中间略高，两边缓降，略呈鱼脊状，以免雨天路面积水，当时二社到三社的那段道路就是这种石子路。钱传康回忆，1971 年他结婚去漓渚镇接新娘子，“走去接，接上还得走回来，村里都是坑洼泥路或小石子路，什么东西都靠挑靠抬”[①]。但村里也有一些石板铺成的小路，绍兴采石业发达，东湖、柯岩、羊山、吼山等地都是采石场遗址，民间习惯于用石板铺路、造桥、铺庭院。乾隆《绍兴府志》记载：“国朝以来，衢路益修洁，自市门至委巷，粲然皆石甃，故海内有‘天下绍兴街’之谣。”[②] 绍兴作家周作人也讲过：“（绍兴）但凡路必用石，即使在小村里也有一条石板路，阔只二尺，仅够行走。至于城内的街无不是石。”[③]

20 世纪六七十年代，随着农业机械化的推进，村里有了拖拉机，并为此开始修筑可供拖拉机行驶的机耕路。1977 年秋冬对杨家桥到东山下这段棠棣溪进行弯道拉直改造时，就在溪边开辟了一条机耕路。

## 二、溪桥

棠棣村是丘陵半山区，溪流不少，但刘家、头社处于溪流的上游，溪窄流浅，易跨越，故无桥梁建设。溪水汇流到二社时，溪道渐宽，原有朱家桥、上桥、下桥 3 座桥。

朱家桥原名“万安桥”，相传始建于明朝后期，是一座南北向的石板平桥，2003 年改建村级公路时，被改建成了公路桥。上桥和下桥，也是南北向的石板平桥，但只有几户村民的进出需要经过这两座桥。

## 三、交通工具和货运工具

旧时村民进出都靠脚走，但娶亲嫁女要用轿子抬，富人、老人、病人、孕妇出行时，也会使用轿子。

货物都靠肩挑、手提、扛抬。扁担是最常用的挑货工具，有竹制和木制两种，有些扁担整条平直，有些两头微翘，有些翘头扁担的两头装有一块小扑板，板上装有铁钩或担销，挑担者通过拔进或拔出小扑板，来调整扁担两头的重量。还有

---

① 钱传康访谈记录。

② 乾隆绍兴府志：第7卷 [M]. 李亨特，修. 平恕，徐嵩，纂. 刻本. 1792（乾隆五十七年）// 绍兴丛书编辑委员会. 绍兴丛书：第 1 辑第 5 册. 北京：中华书局，2006：207.

③ 知堂. 过去的工作 [M]. 上海：上海书店，1985：15.

一种勾头小扁担，使用轻便，但挑不了重物，村民多用来挑礼品，或上街采买日常用品时使用。

挑担走山道或挑柴担下山时，离不开跺柱。跺柱是一种齐肩高的木棍，跺头呈丫叉状或用刀削出一缺口，为经久耐用，跺脚往往包块铁皮，称“铁头跺柱”。那时大家穷，谁有铁头跺柱还是很自豪的事。挑担人右肩扁担挑，左肩跺柱帮，可平衡两肩的重量。中途稍歇时，用跺柱支撑一下，就可以做到歇肩不歇担，不用费力重新起担。

特别重的东西，如轿子、石头、原木、棺材等，需要两人甚至多人用杠棒抬。杠棒木制或竹制，粗细、长短要根据货物的轻重、体积来定。一般抬石头的可以短些，抬轿之类的要长些。用杠棒抬的东西，必须先用棕绳、麻绳、稻草绳之类的绳索捆好，杠棒一穿就可以抬起来了。

最早的运输车辆是独轮车，20 世纪五十年代出现了一种有滚珠轴承的手拉双轮车(板车)，六七十年代各生产队逐渐配置了手扶拖拉机。拖拉机是农村的宝贝，除农田耕作外，还能跑运输，装运农用物资和村民需要的生活物资。七十年代开始出现自行车（脚踏车），人们出行、带货就更加方便了。

## 第三节　医疗卫生

过去，农村缺医少药，村民死亡率尤其是儿童死亡率很高。“我母亲就我一个，本来上面有两个姐姐一个哥哥的，他们都在两三岁时生病，发高烧死掉了”①；我有“一个姐姐，一个弟弟。……姐姐后面其实还有一个哥哥，小时候就夭折了，我没见过”②。

因为交通不便又没钱，村民生病大多只能找村里的土郎中拿点草药吃，只有土郎中治不了的重病人才会考虑送到镇上去看。但去镇上看病非常不方便，要不把病人抬到镇里去，要不雇轿子把医生抬进来，又费钱又费时间。二社的钱定荣、刘家的徐阿郎都是村里比较有名气的土郎中。钱定荣出生于 1937 年，“是民间医生，正式拜过师的，师傅是杭州一个走街串巷的铃医③，跟师傅学了两三年”，“擅

① 金关心访谈记录。

② 金伟桥访谈记录。

③ 铃医，亦称“走乡医”、“串医”或“走乡药郎”，是最底层的民间医生，游走街衢乡里，以摇铃招徕病家。但铃医手里大多掌握有一些施用简易、特别有效的医术和验方。

长用草药治疗黄疸肝炎、风湿之类的毛病”[①]。

人民政府非常注重农村的医疗卫生问题。起初，滴渚联合诊所会定期派医生到村里巡诊。从 1951 年起，人民政府就派卫生员进村给村民免费打防疫针，一直持续到 1975 年。1959 年又在白石庙建立了保健室，配备了保健员。1967 年开始配备赤脚医生，当时二社的赤脚医生是钱惠棠，头社是金连中，刘家是钱孝荀。1967 年棠棣公社保健所还在三社徐家设立棠棣片保健所，首任医生是章秀天。20 世纪七十年代开始实行农村合作医疗，设置医务室，由赤脚医生坐诊，大病仍需到镇、市的大医院去治疗。

从疾病类型上看，以前农村的高发病多与卫生条件和农业劳作有关，“当时痢疾、黄疸肝炎、肾炎、风湿病、关节炎都比较多”，“主要和卫生习惯有关，以前村里露天厕所、粪坑到处是，粪坑每家每户都有。还有养猪，基本上每家都有，一般都养两头左右，还散养鸡、鸭。以前不讲卫生的，死掉的鸡都舍不得丢掉，煮煮熟照样吃”[②]。农业劳动是露天作业，所以风湿、关节炎之类的病也比较多。

1955 年毛泽东主席发出“一定要消灭血吸虫病”的号召，虽然棠棣不是血吸虫病的重灾区，但血防工作一点不马虎，翌年就开始查螺灭螺等相关工作。从 1970 年 5 月到 1973 年，这里进行了六期全民普查血吸虫病残留病人的粪检工作，查出的病人，都由国家免费治疗，先后治疗了 100 多名病人，血吸虫病基本断绝。

① 钱立新访谈记录。
② 钱立新访谈记录。

# 治理篇

## 花海兰园 『美丽』治理

ZHILI PIAN

HUAHAI LANYU ANMEILI ZHILI

花　开　富　贵

“棠棣无处不栽花，山村无处不飘香”，棠棣村依靠花木产业的发展，美丽乡村的建设，从一个偏远的山村，变成了“中国的欧洲小镇”，变成了“外国人眼中最美的乡村”，变成了“国家美丽宜居示范村”。棠棣村以花木产业为依托，引领村民经济致富的同时，创造了一个优美、生态、和谐的美丽乡村。

棠棣村的社会治理，贯穿于美丽乡村建设的全过程，建立了一整套村治规章制度，以自治、法治、德治为引领，以“棠棣速度”去发展，形成了村治的“棠棣模式”。

# 第一章　村庄治理体系变革

近代以来，我国传统乡村社会的基层社会治理经过社会制度和政治制度变革、经济和产业发展的变化，逐步从旧社会“皇权不下县”的乡绅治理，发展转变为国家各级政府、乡村社会以及乡土农民个体协调一致，通过基层治理理顺各种社会、发展关系，减少、化解社会矛盾冲突，将多方发展动能统一到最适合乡村社会自身发展的方向上去，进而更大限度的收获发展利益，并通过各项体制、制度改革，共享发展利益，全民受惠。中华人民共和国成立以来，国家层面的“建设社会主义现代化强国”的目标与乡土农民对美好生活的向往不断趋近，也不断地协调着乡村社会的发展方向，这一进程在棠棣村的发展历程中也得到了完整体现。从乡村建政时期、到改革开放、再到新时代乡村振兴，七十年来乡村治理体系和治理能力的不断进化，推动着乡土农民在乡村治理中的地位转变，农民从几千年来一贯的被治理对象逐步转变为乡村基层治理的主体，在不断迈向现代化的乡村治理体系中培育自治能力，农民的治理主体意识也不断被唤醒。棠棣村的乡村治理发展历程，也印证了这一历史进步的进程。

## 第一节　村庄治理制度的变迁

棠棣村历史久远，但以前与其他传统中国乡村一样，是城乡二元结构的一个普通乡村，只是得益于因地制宜的兰花产业的发展，逐步留存了自己的传统印记。在城市官治与乡村绅权的双轨治理体系之下，看天吃饭，各方治理主体在传统乡村中也较少冲突，随着朝代更迭微调。明代之后，逐步实施保甲制度，官方的成文治理制度开始推行，与乡村宗族、士绅共同形成了棠棣村的基本治理体系。民国沿袭保甲制度，保甲长与乡绅共同实施治理的格局并未打破，而村庄实施治理的制度体系则由这两个主要主体决定。

1949 年 5 月，绍兴县全境解放，6 月，绍兴县人民政府成立，废除保甲制度。11 月，头社、二社、三社、刘家 4 个村合并为二村，归漓渚区棠棣乡管辖。棠棣村的村庄治理体系由此发生根本性转变，从保甲长、士绅共治，转变为人民政府治理。其后随着政府治理理念的不断落实和各项政治变革的不断深化，各类推动棠棣村庄治理变革的制度逐步引入。

其中最能体现新旧中国治理理念差别的村庄治理制度，就是村级行政权力完全由农民自主掌握，各村成立了农民协会，设置农会主任，成为村庄治理的行政主体。随后，初级农业生产合作社、高级农业生产合作社、人民公社等体现新中国通过乡村建政来建设社会主义新农村的各项制度，不断推陈出新，在棠棣村一一落实。1950 年根据《中华人民共和国土地法》，全国土地改革正式开始，棠棣村也开始实施阶级评定制度和土地分配制度。1950 年政务院颁行的《乡（行政村）人民代表会议组织通则》和《乡（行政村）人民政府组织通则》开始施行，棠棣作为乡级建制实施治理。随着农业生产互助合作运动的开展，棠棣村农民自发组织的各类农业生产互助组织也因为时代需要，随着农业生产成为村庄治理的主要内容而一跃成为村庄治理的主角，并随之实施各项生产合作制度。

随着国家法制法规的不断健全，各项全新的体现中央政府治理理念的法律法规出台后，也由县乡政府宣传、引入乡村社会。新的婚姻法、兵役法、选举制度、生产制度、分田到户、生产资料经营权和使用权制度、集体劳动制度等陆续得到落实。而棠棣村的行政区划，也一直随着各项制度的变化而变动，一直到 2003 年才正式稳定下来，三社划入棠一村，头社、二社、刘家合并成为棠棣村至今。

在乡村建政的初期阶段，乡村社会治理仍处于社会管理阶段，治理主体单一，乡村社会活力也随着各项集体化制度的施行而呈现先抑后扬的态势。在这个阶段，国家对于乡村的宏观制度设置，成为包括棠棣在内的千千万万个乡村的主要制度体系。这些治理制度体系的内容和目标，仍然是自上而下的社会管理意志的完全体现，涉及农业生产生活、移风易俗、各类法律法规的普及实施等方方面面。而这些制度也在一定程度上起到了保障乡村社会治理体系按照社会主义建设总方向升级进化的作用：一方面，村庄是国家整体的一个末梢部分，国家制度在基层的有效实施是国家整体完成新旧中国转型的必然要求，各级政府的政治、经济、文化、社会生活制度也必然随之在乡村贯彻。也只有这样，才能够以最快速度统一上下各级的发展意志和发展动能，为建设社会主义新中国这个目标而奋斗；另一方面，建设社会主义新农村也需要通过各类社会管理制度的引入，才能实现旧社会乡村社会的管理组织的打破、重塑与转型，如各类法律法规的实施，各类基层组织的建立，以及通过政令、法律、制度形式推动的农村生产、生活方式的转变，完成个体村庄资源的全局调配。

1949 年 11 月，棠棣乡人民政府成立，产生首届乡政府班子，张亚太任乡长，张仁友为副乡长，同时还在各村建立农会组织，产生农会主任。次年，棠棣乡就开展土地改革，破除遗留的各类土地问题，集中了农业生产资料。12 月，钱阿根等七位二村村民加入中国人民志愿军，参加抗美援朝战争。成立高级社后，根据《高级农业生产合作社示范章程》，社员大会、社员代表大会成为乡村最高管理机构，通过选举产生合作社主任、副主任等，兼任管理委员会主任、副主任，同时选举产生监察委员会。最后，村庄社会管理方式和管理内容也被新的制度体系彻底重构，农民被动员起来，成为乡村政治生活甚至军事生活的参与者，而传统社会的农业生产方式、农村生活方式也完全进入集体化时代。尽管这个阶段的制度体系从今天的观点来看不太适宜，但在建国初期物资匮乏的年代，这样的制度体系恰恰给棠棣村打下日后村庄发展的基础。

棠棣所在的漓渚镇西，全是山区半山区，山多田少，地形复杂，丘间谷地有高有低，大小高低不同的山岗纵横交错，极不利于开展农业生产，农民生活也极为不便。这类社会管理制度的实施为村庄发展和村民生活带来的好处：一是表现在社会治安上，如 1952 年 12 月，反动会道门哈啦会发动武装暴动，冲击政府、打死打伤干部群众二十余人，二村民兵二十余人组织参与镇压；二是表现在发展资源的积累和发展环境的改善上，1968 年掀起农业学大寨的高潮，开展劈山造田运动。棠棣乡三个大队成功改造良田 67 亩，改善了农业生产水平。1977 年，刘家大队建设村办五金厂，也在一定程度上为发展原始积累做出了贡献；第三，村庄对外连接的道路、开展乡村教育的学校、基础乡村医疗的医务室等乡村基本公共服务设施也在这个阶段建成。

改革开放后，“三级所有，队为基础”的统一经营模式被打破。1983 年根据

《中共中央、国务院关于实行政社分开建立乡政府的通知》规定，实行政社分开，恢复漓渚乡和棠棣乡人民政府(即公社改乡)，设立经委会，公社党委改为乡党委，形成党、政、社三套班子，生产大队改称村民委员会。同时实行山林定权发证，划分自留山。棠棣开始实施家庭承包责任制，村民自治登上制度舞台。当年10月召开棠棣乡第六届党员代表大会，会上选举产生了新一届党委会，书记任阿岩。召开棠棣乡第七届人民代表大会第二次会议，选举王定福任乡长，杨国良任副乡长。1984年，开始兴建棠棣敬老院。这一阶段的村庄治理制度体系转型，一方面是将农民从社会治理体系中的“被管理对象”，转变为乡村自治的“自治主体”，大大激发了过去社会管理体制下被压抑的个体活力，集体化的生产生活的破除，解放了生产力，而各项生产资料产权定权的落实，则盘活了乡村发展的存量资源。

棠棣的发展转型也就此展开，从“以粮为纲”转变为多元化发展，棠棣传统的花木产业发展动能得到了充分释放，也奠定了后来致富兴村的基础，从1978年村民金定先开始自建花圃，到1985年全村产出兰花100多个定名品种、500多个未定名品种，棠棣的兰花花圃产业得到了长足的发展，也在全国乃至全世界闯出了棠棣的名声，兰农也通过产业发展，自己闯出了一条小康路。以发展的眼光看，这一阶段的治理制度的主要特点：一是村民的主体身份和主体权利通过经济上独立的承包经营权和政治身份上的“村民”独立主体身份得到了充分确认，棠棣的发展方向、发展道路，通过制度安排合法实施；第二，村庄政治生活的基本原则通过法律的形式得到了确认，棠棣人通过人民代表大会、村民代表大会等制度安排，选举产生棠棣行政体系的领头人，而村民则成为乡村治理主体。

随着乡村治理体系的不断升级，棠棣各类经济的壮大发展、民生福利实施的制度也开始逐步丰富。根据《中华人民共和国村民委员会组织法（试行）》，村民通过村民委员会对村庄实施治理。村民委员会的组成、产生、工作机制、监督机制进一步完善，村民自己制订的治理制度和具体措施，如村民自治章程、村规民约等，也成为既有村庄治理制度的有效补充，自治、法治、德治的初步模型已经产生，各类村民自治制度下，举办“晒家风家训”、文明家庭与星级庭院创建，开展文明家庭、平安家庭、绿色家庭评选等活动，丰富了村庄治理体系的德治内涵。在全新的治理制度体系之下，棠棣的经济社会发展得到了充分的进步，村庄集体经济壮大，村民生活改善，公共服务进一步完善。

随着乡村项目制管理的兴起，棠棣通过各类乡村创建项目的积极参与，形成了村级项目创建制度体系，如参与兴林富民工程，参与环境优美村、省卫生村、森林村庄建设等，都形成相应的规范制度。这些项目创建的成功开展，也不断提升村民人居环境，生活便利程度和发展获得感。如农村厕改、自来水入户、有线电视入户、公交车开通等等，都极大地丰富了乡村公共服务供给。

进入发展快车道后，各类村庄管理制度的实施，凝聚了村集体、村民的发展意志，找准了发展方向。为了支持发展兰花产业，棠棣村结合“三改一拆”和“低小散”等整治工作，建起了“氧化塘”处理排污，直至最终关停头社漂染有限公司等污染企业，并利用原厂房地基建成绍兴市棠棣乡村振兴实训基地，以“人勤春早”的棠棣精神为内涵，综合培训、宣讲、参观、展览等多种方式，提升村民产业发展技能。而在美丽乡村建设自治制度安排下，棠棣通过大力开展环境综合整治，优化了村居生态环境和村民人居环境。绿化、亮化、序化、美化的“四化”工程，打造出棠棣“村在绿中、房在树中、人在花中”，一花一草、一庭一院皆风景的特色，村容村貌显著提升。2011 年绍兴市首批美丽乡村“精品村”创建，棠棣村又累计投入资金 800 余万元，先后委托绍兴越州都市规划设计院、厦门大学对村庄总体发展布局、村居环境加以规划设计。形成了建设布局合理、经济适用、环境优美、交通便捷、设施配套功能齐全的居住区规划，到 2015 年美丽乡村建成，都是项目创建制度安排的有效成果。2017 年起，棠棣村又开展创建“花香漓渚”国家级田园综合体项目核心村，迈向了更高层次的农业资源、产业基础和传统文化整合之路，拓展千亩花田、兰心民宿等乡村旅游休闲项目，拓宽了棠棣村庄发展的路子，村庄的生态环境通过美丽宜居转化为旅游资源，为村集体和村民发展增加动能。

新时代，棠棣村按照党的十九大精神要求，结合自身实际，通过基层社会治理的不断创新，开展法治、自治、德治“三治融合”示范村创建，并以此为契机，着力建立和完善通畅的民意表达机制，推动村民充分参与村务大小事务。建立完善一整套村治规章制度，涵盖村务管理、党员管理、村民管理等方面，形成了依法治村的制度体系。村务管理包括决策程序、议事规则、财务管理、村务公开、公共事务管理、联系群众、干部考核等；制定《村规民约》、《家风家训》守则，成立乡贤参事会，组建民情调解团，通过发挥村党组织作用，及时公正处理矛盾，切实维护村民利益，形成了棠棣村庄治理体系的有效制度保障。

## 第二节　村庄治理组织的变化

在棠棣各个不同历史阶段的发展历程中，随着历史的演进形成了不同使命的村庄治理组织，这些组织也对村庄治理体系的完善起到了重要作用。

参与棠棣村庄治理的组织主要有以下几类：

### 一、党组织

中华人民共和国成立初期，棠棣村没有党员。1953 年 7 月，二社农民钱来寿第一个加入中国共产党，随后党组织在二社发展了农民钱行企、刘伯泉、钱来清入党。头社、二社、刘家三个支部也直到 1961 年 5 月才建立。基层党组织、基层党员成为棠棣人走集体致富道路的领头雁。2003 年，头社、二社、刘家合并为棠棣村，建立棠棣村党总支部，金立成为党总支书记。棠棣村的 64 名党员有一个共同的特点，那就是一定会有家风家训挂在这些党员的家门口。用现任党总支书记刘建明的话说："这是为了起到党员先锋模范带头引领作用，更好地把群众发动起来，共同参与，进一步抓好村级治理，充分调动群众的积极性、主动性和创造性。"[①] 随着村庄治理成效显著提升，村党支部的权威也得到了村民的认可，刘建明被村民亲切地称为"刘宝"。基层党员也充分发挥先锋带头作用，按 65 岁的普通党员金伟的说法就是："作为一名党员，就要做得比普通群众多。"[②] 棠棣村基层党建的成效，大大强化了村党支部在村庄治理中的领导核心地位。

表 1–1　棠棣村历届总支、支部书记名单

| 党组织 | 书记 | 性别 | 任期 |
|---|---|---|---|
| 棠棣村总支 | 金立成 | 男 | 2003—2013 |
|  | 刘建明 | 男 | 2013— |
| 头社支部 | 张云芳 | 男 | 1959—1967 |
|  | 张阿六 | 男 | 1967—1983 |
|  | 陈海品 | 男 | 1984—1988 |
|  | 张惠棠 | 男 | 1989—1990 |
|  | 陈海品 | 男 | 1991—1994 |
|  | 孙国泉 | 男 | 1995—1996 |

① https://zj.zjol.com.cn/news/834392.html
② https://zj.zjol.com.cn/news/834392.html

续表

| 党组织 | 书记 | 性别 | 任期 |
|---|---|---|---|
| 头社支部 | 金立成 | 男 | 1997—2003 |
| 二社支部 | 钱岳太 | 男 | 1957—1970 |
| | 钱兴堂 | 男 | 1971—1977 |
| | 钱孟法 | 男 | 1978—1983 |
| | 钱建良 | 男 | 1984—1989 |
| | 诸吉芳 | 男 | 1990 |
| | 高伟根 | 男 | 1991—1992 |
| | 罗关香 | 女 | 1993—2000 |
| | 周关庆 | 男 | 2001—2002 |
| | 钱火光 | 男 | 2003 |
| 刘家支部 | 刘关兴 | 男 | 1959—1982 |
| | 刘幼根 | 男 | 1983—1985 |
| | 蒋岳兴 | 男 | 1986—1988 |
| | 刘幼根 | 男 | 1989—1997 |
| | 刘建明 | 男 | 1997—2003 |

表 1-2 党员人数变化表

| 年份 | 党员数 | 党小组数 | 支部数 |
|---|---|---|---|
| 1953 | 16 | 1 | 1 |
| 1961 | 23 | 3 | 3 |
| 1976 | 32 | 3 | 3 |
| 1985 | 41 | 3 | 3 |
| 1997 | 57 | 3 | 3 |
| 2010 | 64 | 3 | 3 |
| 2016 | 63 | 4 | 1 |
| 2018 | 65 | | |

## 二、村级行政组织

乡村建政阶段，棠棣村与全国各地乡村一样，随着中央政府的政策变动而设立行政组织。新中国成立之初，头社、二社、刘家均属于棠棣乡二村所辖，村级行政组织为农民协会，简称“农会”，负责人为农会主任。1953 年，根据各级政府政令，建立初级农业合作社，一般简称“初级社”或“低级社”，头社、二社、刘家三个自然村各自建社之外，二村作为行政村，也建立了棠棣乡第一农业生产合作社。1956 年，全国进入高级农业生产合作社阶段，头社、二社、刘家和三社 4 个初级社合并组建棠一社。1958 年，开始建立人民公社，进入“政社合一，以社代政”的人民公社阶段。棠一社并入漓渚人民公社棠棣管理区。随后的相当长一段时间内，随着公社规模的变动，棠棣辖区划拨繁乱，但始终是以人民公社的形式实施村庄行政管理，并以生产队为基本核算单位，今日棠棣所辖的原头社、二社和刘家三个生产队随着漓渚、棠棣两个公社的管辖范围变动而变动。

1983 年，中共中央、国务院发出《关于实行政社分开，建立乡政府的通知》，撤销公社建制，实行政社分开，建立乡政府。改革开放的春风通过行政管理组织的变动而深入到了乡间地头。头社、二社和刘家三个生产队分别建村，设立村民委员会。这一建制一直延续到 2003 年浙江开始推行扩村并镇，三个村合并形成棠棣村至今。

表 1–3　棠棣村各时期（含头社、二社、刘家）行政组织主要负责人

| 村名 | 年份 | 行政职务 | 负责人 | 性别 |
|---|---|---|---|---|
| 头社 | 1967—1976 | 大队长 | 徐留兴 | 男 |
| | 1977—1984 | 大队长 | 陈海品 | 男 |
| | 1985—1987 | 大队长 | 张阿六 | 男 |
| | 1988 | 大队长 | 陈华根 | 男 |
| | 1989—2003 | 村委会主任 | 陈风原 | 男 |
| 二社 | 1953—1958 | 农会主任 | 钱金水 | 男 |
| | 1959—1970 | 大队长 | 钱兴堂 | 男 |
| | 1971—1977 | 大队长 | 钱水林 | 男 |
| | 1978—1980 | 大队长 | 钱水金 | 男 |
| | 1981—1983 | 大队长 | 钱胡兴 | 男 |
| | 1984—1985 | 大队长 | 钱幼炳 | 男 |
| | 1986 | 大队长 | 钱水友 | 男 |
| | 1987—1989 | 村委会主任 | 钱越海 | 男 |
| | 1990—1992 | 村委会主任 | 钱红卫 | 男 |
| | 1993—1999 | 村委会主任 | 罗关香 | 女 |
| | 1999—2003 | 村委会主任 | 钱火光 | 男 |

续表

| 村名 | 年份 | 行政职务 | 负责人 | 性别 |
| --- | --- | --- | --- | --- |
| 刘家 | 1959—1982 | 大队长 | 刘大阿芳 | 男 |
| | 1983—1985 | 大队长 | 刘幼根 | 男 |
| | 1986—1988 | 大队长 | 李传良 | 男 |
| | 1989—1991 | 村委会主任 | 刘宝水 | 男 |
| | 1992—2003 | 村委会主任 | 刘幼根 | 男 |
| 棠棣 | 2003— | 村委会主任 | 刘建明 | 男 |

## 三、自治 / 群众组织

### （一）生产队和村民小组

生产队和村民小组一直是乡村最基层的自治组织，从设立生产队起，直接负责领导、组织农民进行农业生产，负责年收益分配，也是一个农民的经济实体。1961 年，头社、二社、刘家三个大队下辖 13 个生产队。从 1982 年起，取消生产队体制，实行家庭联产承包责任制，生产队改为村民小组。原先的生产队，后来的村民小组的角色也发生了变化，从日常生产、生活管理转为村民服务，起到了农民与村委会之间的桥梁和组织作用，政令下达引导、村民民意收集上报，起到管理小组范围内的公共设施、公共服务配置、环境维护等基本服务功能。村民小组除小组长外，还常设村民代表。

### （二）青年组织

中国共产主义青年团，简称“共青团”，是党领导的先进青年的群众组织，初期称为“中国新民主主义青年团”，1957 年 7 月改称“中国共产主义青年团”。绍兴县于 1949 年 10 月就开始筹备青年团的工作，12 月建立中国新民主主义青年团绍兴县工作委员会，随后开展乡村青年组织工作。1952 年 4 月，头社、二社、刘家分别建立团组织，青年刘阿锦、金桂珍、钱杏珍等成为第一批加入团组织的青年骨干。

表 1–4 棠棣村历届团支部书记

| 姓名 | 性别 | 任期 |
| --- | --- | --- |
| 刘阿锦 | 男 | 1952—1958 |
| 诸阿八 | 男 | 1959—1960 |
| 金连忠 | 男 | 1961—1970 |

续表

| 姓名 | 性别 | 任期 |
| --- | --- | --- |
| 金志良 | 男 | 1971—1981 |
| 陈凤江 | 男 | 1982—2003 |
| 钱立新 | 男 | 2003—2008 |
| 钱佳盼 | 女 | 2008 年 8 月—2015 年 8 月 |
| 朱文清 | 女 | 2015 年 9 月—2018 年 8 月 |
| 赵烨中 | 女 | 2018 年 8 月— |

### （三）贫下中农组织

贫农、下中农协会，简称“贫协”，成立于 1964 年。农村开展社会主义教育运动期间（“四清”运动），“四清”工作队在各地指导建立贫协，分设贫协主任，任水林、李张才、刘阿土分别是头社、二社、刘家的贫协主任，配合“四清”工作队开展社会主义教育运动，协助大队党支部、大队管理委员会做好各项工作。“文化大革命”期间，贫协改称贫下中农代表大会，简称“贫代会”，“文化大革命”后该组织完成历史使命。

### （四）妇女组织

妇女代表会简称“妇代会”，是中华人民共和国成立后妇女求翻身解放、维护妇女合法权益的组织。她们在上级妇联的指导下和村党支部领导下，带领广大妇女开展扫盲、上夜校识字学文化，开展拥军优属，宣传新《婚姻法》等。妇代会的成立，彻底改变了旧中国妇女的低下地位，实现了男女平等，真正发挥了“半边天”的作用。棠棣第一任妇女主任是张银全。“文化大革命”后，妇代会改称“妇女协会”，金爱芬、钱行企、钱玲利分别担任头社、二社和刘家的妇女主任，组织开展计划生育等各项乡村基层工作。改革开放后，妇女组织改称“妇女会”，组织领导乡村妇女积极投入新农村建设。棠棣村并村后，村妇女主任为徐伟凤，组织村民开展了各类精神文明建设活动，开展评比“五好家庭”、“文明家庭”、“好邻居、好媳妇、孝子女”等活动，推动了乡风文明建设，为棠棣村的文化“软治理”发挥了重要作用，多次受到上级表彰。

表 1-5 棠棣村历年妇女组织负责人

| 村名 | 年份 | 负责人 |
| --- | --- | --- |
| 棠棣乡二村 | 1950—1951 | 张银全 |
|  | 1952—1981 | 钱行企 |
| 头社 | 1957—1961 | 张香芳 |
|  | 1961—1975 | 徐美荣 |
|  | 1976—2003 | 金爱芬 |
| 二社 | 1954—1980 | 钱行企 |
|  | 1982—2000 | 罗关香 |
|  | 2001—2003 | 徐伟凤 |
| 刘家 | 1959—1973 | 钱玲娣 |
|  | 1974—1976 | 胡安旦 |
|  | 1977—1985 | 钱玲娣 |
|  | 1986—1988 | 王爱珍 |
|  | 1989—1998 | 刘幼珍 |
|  | 1999—2003 | 陈苏娟 |
| 棠棣 | 2003— | 徐伟凤 |

### （五）少年组织

1950 年，漓渚镇境内各村相继建立“中国少年儿童团”，凡年龄在 8—14 岁的儿童（出身“地富反坏”家庭除外）均可参加，直接受民兵连、妇代会的领导。儿童队员在当时扛着红缨枪协助妇女站岗放哨，盘查行人（当年人们外出须带“通行证”，若无通行证，儿童队即予扣留，交民兵处理）。儿童团设辅导员，由政治素质好的青年教师担任。1953 年，改称“中国少年先锋队”，简称“少先队”，对少年儿童开展“爱祖国、爱人民、爱劳动、爱科学、爱护公共财物”的“五爱”教育。“文化大革命”期间少年先锋队组织停止活动，改建“红小兵”，“文化大革命”后恢复。20 世纪八十年代，少先队开展“有理想、有道德、有文化、有纪律”和“五讲四美三热爱”等教育活动。

### （六）民兵组织

中华人民共和国成立之初，各村就成立了青年民兵组织“民兵连”，以雇农、贫农、下中农、手工业者等男女青年组成，设连长。参与治安、武装斗争、军事训练、救火救灾、农业生产突击队等各项工作，并组织青年上夜校，学文化。

### （七）治保组织

治保主任最初由农会副主任兼任，负责对“地富反坏”的管制，对外来人员进行盘查登记。“文化大革命”初期由民兵连长兼任，后由村里安排村干部兼任。1995 年，根据上级要求，由村长 / 村主任兼任。2000 年，漓渚镇成立了综合治理委员会，简称“综治办”，村治保、调解均在其领导下开展工作，对维护社会安定团结起到一定作用。

### （八）调解组织

1961 年在村行政组织中设调解主任一职，主要负责解决村民之间或村民家庭中的一些纠纷。1995 年之后，治保、调解主任均由村长 / 村主任兼任。

### （九）兰花协会

作为“兰花之乡”，棠棣兰业世代相传。改革开放后，兰农纷纷建起花圃，发展出成型的兰花产业。2001 年，金定先的“棠棣兰园”被中国花卉协会兰花分会批准为国字号的“中国春兰样品园”。村兰花协会组织兰农学习培植技艺、参展销售、产业升级等，是棠棣兰花产业的服务、管理组织。

附：棠棣兰花协会名单

金定先、钱定海、金锦木、钱迪红、刘金山、张金华、钱盛、诸志泉、涂国良。

## 第三节　村庄公共服务的发展

“花木之乡”棠棣村家家种花、户户卖花，走出了一条独特的致富路，先后获得国家级美丽宜居示范村、全国生态文化村、全国乡村振兴示范村等荣誉，实现了从偏远小山村到美丽乡村样板的蝶变。2019 年，全村年人均纯收入超 8.5 万元，村集体收入近 200 万元，创造了乡村振兴的“棠棣速度”。从公共服务促进社会治理体系的作用看，棠棣村数十年来的发展历程也表明：社会治理效能与村庄发展动能之间的有效连接与转化，正是通过公共服务这一纽带完成的。一方面，公共服务是共建、共治、共享社会治理体系中“共享”的重要内容，通过公共服务升级才能够让发展成果惠及全民。另一方面，公共服务也是促进“共建、共治”水平的重要推动，不断提升乡村居民的现代性。只有公共服务提升了，老百姓才能实实在在地感受到发展与治理的成效，才能够更有信心、有保障地参与“共建、共治”。

在基本没有公共服务概念的传统社会，棠棣的自然条件是先天不足的。村域三面环山，属于半山区。旱季缺水，雨季山洪，还会经常遭受台风等自然灾害的考验，村民生活贫困，正如当地民谣所唱：“旱鸡（饥）午鹅（饿）夜白鲞（白想），夏无帐子冬无被。”中华人民共和国成立后，通过水利建设和农田改造，首先稳定了农业生产，解决了老百姓的吃饭问题。

在此基础上，棠棣村开始了以改善基础设施为重点的公共服务建设。

村民出行，苗木运输，都需要交通先行，“要想富，先修路”的口号在相当长一段时间内是朴实的真理，棠棣村的头社、二社、刘家三个自然村的陆路交通最早是山间岭道和乡间泥石小路，后陆续拼路、拓宽，逐步升级。一直到改革开放后，才由富裕起来的村集体统一建设为村级公路，先是砂石路，尔后升级为砂石机耕路。2002 年，棠棣村的对外交通动脉漓福公路开始动工，至年底路基桥涵基本完工，整个工程于 2003 年 10 月全面竣工。为建漓福公路，漓渚镇征用土地 179.07 公顷（2686 亩），迁移苗木 11.2 公顷（168 亩），拆迁房屋 12815 平方米，平毁坟墓 788 座。棠棣群众十分欣喜于这条动脉的修建，在规划立项初期，就奔走相告、捐款捐物，其中金立成捐款 30 万元，普通村民有钱的出钱，有力的出力，为这条关系到自身发展和便利的动脉公路而贡献力量。棠棣三个自然村普通村民几百元不等的捐款出资人数达到 100 人，捐款总数 25 万 4 千元。到 2015 年，棠棣村又将村内道路扩宽改建为村级公路，长两公里，宽五米的柏油路面。

自 1974 年起，三个自然村都通上了电，共用一支 50KW 的变压器，起初保障农业生产用电，此后随着设备的升级，电灯也走入了群众生活。各类提升生活品质的家用电器，陆续也有村民购买、使用。1998 年开始，各自然村开始在村道上安装路灯，逐年逐步扩大安装规模，在路灯这一项上，村集体累计投资 150 万元，安装了 112 盏路灯，照亮了棠棣的夜晚，也让村民对于村庄发展更有信心。

在通信方面，1958 年借助乡村建政的需要，棠一村就通上了电话。到 1989 年，三个自然村一起开通了程控电话。此后，随着通信技术的升级，大哥大、BP 机、手机等走入了寻常百姓家，方便了群众通讯交流、经营信息对接。

1974 年供电入村后，收音机成为村民的娱乐和信息获取渠道。1982 年，刘家村的刘阿锦购买了全棠棣第一台 14 寸金星牌彩电，头社的金小连忠随后也购买了一台黑白电视机，成为棠棣的风云人物。随着改革开放富民政策的不断落实，电视对于富裕起来的棠棣村民也就不再稀罕了。

乡村教育是乡村公共服务的重要内容。旧社会，棠棣三个自然村的儿童读书，都要到大方学堂上学。大方学堂是一个小学堂，除棠棣三个自然村外，还是三社、贾山头等附近五个自然村儿童就学的唯一学堂。日本侵华后，大方学堂停办。刘家有人家办起了私塾，请了年轻先生孙国其做教席，但就学儿童很少。1950 年，人民政府在二村白石庙设立小学，吸收头社、二社、刘家、三社四个自然村的少年儿童入学就读，时至今日，很多棠棣人还记得当时几位老师的名字：屠燕根、史悦生、秋仲英、鲍青等。1958 年，原大方学堂旧址改建为棠棣小学，附近八个自然村的儿童有了新的读书学习场所。随着建设社会主义新农村的深入，农村青年文化水平的提升需求日益强烈，1967 年棠棣公社在下茅秧设立初级中学，棠棣也终于有了初中生。当时为了解决劳动力参加农业生产后的托幼问题，三个自然村都办了村幼儿班，解决了村民的后顾之忧。除学校教育外，1950 年开始，定期在棠棣开展扫盲班、文化夜校等，让棠棣农民摘掉了文盲的帽子。《义务教育法》实施后，棠棣村农民子女 100% 入学读书。如今不仅仅是九年制义务教育，棠棣每年都有不少学子考入大学，接受高等教育。据统计，至 2016 年全村已有 224 名大学生。

旧社会，贫穷又交通不便的棠棣村，缺医少药，求医不便，村里只有土郎中，大病就要送到镇上救治。20 世纪六七十年代开始培养赤脚医生，实行农村合作医疗，但还未能从根本上解决农民看病难、看不起病的问题。改革开放后，各项惠农政策不断落实，集体财力增长，开始组织村民参加大病医保，实行县、镇、村三级补助，个人缴费，保障农民大病治疗。2005 年，棠棣村在二社设立医疗站，配置有医生、护士，从此村民小病不出村就可治疗。在村庄环境卫生上，1968 年起，棠棣村就逐步取消农户粪坑、粪池，以生产队为单位建设公共厕所。到 2013 年，所有公共厕所均改建扩建成新型的标准化环保公厕，大大提升了村庄卫生环境。

为了提升村庄人居环境，棠棣村并村后，加大旧村改造和环境整治力度，对全村进行高水平规划，公共设施布局合理，村庄环境处处赏心悦目。

公共服务的有效提升，大大提升了村民的现代性。从现代社会治理的思维来看，经济投入、技术运用、体制机制升级能够让社会治理体系和治理能力快速进步，但终究人才是社会治理的主体，每一个社会个体的现代化，才是社会治理现代化的基础。社会现代化首先就要实现人的现代化，促进人的全面发展。对于村庄治理而言，村民的现代性水平，直接关系到村庄治理体系治理能力的现代化水平，而公共服务正是有效提升乡村居民现代性水平的最有效途径。从棠棣村的经验来看，村庄集体和村民个人经济水平的逐步提高，让乡村儿童和青少年接受教育的机会和教育层次不断提高，通讯、交通、医疗、人居环境等公共服务体系和内容的不断扩充和提升，对当代农民现代性水平的提升起到了关键作用。现在，棠棣村民精神生活富有，先后成立戏迷俱乐部、书画俱乐部、舞蹈队等 9 个文艺社团组织。

数十年来，棠棣人始终牢记“人勤春早”的吃苦精神，走南闯北创业致富，并且以“兰文化”为精神纽带，实现了“以文化人、柔性治理”的村级治理棠棣模式。

# 第二章　村庄治理运行机制

## 第一节　党建引领

基层党组织作为乡村社会的“领头雁”，是加强和创新社会治理所依靠的最基本、最直接、最关键的力量。棠棣村经济建设与社会治理取得的各项成就，离不开坚强有力的基层党组织。靠的是棠棣村两委班子对党和国家农村经济社会发展一揽子政策的准确把握，靠的是棠棣村党员干部群众的不懈努力。棠棣村充分发挥党组织总揽全局、协调各方的作用，在上级党委的领导下，选好配强村党组织带头人，建好各项制度，充分发挥基层党组织在乡村治理中的战斗堡垒作用。

1953 年 7 月，棠棣村二社农民钱来寿成为棠棣村第一位中国共产党党员，随后钱行企、刘伯泉、钱来清等人也光荣入党。棠棣村基层党组织得到了蓬勃发展，1961 年 5 月，棠棣村的头社、二社、刘家建立村党组织，张云芳、钱岳太、刘大关兴分别当选为三个支部的书记，三个党支部建立后，党员开始在村里过组织生活，带领村民生产劳动。之后的每个历史时期，棠棣村基层党组织、党员都发挥出先锋模范作用，引领乡村发展。至 2018 年，棠棣村已有党员 65 名。自 20 世纪八十年代开始，各党支部按照上级党委“从严要求自己”的规定，对每位党员认真落实党员责任制，严格要求党员以党的十二大提出的“三个根本好转党风”的号召，在群众中树形象，做表率。1996 年开始，各党支部认真组织党员学习贯彻《领导干部廉政自律的八条规定》。2000 年开始，各党支部组织党员实施和落实党员《荣辱档案》制度。自 2003 年开始，头社、二社、刘家三个村合并为棠棣村，三个党支部也合并为党总支部，进一步加强党员党性教育，建立了一整套包括民主生活、党员教育管理、党务公开等内容的党建制度。

棠棣村始终坚持党支部学习制度和组织生活制度，党支部大会每半年召开一次专题组织生活会和民主生活会。支委会每个月召开一次，组织主题党日活动、民生生活会等。在党支部大会上还会对党员进行民主评议，评议结果作为年终民主评议党员的主要依据。专题组织生活会及民主生活会按照“四公开”①、“五不开”②、“四不谈”③的要求，围绕村子发展和村民反映的问题等大事小事，统一党员思想。按照“自己找、群众提、相互评、组织点”的方法，着重查找和解决党员在党性、党风方面存在的问题，扎实地开展自我批评和相互批评，开会过程中，还吸收群众代表参与。党支部则根据党员讲评、党员互评、群众参评以及征求到的党员群众意见建议、民主评议情况和党员的一贯表现，实事求是地对每个党员提出书面评议意见。棠棣村的党员通过一次次专题组织生活会和民主生活会，不断改进作风、提升自己，更好地发挥共产党员的先锋带头作用。

棠棣村始终坚持党员服务群众，专门制定党员志愿者服务制度和党员干部联系困难群众结对帮扶工作方案，使党员志愿者服务活动经常化、制度化。根据志愿者的专长、特长，将志愿者分为若干支服务队，如政策咨询队、就业服务队、环境卫生保护队、治安巡逻队、家电维修队、保健队等等，各队活动由党员志愿者服务中心具体指导与协调。志愿者服务活动采取定期或不定期的活动方式。平时服务活动采取“小、散、灵”的活动形式，由需要服务的群众向党员志愿者服务中心提出服务申请，中心根据居民群众生活、居住特点和志愿者的特长及实际情况，协调志愿者开展服务活动。比如村里有些人长期在外，透过铁艺镂空的大门，能看到院子杂草丛生，志愿队就定期去给他们清理院子，而村民也很放心地将大门钥匙交给党员保管。这项志愿活动既温暖了外出村民的心，也促进了村里的美丽庭院建设。

棠棣村针对外出经商务工党员较多的特殊情况，专门制定《外出党员及流动党员管理制度》。规定党员六个月以内外出参加学习、借调、停薪留职、务工等必须按时向党支部汇报思想和工作情况。一年以内除上述以外，由所在单位出具鉴定书，一年以上则接转组织关系。棠棣村对离乡党员管理还利用了微信等新通讯手段，党总支书记刘建明说：“党员活动，每个月 10 号。在外的党员，如果长期在外面的话，我们就没有要求参与活动，但是叫‘离乡不离党’，我们有‘党员群’微信

① 即：公开会议时间、公开会议主题和要求、公开内容、公开整改措施。

② 即：班子成员和党员思想状况摸不透不开、谈心活动开展不广泛不开、发言提纲达不到要求不开、上级党组织领导不参加不开、班子成员或党员缺席较多不开。

③ 即：不谈成绩、不谈客观原因、不谈细枝末节、不谈空话套话。

群，一般的事情上面发发就可以了，重要的事情会再通知他们的。”①

棠棣村坚持以基层党建引领基层治理，强化党的政治引领、思想引领、制度引领和作风引领，通过资源整合、信息共享、工作联动、考评一体，在农村全面开展“五星达标、3A 争创”。2017 年 7 月，绍兴市出台《关于基层党建引领基层治理促进农村各项工作全域提升的实施意见》，将“五星达标、3A 争创”列为市县“一把手”工程、加强农村工作的总抓手。“五星”指的是党建星、富裕星、美丽星、和谐星、文明星，对标的是全面建成小康社会；而在“五星”的基础上向更高的标准努力，那就是争创国家 3A 级景区村，不一定是做旅游，而是其基础设施、村民生活水平、文明程度都达到了 3A 级景区的标准。对这一项以党建引领乡村振兴的乡村社会治理综合工程，棠棣村高度重视并紧紧抓住这一机遇，以“党建 + 美丽乡村建设”，持续推进棠棣的发展。

## 第二节　村务善治

棠棣村坚持创新基层社会治理，努力发挥好村民委员会的自治作用、法治保障作用、德治引领作用。棠棣村建立了一整套村治规章制度，包括决策程序、议事规则、财务管理、村务公开、公共事务管理、联系群众、干部考核等，形成了依法治村的制度体系。

棠棣村的村民委员会于 2003 年由头社、二社、刘家三村合并而成。浙江省从 2001 年开始乡镇、村撤并的工作，目的在于促进区域范围内的资源共享、优势互补和共同发展。但在撤并过程中也有村庄会遇到一些问题，比如利益整合问题，由于各村在自然资源、集体资产、经济发展水平等方面的差异，并村无法并账；再比如合并后新村干部如何分工合作的问题；甚至共同体建设的问题，村民对原村有着强烈的依恋情结，对于并村后的行政新村缺乏认同感和归属感等。

棠棣村合并后很好地解决了这些问题。在“三资”合并上，虽然三个村的经济基础不一样，但还是顺利地完成了并村并账，在此基础上，老百姓也享受共同的福利，“我们对于福利这一块采取这样的办法，三个村里，两个村都有的，继续保留。只有一个村有的，就先取消”②。这样做是在干部跟群众充分沟通的基础

① 刘建明访谈记录。
② 金立成访谈记录。

上，并且做到公正公平，“党员干部跟群众沟通做工作，交代清楚政策，先做到公平”[①]。而对于村干部的分工合作方面，一直是村两委最引以为豪的方面，“我们村里班子团结，从并村到现在一直是这个班子，几个支委、妇女主任这些，一直是拧起一股绳，商量好了就齐心协力的做。老百姓没有什么意见的，都还不错。我们班子团结，齐心做事。村集体经济带动老百姓也过好日子。老百姓也支持班子集体，没有支持也做不了事情的”[②]。棠棣村村委会在换届选举时坚持“二推一选”或“无候选人直选”的方式，接受广大村民民意的选择，所有的村干部都得到了村民的认可，都是高票再当选，“有一点我们是比较高兴的，我们村两委会都是高票当选的，我们整个镇搞选举，我们不去拉票，但平均选举得票率都是96%以上的，我们书记得票率更高了，有一年是98%的得票率，尤其是要做书记、村委主任，你要得那么高的票是很难的，你一年得罪一个人，他最少一个家庭四五票就没有了，那你做十几年要得到这个票是很难的”[③]。

有了这样一个优秀的领导班子，村民们也紧紧团结在一起谋发展。棠棣村不仅是在经济上有大幅度的发展，治理方式也不断走向现代化，制定了《公示征集制度》《民主商议制度》《众议考评制度》等村治规章制度。涉及村集体和村民利益的重大事项，包括村经济和社会发展规划及年度计划，村庄建设规划；村民自治章程和村规民约的修订；村集体经济项目立项、承包方案、大额资金的使用、集体举债；村公益事业的经费筹集方案和建设项目招投标方案；低保户、低保边缘户评议等国家政策的落实方案；征用、征收土地各项补偿费的分配和使用；领取村干部误工报酬的人数及标准等，都坚持民主集中制的原则，按照“五议两公开”，广泛接受民主监督。即党员群众建议、党组织提议、两委会商议、党员大会审议、村民代表决议的五个步骤来进行，并对决议公开、实施的结果公开，接受村务公开监督小组和村民的监督。每次村务公开后，还听取村民的反映和意见，及时予以解释答复。通过会议、沟通、表决、公开，既形成了完善的程序制度，也统一了思想，村里的大小事务推进更加顺畅。用村党总支书记、村委会主任刘建明的话说：“开会，一个也是决策；另一个也是推进工作，开会要把意图讲清楚，要让他们去领会。”[④]

① 金立成访谈记录。
② 金立成访谈记录。
③ 钱立新访谈记录。
④ 刘建明访谈记录。

通过制度建设，棠棣村的社会治理关系从“管理支配”转为“沟通协调”。大小事务都通过班子成员、党员与人民群众沟通协调，保证了决策的科学性，确保群众的反馈得到有效回应。多年以来，棠棣村形成了一个“率先垂范”的习惯，大小事务、政策落实，都是班子成员带头、党员干部做示范，走家入户与群众沟通，最后形成群众积极响应的良好态势。

通过制度建设，棠棣村的村级集体功能从“管理型”转变为“服务型”。村级班子成员、党员干部服务村庄发展，服务村民生产生活，棠棣村组织起内生外援的产业技术、法律服务、文化服务、产业资本等多样化的发展资源，服务于村庄各项经济社会建设，有力地提升了棠棣村集体经济发展水平和群众生活水平，提升了村民的幸福感和归属感。

## 第三节　村事大家管

村民是乡村的主体，理应是管理村事的主体。棠棣村努力发挥村民的自治作用，着力建立和完善通畅的民意表达机制，引领村民积极参与乡村社会治理。

村民管理村事体现在村规民约的修订上。党的十八届四中全会强调要“发挥乡规民约在社会治理中的积极作用”，2014 年浙江省委十三届六次全会《关于全面深化法治浙江建设的决定》把“村规民约”作为“推进基层依法治理”的重要内容，2015 年浙江省综治委等四部门联合下发了《关于全面开展制订修订村规民约社区公约活动的通知》。棠棣村自觉按照宣传发动、组建班子、草拟初稿、讨论修改、审核把关、表决通过、备案审查、公布实施等八个步骤，依据“三上三下”进行村规民约的制定，即：村两委会从群众中收集议题，并通过上门下访征求意见；通过召开民主恳谈会，对方案进行深入讨论，进一步完善；方案提交党员会议审议，经村民代表会议表决通过后组织实施。村民结合本村自然历史、风俗民情、群众文化素养等方面因素，把“美丽乡村”建设、“三改一拆”、“五水共治”等乡村治理内容和村干部选举“五不能”、“五不宜”资格条件要求等内容也纳入其中。村民的充分参与，确保了“制订修订过程符合法定程序、条文内容符合法律规范、公布实施符合法治精神”。棠棣村村规民约在 2015 年获得柯桥区“十佳村规民约（社区公约）”的表彰。乡规民约作为群众自发形成的、具有约束力的行为规范，是新形势下构建和维持乡村社会秩序不可或缺的要素之一，是现代法治观念渗入基层社会的有效途径。棠棣村村民通过参与村规民约的制定、修改，增强了村民的内心认同和参与支持村级事务的主动性。

村民管理村事还体现在具体的事务上。绍兴市柯桥区于 2017 年在棠棣村等 4 个村开展“村事大家管”试点，对涉及村民群众利益、与社会基层治理关联密切的民事事务及村集体事务，实行村级组织、党员干部、村民群众共同参与民主管理、民主自治，形成了“一二三四五，大家管村务”的乡村社会治理模式。棠棣村将老百姓一家一户的民事诉求和特别关乎村民切身利益的村务要事都纳入“大家管”范畴，做到百姓烦事大家管，村务大事大家管。所谓“一二三四五”，即制定一份“民意”提事功能表，建立“线上线下”两个议事平台，设立“参谋、参考、决策”三级定事通道，规范“众议、群策、齐管、共督”四大管事流程，建立“提事、议事、定事、管事、考事”五项督事机制。比如棠棣村对村内环境保洁招工、定薪、管理、考核等事项就实行“村事协商大家管”。

“村事大家管”由村两委直接履行职责管理，村委专设“12345 村长茶室”平台，将“法治、德治、自治”三治融于一室，每周一至周五安排村干部专门坐堂接访群众，专设“民事说事台”，听取民事诉求，沟通群众心灵，调和社会关系。在线平台即村事公众信息平台，群众可对某项村事表达赞成、不赞成、弃权等意见，让群众通过平台建言献策，参与村事管理和全程监督，以实现群策群管促善治。棠棣村班子成员、党员干部通过“听、记、问、诺、答”五步法，听诉求、记内容、问事因、诺时限、答结果，用平等对话、沟通、协调方式推动基层社会矛盾和冲突少发生、少转化、少激化。村民管理村事更体现在村重大项目建设的参与权。棠棣村的重大项目建设均由涉及村民民主投票决定。如国家级“花香漓渚”田园综合体建设在棠棣村涉及 182 家农户 230 亩的土地流转，通过民主决策程序，一周内就完成了流转程序。

对于棠棣这样有大量村民流动性外出经商的情况，“村事大家管”还充分应用网络平台，比如“村民微信群”、“棠棣之花”微信公众号，村里的大事小事都向群众公开，群众也可以随时通过网络、手机关注村庄发展，反应、反馈各类建议。

“村事大家管”把村级事务的管理权、决策权、监督权交还给群众，使群众成为公共服务的提供者、乡村治理的参与者、利益协调的当事人，充分激发了村民的“主人翁”意识，最大限度调动群众参与社会治理的能动性、创造性。村级事务开展也实现了全程民主自治管理，村级治理由粗放式松散化向制度化规范化转变。

# 第三章　以项目建设促进乡村社会治理

2003 年棠棣村完成并村，由于合并前三个村规划不一致、发展不均衡，行政上的合并并不能直接让三个村子的面貌一夜之间协调统一。合并之初集体经济薄弱，交通道路等基础设施不足，村子公共文化服务供给欠缺，整个村庄环境不佳。

这一年，浙江省启动了“千村示范，万村整治”工程，开展以“垃圾处理、污水治理、卫生改厕、村道硬化、村庄绿化”为重点的乡村环境综合整治，推动乡村基础设施建设。2008 年，城乡统筹进入一体化融合阶段，柯桥区引入社区概念，积极推进农村新社区建设，以优化社区公共服务为着眼点，以“三集一化”即土地节约利用、产业集聚发展、农民集中居住、管理服务城镇化为主要内容。2010 年以后，浙江省在“千万”工程“示范美”的基础上，大力推进“美丽乡村”的建设，从树立“示范美”，力争“大家美”，到提升“内涵美”，明确了美丽乡村从内涵提升上推进规划布局美、村容整治环境美、创业增收生活美、乡风文明身心美的建设要求，全面建设“宜居、宜业、宜游”的美丽乡村。棠棣村抓住各个节点机遇，统筹规划新村发展。

## 第一节　生态文化项目创建

棠棣村作为兰文化历史传承悠久的花木产业特色村，有着得天独厚的生态文化传统。从两千五百多年前“越王句践种兰渚山”以来，棠棣人世代接受着兰文化的熏陶，也世代从事采兰、养兰、卖兰等与兰文化相关的生产活动。棠棣人抢救保护、开发利用兰花资源，为我国兰花事业的发展、兰文化的传播做出了积极贡献。被兰友誉为“当代兰王”的金定先收集、挖掘、培育、整理春兰名花，在棠棣兰园的基础上于 2001 年创立“中国春兰样品园”。

兰花是棠棣最具特色的传统名花，棠棣村充分利用花乡传统优势和良好的生态环境，发展包括兰花在内的花木产业。改革开放以来，逐渐改变单一的生产经营模式，建立了种植、经销各种绿化苗木及承接大型城市绿化工程等多元化经营模式。棠棣人不仅在本村的承包田、地、荒山上种满了花木，还向邻村、邻镇乃至全国各地租用土地种植、经营花卉苗木。形成了“棠棣无处不飞花，满目青山绿无涯”的美景。

在文化礼堂中充分融入了兰文化乡情特色，设立兰之源、兰之器、兰之情、兰之艺四大展区，分别展出棠棣采兰人的风采及采兰器具、棠棣人培育的名贵兰花以及兰花与伟人名流的故事等，充分展示了棠棣村千年兰乡的内涵。围绕“兰韵·棠棣”进行品牌推广，策划幽兰书法、兰花品鉴等系列文化产品，成功争取棠棣村作为漓渚镇每年兰花节的主会场。利用村庄厂房，改造建成“兰花培育及展示中心”，推广成熟的春兰培育技术，开展花木培育技术培训课程，发扬传承深厚的兰文化。对于村庄各项建设中形成的硬件基础也加以充分运用，打造环村花木运输道路成为最美乡村公路。

棠棣村以兰文化为基础在各项生态文化项目创建中获得荣誉。2005 年荣获“绍兴市生态村”、2006 年荣获“浙江省兴林富民示范村”、2007 年荣获市级“绿色生态示范村”、2013 年荣获“浙江省最美村庄”、2016 年荣获“浙江省生态文化基地”、“浙江省 3A 级景区村庄”、2018 年荣获“全国生态文化村”、2020 年荣获“全国乡村旅游重点村”、“中国美丽休闲乡村”。

生态文化项目建设的传统也进一步培育了棠棣村生态文明的氛围，更好地促进了村庄经济社会文化建设，2018 年棠棣村开始了全国生态文化村创建。村里专门成立了创建领导小组，村党总支书记任组长，副书记任副组长，其他两委会成员为创建工作领导成员，充分发挥基层党组织和村两委的先锋带头作用，依靠群众开展创建工作。在村庄原有的兰花、花木种植基础上，借助田园综合体“千亩花田”项目，充分利用荒山坡地扩大花木种植 230 亩，要将棠棣村规划设计发展为一个集种植、休闲、观光于一体的农庄乐园。

通过创建工作，棠棣村达到了“生态文化繁荣、生态环境良好、生态产业兴旺、人与自然和谐、示范作用突出”的要求，成为全国生态文化村。文化礼堂、兰花培植与展示中心及白石庙等多处景观节点，已成为村民交流花木培育技术、文化休闲娱乐的活动空间，实现了花木产业、兰文化艺术与生态文明的有机结合，也通过公共文化活动空间，生态文明与居民生产生活实现了相互交融。

## 第二节　卫生健康项目创建

没有全民健康，就没有全面小康。开展创建卫生镇村活动，对于改变农村环境卫生面貌，建设社会主义新农村具有十分重要的作用。2015 年，绍兴市出台《健康绍兴 2030 实施计划》，提出了绍兴市城乡居民 2030 年的健康具象目标：本市居民人均期望寿命达到 82.28 岁，国民体质监测合格率达到 95%，经常参加体育锻炼的人数比例达 48%，健康产业总规模超过 2500 亿元。2017 年，出台《“健康绍兴”2017 年度工作清单的通知》，提出“健康细胞培育工程”的概念，开展以镇、村、社区、单位、家庭等社会细胞为单位的健康卫生工作创建，为城乡居民营造良好的健康环境，使健康维护成为全社会的自觉行动。

棠棣村自然生态环境优美，花木产业也是无污染产业，村民健康卫生工作有着天然优势。2005 年、2007 年、2008 年，棠棣村分别顺利地通过了“绍兴县卫生村”“绍兴市卫生村”“浙江省卫生村”的考核和复查验收。2017 年，棠棣村为进一步提升村庄卫生环境、提高村民健康水平，把创建“绍兴市健康村”作为村庄自然环境与健康卫生提升的抓手，并把创建工作列入了当年村党总支部、村委日常工作的重要议事日程中。

棠棣村一方面积极开展健康教育和环境整治，加强对环境卫生工作的管理。对村庄大环境整治、改水改厕、健康教育、防病除害等问题按照创建工作的要求制订更高建设标准，发动村民共同参与创建。开展了以“清洁家园、清洁村庄、清洁河道、清洁道路”为目标的清洁运动，全面清理村内的“脏、乱、差”，清除陈年垃圾达 300 余吨。另一方面，加大卫生工作投入力度，全年保洁支出 202500 元，全村设置专职保洁员 11 人，其中村内保洁 8 人，垃圾分类收集人员 3 人，建立了村民小组督察员、村民组长以及路面、河道保洁员等多元参与的创建格局。

棠棣村在健康卫生工作上的投入还包括各种硬件设施的建设。2008 年到 2017

年全村在公用设施及卫生设施方面的投资达到330多万元，主要用于道路硬化、维修、绿化植树等。2017年棠棣村为每家每户增添了农户保洁桶，率先实施了生活垃圾分类收集。

在健康知识普及上，棠棣村每月更新一次健康宣传窗，每季度出刊一期健康画廊，综合利用各种村民会议播放健康教育远教宣传片，同时还对农户发放健康知识读本，发放率达到了96%，每年棠棣村还对育龄妇女进行新婚知识、避孕节育知识和更年期知识的培训，促进形成了人人参与、共享健康的理念。在卫生服务方面，全村7周岁以下的儿童系统管理率、“五苗”接种率为100%，每年春秋二季，专门对全村的狗、家禽免费打防疫针。

经过创建工作小组和全体村民的共同努力，棠棣村全村垃圾基本上做到了日产日清，改变了农村“脏、乱、差”的面貌，改善了群众的生产、生活条件，提高了文明素质，促进了乡风文明和村容整洁。

## 第三节　法治文明项目创建

浙江省高度重视法治建设，1996年提出“依法治省”的目标，2000年出台《关于进一步推进依法治省的决定》，2006年省委第十一届十次全会审议并通过了《关于建设“法治浙江”的决定》，对“法治浙江”建设做出全面部署。根据省委部署和“法治浙江”的建设要求，浙江省先后出台《浙江省民主法治村（社区）建设三年行动计划（2018—2020）》和《浙江省省级民主法治村（社区）建设指导标准（试行）》，开展省级民主法治村（社区）创建评选活动。

在基层民主法治建设道路上，棠棣村不断健全基层党组织和村两委自身建设，规范民主管理制度，健全村务公开制度。棠棣村在民主选举、民主评议、民主决策等方面严格按制度按规章办事。定期召开村民会议及村民代表会议，通过村民代表大会对与村民切身利益相关的事项实行民主决策，落实村务村事“一事一议”制度和决策责任追究制度。村级财务实行定期审计和定期公开，确保村民对村庄财政情况的知晓和监督权利。在村干部管理上，棠棣村实行民主评议，落实奖惩及责任追究制，通过“一句话承诺”和民主评议，不断促进干部服务群众的能力。

在村级组织建设上，棠棣村建立了以村党组织为核心，村两委为主导、各村民为主体的村组织体系。包括“棠棣村社会保障服务站”、“棠棣村社会治安综合治理组织”、“棠棣村村务公开监督小组及民主理财小组”、“棠棣村乡贤参事会”等村庄民主法治参与主体，对村党组织及村两委形成监督促进作用，提升服务广大村民的水平。

2003年以来棠棣村获得了许多荣誉，如“先进基层党组织”、“五好村党支部”、“治安安全示范社区”、“浙江省级文明村”等荣誉称号。

2018年棠棣村开始创建“浙江省民主法治村”。按照创建工作要求，棠棣村“照镜子、正衣冠”，开展了多方面的工作。一是加强村级班子建设，村两委成员对照各自的分管工作开展自查，公开述职，接受党员和村民代表的质询和评议。对村委、支委各级成员的廉洁情况、“双带”能力、工作实绩、群众反映等各项建设情况进行考核评议。村民主评议机制、考核机制，拉近了党员与群众之间的距离，提升了干部的工作能力。二是强化党务、村务、财务三公开，坚持村庄大事让村民做主，重大事项张榜公布，征求意见，接受群众监督。坚持每季度公布一次村务财务，各社财务、账务半年公开到户，做到事事公开，有问题及时整改，并取得群众认可。三是加强各级支部组织建设，党支部分工协作，做好党员的发展、培养和选送工作，确保了党员和后备干部的质量。四是强化监督机制，村里成立了由15位老党员、老村干部、德高望重的村民代表组成的理事会，充分发挥他们的监督作用。

棠棣村还积极推进民主法治宣传。开展“民主法治之家”、“民主法治院落”、“美丽家园”等一系列民主法治细胞竞赛评选活动；利用农村远程教育网络、举办法制讲座等多种形式加强法制教育；对于农村青少年和在校学生，则鼓励他们带动家长及家庭成员学法用法。棠棣村的“法律进村入户”活动也切实带动了村民法律素质的提高。村里还成立了“和老师”义务调解团，积极协助村委解决邻里纠纷，做到了小事不出村、大事不出镇，公平公正开展调解工作。历年来全村无重大恶性案件、治安案件和生产安全事故发生。棠棣村通过民主法治创建，形成了“村级组织健全有力”、“民主制度规范完备”、“法制教育扎实有效”、“经济社会和谐发展”的格局。

## 第四节　美丽宜居示范村创建

为贯彻落实党的十八大、中央城镇化工作会议及中央农村工作会议精神，住建部从 2013 年起开始出台关于年度美丽宜居小镇、美丽宜居村庄示范的评选工作安排。美丽宜居乡村作为新农村建设的升级版，更加关注农业发展方式转变，更加关注生态环境资源的合理利用，更加关注人和自然和谐相处，更加关注农村可持续发展，更加关注保护和传承农业文明，具备环境美、生活美、产业美、人文美四大基本特征。

棠棣村以花卉苗木种植为基础，突出本村自然环境优势，在村两委的带领下，努力把村庄打造成人与自然和谐相处的宜居村、村民勤劳富裕的宜业村、村庄与周边山水相互交融的魅力村以及集休闲、游乐于一体的宜游村。2015 年棠棣村成为绍兴市柯桥区创建“国家美丽宜居村庄”的示范村。棠棣村抓住这一机遇，在村庄产业、环境、文化特色等方面做了大量工作，既惠及了村民的民生，也改善了乡村面貌。棠棣村最终成功入选 2015 年度国家级美丽宜居示范村创建试点名单，是浙江省全省 9 个示范点之一，也是绍兴市第一个“国家级美丽宜居示范村创建试点村”。

棠棣村两委深刻领悟到创建“美丽宜居村庄”是一项长期工程，也是一项能够为老百姓带来实惠、推动农村社会改革、促进农村产业结构调整、生活方式转变、环境提升、文化娱乐繁荣、民主法制普及的工程。村级两委班子思想高度统一，成立了创建工作领导小组，并充分发动群众，使广大村民家喻户晓、积极参与。同时，棠棣村也发挥好村民代表大会、村庄办事规程的优势，不断通过村民会议、村长接待室和互联网微信群、公众号等现代化信息技术途径来征求、采纳村民的合理化建议。全体棠棣村民共同谋划建设项目，使得创建工作获得了广泛的支持和参与。

“美丽宜居村庄”的一个重要指标是环境美，这主要体现在村庄布局规划合理、基础设施完善、与自然环境相和谐。棠棣村充分认识到了做好这次创建工作、做好村庄发展布局规划对于村庄未来发展的重要性。村两委不断争取上级支持，依托绍兴市智力资源优势，委托绍兴越州都市规划设计院、厦门大学对棠棣村进行规划设计升级。新规划以中心村为核心，通过渐进式居民旧房改造、综合建房布局、设施配套、绿化环境、道路市政等，有力地推动了棠棣村整村特色升级。利用棠棣村花木特色产业的生态优势与兰文化历史，形成了村庄“花满棠棣，春兰之乡”的文化主题。通过一三产业联动发展，践行“绿水青山就是金山银山”的生态理念，使文化、生态与农业产业结合，实现高附加值、可持续的发展。棠棣村还对健身广场、休闲广场、停车场、道路交通和绿化、给水排水、污水处理、电力电讯等进行设计规划。在村两委和全体村民共同努力下，2017 年棠棣村正式进入住建部公布的《第四批美丽宜居小镇、美丽宜居村庄示范名单》，圆满完成了美丽宜居村庄从试点到示范的转变。

# 第四章　棠棣治理之路

棠棣村的社会治理，贯穿于美丽乡村建设的全过程，由“棠棣干部”带领着“棠棣村民”以棠棣精神为引领，以“棠棣速度”去发展，形成了村治的“棠棣模式”。

## 第一节　棠棣干部

村干部是新农村建设的直接推动者、组织者和实践者，他们担负着组织和领导村民建设社会主义新农村的重要任务，如果说乡村振兴是台大戏，那么村干部就是“台柱子”，只有“台柱子”表演得好，戏才精彩，“台柱子”演砸了，“再好的戏也出不来”。对于乡村干部而言，能不能充分发挥先锋模范带头作用，走到前头、干在前头，聚精会神把乡村振兴这台大戏唱好，既是一场大考，更是一种责任和担当。[①] 学者们对于村干部的角色定位有多种，比如“代理人”、“当家人”、“守夜人”、“撞钟者”又或者保护型经纪、赢利型经纪、弱监护人等，从棠棣村来看，村干部扮演了乡村的“服务者”、“当家人”和“经营者”等多重角色。

棠棣村干部队伍的第一个特征是“细”，做事细致周到，考虑周全。从决策来看，村里的重大事项都需要通过多个环节的讨论和表决，听取村民的意见。“重要的事情都是支委、村两委讨论过的，决定要做的事情，就要开党员大会、村民代表会议、户长会议，所有大的项目我们都必须开这几个会。”[②] 从推进工作来看，由于棠棣村很多村民在外有生意，在村的时间是不确定的，给具体工作开展带来难度，村里就通过“党员群”微信群、“村事大家管”微信群、电话等方式去充分

① 雷波．党员干部要当好乡村振兴“台柱子”[N]. 大理日报，218—04—09（1）.

② 刘建明访谈记录。

沟通。“像我们去年有个项目是‘旱地改水田’，涉及坟墓120多只要迁移，还有苗木、土地面积，你要在家嘛就方便了，这种事很多农户不放心的，你做工作就比较难做。要么，他们电话打给我，要么我打给他们。像这种项目我们前期工作做比较细。”[①] 从具体细节来看，处处为村民考虑。如厕改项目中，棠棣村把露天粪坑改成小型集中厕所时考虑了选点方便村民的问题，在小型集中厕所改水冲公厕时考虑了有机肥使用的问题，在每户进行污水网管处理时考虑了村民的经济负担等问题。村干部也是以服务百姓的心态在开展各项工作，比如帮助村民代缴医疗保险费、主动上门为村民发放田租、主动关心老人，“因为村民好多都在外地，前两年微信支付也没有那么普及，我就先帮他们垫付了，等村民回家，再一一还给我。”“办公室到刘家，差不多要走10多分钟，来领钱的人大多是老年人，所以我就到自然村里面去发放，带上验钞机，拿着钱，直接到各自然村去。这样发放，第一是快，第二村民就不需要下来了，只要我上去就行。”[②] 这样的细节令人感动，也体现了村干部队伍工作的细致。

村干部队伍的第二个特征是“硬”，做事有原则，公正公平，不会出现“会哭会闹的孩子有奶喝”的问题。棠棣村在发展过程中有诸如厕改、迁坟、柴草堆处理、征地等工作，都涉及上百户人家，而这些工作的开展，不同的村民会有不同的利益诉求，有些村民的配合度高，工作好开展，但也有一些村民的工作可能不好做，村干部的策略是“大的范围，愿意的先做下去，后面一家两家我们再做工作了”[③]，但绝不会因为工作难做的就多给好处。同时，村干部自身正、有威信。对于村干部权威的来源，一位村干部是这样解释的：“最主要的就是人家求他（引者注：指村党总支书记、村委主任刘建明）办事，送他红包，他全都退还给人家，这个人家都很佩服他的。……你要是拿了人家的红包，你要是事情搞到他，他就可能刁难你。你没有拿过人家东西，你可以合理合法跟人家解释。你这房子为什么批不来，比如邻里关系处理不好，比如一户多宅，跟你解释清楚了，你也没话说了。就是跟老百姓讲清楚。”[④]

村干部队伍的第三个特征是“稳”，干部队伍从2003年并村后就没有变动过，各自有清晰的定位和分工，也有紧密的合作和协调。“我们村领导班子很团结，我

① 刘建明访谈记录。
② 徐伟凤访谈记录。
③ 刘建明访谈记录。
④ 钱立新访谈记录。

们村合并后，村干部一个也没有换过，村干部确实都会做事情”[①]。“我们班子这么多年来，不管分管什么，班子集体无论是谁碰上纠纷矛盾，找到谁就是谁负责，不允许推诿。除了决策性的事情，我们要上会，包括刘书记等等都要通过。所以这么多年来我们这个规矩还是很有效。”[②]

也正是因为村干部队伍团结稳定，办事细致周到、公正有原则，棠棣村的干群关系和谐。从村干部的角度来看，“我们班子团结，齐心做事。村集体经济带动老百姓也过好日子。老百姓也支持班子集体，没有支持也做不了事情的”[③]。从村民的角度来看，“干群关系也很和谐，村干部是做实事的，所以老百姓一般也比较配合村干部的工作”[④]。

## 第二节　棠棣村民

棠棣村能够从贫穷落后的小山村发展成现如今令游人惊叹的别墅成群的“中国小欧洲”，离不开的是棠棣人和棠棣精神。棠棣精神被村里概括为“勤”字，外化为“五勤”，即勤勉、勤劳、勤奋、勤快、勤俭。同时受兰文化的影响，棠棣人心态平和、为人真诚，融洽的村民关系，共同拧成一股力量，推动棠棣村的发展。

村民们勤于生产、勤于工作，“人家都还在过春节的时候，棠棣人就已经出门做生意去了，所以说我们棠棣人的春特别早”[⑤]。老一辈的棠棣人通常都有几份工作，既从事农业也从事副业，同时还兼顾卖花。早期棠棣人挑担卖花，就像当年温州、义乌的小货郎，风餐露宿、沿街叫卖，靠自己的勤劳致富。“去广东之前和村里人一样全国各地挑担卖花卖草。我初中毕业后先学做油漆手艺，天热时在工地做油漆工，天冷时出去卖花”；“我曾经从广东发货到丹东，一辆大货车跑了六天六夜。当时我们是 4 人合伙，4 个人挤在一间驾驶室里，到丹东后，因为没提前找到放苗木的地方，我们就把遮阴网铺到地上，直接睡在地上。第二天要上门推销给各单位。当时当地的治安也不好，还要应付他们，饮食也不适应，非常艰苦”[⑥]；“坐火车要几天才能到。火车上买不到座就躺在座位下面。在东北那边住在

① 刘建明访谈记录。
② 金立成访谈记录。
③ 金立成访谈记录。
④ 诸良峰访谈记录。
⑤ 徐伟凤访谈记录。
⑥ 钱又夫访谈记录。

小旅馆里。吃住都很省，不舍得。去四川那边卖花，从诸暨上火车到成都，人特别多，都是从车窗里爬进去的”[①]。

勤劳的棠棣人不仅能吃苦，而且长期深受兰文化熏陶，心态平和、村民团结。虽然村民都从事花木生意，但却没有形成同质的竞争关系，而是互帮互助，先富带动后富。“村里人看到我这个苗圃做的好了，很多人也就跟着做了。有时候我会给他们苗木，教他们做。和村里人交换苗木品种，互通市场信息。因为每个苗圃的品种都不可能是最全的，大家可以互相交流信息，互通有无”[②]；“我去得早，后来村里有 100 多人去广州搞花场。村里去的人我都会帮忙的。比如，他们刚到广州时没有地，零租不好租，我就把我租的地转租给他们一部分。刚开始在芳村时，来的老乡们跟我借钱的比较多，我有一个厚本子记满了账，都是三、五十的。比如借车等力所能及的帮助总有的。因为我已经有了一定的人脉，老乡们有事，我都会尽力帮忙，免费义务帮忙。我能帮忙的我都尽力帮忙，以前家乡这边政府部门来考察也会找我的。现在花卉世界有 50 多人，平时联系很多的。有专门的浙江苗木批发市场，早在 20 多年前就有，是自发的，大部分是老乡（一个镇里的）”[③]。村民之间的信任度很高，虽然他们走南闯北见识多了生意场上的理性，但在村民之间却仍然是非常淳朴的关系，比如村民之间租用土地，很多都通过口头约定，并没有签合同或协议，但也没有出现毁约或纠纷的问题，租金的支付方式也比较灵活，或者年底一次性付清，或者如果出租方有需要用钱的话，也会提前付租金。用村干部的话来说，“我们村民风还是比较好的，很少有不讲道理的，到村里说事情，讲好道理工作做通了就回去了，没有遇到过不讲道理的”[④]。“我们这边的人总体来讲，是比较和谐的……从原因的角度看，一个就是人富裕了，计较的东西也就少了。……另外，人际关系的和谐也和我们主要从事的产业有关系，大多数人都是出去做生意的，潜移默化地也养成了相互照应、比较圆融的处事方式，总体说情商比较高的”[⑤]。

---

① 蒋岳兴访谈记录。
② 金立成访谈记录。
③ 钱又夫访谈记录。
④ 金立成访谈记录。
⑤ 诸良峰访谈记录。

## 第三节 “棠棣速度”

如果听过“上海速度”、“深圳速度”、“杭州速度”，那么“棠棣速度”就不难理解了。棠棣村修建兰泽路，只用了 3 天时间村民们就与政府达成了征地拆迁、苗木补偿合同；只用了 4 个月，这条投入 2800 万元、长 3.6 公里的公路就建成了。棠棣村建设乡村振兴实训基地，从规划设计、拆除旧厂房到建设动工、场馆布展、平台维护、开始运营，历时 76 天。

“棠棣速度”得益于前文所述的棠棣干部和棠棣村民，因为干部有方，百姓齐心，所以办起事情来能够高效有力，“我们原先以为征地拆迁、苗木赔偿的事情很复杂，没有半年时间完不成，但是村民却非常支持这项工作，我们只用了 3 天时间就完成了补偿合同的签订”[①]。

“棠棣速度”得益于棠棣村有一套良好的制度。从大的方面来看，从党建制度、村两委会制度到村民参与村庄治理等制度，形成了一套村庄运行的良好机制。从具体项目来看，村两委会还建立了项目工作机制，如在时间紧急的项目实施过程中，全体村干部根据责任分工，实行进度月报制和无休日制，按照工程建设要求全力以赴，确保所有项目如期完工。村干部还实行了基础工作倒扣分制，对未能按时完成的，扣除相应待遇。“我们书记在管理上很有一套。他就说，你这个工头，如果没有什么能力就不要来做，到我这里做，就是你要给我安排一个时间表。你几号能把整个主体做好了，几号以后把外墙做好，几号以后把内墙装好，几号以后把绿化做好，几号以后把里面的卫生都搞好了，全部都有一个时间表。他就是说，按照这个时间表来督促你的进度。如果你没有按照这个时间表、进度表，你就不要来做了，叫别人来做，逼着他们这样做。多的时候这个工地有 300 多个人做呢。我们一开始就定倒计时，几天之内哪样东西一定要做好。有些时候这些老板做到半夜也没办法。他亲临现场去督查。他本来就是园林专业的，对设计也很有一套的”[②]。

---

① https://zj.zjol.com.cn/news/176636.html

② 钱立新访谈记录。

## 第四节 “棠棣模式”

作为乡村振兴的先行者，棠棣村沿着“绿水青山就是金山银山”指引的方向，发展农业，建设农村，富民增收，走出了一条将美丽资源变成美丽资本、将美丽资本转变为美丽产业的绿色发展之路，实现了乡村产业兴旺、生态宜居、生活富裕。

**以特色产业为依托，推进业兴民富。**棠棣村被称为“千年兰乡”，村民有种植花木的传统，也有经营花木产业的历史。棠棣村走出的这条兰文化传承、花木产业培育的特色产业之路，并不是一路平坦的，中间有波折、有坎坷。但棠棣人从20世纪七十年代创办第一家苗圃开始，就认定了这个产业，经过四十年的不断发展壮大，棠棣村依托兰花传统优势，培育形成全国知名的花木产业。村民以种植经营花木生意为主，身影遍布全国花卉市场。绿色花卉产业已成为棠棣人发家致富的第一产业。

棠棣村在发展花木产业时，注重发挥产业链的作用。一是龙头企业的带动作用，不仅扶助龙头企业“走出去”承接园林绿化工程，而且积极发挥龙头企业带动小企业发展的作用；二是花木经销和花木经纪人队伍的带动作用，他们活跃在广东、云南等主要花卉苗木市场，通过开店设摊、建花木中转站、承包大型花木基地等方式，把本地、外地的花木产品销售到全国各地；三是加强培训，提升花农素质。组织村民到浙江林学院系统学习林业专业知识，到镇成校系统学习花卉栽培技术、大苗移栽技术等。现有园林工程师48名，助理工程师15名，园艺技师178名，为发展花卉产业提供了大批人才。同时，还经常邀请林技专家到基地现场作示范，为花农讲解花卉苗木的生产特性、土壤要求及如何进行科学施肥、如何进行花卉苗木的病虫害防治等。三个环节都得到良好发展，整个产业才能健康运转，广大花农就能从中获利增收。

棠棣村借助“花香漓渚”国家级田园综合体项目核心村的建设，将花木产业再升级，着力打造以花木交易、兰文化创意体验、花田观光旅游为特色的旅游景区村，利用农业景观和农业空间吸引游客凝聚人气，引导农民发展二、三产业尤其是农家乐、民宿、观光休闲农业等，以拓展增收渠道。棠棣村2017年村民人均收入达到75000元以上，2018年达8万元，是一个“藏富于民”的典型村庄。

**以项目创建为抓手，实现村美民乐。**棠棣村紧紧抓住了美丽乡村建设的各个项目机遇，深入开展环境综合整治，不断优化生态环境和农村人居环境。大力实施绿化、亮化、序化、美化“四化”工程，注重个性特色，打造“村在绿中、房在树中、人在花中”、“一花一草、一庭一院皆风景”的美丽乡村景观，村容村貌得到极大改善。

2003年头社、二社、刘家三个小村合并成棠棣村时，集体经济薄弱，修路还需要靠村民捐资捐款。2008年棠棣村被评为全面小康示范村；2010年被评为农村新社区建设示范村；2011年，棠棣村着力打造绍兴市首批美丽乡村“精品村”，先后委托绍兴越州都市规划设计院、厦门大学对棠棣村进行规划设计。以建设布局合理、经济适用、环境优美、交通便捷、设施配套功能齐全的居住区为目标，进行美丽乡村建设。2012年被评为绍兴县首批美丽乡村示范村；2013年入选“浙江最美村庄”、绍兴市美丽乡村精品村；2015年建成文化礼堂，并成为浙江省美丽乡村和农村精神文明建设现场参观点。

2016年评为“国家美丽宜居示范村”；2017年，国家提出建设田园综合体，为美丽乡村建设提供了更为高端的项目支撑。棠棣村作为“花香漓渚”国家级田园综合体项目的核心村，积极整合现有的农业资源、产业基础和传统文化，开展千亩花田、兰心民宿等项目，积极探索建设宜业宜居宜游、农文旅融合的美丽新家园。2018年，又建成乡村振兴实训基地。棠棣村以这些项目创建为依托，将村庄进行景区化建设，打造与村庄建设、服务设施及人文环境相匹配的精品民宿，融合餐饮、住宿、娱乐等休闲功能，完善了AAA级景区的旅游配套设施。

**以三治融合为核心，凸显治理成效。**棠棣村认真贯彻落实党的十九大精神，坚持发展新时代“枫桥经验”，创新基层社会治理，努力发挥好村民自治、法治、德治的作用，积极建设“三治融合”示范村。

自治方面，建立了一整套村治规章制度，涵盖村务管理、党员管理、村民管理等各个方面，形成了依法治村的制度体系。村民共同制定了《村规民约》、《家风家训》守则，成立乡贤参事会，将先进人物凝聚在一起，发挥引领宣传的作用，还积极投身于村级治理，捐赠乡贤基金用于公益事业。组建民情调解团，通过发挥村党组织作用，及时公正处理矛盾，切实维护村民利益，促进村庄和谐平安。法治方面，村民已经将法律的行为强制转化为社会群体的行为自觉，法律规则潜移默化为公序良俗的法治文化。棠棣村的干部有强烈的法治观念和法治为民意识，村民通过开展法治竞赛、法治讲座等接受普法教育。在法律服务方面，健全农村公共法律服务体系，提供对村民的法律援助和司法救助，使村民“找得到法”“用得到法”“信得过法”。德治方面，棠棣村以兰文化为引领，通过结合“晒家风家训”、文明家庭与星级庭院创建，开展文明家庭、平安家庭、绿色家庭评选，培育积极向上的家庭文化，不断提升全村文明素质。通过组织文艺演出、好媳妇好公婆等身边的道德模范与好人评选等活动，激发村民道德情感，提高思想道德水平。通过文化礼堂、兰文化特色馆等多种功能场所，定期开展民俗活动和文艺活动，极大地丰富了村民的日常生活。通过集中展示村民的家风家训、建立尚德励志学子榜，不断传递社会正能量，引导村民崇德向善。通过推行垃圾分类、开展健康养生普及，提高村民生活品质和幸福感。

# 经济篇

## 与时俱进 兴业富民

JINGJI PIAN
YUSHI JUJIN XINGYE FUMIN

棠棣村有兰业传统，农闲时村民上山采兰，下山卖兰。改革开放后，棠棣村人走南闯北，开拓进取，沐浴着改革开放的春风，紧紧抓住国家大发展、居民生活水平大幅提高对花卉及绿化苗木的巨大需求的机遇，抢占先机，占领市场，形成了独具特色的花木经济。表现为“四个 95%”：一是全村 95% 以上的可种植土地种植花卉苗木；二是全村 95% 以上农户和劳动力直接或间接从事花木产业；三是全村 95% 以上的收入来自花木产业；四是全村 95% 以上劳动力自主创业。棠棣村是绍兴市最早、最大的花木专业村，是名副其实的“绍兴花木第一村”。

# 第一章　农业、工业、花木业并举的农村经济（1978—2003）

家庭联产承包制极大地释放了农村生产力，促进了农村经济结构调整。棠棣村经济由此进入了农业、乡镇工业及花木业并举阶段，也为花木产业的快速发展奠定了基础。

## 第一节　家庭联产承包制确立

1978年12月，党的十一届三中全会开启了中国改革开放历史新征程，棠棣村的发展也进入了新阶段。

### 一、家庭联产承包制的实施过程

绍兴经济体制改革首先从农村家庭承包经营责任制起步。十一届三中全会后，绍兴市贯彻《中共中央关于加快农业发展若干问题的决议（草案）》，开始进行农村经济体制改革，实行多种形式的农业生产责任制。家庭联产承包责任制是在坚持基本生产资料公有的前提下，将土地承包到户，实行分户经营、自负盈亏，给农民以充分的生产经营自主权。农民的生产所得“交够国家的、留足集体的，剩下的都是自己的”。

1979年春，诸暨三都区和嵊县崇仁区部分生产队开始试行早稻联产到组责任制。1980年冬，推行生产队统一经营下联产承包到组的生产责任制，将生产队划分为2～4个承包组，由组长负责统一经营生产。1981年5月25日，中共绍兴市委下发《批转市农委关于巩固和健全专业承包联产计酬责任制的意见》（市委1981年第20号），指出：专业承包联产计酬责任制已经在实践中显示了对于调动广大农民积极性和促进整个农业发展的突出作用。市委认为：从我市农村的实际情况出发，在绝大部分生产队稳定地实行这种形式的生产责任制，并且使这种责任制不断巩固和健全，避免由于生产责任制变动不定，造成人心动荡，这是市区社领导应该掌握、必须注意的问题。同时，各地要根据中央精神，根据各地情况，推行不同形式的生产责任制。

1982 年 8 月漓渚镇开始推广家庭联产承包责任制，农民向生产队承包土地，自主安排生产和收益分配。1984 年秋收后，公社领导组织人员到各村蹲点、总结经验，认为实行联产承包到户后彻底改变了人民公社化后“吃大锅饭”的弊端，推动了农业生产的发展。[①] 据统计，1982 年社员年平均口粮（原粮）366.5 公斤，比 1978 年增加 49 公斤，平均现金收入从 1978 年的 103.00 元增加到 1982 年的 151.20 元，平均收入四年中增长 46.8%，社员生活好转，粮食自给有余。

## 二、家庭联产承包责任制的具体内容

1982 年秋，根据县里的指示精神，棠棣村全面实行家庭联产承包责任制，棠棣村的头社、二社、刘家三个自然村实行分田到户、联产承包。其他地区联产承包制中分“责任田”和“口粮田”两项，但棠棣村没有分，农田均按人口分到户。各自然村事先将土地评定等级，按块编号。以户为单位，按号顺序当场丈量到户。承包者的征购任务一律以定产计算，分配落实到户，“1982 年‘分田到户’。当时我这个小家庭三口人分到一亩三分水田、半亩自留地、半亩旱地，山地十亩左右。主要种水稻、番薯、蔬菜”[②]。

## 三、土地的调整和延包

### （一）第一次调整

1985 年底，首次合同期满后，决定继续执行三年，但做了小调整，规定增人不增地、户口调走则取消承包田，小孩出生后也不增加地。钱亚琴回忆：“我家‘分田到户’时有父亲、我、儿子、女儿四人分到了承包田。后来女儿、儿子中专考走后户口都迁到学校了，村里把两人的承包田也划走了。”[③] 从 1989 年起由各村根据本村实际情况决定向承包者收取承包费，经费由各村管理，用于农机具的添

① 《漓渚镇志》编纂委员会 . 漓渚镇志 [M]. 北京：中华书局，2012：242.
② 蒋岳兴访谈记录。
③ 钱亚琴访谈记录。

置更新、农田水利、电力设施建设。部分社会性公益事业的开支及直接为农业管理服务的误工补贴开支等，专款专用，年终结算，张榜公布。

### （二）第二次调整：30 年不变政策的确立

1997 年中央《关于进一步稳定和完善农村土地承包关系的通知》（中办发（1997）16 号）文件，明确提出在第一轮土地承包到期后，土地承包期再延长 30 年。在延长土地承包期中，要使绝大多数农户原有的承包土地继续保持稳定，不能将原来的承包地打乱重新发包，更不能随意打破原生产队土地所有权的界限，在全村范围内平均承包。已经做了延长土地承包期工作的地方，承包期限不是 30 年的，要延长到 30 年。

根据上级政策规定和要求，1998 年 9 月，为了进一步稳定和健全承包责任制，漓渚镇人民政府专门召开了会议，部署了第二轮土地家庭联产承包的延包工作。其要点：一是分配人口的截止时间是 1998 年 9 月；二是承包期延长至 30 年，即从 1999 年 1 月 1 日至 2028 年 12 月 31 日止；三是坚持家庭承包的责任制长期不变。具体步骤是各村先公布第二轮土地延长承包期实施细则，再由村经济合作社做出关于延长土地承包期限实施方案的决议，交村民代表大会举手表决通过，签名后决议才有效。最后村填写农村集体土地承包权证审批表，上填村民姓名、家庭人口、承包土地面积（人口田、责任田），承包期限、合同号，由村经济合作社签署意见，再由镇政府签署意见，送县农村经济委员会批准。

附：漓渚镇农村第二轮土地承包实施细则

为促进土地经营权的流转，进一步完善土地经营权流转机制，保障农业生产的稳定和发展，漓渚镇农村于 1998 年 9 月底止各村将所有大田的经营权转包给农民，各村还都制订了土地承包方案决议，具体内容是：

一、第二轮土地承包采取（直接延长或小调整后延长土地承包期）的办法；

二、土地承包权分配至户采取按人口均包的办法；

三、人口截止日期为 1998 年 9 月（10 日或 20 日）；

四、承包合同期为 1999 年 1 月 1 日起到 2028 年 12 月 31 日，承包期为 30 年；

五、第二期承包期内解决人地矛盾采取（动钱、动粮不动田，人口进出、生死找补动用 5% 的机动田）的办法解决。

“第二次调整后嫁出去的划掉，嫁进来的补上来。当时林地承包到户后只有我和父亲两人的份，没增也没减。儿子户口后来迁回村里了，名下没有地，但可以继承。”[①] 这次稳定和完善土地承包关系和延长土地承包期工作结束后，换发了土地承包证，农户的土地注册，承包合同和土地承包权证、审批表等，建立档案，送县档案局代为管理。根据国家有关法规和政策，各村的经济合作社和土地承包户经双方平等协商，还订立了土地承包合同，合同一式三份，发、承包双方和镇经管站各执一份。[②]

漓渚镇人民政府结合实际，就完善农村大田生产责任制作了若干政策规定，其基本原则是：为促进土地经营权的流转，保障农业生产的稳定和发展，在家庭联产承包责任制的基础上，建立土地使用流转机制，推行适度规模经营。其具体形式是：以人包人口田，按在册农业人口人人分包，按劳力和能力包责任田，故简称“两田制”。两田制的特点是坚持土地“三权分离”，即强化土地所有权，稳定土地承包权，搞活土地使用权，村经济合作社对农民集体所有的土地依法行使经营权、管理权。明确农村经济合作社是农村农民集体所有土地的发包方，村民、家庭、专业队或其他人是承包方，并坚持“依法、有偿”的原则，农民承包集体土地，必须交纳承包金，完成农业税和国家的定（订）购任务，负担必要的共同生产费和管理费。两田制承包工作开展时，先要合理确定“两田”的数量，合理测算定产，把全村的土地划为人口田和责任田。再拟定具体的实施细则。规定责任田承包期为五年，人口田承包期为十年。但到 1998 年底开展第二轮土地承包工作时，重申土地承包 30 年不变的政策，并办理了延长承包证的工作，这就需按新证执行，以稳定农民思想，提高生产积极性。“两田制”的实行不但加快了农业机械化的进程，提高了土地利用率和粮食产量，而且还推动了农业劳动力向二、三产业的转移。

2017 年开始，棠棣村实施农村承包地确权登记颁证工作。通过确权发证摸清了承包地底数，让承包农户吃上了“定心丸”，促进了土地承包经营权的流转及抵押融资。

---

① 钱亚琴访谈记录。

② 《漓渚镇志》编纂委员会 . 漓渚镇志 [M]. 北京：中华书局，2012：243.

## 第二节 工业企业发展

1979年，国务院颁布发展社队企业若干问题的规定，鼓励发展社队企业。中共绍兴县委于1980年召开全县三级干部大会，推广双梅公社“兴工促农”致富经验。[①]县委提出：除国家限制的某些特殊行业和严重污染环境的行业外，只要资金、厂房有着落，供销有渠道，市场有需求，就放手让农民去办。从此，绍兴县和其他几个县冲破了“三就地”封闭式办厂模式，走上了面向市场需求的开放式办厂路子。1985年，中共中央明确提出指导乡镇企业发展的“积极扶持、合理规划、正确引导、加强管理”的十六字方针。各级党委、政府结合实际，把发展乡镇企业列为农村工作的重点之一，制定了一系列鼓励发展乡镇企业的政策，棠棣村工业企业也快速发展壮大。1985年底头社机电配件厂有工人12人，总收入35618元，净利润2061元，工资7450元。头社化纤制品厂有工人225人，总收入165848元，净利润142397元，工资61731元。二社丝织厂有工人8人，总收入3975元，净利润2318元，工资586元。1993年已有8家个私工业企业，其中头社4家，刘家4家，主要经营纺织和五金。

进入20世纪八十年代后，随着绍兴纺织业的发展，印染业也应运而生，印染企业相继建立。头社漂染厂1991年有职工340人，总产值703.23万元，销售收入597.23万元，利润32.38万元，上缴税金41.51万元，工资44.28万元；2000年总产值达887.5万元，年销售收入为813.3万元，利润67.1万元，上缴税金48.6万元。2004年头社漂染厂年产值达1677万元，年销售额为1637万元，利润103万元，职工100名，人均年收入1万多元。[②]

此外，头社的另外三家个私企业发展也较快。2000年头社全部工业总产值达2000万元，销售收入1961万元，利润总额137万元。刘家制衣厂有职工32人，工业总产值870万元，销售收入853万元，利润总额60万元，实交税金22万元。

2008年以后，随着新农村建设的持续开展以及花木产业的快速发展，村里原有的几家漂染、针织、陶瓷等企业虽然经济效益很好，但由于与村的支柱产业兰

① 双梅公社1975年时集体经济人均分配收入仅65元。为改变贫困面貌，社队干部冒着风险，创办一批丝织厂。1980年，全公社企业由原来的6家增加到44家，产值1780万元，人均年收入上升到220元，超过绍兴县农民人均年收入的32%。

② 棠棣村提供。

花、苗木产业发展不能形成产业链，特别是由于其生产过程对村庄环境造成一定的污染，因此在美丽乡村建设开展以后，这些企业陆续停办或外迁。

表 1-1　1993 年～ 1997 棠棣村村办企业产值、销售、利润一览表（单位：万元）

| 企业名称 | 头社 | | | | 刘家 | | | | 二社 | | | |
|---|---|---|---|---|---|---|---|---|---|---|---|---|
| | 年末人数 | 总产值 | 总销售 | 总利润 | 年末人数 | 总产值 | 总销售 | 总利润 | 年末人数 | 总产值 | 总销售 | 总利润 |
| 1993 | 446 | 2136.4 | 1557.7 | 33.9 | 11 | / | / | / | / | / | / | / |
| 1994 | 319 | 5748 | 2414 | 70.7 | / | / | / | / | / | / | / | / |
| 1995 | / | 7515 | 4009 | 217 | / | / | / | / | / | / | / | / |
| 1996 | 221 | 8447.1 | 5090 | 275 | 76 | 453.6 | 380 | 26 | / | / | / | / |
| 1997 | / | 3196 | 3256 | 245 | / | 433.6 | 458 | 27 | / | / | / | / |

资料来源：根据《漓渚镇志》相关资料整理。

表 1-2　2000 年棠棣村各村工业企业经营情况（单位：万元）

| 单位 | 企业数 | 工业总产值 | 总销售收入 | 利润总额 | 实交税金 | 年职工平均人数 | 全部职工工资总数 |
|---|---|---|---|---|---|---|---|
| 二社 | / | / | / | / | / | / | / |
| 头社 | 3 | 2000 | 1961 | 137 | 46 | 86 | 59 |
| 刘家 | 1 | 870 | 853 | 60 | 22 | 34 | 32 |

资料来源：根据《漓渚镇志》相关资料整理。

## 第三节　日渐兴旺的花木业

### ——担花闯南北，木华秀天下

### 一、粮食、畜牧业由大幅增长向逐年减少转变

在 1978 年实行经济体制改革时，棠棣村的农业产业结构仍然是以水稻等粮食种植为主，部分旱地种植小麦、番薯等。1971—1977 年头社、二社、刘家三个村的粮食平均亩产连续多年位居漓渚镇前列，是漓渚镇的产粮大户。1977 年头社亩产 1267 斤，位居全镇第一；二社亩产 1260 斤，位居第二；刘家亩产 1131 斤，位列第 13 位。

表 1-3 各村粮食亩产变化情况（单位：斤）

| 单位 | | 1971 年 | | 1972 年 | | 1973 年 | | 1974 年 | | 1975 年 | | 1976 年 | | 1977 年 | |
|---|---|---|---|---|---|---|---|---|---|---|---|---|---|---|---|
| | | 平均亩产 | 位次 | 平均亩产 | 位次 | 平均亩产 | 位次 | 平均亩产 | 位次 | 平均亩产 | 位次 | 平均亩产 | 位次 | 平均亩产 | 位次 |
| 棠棣 | 二社 | 1133 | 2 | 1441 | 2 | 1419 | 4 | 1491 | 1 | 1199 | 4 | 1308 | 7 | 1260 | 2 |
| | 头社 | 1257 | 1 | 1463 | 1 | 1479 | 2 | 1471 | 3 | 1296 | 1 | 1437 | 2 | 1267 | 1 |
| | 刘家 | 977 | 9 | 1274 | 12 | 1238 | 16 | 1256 | 14 | 1086 | 12 | 1117 | 19 | 1131 | 13 |

资料来源：根据《漓渚镇志》第 157 页相关资料整理。（注：位次指在漓渚镇的排名）

表 1-4 各村粮食亩产变化情况（单位：斤）

| 单位 | | 1978 年 | | 1979 年 | | 1980 年 | | 1981 年 | | 1982 年 | | 1983 年 | | 1984 年 | |
|---|---|---|---|---|---|---|---|---|---|---|---|---|---|---|---|
| | | 平均亩产 | 位次 | 平均亩产 | 位次 | 平均亩产 | 位次 | 平均亩产 | 位次 | 平均亩产 | 位次 | 平均亩产 | 位次 | 平均亩产 | 位次 |
| 棠棣 | 二社 | 1552 | 3 | 1311 | 11 | 1564 | 3 | 1558 | 4 | 1691 | 8 | 1646 | 6 | 2096 | 11 |
| | 头社 | 1660 | 4 | 1406 | 8 | 1503 | 5 | 1607 | 1 | 1721 | 4 | 1747 | 3 | 2207 | 5 |
| | 刘家 | 1447 | 13 | 1250 | 13 | 1417 | 9 | 1453 | 9 | 1590 | 14 | 1436 | 19 | 1863 | 21 |

资料来源：根据《漓渚镇志》第 158 页相关资料整理。（注：位次指在漓渚镇的排名）

1982 年实行家庭联产承包责任制后，激发了广大村民的生产积极性，粮食亩产大幅提高，到 1984 年刘家亩产已达 1863 斤，头社达 2207 斤，二社达 2096 斤，分别比 1977 年增产 752 斤、940 斤、836 斤，三村粮食总产达 854.46 吨。

为增加粮食产量，人民公社和各大队十分重视精选良种及耕作制度改革。20 世纪八十年代以后，水稻基本达到良种化，品种向高档、优质发展。1981 年，棠棣村从嘉兴引进浙 48 晚稻。1982 年后，早稻品种主要以二九丰、浙辐 802、中秆早、原丰早为主，晚稻以秀水 11、祥湖 84 为主。1982 年棠棣村种植早稻 650 亩，亩产 430.5 千克，晚稻 715 亩，亩产 442.5 千克。1992 年，早稻引进推广嘉兴香米稻、舟 903、浙 9248，晚稻引进丙 9117。从 1990 年起，棠棣村早稻亩产稳定在 450 千克以上，晚稻亩产稳定在 500 千克以上。同时，不断改进农业技术，如

1987 年开始推广线菌清浸种，并引进多效唑、烯效唑化学调控技术，1993 年早、晚稻使用化学调控技术占 2/3 左右。八十年代后期开始推广水稻“稀、少、平”栽培法，即稀播、平衡施肥、小苗带土抛秧与直种稻等。1987 年后，推广以叶龄为主要技术指标的肥水管理栽培模式。九十年代，棠棣村的大小麦种植基本实行免耕栽培技术。

由于耕地较少，棠棣村民种植蔬菜大多自给自足，很少到市场出售。

棠棣村畜牧业一度发展较快。20 世纪七十年代起为鼓励农户家庭养猪，政府采取了一系列的奖励政策。进入八十年代后，养猪奖励办法由奖励粮食为主改为以现金补贴为主。1982 年绍兴市农业委员会出台《关于发展生猪生产拨款补助的意见》，规定每出售一头肉猪奖励 10 元，母猪每头每年 20 元，公猪每头每年 50 元。棠棣村是母猪基地之一，按照 1987 年绍兴县农业局下发的《关于下拨母猪基地补助资金的通知》的规定，母猪生育每胎 10 元，饲养 3 头以上的重点户每头再奖励 10 元，新育母猪每头奖励 20 元。在政府各种政策的扶持下，生猪生产得到快速发展。1979 年全村每个家庭饲养量近 2 头，人均 0.976 头。头社平均每户生猪饲养量最高，户均 5.3 头。20 世纪八十年代中期，生猪派购任务取消。

棠棣村养羊及耕牛的数量很少，半山区的一部分农户自养山羊，自食为主，很少出售。耕牛饲养量逐年递减，1998 年尚存 3 头，能耕田的仅 2 头。鸡鸭等家禽饲养量也很少。

随着乡镇企业的发展，农村劳动力到镇、村企业就业增多，专业化、规模化养殖户随之兴起，涌现出一批养殖专业户。1980 年曾出现养鸡专业户，但后期逐渐减少到几家饲养了。1996 年后，因农业结构调整，家庭养殖业逐渐萎缩，到 2000 年后棠棣村已无家禽及牛、羊养殖，2016 年棠棣村已无家畜养殖。

花卉苗木经营效益高于粮食等种植业，调动了村民种植花卉、苗木的积极性，很多耕地被改种花木。到 1990 年时，头社 170 亩、二社 294 亩、刘家 241 亩种粮的耕地全部改种花卉苗木。因此，随着花木业的兴起，粮食生产逐年减少，粮食产量也呈逐年下滑趋势。

## 二、花木业产量、效益逐年增加

自古以来棠棣村就有兰业传统。改革开放后，家庭联产承包制的实施释放了大量劳动力从事兰花和花木业，兰花和花木业得到较快发展。

1979年，刘家自然村办起了棠棣乡第一个花圃，1981年头社办起了绍兴县第一个乡级花木公司“绍兴县棠棣花木公司”。1996年刘家村民刘建明成立了绍兴县百花园艺场。棠棣村的棠棣花木三场、刘家花圃、头社花圃及刘家联营花圃四家花木企业经营效益均明显高于漓渚镇其他苗木公司。主要经营兰花、桂花、茶花、杜鹃、茶梅、龙柏、广玉兰、雪松等花卉、苗木以及五针松、铁树等盆景。花卉销售南到海南岛，北至大、小兴安岭，上海、杭州、北京、广州、南京、天津、苏州、无锡等大城市都有棠棣花卉的销售业务点。

表1–5 1984年棠棣村花卉业经营情况（单位：元、人）

| 单位名称 | 总收入 | 利润总额 | 职工 | 工资 |
|---|---|---|---|---|
| 棠棣花木三场 | 416139.00 | 110029.00 | 27 | 13329.00 |
| 刘家花圃 | 411573.00 | 122010.00 | 20 | 9414.00 |
| 头社花圃 | 225756.00 | 58398.00 | 26 | 14400.00 |
| 刘家联营花圃 | 356500.00 | 173500.00 | 41 | 14760.00 |

资料来源：根据《漓渚镇志》第251页相关资料整理。

1985年下半年，由于国家信贷紧缩，市场需求减少，“花卉热”急剧降温，导致广玉兰、龙柏、五针松、茶梅、雪松等花卉苗木的过剩、滞销，出现“龙柏烧狗肉”、“广玉兰当柴烧”的局面，对花木业造成了很大影响，花农收入明显减少。棠棣28个花卉企业有14个亏本，员工年工资最低的人只有252元。“1984年，我买了7万块钱的苗木，但是1986年这些苗木忽然不值钱了，对家庭的经济影响比较大，钞票比较紧张”。①

绍兴县一方面组织开展花卉资源调查，组织花农参加省、市花卉展销；一方面调整花木产业结构，鼓励花农自繁自育，稳定种植面积，开展综合经营。到1988年，花木生产开始走上健康的发展轨道。

1990年后，棠棣村民采取一家一户自育、自繁、自销的方式，花卉种植面积和产量显著提高。1998年刘家、头社、二社三个村合计花卉种植面积1075亩，占漓渚镇的28.88%；产值1485万元，占漓渚镇的26.40%。1999年花木农户数450户，占全村总户数的98.90%；花木从业人员604人，占全村劳动力总数的91.79%；花木种植面积1447亩，比1998年增加了372亩，占全部耕地及林地面积的52.90%。

① 刘阿锦访谈记录。

同时，以妇女和年轻人为主，远赴黑龙江、新疆等地，挑担卖花，历尽千辛万苦，使花木销量大幅增加，收入也远远高于农产品销售收入，出去一次平均销售收入1000元以上。“那时候都是男女挑担卖花，到东北那边。当时去过沈阳、抚顺、辽阳，吉林，最远到黑龙江省的牡丹江。那时候东北绿色植物少，兰花很稀奇，所以比较畅销。去一趟能挣一两千”①。

表1-6　1985年棠棣村花木业经营情况（单位：元，人）

| 单位名称 | 总收入 | 总开支 | 利润 | 职工 | 工资 |
|---|---|---|---|---|---|
| 头社花圃 | 126965 | 123165 | 3800 | 28 | 14569 |
| 刘家花圃一场 | 33500 | 26800 | 6700 | 8 | 3446 |
| 刘家花圃二场 | 20438 | 16351 | 4087 | 6 | 2592 |
| 刘家花圃三场 | 25000 | 20180 | 4820 | 7 | 3024 |
| 刘家花圃四场 | 1200 | 965 | 235 | 6 | 2592 |

资料来源：根据《漓渚镇志》第258页相关资料整理。

表1-7　1998年棠棣村花卉种植面积统计表（单位：亩，万元）

| 村名 | 面积 | 产值 |
|---|---|---|
| 头社 | 305 | 385 |
| 二社 | 270 | 460 |
| 刘家 | 500 | 640 |
| 三村合计 | 1075 | 1485 |
| 全镇 | 3622 | 3379 |

资料来源：根据《漓渚镇志》第255页相关资料整理。

至2002年，棠棣村较大的花木企业主要有：绍兴县百花园艺有限公司，经营者刘建明，经营面积150亩，三级资质企业，绍兴市重点龙头企业；绍兴县棠棣花木有限公司，经营者金立成，经营面积300亩；刘家花圃，经营者蒋岳荣，经营面积120亩；绍兴县绿友园林有限公司，经营者刘宝水，经营面积150亩。

① 蒋岳兴访谈记录。

# 第二章　花木产业大发展（2003—2018）

2003年原刘家村、头社村、二社村合并组建为棠棣村。三村合并后正值全省农业结构战略性调整，棠棣村的花木产业得到较快发展。

## 第一节　花木产业发展正当时

### 一、浙江省委省政府大力推进农业结构战略性调整

进入21世纪后，浙江根据现代农业发展的新要求，以农业增效、农民增收为目标，提出把发展高效生态农业作为发展现代农业的主攻方向，进行农业结构战略性调整。

主要内容包括:（1）大力进行农业区域结构的调整，着力形成区域特色农业新格局。鼓励农民积极参与农业的国内国际分工，找准市场定位，调整优化农业区划结构，着力培育特色支柱产业，大力发展区域特色农业。省委省政府还提出了培育特色农业强县、强镇、强村的战略目标，努力形成贸工农一体化的特色块状农业发展新格局;（2）大力推进农业品种、品质结构的调整优化，着力提高农产品的市场竞争力。省里把花卉园艺、水稻、畜禽、瓜果蔬菜、名优特水产等确定为五大省级种子种苗龙头工程，建立了一批繁育基地;（3）大力推进农业结构的战略性调整，着力发展农业产后加工流通业。力争形成贸工农一体化、产加销一条龙的现代农业产业体系。

### 二、居民消费水平提高及保护生态意识增强，带动花木产业持续向好

进入新世纪后，随着我国经济发展加快，城乡居民收入水平大幅提高，居民

对生活质量的要求也日益提高，美化家庭、美化生活成为生活质量提高的重要标志。另一方面，随着生态文明建设的推进，各地生态环境建设也在深入，平原绿化、森林城镇（村庄）建设、美丽庭院建设等的推进，都带动了花木业持续向好。

### 三、当地政府助推花木产业发展

漓渚镇党委、政府把花木产业作为区域特色产业重点培育，在2002年制定了万亩花卉基地规划，提出要实现三个转变：一是从平面扩展向立体提高转变；二是由散兵式向网络营销发展；三是由传统种植向现代种植转变。通过引进先进的栽培技术和花木新品种，引进科技人才，提高绿化工程的档次。同时，加大基础设施建设力度，投入资金750万元，其中财政投入90万元，用于新建、改建公路16公里，连通漓渚花市及花卉专业村。在头社、三社、贾山头、九板桥等花卉基地建设机耕路，做到路网相连、沟渠配套。开展花卉技术培训，提高花农的技术水平。2004年，绍兴花卉研究所（漓渚）共举办花农技能培训和各类讲座8期，培训花农600余人次，45位学员顺利完成园林大专证书班全部课程学业，100余名技术骨干经过园林施工技术培训，有75人通过园林工程师资格认证。[①]

## 第二节　形成独具特色的花木经济

三村合并后，为适应新的市场形势，棠棣村积极进行花卉苗木产业的结构调整，大力发展以兰花为特色、绿化苗木为主的花木产业，并建立起几乎遍布全国的产供销一条龙的花木产业链，推动全村形成了独具特色的花木专业村。

### 一、产品结构由数量增长型向质量效益型方向转变

进入新世纪后，棠棣村的花卉苗木种植面积大幅增加。同时，根据在全国各地经商的村民反馈的市场需求信息，及时调整产品结构，从普通花木到阴生植物、珍稀品种、高档盆景多元化发展，力求效率最大化。例如，棠棣花木公司为适应市场需要每年都要进行品种更新，从低端的、普通的品种逐渐向高端的转换。每年从贵州那边请人来做大型树木造型，各种规格形状的罗汉松仅一棵树拗造型就要付600元，每年要做10多棵。[②] 又如2001年金定先的棠棣兰园被中国花卉协会

① 《漓渚镇志》编纂委员会. 漓渚镇志 [M]. 北京：中华书局，2012：267.

② 金立成访谈记录。

兰花分会批准为国字号的“中国春兰样品园”。金定先女儿回忆：“2004—2005 年，是兰花行情最好、价格最高的时候。那时是盛世，民间有句话叫‘乱世买黄金，盛世买兰花’。那也是我们家卖兰花卖得最好的时候，按那时的价格算，我家兰花都要上亿了”[①]。“2009 年中国春兰样品园内有名兰一万盆以上，计七万余苗珍贵精品。参加历年全国和省市历届兰展，共得金银奖 120 多块（项）”[②]。

## 二、生产由“小而全”逐步向规模化、专业化方向转变

随着产业结构调整加快，一家一户自育、自繁、自销的“小而全”的生产经营方式已不适应产业发展需要，必须“内建基地，外拓市场”，通过土地流转发展规模经营，发展以龙头企业带动的产业化经营，棠棣村花木业因此逐步形成连片的花卉生产基地和“公司 + 农户”或“工程 + 基地”、“市场 + 农户”的经营结构，形成以公司大户为龙头、合作社为纽带、散户基地为依托、经纪人为桥梁的一体化合作发展模式，走上了产、供、销一条龙的现代农业发展道路。

截至 2018 年，全村 496 户中有 420 户承包户，家庭承包耕地流转总面积 639 亩。有 137 户花木种植户，经营本村 2500 亩地，在周边乡镇租地 3 万亩左右。其中，经营 50 ～ 100 亩地的农户有两户，共计 196 亩，另有一户经营 503 亩地。例如蒋岳兴经营的“绍兴市柯桥区蒋氏园艺场”，除了自家的 20 亩田地外，还从本村村民手里流转了 20 亩，年租金是 700 元 / 亩。又在诸暨、兰亭承包了 50 亩山地种植苗木，20 年间租金由最初的 107 ～ 300 元 / 亩涨到 2018 年的 500 元 / 亩。钱卫明经营 40 亩地，其中有 30 亩是从棠一村流转的，年租金为 600 ～ 700 元 / 亩。

1. 合作社 + 农户

2013 年由刘建明牵头召集 5 家亲戚朋友合股成立了绍兴县香满园花卉专业合作社。合作社为村民提供技术、信息和销售等服务。在销售上把零散型的散户种的小苗木收购过来卖给大公司。2017 年农民专业合作社成员数 18 人，联系 40 ～ 50 农户，总收入 263.00 万元，上缴税金 15 万元，盈余 188.60 万元，资产总额 1650.00 万元，负债总额 105.00 万元，所有者权益 1545.00 万元。

2. 公司 + 农户或工程 + 基地

棠棣村至今已有 30 多家上规模的花木企业，种植基地上万亩。除本地外，遍

---

① 金静访谈记录。
② 金定先 2009 年手写简历。

布广州、湛江、昆明、重庆、贵阳、长沙、上海等地。这些公司带动了很多中小农户发展花木经济。外建基地不仅解决了本地土地资源日益稀缺的问题，而且将本地花木品种、技术和经验带到了全国各地，提升了棠棣花木的知名度。

本村最大的苗木公司是绍兴百花园艺公司，具有国家二级绿化资质。棠棣花木有限公司是具有国家三级绿化资质的苗木公司。

表 2-1　2018 年棠棣村部分花木公司表

| 公司名称 | 经营项目 |
| --- | --- |
| 棠棣花木有限公司 | 花木培育销售 |
| 中国春兰样品园 | 培育经销各种兰花 |
| 绍兴县百花园艺有限公司 | 承接各类绿化工程 |
| 绍兴香满园花卉专业合作社 | 收购销售各类绿化苗木 |
| 乔香苗圃 | 苗木批发 |
| 丰泽景观绿化公司 | 苗木批发 |
| 聚源园林 | 苗木批发、工程 |
| 佳艺园林绿化公司 | 苗木批发、工程 |
| 明辉园林 | 苗木批发、工程 |
| 花香园房地产开发公司 | 苗木工程 |
| 晨道园林公司 | 苗木批发、工程 |
| 绿友园林公司 | 苗木批发、工程 |

资料来源：根据棠棣村提供的资料整理。因资料缺失，未能列入全部公司。

3. 经纪人 + 农户

据不完全统计，全村约有 350 人从事苗木经纪，有一半人做绿化苗木贩销，有一半人做室内花贩销，约有近 20 户做苗木种植兼销售。销售网络遍布全国各地。据不完全统计，仅在广州从事花木生意的花农就有 90 户。这支贩销队伍是棠棣村花木经营的亮点。

表 2-2 棠棣村在全国各大城市花木经营户数量（不完全统计）（单位：户）

| 城市＼自然村 | 头社 | 二社 | 刘家 |
|---|---|---|---|
| 广州 | 27 | 50 | 13 |
| 上海 | 5 | 7 | 12 |
| 北京 | 9 | 5 | 4 |
| 常州 | 5 | 0 | 6 |
| 苏州 | 3 | 7 | 11 |
| 无锡 | 1 | 0 | 0 |
| 昆明 | 2 | 5 | 3 |
| 玉溪 | 0 | 0 | 1 |
| 西安 | 1 | 5 | 3 |
| 长沙 | 1 | 1 | 3 |
| 成都 | 0 | 2 | 2 |
| 重庆 | 1 | 0 | 3 |
| 贵阳 | 2 | 0 | 0 |
| 杭州 | 5 | 1 | 0 |
| 宁波 | 1 | 0 | 0 |
| 太原 | 3 | 1 | 0 |
| 绍兴 | 0 | 0 | 6 |
| 杭州萧山 | 3 | 3 | 3 |

资料来源：根据棠棣村委会资料整理，因资料缺失，未能把全部经营户统计进去。

### 三、由传统落后的交易方式逐步向现代化流通方式转变

以往的花木销售很多是在田间地头收购，一手交钱一手交货。近几年，网上交易等现代化交易方式逐步进入花卉、苗木交易领域，推动销售模式创新，实体店与电商同步发展。棠棣村的电商主要有越兰坊、中国春兰样品园、前沿兰苑等。兰花经营户前沿兰苑店主钱迪红采取微信、网上销售与现场销售相结合，主要是通过微信和网络打广告、下单、销售。此外，很多苗木的交易支付方式也由现金交易转为支付宝、微信支付，支付手段更加便捷、安全。

### 四、由传统落后的种植方式向科技兴花方向转变

在花木产业发展中，棠棣村人认识到只有生产出高质量的苗木，“人无我有，人有我优”，才能在市场中处于优势地位。

为了寻找和培育好品种，他们几乎不惜血本。金锦康说："五六年前，树干直径 14 ～ 15 公分的广玉兰，可以卖到 1400 元，现在只有 100 ～ 200 元，主要是这几年广玉兰供大于求了。广玉兰不好卖就只能忍痛砍掉，自我调整产品种植，到日本等地去引进新品种。"① 钱迪红说："前沿兰苑每年引进新品种要花掉二三十万元，现在生意越来越难做，品种更新快。"② 金静说："父亲金定先为了找（兰花）好品种，要全国各地跑，好品种要十几万元一苗，上百万元一苗也有。"③ 这是因为 20 世纪 80 年代开始政府逐渐限制野生兰花的采掘，野生兰（亦称"传统兰"）数量越来越少，因此好的品种每苗会卖到几十万元到几百万元。除了高价收集好品种外，棠棣兰农还积极发展科技兰花，村里的兰谷苑就是浙江省一流的兰花温室培育中心，中国春兰样品园 2009 年已有一万多盆名兰，七万余苗珍贵精品，其中有相当一部分极其稀有。

为提高花木栽培技术，棠棣村人通过自学、培训等途径，积极提升自身技能，全村已有数百个"星级园艺师"，很多人都有"园林工程师"职称。2013 年棠棣村被推荐为漓渚镇民间人才"千人计划"的乡村园艺师、乡村文体师、乡村经济师有 17 人。金定先更是花费 10 年时间，写出了《中国名种春花图谱》。

表 2–3　2013 年棠棣村漓渚镇民间人才"千人计划"推荐名单

| 类别 | 姓名 | 性别 | 出生年月 | 已有职称 | 特长 |
|---|---|---|---|---|---|
| 乡村园艺师 | 刘建明 | 男 | 1967.05 | 高级工程师 | 从业二十余年 |
| | 金利飞 | 女 | 1968.09 | 高级工程师 | 从业二十余年 |
| | 徐铁林 | 男 | 1948.01 | | 从业二十五年 |
| | 刘阿锦 | 男 | 1933.09 | | 从业三十余年，擅长盆景 |
| | 刘金山 | 男 | 1957.06 | | 从业二十余年，擅长艺兰 |
| | 金海木 | 男 | 1956.04 | | 从业二十余年，擅长嫁接 |
| | 金锦达 | 男 | 1955.11 | | 从业三十余年，擅长嫁接 |
| | 金立成 | 男 | 1960.12 | | 从业三十余年 |
| | 林其林 | 男 | 1953.10 | | 从业三十余年 |
| | 钱志根 | 男 | 1963.04 | | 从业二十余年，擅长嫁接 |
| | 钱建康 | 男 | 1962.05 | | 从业二十余年，擅长嫁接 |
| | 钱光林 | 男 | 1960.11 | | 从业三十余年，擅长嫁接 |
| | 钱越海 | 男 | 1963.04 | | 从业三十余年，擅长种植 |

① 集体访谈记录。
② 钱迪红访谈记录。
③ 金静访谈记录。

续表

| 类别 | 姓名 | 性别 | 出生年月 | 已有职称 | 特长 |
|---|---|---|---|---|---|
| 乡村文体师 | 金定先 | 男 | 1938.01 | | 擅长嫁接、书法艺术 |
| | 刘幼根 | 男 | 1949.03 | | 擅长嫁接、书法艺术 |
| 乡村经济师 | 钱火光 | 男 | 1964.02 | | 从事花木营销三十余年 |
| | 孙建平 | 男 | 1964.02 | | 从事花木营销三十余年 |

资料来源：根据棠棣村委会提供的资料整理。

## 第三节 借力田园综合体建设，推动一二三产业融合发展

2017 年中央 1 号文件提出“支持有条件的乡村建设以农民合作社为主要载体、让农民充分参与和受益，集循环农业、创意农业、农事体验于一体的田园综合体，通过农业综合开发、农村综合改革转移支付等渠道开展试点示范。深入实施农村产业融合发展试点示范工程，支持建设一批农村产业融合发展示范园”。为落实中央 1 号文件精神，国家财政部于 2017 年 5 月推出田园综合体试点工作。在全国 8 个省份确定首批 15 个试点，其中就有浙江省绍兴市柯桥区“花香漓渚”田园综合体。试点旨在支持有条件的乡村进一步加强产业支撑、公共服务、环境风貌建设、统筹运用美丽乡村建设、扶持村级集体经济发展、农村产权制度改革、乡村治理创新等农村综合改革成果，促进农业增效、农民增收、农村增绿，实现农村生产、生活、生态“三生同步”，一二三产业“三产融合”，农业文化旅游“三位一体”，为全国“三农”转型发展探索出一套可推广复制的新型生产生活方式。

“花香漓渚”田园综合体主要以漓渚镇下辖的棠棣、棠一、棠二、六峰、红星和九板桥 6 个村为载体，总面积 16.7 平方公里。综合体以“村庄美、产业兴、农民富、环境优”为总目标，着眼于在党建引领下，实现乡村农业产业振兴、农耕文化振兴以及农村人才振兴，通过建设“千亩花市、千亩花苑、千亩花田”，促进一二三产业融合发展，着力实现产业转型提档、市场集聚引领、集体增收增效、生活品质改善，真正将美丽资源转换成美丽经济。着力在浙江乃至全国打造“花香漓渚”综合体的三张金名片：一是花木集群看漓渚，田园综合体以花木产业集群为特色，探索构筑一个在全国起标杆示范作用的多功能、多业态的集花木种植观光、销售展示、科普教育、研发培训、创意农业景观、环境生态涵养、农事度假体验、农业文化传承等多种功能于一体的全产业链的美丽田园综合体；二是高端兰花看漓渚，通过田园综合体建设，使漓渚的主要兰花品种成为高端精品兰花，

努力使漓渚成为绍兴、浙江乃至中国著名的高端兰花生产示范镇，形成“高端精品兰花看漓渚”的品牌效应；三是全域美丽看漓渚，结合花木小镇建设，打造一个充分展示“全域美丽”景致精美的田园综合体。

**千亩花市：**以原花市为基础进行改造提升，改变过去花市经营档次较低、花木种植品种单一，花木产业同质化竞争的局面，通过建设宜业宜游的综合性市场，倒逼传统花木产业升级。一是加快传统花卉市场改造升级，除了保留传统的花卉绿植区外，还增设了盆景艺术区、花木博览区、物流园区等，配套建设停车场等公共设施；二是推动“花商”回归和产业集聚，通过启动“花商回归”计划，多举措招商，吸引五湖四海投资客商、兰协会员、乡贤企业家、新生代企业家等参与试点建设，通过与花卉协会紧密合作，开展政府 + 公司 + 协会的招商模式，多个主体共同发力，拓展招商渠道，有效激活产业的发展活力；三是推进花卉市场向综合型服务体升级。以建设花市综合体为目标，高起点、高标准规划，跳出花木市场发展花木市场，与周边村庄融合发展，与村民创业就业相融合，与节日、节会相融合，通过建设宜业宜游的综合性花市，延伸产业链条，增加花木附加值，使其成为集赏、乐、购、学于一体的综合市场。

**千亩花苑：**通过启动千亩花苑工程，打造国家级春兰集聚区，打响春兰品牌。一是以科技创新推进科技育兰工程实施，加大科技创新投入，走品牌化、规模化的现代兰花发展之路，改变以往小规模靠经验的育兰模式，鼓励推广科学管护育兰技术，启动育兰数字工厂；二是鼓励兰农试水抖音、淘宝等网络直播销售新模式，实现兰产业线上线下销售共赢；三是强化平台对兰产业的集聚作用。以田园综合体为平台，通过资金扶持和政策支持，鼓励兰农推进兰花产业集聚，建设集兰花培育、花卉展销、休闲观光、科普教育于一体的花卉种植产业基地。同时，以田园综合体为平台，2018 年成功举办了浙江省兰花博览会，2019 年成功举办了华东地区兰花博览会和浙江省蕙兰博览会，并申报春兰节举办地永久落户绍兴，利用兰花节会不断提高漓渚兰花声誉，扩大影响。

**千亩花田：**在棠棣村及六峰村利用荒坡地开辟花田 619 亩（其中棠棣村 230 亩），分为花木示范、五彩花海、休闲体验、艺术摄影四大区块，通过土地整理、花田种植，将过去的荒山变成美丽田园，使过去不值钱的山坡地身价倍增。

**智慧农业示范基地：**依托田园综合体在产业、资源及政策上的优势，与高校合作，建设智慧农业温室及智能化农业装备示范基地，打造以智慧农业为核心、面向柯桥全域开放的新型创新服务平台。该项目由柯桥区政府跟杭州电子科技大学签订战略合作协议，柯桥区政府将首期投入资金 1000 万元、土地 35 亩，在“花香漓渚”田园综合体建设智慧农业示范区。示范区以推进智能化装备在设施农业中的应用推广为核心，实现智慧农业生产与管理，提高土地有效利用率。

棠棣村作为该田园综合体的核心村，依托田园综合体，推动兰花、花木产业与文化旅游融合发展，壮大集体经济，提高村民收入。主要表现在以下几个方面：

1. 以村级股份经济合作社参与田园综合体开发。综合体管委会通过财政转移支付赋予综合体内各行政村股份经济合作社 5% 的股权。

2. 棠棣村通过把流转到村集体的土地再次流转给千亩花田及千亩花苑承租户，增加村集体土地流转收入。

3. 建设乡村振兴实训基地并于 2018 年底启用。通过开展乡村振兴培训研学，增加村集体培训、旅游讲解、房租等收入。

4. 与杭州电子科技大学合作发展智慧农业。合作方式是村集体以土地和基础设施入股占 40%，田园综合体管委会以资金入股占 30%，校方以技术入股占 30%。土地落实地点为岳齿岭下大王山到青龙湾水库下的土地上，面积约 35 亩左右。租期暂定为十年，即从 2018 年 6 月至 2028 年 6 月止，上级下拨租金每亩 1800 元，村委全部按此价与涉及农户签订土地流转合同。付款方式：第一次付三年租费，三年后再付三年租费，最后一次付四年租费。

5. 创建集多功能于一体的 AAA 级景区。结合绍兴市“五星达标、3A 争创”工作，开展棠棣村 AAA 级景区创建。由柯桥区旅游局牵头，委托规划设计单位编制完成棠棣村全域景区化规划方案，将棠棣村打造成为以花木产业为基础、春兰文化为特色、集观光、休闲、体验、科普教育等功能于一体的 AAA 级景区化示范村、浙江省产村融合发展和全域旅游推进的试点村，打响棠棣村以春兰文化村、花木生态村、精致园林村为特征的“花满棠棣、兰韵乡村”景区村庄品牌。

# 第三章 棠棣村经济发展

改革开放以来，棠棣村经济得到快速发展，美丽乡村建设加快，村民人均可支配收入显著增加，形成村美民富和谐的格局。

## 第一节 棠棣村经济发展

### 一、持续开展美丽乡村建设为经济快速发展奠定良好基础

早在 1998 年，棠棣村就开展了全村小型露天厕所集中整治，其中二社从村中迁出露天粪池 187 个，建成有盖厕所 190 座。2001 年，棠棣村开展村内坟墓迁移整治。2002 年二社开展村内柴草堆清理集中整治，共清理陈年柴草垛 65 个，改善了村庄面貌，消除了大量火灾隐患。

2003 年以前由于实行分田到户，集体的山、田、地都分给各家各户了，集体的厂房、企业也都转制，造成集体经济比较薄弱。[①]2003 年头社、二社、刘家合并为棠棣村。当年浙江省政府开展“千村示范，万村整治”工程，棠棣村积极争取上级资金，推动棠棣村集体经济发展壮大，集中力量办群众个人办不了且群众需要办的大事、实事，以“抓项目、增后劲、促发展”为原则，根据棠棣村的实际，长期规划、分期建设、稳步推进。

棠棣村以项目为抓手，加快了村庄环境整治。2006 年实施青龙湾水库除险加固工程，实施庙池清淤及装饰工程。2007 年投入 48.1 万元，对棠棣溪刘家段和二社段小溪流经区域进行全面治理。新建二社车库 18 间。新建 35 只垃圾箱，并配备了保洁员，实现了垃圾的日日清运。对 7 只洗菜塘进行了清淤，对庙池做了大

① 刘建明访谈录。

规模改造，使改造后的庙池占地500平方米，成为村里的一处休闲场所。在整个环境整治工程中，全村共完成裸墙面粉刷2.05万平方米，修砌350米。拆除旧房36间，腾空土地近3000平方米。这些腾空的土地主要用于绿化、宅基地、停车场等。此外，村里还出资安装了36盏路灯，使全村照明路灯增到了76盏。投入24万元，新建岳齿岭至馒头山机耕路。实施安装小舜江自来水入户工程。刘家率先完成生活污水集中无害化处理。

2008年棠棣村投入22.5万元，实施倒山水库除险加固工程；投入13万元，实施二社溪沟治理工程。与棠一村共同实施漓渚公路拓宽工程，总投入约80万元。新建老年活动室及三个垃圾中转站。2009年实施头社下厂下机耕路拓宽工程及双园池水库大坝实施除险加固工程。2010年实施洗菜池清理维修工程、全村农网改造工程、二社至三社主干道修复硬化工程、大方水库段机耕路修复工程。

2010年，浙江省编制了《浙江省美丽乡村建设行动计划（2011—2015）》，全面推开美丽乡村建设。力争到2015年全省70%县（市、区）达到美丽乡村建设要求，60%以上乡镇整体实施美丽乡村建设。进一步从居住、环境、经济、文化等四大方面着手建设美丽乡村，并在此过程中提出了“留住消逝的历史、留住乡愁”、不要“盆景”要“风景”等符合美丽乡村发展规律的理念。同时，康庄工程、联网公路、万里清水河道、农村电气化改造、农村危旧房改造等工程相继实施。为进一步加快推进“美丽乡村”建设，棠棣村结合漓渚镇美丽乡村创建的总体部署，以创建美丽乡村精品村为目标，按照“生态美、产业美、人文美”的总目标，以美丽乡村建设项目为抓手，依托丰富的山林、花木资源和兰渚山丰富的文化底蕴，投资3000多万元，着力整治村庄卫生、保护生态环境、完善公共设施，创建生态化经营示范项目，努力把棠棣村建设成环境优美的生态旅游区，走出一条以发展花木绿色产业为主线，推动村庄经济全面发展的新路。

**一是打造“生态、美丽、宜居”的美丽乡村精品村**

棠棣村委托绍兴越州都市规划设计院对棠棣村进行规划设计。以建设布局合理、经济适用、环境优美、交通便捷、设施配套功能齐全的居住区为目标，对健身广场、休闲广场、停车场、道路交通和绿化、给水排水、污水处理、电力电讯、部分居住房等进行设计规划，为棠棣村创建“国家级美丽宜居示范村”打下良好基础。

**二是全面开展美丽乡村建设**

1. 建设标准化村庄道路。到漓渚镇的公路全部新浇沥青路面，出资50余万元修建道路硬化面积9000平方米，按照村庄内部道路硬化标准完成浇筑工程，全社区所有自然村道路和农户道路全部硬化。

2. 重点建设好中心村景观，村投入85万元建设“白石庙景观”工程，投入43万元建设棠棣村公路两侧的“景墙工程”，使棠棣村的面貌焕然一新。

3. 治理村庄内外环境，加大溪流整治力度。重点是对刘家至二社小流域进行了综合治理，砌筑溪岸200米，并对溪岸进行了绿化。

4. 完善垃圾收集网络系统，垃圾中转站运转规范，主要道路沿线和各自然村内设垃圾房，每10至15户设一个垃圾箱，门前实行卫生“三包”，垃圾实行分类袋装，形成全村垃圾“由户到箱、由箱入房、由房转站”的收集系统。同时，以村民公约的形式确立垃圾收集长效管理办法，每个自然村配备保洁人员、清运工具，每天及时清扫，及时清运，确保垃圾收集网络系统运行正常，无害化处理率达100%。

5. 清理原小型集中的厕所250座，新建房屋全部建有卫生厕所，完成年度农户卫生厕所改造计划，各自然村建有标准化卫生公共厕所，农户卫生厕所覆盖全村农户总数的98%。

6. 美化村庄环境。以白色为主色调，对沿线村庄范围内约1.5万平方米的外墙进行粉饰，对住宅建筑进行墙面改造；对沿线围墙改造兼备美观作用，粉饰1000米左右。进村道路、各自然村道路、中心绿岛分别种植了香樟、桂花、紫薇、广玉兰、月季、金叶女贞等树木，做到色彩搭配，道路绿化一路一品；对村庄周围及内部绿化进行了修复增补，提升绿化品味。加大庭院绿化，使居民生活与自然环境相协调。

7. 加大生态公益林保护和经济林生态修复工作力度，在生态公益林主要路口设置明显标志牌。

8. 建成“最美乡道”并承办了“花满棠棣”自行车骑行赛等大型活动；搬迁三家低小散企业，把旧厂房改建成兰花苑，配备现代化的大棚育兰设施。新建文化长廊、休闲凉亭，改造80多个景观节点。

9. 对污水实施集中化处理。完善污水生态湿地处理系统，刘家自然村的农户污水统一接入污水总管道，其他农户建分散式生活污水处理池，污水处理率达

95%。被评为绍兴市首批美丽乡村精品村。

**三是持续加大美丽乡村建设投入**

2014年，投入55.6638万元实施头社生活污水收集工程及刘家道路硬化。投入60万元用于九吉岭到刘家车站道路改造提升并安装路灯80盏，其中新装电杆20支。投资34万元组织实施了对刘家至青龙湾水库一带小流域的综合治理，修机耕路一条，长980米，宽5米。砌石坎441立方米，土方800方，铺塘沙3600立方米。

2015年投入44.176万元用于刘家道路硬化工程，总面积2250平方米；投入15.665万元用于棠棣村更新安装路灯100盏；投入365.22万元用于棠棣村文化礼堂基建项目工程；投入93.5万元用于刘家道路景观建设及鲜花进村项目；投入60.07万元用于刘家道路沿线农房改造和景观建设工程；投入28.48万元用于棠棣村入口节点景观建设；投入50.59万元用于棠棣村立面改造建设工程；投入90.77万元用于棠棣村农房立面改造工程；投入35.85万元用于刘家运苗台新建工程；投入54.08万元用于二社原运苗台拆除改建及新建工程；投入11.89万元用于棠棣村倒山水库下绿化工程；投入131.22万元用于棠棣村文化礼堂装修工程；投入75.93万元用于棠棣村文化礼堂配套设备采购；投入98.54万元实施二社生活污水收集工程。

2016年投入105万元用于兰泽路太阳能路灯安装工程；投入34万元新建两个公共厕所。

2017年村一级用于公益性基础设施投入为20.56万元。实施“旱地改水田耕地质量提升项目”，官头岭片区总投入155.3484万元、下畈片区投入97.9373万元、馒头山下片区投入162.2919万元、岳雌岭下片区投入126.6256万元。投入14.275万元新建17个垃圾分类房，投入21.6964万元用于棠棣村广场舞台工程，投入8.2万元用于棠棣村广场舞台下石块铺装工程，投入8.3475万元用于头社、刘家高杆路灯安装，投入8.165万元用于白石庙周边石块铺装工程，投入10.5万元建设“棠棣村无线系统建设及集成服务项目”，投入9.875万元用于二社及文化广场高杆路灯安装。

2018年棠棣村积极开展“五星3A”争创活动，即党建星、文明星、富裕星、和谐星、美丽星和3A级景区村庄。结合“花香漓渚”国家级田园综合体建设及创建“全国乡村振兴示范村”，投入3000余万元拆除旧厂房，新建棠棣村乡村振兴实训基地；投入 82.27 万元实施棠棣村村内绿化提升工程——景观工程，在二社下桥头和庙晒场新建长廊；投入 182.3 万元实施棠棣村村内绿化提升工程——绿化工程；投入 182.4 万元，实施棠棣村立面提升工程；投入 173.6 万元，实施棠棣村木栈道及平台景观工程；投入 86.6 万元，实施“花香漓渚”田园综合体千亩花田工程配套旅游厕所工程。投入 164.67 万元，实施“花香漓渚”田园综合体千亩花田工程一期；投入 143.87 万元，实施“花香漓渚”田园综合体千亩花田工程二期；投入 108.04 万元，实施“花香漓渚”田园综合体千亩花田配套绿化工程；投入 23.18 万元，实施棠棣村综合信息工作室项目；投入 23.9 万元，实施棠棣村综合治理中心项目。

持续开展的美丽乡村建设为经济发展提供了良好的基础环境，有效促进了经济发展。

## 二、村民收入逐年大幅增长

1978 年（二社、头社、刘家）村民人均现金收入 412 元。自 2003 年三村合并后村民收入逐年大幅增长。2003 年为 8779 元，2004 年 9616 元，2010 年 18957 元，2017 年为 75000 元，2018 年为 80000 元，均显著高于绍兴市及全省同期水平，是绍兴市藏富于民的典型。

表 3-1 棠棣村农民人均纯收入（单位：元）

| 年度 | 2010 | 2011 | 2012 | 2013 | 2014 | 2015 | 2016 | 2017 | 2018 |
|---|---|---|---|---|---|---|---|---|---|
| 棠棣村 | 18957 | 20362 | 22356 | 23417 | 24825 | 26349 | 28193 | 55000 | 70000 |
| 绍兴市 | 13651 | 15861 | 17706 | 19618 | 23539 | 25648 | 27744 | 30331 | 33097 |
| 浙江省 | 11303 | 13071 | 14552 | 17494 | 19373 | 21125 | 22866 | 24956 | 27302 |

资料来源：根据历年浙江统计年鉴、绍兴统计年鉴、棠棣村相关资料整理。

从收入结构看，2016 年棠棣村村民收入 11507.23 万元，其中工资性收入为 463 万元，占 4.02%，家庭经营收入 10382.93 万元，占 90.23%，来自第一产业收入为 7987.30 万元，占家庭经营收入的 76.93%。财产性收入 171 万元，占 1.48%。转移性收入 165.4 万元，占 1.43%。[①] 收入水平显著提高，生活水平得到明显改善。据统计，1990 ～ 2018 年 28 年间全村村民建房投资 3600 万元，新建住房 660 间，建筑面积达 24000 平方米。

① 根据漓渚镇 2016 年农经报表整理。

### 三、村级集体经济不断壮大

在1978年农村改革开放之初，棠棣村村办企业陆续转变为承包经营。在20世纪九十年代，随着乡镇企业产权制度改革的深入，棠棣村几家村办企业都转制为私营企业，原属村集体的企业及厂房都归私人企业所有，村集体经济几乎成为“空壳”。自2010年开始，棠棣村抓住全省开展美丽乡村建设的机遇，在做好村庄土地流转、征用的基础上积极参与省市区各种项目创建，争取政府项目，高效利用政府投资支持，按照美丽乡村建设“村村优美、家家创业、处处和谐、人人幸福”的总要求，开展环境、产业、服务和素质四大工程建设，促进美丽乡村建设又快又好。2010年—2017年，棠棣村先后获得国家、省、市、县(区)多项奖励。

从2010年至2017年，村集体获得的政府补助收入由2010年的30.30万元增加到2017年的147.43万，村集体固定资产由2010年的201.11万元增加到2017年的4035.01万元。现有集体固定资产主要包括：村委办公楼及文化礼堂、乡村振兴实训基地及一些基础设施。此外，与棠一村合作共投资670万元将原村小学改造成高端民宿“兰心民宿”，与杭州电子科技大学共同投资建设智慧农业温室及智能化农业装备示范基地。随着乡村振兴实训基地、兰心民宿的投入使用、智慧农业的发展加之土地流转收入，村集体资产将实现保值增值，经济实力不断壮大。

## 第二节 “棠棣人”经济
## ——传承、创新、发展

改革开放四十年来，棠棣村人走南闯北，开拓进取，沐浴着改革开放的春风，紧紧抓住国家大发展、居民生活水平大幅提高对花卉及绿化苗木产生巨大需求的机遇，抢占先机，占领市场。目前全国各地各大苗木市场都有棠棣人的身影，涌现了一大批苗木种植大户和苗木经营大户。种植花木100亩以上的有20多家，营销收入达千万元的有10余家。以花木种植、经营为主导产业的棠棣人通过几代人的传承、创新，推动棠棣经济不断发展壮大。

下面列举几个棠棣村花木企业典型案例：

### 一、绍兴县棠棣花木有限公司

绍兴县棠棣花木有限公司的前身是棠棣头社花圃，创建于1984年。村民金立成在1993年把企业改制为私营企业，成立棠棣花木有限公司。之后公司不断壮大，基地从棠棣平园迁到棠一村附近，包括棠一村、九板桥等地。公司规模从种植苗木扩大为园林绿化的专业公司，是一家集生产、科研、经营、设计于一体的综合性园林绿化企业。

公司主要包括两部分：一是中国春兰样品园。建有目前国内最先进的高科技养兰温室，占地面积2500平方米，内有470多种名贵兰花。有专业从事兰花培育、研发人员20人，原由金定先负责管理，2018年金定先逝世后，由金立成接管；二是花木公司，包括苗木和园林工程两块，全称是大地园艺工程公司，具有国家园林二级资质。苗木基地有400亩，培育桂花、杜鹃、茶花、雪松、红枫、日本樱花、香樟、罗汉松等150多个品种，年收入二百万左右。工程公司现在主要在贵阳的苗药工业园区做绿化及地面铺装等景观工程。近年来先后承建了昆明市黑龙潭公司景观工程、昆明市滇池卫城小区绿化工程等多个省、市重点项目和一大批园林工程，受到了业主的一致好评。公司年产值在一个亿多，固定员工20多人。公司有职称人员23人，金立成是柯桥区五星级民间人才。

该公司起步早且发展得好，对棠棣村发展花木产业起到较好的示范作用。同时通过给村民送苗木、教村民种苗木、和村里人交换苗木品种、互通市场信息等形式带动村民发展花木产业，共同致富。为支持新农村建设，修漓福公路时金立成带头捐款39万元，也带动其他经营大户捐款。为筹资修建村里的机耕路，他又联合几个大户每人捐几千，带动村里的老百姓捐款。

## 二、绍兴县百花园艺有限公司

1996年村民刘建明创办“绍兴县百花园艺场”，1998年改名为“绍兴市百花园艺有限公司”。公司主要做工程业务，包括房产和市政的绿化工程，有400亩苗木基地，是一家集园林绿化工程、园艺配套产品、苗木培植场的综合性园林花木公司，先后被评为浙江省科技示范企业、绍兴市农业龙头企业和柯桥区十佳运销大户等，刘建明本人也被评为全国青年星火带头人标兵、浙江省科技星火带头人标兵、绍兴市十佳青年星火带头人。

1997年，刘建明担任刘家村党支部书记。2003年三个自然村合并后，担任了棠棣村党总支书记。为了带领全体村民共同致富，刘建明把家里的企业交给妻子金利飞管理，自己则全身心投入到村庄建设管理中。

公司现有园林工程师、高级技师、农艺师等重要技术人员40名，是具有国家二级资质的综合性园林公司，建立了较完整的经营、研究、生产、加工、设计、养护、销售及售后服务体系。2018年产值在4000 ~ 5000万左右。

20多年来，夫妻俩热衷公益，不仅捐款捐物，而且经常为村民提供技术、信息和销售方面的培训和服务，带动村民共同致富，刘建明经常挂在嘴上的一句话就是：一人富不算富，全村富才幸福。

## 三、广东佛山陈村花卉世界顺风花场

广东佛山陈村花卉世界顺风花场由村民钱又夫创办。钱又夫1997年去广东，最初是把广东的苗木主要是阴生植物卖到辽宁丹东，并与同学合伙在广州芳村（今属荔湾区）找了两块地，建了花场。后来又独自经营并各建了花场，在芳村经营十多年。最初主要做小盆景，价值几十元到几百元、上万元不等，后来根据市场需求不断提高盆景档次，走高端路线。现在主要做造型罗汉松，售价几万到几十万。他把浙江的罗汉松毛坯树运到广东，进行再加工，做造型，提高附加值，一般要培育三五年再出售。由于专业做罗汉松等高端品种，技术水平和管理能力越来越强，产值每年都在增长。现在公司在广东佛山陈村花卉世界有20亩基地，是“前店后场”式。四名门面公司工人负责花木养护，四名技术人员负责修剪、造型，两人负责管理和销售，年产值有一千多万。

“花香漓渚”田园综合体开始建设招商后，钱又夫又积极关注、参与田园综合体的建设，已在“千亩花市”精品盆景区租地9亩，重点发展精品盆景业务。

钱又夫是村里第一个去广东做生意的人。后来村里陆续有100多人去广州办花场。他借助自己早年建立的人脉，义务帮助村里去的人，给他们力所能及的帮助。同时，关心并积极参与村里事务。从早年为村里修路捐款到如今为村庄发展出谋划策，钱又夫都尽其所能。

## 四、前沿兰苑

在棠棣村兰花产业发展中，钱迪红是年轻一代的代表。

1981年1月出生的钱迪红，祖上三代就开始采兰、养兰、卖兰。本在上海与弟弟经营20多个平方米的兰花店，经销中高档兰花，年营业额大约在50万左右。看到家乡建设田园综合体的较好发展前景，就回到村里，利用自家庭院建起了“前沿兰苑”，主要由自己负责培育、管理、销售。设施总投入 4.5 万，日常投入主要有水、肥料、杀菌剂等，每年需要两三千元。每年引进新品种要花掉二三十万元。前沿兰苑，主要经营春兰和蕙兰，春兰主要有神话、绿云、盖圆等名品，蕙兰有程梅、关顶等名品，曾经卖出的最贵的，“程梅”等兰花，一盆大概五万左右。因为肯钻研兰花培育技术，所培育的兰花曾多次在上海、浙江的兰花展上获得金银奖。他善于利用网络、微信等信息渠道销售兰花，生意一年比一年好，年纯收入在 20 万左右。

目前已报名在“花香漓渚”田园综合体的“千亩花苑”租地五亩建大棚种兰花，预计投资约一两百万。钱迪红说兰花产业技术含量高，他要努力把兰花产业做大，做出品牌。

## 第三节　棠棣村经济的可持续发展

花木产业既是绿色富民的朝阳产业，也是美丽的公益事业，在国土绿化美化、助推乡村振兴、促进经济社会发展、弘扬生态文明、建设美丽中国中发挥了重要作用。以花木产业为主导产业的棠棣村经济可持续发展既有良好的发展机遇与优势，也面临很多的困难和问题。

### 一、经济可持续发展面临的问题

#### （一）土地资源受限，产品结构不合理

棠棣村现有耕地的 95% 以上都种植苗木，随着经济的发展，土地资源紧张的矛盾日益突出。很多村民为扩大规模都要到邻村、邻县租地。在产品结构上，苗多花少，特色产品、高端产品少，“大路货”多，产品同质化比较严重，结构性过剩较突出。

#### （二）人才短缺，传统种植模式、销售模式仍占主流

由于种植苗木非常辛苦，苗木种植户一般都不让子女接班。棠棣村现有苗木种植人员普遍年龄偏大，年轻人较少参与苗木种植，苗木产业发展面临未来“谁来种”的问题。销售模式也普遍以传统方式为主。年轻人刘梁涛认为：“父母的销售模式完完全全是实打实的，从这边买进来，那边卖出去，甚至都不会网上去售

卖，而且像他们这种大型苗木网上售卖其实是很困难的，不像鲜花之类的。我家做的主要是绿化带，都是大型苗木，只能走线下，这种经济模式在我看来是挺落后的了。”[①] 由于村里的年轻人从事苗木经销的比较少，适应苗木产销的现代销售模式仍没有被普遍应用。

### （三）成本增加

劳动力成本增加，“临时工的工钱每天大概 700 ～ 800 元，多的时候每天要 1000 元左右，看工作性质而定，到山上起大树，还要抬下来，又累又有危险，工钱就要高点。苗圃的日常护理是每天 200 元”[②]。

## 二、机遇与优势

虽然近年来受房地产市场萎缩、市政项目减少的宏观经济影响，但是从长期看，棠棣村花木产业仍具有发展优势。

一是先发优势。经过多年发展，棠棣村已积累了丰富的品种资源、成熟的种植技术和管理经验，绿化苗木品种丰富、规格齐全、品质优良，市场竞争优势明显。

二是营销优势。棠棣人在全国兴办了一大批苗木基地，构建起了覆盖全国的苗木营销网络，成为棠棣村花木市场拓展的中间力量。

三是田园综合体建设为棠棣村花木产业及一二三产业融合发展提供了较好平台。“千亩花市”拉动产品销售，“千亩花苑”有利于扩大农户经营规模，“千亩花田”有助于带动旅游业发展。

## 三、促进棠棣村经济可持续发展的对策建议

坚持“扩规模重集聚、调结构提档次、延产业促融合”的总体发展思路，坚定不移地发展花木产业。

### （一）稳规模，巩固生产优势

通过加强基础设施建设、土地流转、招商引资、建立特色花木生产基地等举措，保持花木生产规模，不断释放生产优势。

---

① 刘梁涛访谈记录。
② 蒋岳兴访谈记录。

### （二）加快花木产业转型升级

一是着力调整花木产业的内部构成、花木种植结构、花木的种植方式，延伸拉长花木产业链条。二是调整产业结构，提升产品质量。提升原有苗木质量，弱化一些规格较小、形态较差的苗木，保留一批高质量、高附加值苗木，大力发展容器苗、全冠苗、造型苗等精品苗木。三是培育龙头企业，由农户生产向园林公司转型。从“亩均论英雄”到“品质效益提升”，实现花木产业由规模数量型向质量效益型转变，由粗放经营向集约经营转变，由盲目生产向定向培育转变，由无序竞争向有序发展转变，由传统交易向现代交易转变。

### （三）推进产业融合发展

发挥农业的多功能优势，促进产业融合发展。从单一的种植到销售的传统营销模式中拓展开来，真正形成一三产业融合，在旅游、互联网、文创、培训等方面凸显花木优势地位，目前棠棣村已有成熟的发展思路和实施路径，借力田园综合体的发展，花木＋旅游、花木＋产业、花木＋文创及智慧农业等计划正在逐步实施中，相信在未来几年内将形成融合发展的全新局面。

建议在产业融合发展的基础上，积极申报创建全国重点花卉文化创意基地、自然教育基地等花卉文化创意与科普教育品牌，引导发展花卉文化创意与科普教育产业，推进生态保护和绿色经济并行、绿色经济和彩绘经济并行、美丽乡村和美丽经济并行、健康旅游和银色经济并行、新兴产业和现代服务业并行，实现最美乡村、幸福生活。

# 生活篇

## 勤孝为本　继往开来

SHENGHUO PIAN
QINXIAO WEIBEN JIWANG KAILAI

花　开　富　贵

随着时代的变迁，棠棣村民的婚姻、家庭、生活被刻上了深深的时代烙印，有一条清晰的经济和时代发展脉络贯穿其中，在代际之间出现了传统与现代的碰撞与融合。在这种新旧交融下，一些品质得以传承，共同塑造了棠棣村人的生活风貌。

# 第一章　婚姻与家庭

生产方式影响了生活方式，经济分工的独特性使得棠棣村的家庭劳动力需要外出经商，出现了夫妻异地居、留守儿童、留守老人等现象，但也因为经济分工而使家庭关系乃至外延的亲属关系和邻里关系变得更为紧密。

## 第一节　人口增长及结构变动

### （一）人口增长

人口是人类社会存在和发展的前提，人口数量及结构变动会对社会经济发展产生巨大的影响，同时也会影响卫生（生育、医疗等）安排和养老保障安排等。

棠棣村在中华人民共和国成立后，土地改革使耕者有其田，农业合作化使劳力不足者得到帮扶与照顾，村民安居乐业，加之当时尚未实行计划生育政策，人口增长出现了一个高峰期。至 1964 年，棠棣村有 208 户、998 人，其中男性 511 人、女性 488 人，男女性别比为 1.04，人口性别结构合理。到了 1975 年，棠棣村有 258 户、1240 人，比中华人民共和国成立初期翻了不止一倍。其后，由于计划生育政策的实行，人口增长相对得到控制，到 1987 年，棠棣村有 364 户、1406 人，户数又增加了 100 多户，人口数增加只有 164 人。人口增长逐步得到控制。到 2000 年人口普查时，棠棣村 506 户，1524 人，户数增加 142 户，人口仅增加 118 人，说明户型结构趋于小型化。2000 年后，人口数十多年间一直在 1500 人左右波动。

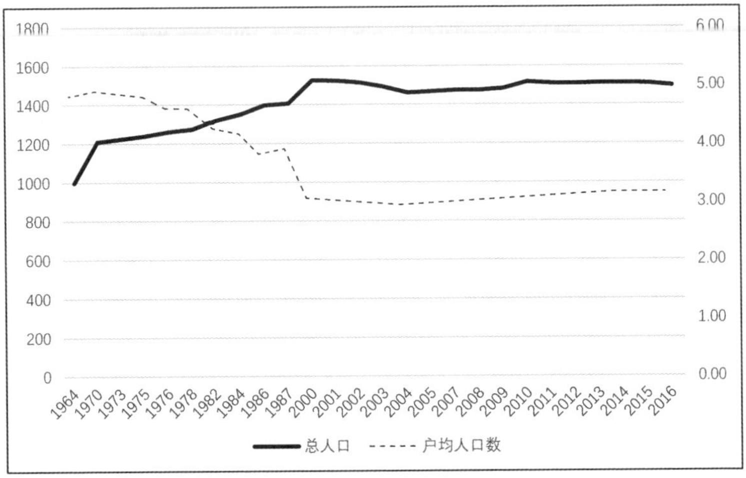


图 1-1　棠棣村 1964 年—2016 年人口数与户均人口数变动情况

如上图所示，自 1964 年以来，棠棣村人口数量经历了先快速增长，然后在 2000 年之后维持在 1500 人左右波动，这主要受到计划生育政策的实施与人们的生育观念的改变的影响。每户家庭的人口数自 1964—2000 年间有大幅的下降，在村民人口数增多的情况下，表明小型化家庭已经是棠棣村家庭的基本形态。

## （二）人口结构变动

人口结构亦称人口构成，是指总体人口中存在的组成部分及其比重或比例关系。常见的有人口年龄结构、性别结构、民族构成等。不同的人口结构对家庭、地区甚至国家的社会经济发展均产生不同的影响。

### 1、棠棣村人口年龄结构

对于国家而言，当劳动年龄人口占比较大、老少抚养比[①]较低时，一个国家将拥有充足的劳动力供给，进而为高速经济增长提供保证；而当一个国家中劳动年龄人口占比较小，抚养比较高时，经济增长的动力就不足，从而影响储蓄和消费。

对于家庭而言，人口结构同样会影响到家庭内部的收入和储蓄分配。家庭是社会生活的基本单位，不仅发挥着经济功能，还承担着未成年子女的抚养、老人的赡养及家庭体弱病残者等诸多方面的保障功能。而家庭人口结构的变化会较大

① 指人口中非劳动年龄人口数与劳动年龄人口数之比，表示每个劳动年龄人口需要承担抚养非劳动年龄人口数量。

程度地影响到家庭所承载的经济功能、消费功能以及保障功能的实现。过去几十年，中国家庭从人口结构层面来看经历了巨大的结构性变化，突出表现为人口的老龄化、家庭的低生育率及家庭规模的小型化。[①]

自中华人民共和国成立以来，经济发展和卫生医疗事业的发展使得棠棣村村民的婴儿死亡率大大降低，人口预期寿命不断延长，而计划生育政策的严格实施使得出生人口减少，这些因素叠加导致了棠棣村人口年龄结构发生较大变化。

截至 2018 年年底，棠棣村总人口达 1468 人，其中 60 岁以上老年人已达 406 人，占村总人口的 27.8%，已然超过 10% 的国际标准，90 岁以上的高龄老人也不在少数，棠棣村已步入人口老龄化行列。2016 年 1 月 1 日起放开二胎生育政策，但政策效果不大，生育率没有明显提升。

表 1–1 棠棣村 2018 年底分年龄组人口数量（总人数：1468 人）

| 年龄段 | 人口数 | 比例 | 年龄段 | 人口数 | 比例 |
|---|---|---|---|---|---|
| 0—4 岁 | 60 | 4.1% | 50—54 岁 | 181 | 12.3% |
| 5—9 岁 | 48 | 3.3% | 55—59 岁 | 162 | 11.0% |
| 10—14 岁 | 49 | 3.3% | 60—64 岁 | 142 | 9.7% |
| 15—19 岁 | 38 | 2.6% | 65—69 岁 | 92 | 6.3% |
| 20—24 岁 | 65 | 4.4% | 70—74 岁 | 68 | 4.6% |
| 25—29 岁 | 110 | 7.5% | 75—79 岁 | 42 | 2.9% |
| 30—34 岁 | 126 | 8.6% | 80—84 岁 | 36 | 2.5% |
| 35—39 岁 | 67 | 4.6% | 85—89 岁 | 20 | 1.4% |
| 40—44 岁 | 64 | 4.4% | 90—94 岁 | 6 | 0.4% |
| 45—49 岁 | 92 | 6.3% | | | |

棠棣村处于生育年龄的家庭更注重优生，更希望能将子女培养好。80 后村民盛建兰考虑到如果要生二胎，就需要在一两年内放弃广州的生意，而且在第一胎是儿子的情况下，她害怕第二胎又是儿子，担心未来兄弟俩会因财产、赡养等问题不和睦。所以她更希望把一个孩子教育好。她的婆婆在看到很多年轻人不愿意生但是被父母逼着生二胎后，家庭矛盾越来越大的反面教材，便也顺其自然了。90 后村民刘梁涛考虑到自己的家庭经济条件，认为多生一个孩子对家庭经济没有多大压力，如果考虑二胎的话，希望是等到女儿三岁左右之后。他认为现在最重

① 樊纲治，王宏扬．家庭人口结构与家庭商业人身保险需求——基于中国家庭金融调查（CHFS）数据的实证研究 [J]. 金融研究，2015，（7）：170.

要的事情是把女儿培养好，一家人开开心心地生活。

2、棠棣村人口性别结构

人口的性别结构除了受生物学因素的影响外，还会受到经济因素和社会因素的影响。一般而言，传统农业社会对劳动力特别是男性劳动力的需求，表现在观念层面即为“重男轻女”思想。表 1–2 展示了棠棣村自 1964 年到 2016 年的村民性别结构。

表 1–2 1964 年—2016 年棠棣村民性别人口一览表

| 年度 | 总人口 | 其中 | | 性别比 | 年度 | 总人口 | 其中 | | 性别比 |
|---|---|---|---|---|---|---|---|---|---|
| | | 男 | 女 | | | | 男 | 女 | |
| 1964 | 998 | 510 | 488 | 105 | 2003 | 1490 | 732 | 758 | 97 |
| 1970 | 1210 | 626 | 584 | 107 | 2004 | 1460 | 713 | 747 | 95 |
| 1973 | 1224 | 620 | 604 | 103 | 2005 | 1466 | 710 | 756 | 94 |
| 1975 | 1240 | 623 | 617 | 101 | 2007 | 1472 | 721 | 751 | 96 |
| 1976 | 1261 | 638 | 623 | 102 | 2008 | 1472 | 720 | 752 | 96 |
| 1978 | 1274 | 648 | 626 | 104 | 2009 | 1481 | 726 | 755 | 96 |
| 1982 | 1319 | 675 | 644 | 105 | 2010 | 1514 | 741 | 773 | 96 |
| 1984 | 1350 | 691 | 659 | 105 | 2011 | 1507 | 741 | 766 | 97 |
| 1986 | 1397 | 699 | 698 | 100 | 2012 | 1505 | 736 | 769 | 96 |
| 1987 | 1406 | 707 | 699 | 101 | 2013 | 1509 | 745 | 764 | 98 |
| 2000 | 1524 | 757 | 767 | 99 | 2014 | 1509 | 750 | 759 | 99 |
| 2001 | 1522 | 754 | 768 | 98 | 2015 | 1507 | 746 | 761 | 98 |
| 2002 | 1512 | 750 | 762 | 98 | 2016 | 1496 | 744 | 752 | 99 |

棠棣村的性别比在 2000 年以前一直在 101—107 之间浮动，从人口统计学意义上讲是一种正常的范围，但在 2000 年以后性别比均低于 100，即女性村民人数超过男性村民人数。村民家中有两个女儿的家庭不在少数。受制于数据，虽然无法细究 2000 年后这种异常的性别比的成因，但可以看出，特别是 2000 年以后，男性偏好并没有成为家庭生育决策的决定性因素，但村民也没有强烈的女孩偏好，因此造成性别比偏低只能从生理、环境等因素寻求解释。

3、棠棣村人口民族构成

棠棣村下辖头社、二社、刘家三个自然村，有史以来居住于此的村民均为汉族。自20世纪八十年代以来，村民根据国家实行的改革开放政策，解放思想、积极参与、大胆跻身市场经济行列，拓展花卉行业，做大花卉市场，吸引了一些少数民族人口进村，因工作、婚姻、学习等因素，先后在村境内落户。在2005年的一份统计数据中可以看到，有5位村民为少数民族，而他们迁入的原因均为婚迁，即因为婚嫁原因迁入棠棣村，且她们均来自广西和贵州，为壮族和苗族。

表1–3　棠棣村少数民族人口情况

| 自然村 | 姓名 | 性别 | 民族 | 移入时期 | 迁入户名 | 迁移原因 | 原籍地名 |
|---|---|---|---|---|---|---|---|
| 头社 | 吴覃云 | 女 | 壮族 | 1998.6.10 | 金关羊 | 婚迁 | 广西鹿寨县平山镇石龙村 |
| | 吴翠鸾 | 女 | 壮族 | 1991.10.10 | 金五六 | 婚迁 | 广西鹿寨县平山镇石龙村 |
| 二社 | 罗桂燕 | 女 | 壮族 | 2003 | 钱立新 | 婚迁 | 广西鹿寨县平山镇 |
| | 罗新想 | 女 | 壮族 | 2003.8 | 钱惠炳 | 婚迁 | 广西鹿寨县平山镇 |
| 刘家 | 候明英 | 女 | 苗族 | 2004.4.14 | 刘建壮 | 婚迁 | 贵州金沙县 |

## （三）棠棣村计划生育工作

人口观念是社会现实的反映，而不同的人口观念会指导家庭和个人的生育决策，从而影响出生人口数。

1953年至1957年间是棠棣村的生育高峰期。“农民翻身做主人”，温饱得到了保证，出生人口数有一个小高峰。此后，绍兴县卫生部门开展妇幼保健和避孕知识的积极宣传。这一时期的出生率虽有所下降，但仍处于无控制状态。

1971年7月8日，国务院转发《关于做好计划生育工作的报告》（国发文51号文献），自此计划生育政策进入实质性发展时期，计划生育制度也随实践发展而初步形成。棠棣村村民积极响应国家政策号召，人口出生数量得以有效控制。从1972年起，棠棣村的计划生育工作步入全县先进行列，2006年被绍兴县计划生育领导小组授予“新型生育文化示范村”。

棠棣村计划生育工作主要有如下几方面：

1、设立组织机构

早在20世纪八十年代，头社、二社、刘家三村分别设立计划生育领导小组，村委也设有计生服务室，备有必要器械、避孕药、避孕套等，常年热情服务计划生育。2003年三村合并为棠棣村后，计划生育领导小组也随之合并，由刘建明担任组长，徐伟凤担任副组长。在村党总支部领导下，按《村民委员会组织法》和《浙江省计划生育条例》，结合村规民约，一步一个脚印地加强和完善计划生育工作，村计生服务工作更加周到。为防止计划外怀孕，村计生领导小组配合育龄妇女做好定期环检；为提高人口素质，保证优生优育，配合村民给儿童免费及时接种疫苗并宣传儿童保健知识等。

2、计生工作

棠棣村的计生工作主要从四方面展开，即计生规定、计生待遇、计生服务以及外来人口生育管理，并随着计划生育政策的变动，做出相应的调整。如在计划生育政策号召“一对夫妇生育子女数最好一个”时，严格执行计划生育的家庭可按照相应条件领取独生子女费、计划生育家庭奖励扶助费、独生子女特殊家庭关爱扶助金、计划生育特殊家庭扶助关怀金、独生子女家庭社会养老保险补贴等多项费用。2016年国家实行“全面二孩”政策，棠棣村的计生工作做得更为细致和人性化。村妇女主任徐伟凤说：

现在国家政策规定，避孕药具可以免费领取，这一点大家必须都知道……有些人是生了一胎不要生二胎，有些是生了二胎，政策不允许继续生，那避孕这块怎么做呢？大家年纪都轻，都30出头，有的只有20多岁，我就跟她们说，我自己亲身经历了这个过程，如果意外怀孕，人工流产的话对身体有很大的伤害，一定要把避孕这块做好。现在国家可以免费发放避孕药具，如果你们不想用免费的产品，也可以自购，通知我一声，我在系统上说明一下；如果你们在外地的话，只要你们需要，私聊我也行，群里说一声也行，我会送货上门；在外地的话我就邮寄给你们。我曾经两次寄到广东去，邮费我自己出。（在本地）我送货上门的，我一般选晚上等他们在家里的时候，拿着一袋子给他们送到家里去。有的人不在家，我就放到他们家里，拍个照片告诉他们放在哪个位置。①

徐伟凤通过微信群与村里的育龄妇女进行沟通交流，现在这个群不仅是计划

① 徐伟凤访谈记录。

生育的工作群，也成了育龄妇女沟通的平台。此外，对在棠棣村租住打工、经商的外来人口，村计划生育工作人员都会按照“流动人口婚育证明”的管理规定，为她们提供查孕查环，B 超检查等服务，年年如此，以确保村内无盲生现象出现。

### （四）棠棣村人口统计工作

以上丰富的历史数据资料得以保存，离不开棠棣村村委对人口统计工作和数据收集工作的重视。村委每年会对出生人口数量、死亡人口数量及迁入 / 迁出人口数量进行分门别类的记录，以反映历年人口变动情况。此外，村委还着手编写村里有史以来的第一本村志，客观展现棠棣村的历史发展轨迹，以村落的农耕产业链为轴心，记录不同时期与之相关联的人与事。尚未编写完的村志中有一章详细记录了村庄的人口繁衍、人口构成、人口管理等，为展现棠棣村人口变动提供了翔实的数据支持。

## 第二节　婚嫁模式

棠棣村婚嫁模式呈现出典型的时代特征，在不同的时代有着不同的婚嫁模式。

棠棣村主要分为刘家、头社、二社三个自然村落，其中，刘家以刘姓为大姓，头社金姓、陈姓最多，二社以钱姓为主，钱姓也是整个棠棣村最大的姓。旧时村民的主要生活来源以农业为主，而且地处半山区，交通闭塞，村民普遍贫困。处于适婚年龄的青年，结婚伴侣多半是在本村或者本镇其他几个村庄范围内寻找，甚至同姓和表兄妹结婚的也有。例如金关心（大概 1974 年结婚的）和他老婆“原来是邻居，相隔一间屋子的距离”，他们没有亲属关系的，但“她也是姓金”①。又如王永良 1994 年结婚，“我跟我妻子是一个村的，五代以上还算是亲戚”，他还讲到“在父母那一代，亲的表兄妹结婚的也不少”②。出现这种情况可能与农村贫困有关，“因为原来我们村也是比较贫穷的，亲戚之间结婚的话，相当于两户人家之间可以相互帮衬”③。究其原因，主要是亲戚之间结婚，知根知底，符合“门当户对”的嫁娶逻辑；而且亲上加亲，两户人家可以相互帮衬，财产不会外流。旧时贫苦生活让村民不得不突破“同姓不婚”、“同族不婚”的禁忌。

---

① 金关心访谈记录。

② 王永良访谈记录。

③ 王永良访谈记录。

在党的十一届三中全会以后，改革开放的浪潮席卷而来，村民解放思想，抢抓改革开放机遇，放开手脚，大胆跻身市场经济行列。经济模式的改变也影响了村民的婚嫁模式。一方面，花木种植与销售使得村民们“走出去”，在外地（特指本镇之外）做生意的同时也拓展了交友圈，不再同老一辈那样，嫁娶选择局限在本村或本镇范围内；另一方面，经济的发展使得老一辈村民对子女的教育问题愈发重视，外出求学也拓宽了村民的交友选择，现在正值中年的村民中有不少是在中学或大学阶段找到伴侣的。但是，大部分村民的结婚对象还是局限在漓渚镇范围内。据村民估计，大约有 60% ～ 70% 的村民的配偶是在本镇范围内的，其中以中学同学居多。[①] 这些村庄在距离上既不是太近，避免了邻里亲家间的许多麻烦事；也不是太远，临时有急事都能互相照应。而同学关系使得大家相互之间知根知底，门当户对的可能性也大大增加，这是一种相对理性的婚嫁模式。

而对于年轻一代的村民而言，他们几乎没有经历过“吃不饱、穿不暖”的苦日子，伴随着村民经济水平提升和大学扩招，越来越多的棠棣村适龄青年有了进入大学求学的机会。无论是在浙江省本省范围内上大学，还是到外地，乃至国外求学，年轻一代棠棣青年无疑有了更多接触异性的机会。此外，年轻一代的家长正赶上改革开放、发展民营经济的浪潮，一方面积累了一定的经济资本，使得他们的子女在婚姻市场上有足够的竞争力；另一方面，在资本积累的过程中，他们深知做花木生意的辛苦和不确定性，因此大多希望自己的孩子可以有更为稳定的工作。在这些因素的共同作用下，在外地择偶、结婚的棠棣青年不在少数。

此外，一种在中国传统农村社会存在且历经千百年而不衰的婚姻形式——招赘婚姻（也称“招婿婚姻”、“入赘婚姻”等）[②]，同样存在于棠棣村。

招赘婚姻是指男女双方婚后，男子入居女家，并成为女家成员之一的一种特殊婚姻模式。[③] 对于招婿婚姻的内涵，学界主要有三种观点：第一种强调这是一种婚姻居住形式的安排，在婚居制形式上为“从妇居”，即夫妻婚后在妻子的父母家居住，与妻子的父母及亲属发生更多互动。这是一种家庭策略，即由于女方家庭在地理位置、经济环境等方面优于男方家庭，夫妻双方才选择从妻居；第二种观点认为招赘婚姻是一种身份安排和一系列家庭权利义务的设置。女方通过招赘婚

① 王永良访谈记录。

② 杨勇 . 论招赘婚姻对解决农村人口老龄化问题的积极意义 [J]. 人口与计划生育，1998，（6）：31-34.

③ 云霞 . 当代中国农村招婿婚姻研究述评 [J]. 合肥学院学报：社会科学版，2009，26（4）：23.

保留了其在家族和村庄中的身份，同时赘婿通过招赘婚姻获得女方家族的身份；第三种观点从家庭制度切入，认为招赘婚姻是父系家庭制度的一种调适。费孝通先生曾把招赘婚称为“暂时的改系”[①]，认为招赘婚的实质不过是通过暂时的变化来维系父系家庭制度。招赘的实践看似是对父系家庭制度的冲破，但其实质却以维护父系家庭制度为目的。女方选择招婿的主要目的是为了继承姓氏以及解决养老、家庭劳动力等问题。

棠棣村的招赘婚姻模式在改革开放前后均存在，但究其原因，呈现出较大差异。

传统以农业为主的生产生活方式和父系家庭制度下，传宗接代是以男性为核心的，但后代的性别无法以个人意志决定，于是有女无儿户家庭对于传宗接代的需求就造就了招赘婚姻的存在；其次，传统农村多处于小农经济时代，提高劳动生产力主要靠增加劳动力的投入，这也使得传统家庭崇尚生男孩，再不济也需要招个女婿回家，以补充家庭男性劳动力，提高生产效率和生产水平；最后，“养儿防老”的传统观念也会让只有女儿的父母为自己老年后的养老提前计划安排。一般而言，如果女方家庭男性劳动力稀缺，且家庭条件相较于男方家庭更好，则更倾向于通过招婿的方式；另一方面如果男方家庭由于家境较为贫困且兄弟较多，也倾向于通过让一位男性入赘的方式完成婚姻匹配，在一定程度上减轻男方家庭的经济负担，这是双方理性选择的结果。

村民王永良的父亲就是入赘的，王永良母亲家做木工为生，家庭条件较好，有三个女儿，没有儿子，故而招婿。他随母亲姓王，而非随父亲姓刘。[②]这也验证了费孝通先生所说的，招婿本质上还是为了继承姓氏，维系父系家庭制度，传女性家庭之宗，继女性家庭之代。

改革开放后，甚至是步入婚姻的90后这代，同样存在着招赘婚姻的模式。而其选择这一婚姻匹配模式的原因，与祖辈、父辈有较大的差异。由于计划生育制度的实施，最新一代步入婚姻的村民大多来自受计划生育政策影响的少子化家庭，且随着经济社会的发展，传统的基于资源交换的招婿婚姻模式似乎失去了土壤，那为什么现阶段仍存在招赘婚姻模式呢？这一模式与传统模式有什么差别？

村民徐燕家中有姊妹二人，其丈夫家是姐弟二人。徐燕父母希望至少有一个

---

① 费孝通．乡土中国生育制度 [M]. 北京：北京大学出版社，1998：262-264.

② 王永良访谈记录。

女儿能留在身边，所以在徐燕的姐姐选择“男婚女嫁”的婚姻模式后，徐燕就将“男方必须入赘”这一要求带入择偶要求之中。男方来自四川，家境较为殷实，一直在杭州工作，因为两人相爱，也就接受了“入赘”这一条件。“在举办婚礼那天，我们在酒店包了一个房间，然后我老公从我原本自己的家里出发来酒店的房间里迎娶我，相当于我被他娶进了家门”，徐燕如是说。在谈及未来生育孩子的姓氏和性别上，徐燕提到由于自己父母有点重男轻女思想，因此期望第一个能生男孩，并且“第一个孩子的姓氏肯定会跟女方的”，在满足这一条件后，“如果未来有条件生二胎的话，第二个孩子可以跟他们姓，因为我觉得男方肯定也有这个（传宗接代）想法的，但其实想通了，跟谁姓都是一样的”。而对于男方父母的养老问题，徐燕明确表示对方父母只有这一个儿子，养老肯定包在自己这个小家庭上，而不是由其丈夫的姐姐负责。[①]

由此见得，新一代虽然仍存在招婿婚姻，但入赘原因已经不全然是经济因素和多子家庭占主导，毕竟提高劳动生产率不再仅仅只能通过增加劳动力数量来实现。相反，由于家庭经济水平提升使得女方父母不愿意女儿远嫁成了招婿婚姻的一个理由；且在具体的生活相处中，也弱化了招赘婚姻中男方属于女方家庭的传统观念；同时，男方并不会因为入赘而切断与自己父母的联系交往，未来的养老问题仍可以由已入赘的儿子负责。

此外，无论是王永良还是徐燕均提到“入赘”一词旧时带有贬义，大家对于入赘的男性其实是低看的，所以两位村民均强调在新时代家人对入赘的女婿是很尊重的，王永良就特别讲到“我爷爷比较尊重我父亲”，“我母亲是比较贤惠的女性，比较听我父亲的话”，“我父母之间，是连磕磕碰碰都没有的”[②]。其次，虽然“养儿防老”的功能被弱化，但“传宗接代”仍然被强调，正如徐燕认为其父母让自己招婿的原因除了希望把自己留在身边外，还希望多个孙子而非儿子。

总结而言，棠棣村的婚嫁模式被印上了深深的时代烙印，有一条清晰的经济和时代发展主线贯穿在棠棣人的结婚嫁娶之中。

---

① 徐燕访谈记录。
② 王永良访谈记录。

## 第三节 生活方式与家庭观念

在社会学的定义里，家庭是以婚姻为基础、以血缘关系为纽带的社会组织细胞。在中国传统社会中，家庭作为最基本单位，既承担生产、分配和消费职能，也起到包括生育、抚养、养老、祭祀、情感交流等的功能。由婚姻和血缘连结起来的亲属关系网络，不仅能够在更大程度上发挥共担风险、汇集资源的作用，更重要的是亲属网络能够借助乡风伦理去规范引导家庭成员负起其应承担的责任。

家庭生产方式形塑着家庭生活方式与家庭观念，特殊的生产方式影响甚至决定了家庭生活方式和家庭观念。在棠棣村村民的日常家庭互动中，可以窥知一二。

### 一、家庭生活方式

棠棣村种植花木的历史由来已久，目前有 95% 的劳动力从事花木生产和经营。花木生意涉及种植、运输、销售等，全村有三四百人在外经商，这种家庭生产经济模式对村民的家庭生活方式产生了很大的影响。

村里人做花木生意主要分为四种类型：第一，把江浙的苗木运到广东，然后批发到全国各地；第二，把广东等地的苗木盆栽发往全国各地，这类人是赚大头的；第三，在本地承包绿化工程，比如市政绿化工程、房地产绿化工程等等；最后一种是专门种植、经营兰花的。[①] 为了分散风险，不把鸡蛋放在同一个篮子里，不少家庭采用基地 + 销售 [②] 的模式，大多是妻子负责外地售卖，丈夫负责组织货源的形式。此种家庭经济生产模式衍生出了棠棣村三种较为独特的家庭生活方式。

#### （一）夫妻异地居

棠棣村有不少村民在外经商，从年轻一代到 70 多岁的老年人都有。为了分散经营和降低成本，不少家庭采用基地 + 销售的模式，且大多是妻子驻守外地负责销售工作，丈夫驻扎本地负责组织花木调配，反之亦有。这种家庭分工模式使得村里不少夫妻在至少半年内处于两地分居的情况，仅在暑热夏季或春节期间方可在家团聚。

---

① 诸良峰访谈记录。

② 即自产自销模式，由于棠棣村花木销售地主要在广东、昆明等地，而种植区一般在村子及村子附近地区，由此产生了种植基地与销售地分离的情况。

盛建兰与其丈夫就是这样的一种居住模式。在他们结婚后的第一年，盛建兰就去了广州，到今年（2019 年）已过了十个年头。由于广州夏天太热，没法做苗木生意，盛每年大概只有五个月左右时间在广州销售苗木，她的丈夫和公婆则在绍兴负责种植。尽管有半年不在家，她跟丈夫、小孩、老人每天都保持着视频聊天，分享一天的生活。①

一般而言，这种婚后分居模式并不利于夫妻感情的巩固和家庭关系的维系，但棠棣村的离婚率很低，这可能与村民的精神气质有关。棠棣人的精神是“人勤春早”、勤劳致富，夫妻双方为了家庭收入而放弃团聚的机会，是基于经济理性做出的决策。这样的家庭大多能相互理解，尊重彼此，相互分担工作与家庭事务，家庭十分和睦幸福。

### （二）留守儿童

这种家庭经济分工也使村里出现了一批留守儿童，其中部分是单亲留守儿童，即父母仅有一方在外经营，还有一方在家工作；也有部分为双亲留守儿童，即父母双方均在外经营。90 后村民刘梁涛估计他们这代小孩百分之八九十都像留守儿童一样。

棠棣村留守儿童的显著特征是：一般由爷爷奶奶或外公外婆等祖辈抚养长大，家庭为其提供较好的生活条件和教育机会。一般在广州做生意的父母一年能在夏天和春节回家，在四川成都、重庆，云南昆明以及湖南、湖北等地做生意的家长，基本上一年只能在春节回来一次，但会把放暑假的小孩子接过去住，开学了再送回来。“我们那时候绍兴没有直达昆明的火车，一般是要先到义乌，再坐 38 个小时的绿皮火车到昆明，差不多两天两夜。……小一点的时候爸爸妈妈会回来接，大多数时候都是有做生意的大人正好要从浙江过去，就会帮忙照看，一般我们都三四个小孩一起过去。不一定是自己村，也有隔壁村的，基本上做生意的大家都认识了”②。之所以让孩子“留守”，一是因为绍兴教育质量好，二是因为学生都得在原籍即绍兴参加高考，如果在外读书，教材不一样，回绍兴高考就不会有好成绩。家庭条件好一些的还会将子女送到绍兴市区的学校读书。

由于父母的职业模式造就了棠棣村较为普遍的留守儿童现象，这些留守儿童尽管大多数不受生活条件和教育机会所累，但缺乏父母的贴身陪伴，使他们从小

① 盛建兰访谈记录。
② 刘梁涛访谈记录。

养成了独立的性格和自主决策的能力，同时也让他们对父母的职业有了更多的认识和理解。

### （三）留守老人

与留守儿童相对应的，就是留守老人。目前棠棣村500多户人家中，有大约1/3为老年户。仍有劳动能力的老人会通过自主经营苗木、做小工、种植蔬菜等获得经济来源和生活食材；不少老人承担着煮饭、带孩子的家庭责任。他们经历过“吃不饱饭、穿不暖衣”的时代，大多生活节俭，开销不大，并且非常容易满足。

棠棣村“人勤春早”的精神在老年人身上体现得淋漓尽致。七八十岁的老人或在田间劳作，或在苗圃内打工，以获得经济来源；行动不便的老人也会在自己屋子旁的一亩三分地上种点蔬菜，以满足自己日常的生活所需。村里对老年人的态度也十分明确，老人应由子女照顾，村里一般不负责直接照顾，只照顾部分孤寡或因病、因意外致贫者，以此鼓励勤劳，提倡孝德。

目前这三种较为独特的生活方式正在渐渐成为历史，这主要得益于两个方面：一方面，村里的中年力量有了一定的财富积累后，越来越意识到家庭关系、子女陪伴的重要性，逐渐将生意往家乡迁移，或者聘请职业经理人在外代为管理；另一方面，田园综合体的千亩花市、千亩花苑和千亩花田，让这些想将产业迁回家乡的村民有了驻扎地，同时给下一代创造了更多的就业机会。

## 二、家庭观念

家庭关系、亲属关系以及邻里关系，构成了农村社区最基本、最重要的社会关系。棠棣村非常注重对家风家训的渗透和培养，自2008年起，每年评选年度好邻居、好媳妇、好公婆、好孝子女、最美家庭、好村民等六好村民，村里还出资给每家每户挂上木质门联，上面写有每家每户的家风家训，成为村里一道独特而亮丽的风景线。而且村里95%的劳动力从事花木相关产业，也使得邻里守望相助，关系十分和谐。以下就从家庭关系、亲属关系以及邻里关系三方面来探究棠棣村的家庭观念。

### （一）家庭关系

从家庭内部看，家庭关系主要是夫妻之间和父母子女之间两对基本关系。儒家伦理“三纲”中，“夫为妻纲”、“父为子纲”实际上就是试图规范这两对关系。

家庭既承担生产、分配和消费职能，又包括生育、抚养、养老、祭祀、情感交流等的功能。

棠棣村的夫妻关系基本上是“男主外，女主内”的传统模式，但在具体的经济分工中，与一般意义上的传统模式有所区别。传统意义上，“男主外，女主内”作为一种性别观念，意为男性主导家外的事务，而女性负责家内的事情。但在棠棣村，这一观念主要体现在家庭经济分工和家庭经济事务上，而非单纯的男性主导家庭经济生产之事，女性负责家庭内部生活照料之事。

在家庭经济分工方面，对于夫妻共同从事花木经营的家庭，一般都是女性在外（主要是各地门市部）负责销售，男性负责组织货源，这主要是因为苗木作为非工业产品，每一株（棵）的形态都不同，哪些好销哪些不好销差别很大，需要到各地去找苗木或者换苗木，四处奔波很辛苦，而且选苗木、谈价格需要较专业的技能，因此多由男性承担。

而在家庭经济事务方面，“男主外，女主内”主要指家庭的财政大权基本上都在妻子手中，妻子负责家庭日常事务分工、掌管家庭收入支出的工作。

另外，家庭的重大决策也是家庭成员商量的结果，很少有独断专行或我行我素的现象存在。村里的通知，村委会一般也只通知到家庭，具体决策由家庭成员商量后确定。

盛建兰与丈夫结婚后，便与公婆同住。结婚十年，她家鲜有争吵，就算遇到矛盾也都能换位思考，不会将问题留到第二天。在她家，婆媳关系全然不成问题，婆媳之间相互尊重，友好互敬。这得益于双方较为一致的家庭观念，她的婆婆一心为家庭劳心出力，而她也一心为家庭远赴广州负责销售工作。她回忆说：

> 我记得我出嫁的时候我爸爸跟我说了一句话：“如果你对你公婆不好的话，你不要回来。”这句话我印象特别深刻，就是在我上婚车的时候我爸爸跟我说的。我当时很不理解，觉得别的父亲嫁女儿不都是说受了委屈可以回娘家来，怎么我爸爸会对我反着说。后来我才知道，他也是从别人那里深受启发。他看到很多人家婆媳有矛盾，关系不和，最后家庭分裂，所以他才会这么跟我说。①

在代际关系方面，本章主要探讨父母与成年子女的关系，关于父母对未成年子女抚养教育的过程将在后文加以讨论。

改革开放前，因为政策的限制，棠棣村村民并未开展大规模的花木种植与销售

① 盛建兰访谈记录。

工作，全村都比较贫穷，家庭形态以主干家庭[①]为主。在我国，主干家庭曾是主要家庭类型，但随着社会的发展，此家庭类型已不再占主导地位。随着经济发展和村民生活水平的提升，一方面，子代通过村内分家的形式，在宅基地上自建房子，与父代在地理空间上有一定区隔；另一方面，子代因为婚姻、职业流动等原因，在村外、绍兴市区，甚至外市外省买房安家，这两方面导致子代与父代不再同住，核心家庭逐渐占据主导地位，家庭内部基本上只有一个主要的权力和活动中心。

虽然分家后居住地点有所不同，但是棠棣村很多家庭只是名义上的分家，实际上不少子代仍然会回父母家吃饭，与父代保持紧密的联结。“我跟我老婆一结婚就分家，但是在家（村里）的时候没有自己做过饭，都是到父母那里吃的。每个月交 500 元给我母亲意思意思”[②]。由于父代经历了花木生意较为繁荣的阶段，积累了一定的经济资本，基本上不需要向子女要钱，反而会在子女有买房等重大经济行为时提供经济支持。当然，遗产大部分还是留给儿子的。

90 后青年钱涛回忆了他小时候与长辈一起去拜年的经历：“奶奶是平水镇同康村人，后来我的大姑姑（我爸的大姐）也嫁在了那个村。爷爷奶奶年轻时，到同康村去全靠走，都是山路，一大早就要出发了，几乎要走一天才能走到。我小时候，情况好点了，我家每年正月初一到大姑姑家拜年，要先坐车到同康村旁边的一个村，然后翻过一个山岭，才能到达同康村。……后来同康村也通汽车了，我们拜年就能当天来回了。初二是要去外婆家拜年的[③]。”可见，棠棣村村民有着浓厚的家庭观念，注重家庭和睦。

### （二）亲属关系

亲属关系作为传统农村社区中的又一基本关系，在棠棣村呈现代际的差异化趋势。

棠棣村村民很多都是亲戚，亲戚关系错综复杂：一是各个自然村均有大姓存在，本身有亲属关系；二是通过村内婚的婚姻联结，使得亲上加亲，在本村有较多的亲戚。

村里有个小广场，平时红白喜事都会在小广场上搭棚宴请，一般会聘请职

① 主干家庭是指家庭中由两代或两代以上夫妻组成，每代最多不超过一对夫妻，且中间无断代的家庭。主干家庭特点是家庭内不仅有一个主要的权力和活动中心，还有一个权力和活动的次中心存在。

② 王永良访谈记录。

③ 钱涛访谈记录。

业厨师烧菜，亲戚、邻里之间会相互帮忙。遇上红白喜事，亲戚之间以前一般要1000块钱左右的礼金，但在两年前，办红事开始不收红包了；白事的话看情况，一般301元、501元、1001元都有；朋友的话201元、101元也有，比较亲的一般都是1001元。①

金关心分享的故事令人感动。他自幼家庭贫寒，其母是其父的第二任妻子，父亲在他5岁的时候就去世了，他与母亲相依为命。爷爷奶奶把全部关爱给了他同父异母的哥哥，这个哥哥也是个可怜人，生母在他很小的时候就甩下他走掉了。金关心没有怨恨爷爷奶奶，在他哥哥去世后，他一直照应着嫂子虞婆婆的日常生活。“她是一级残废，两只眼睛瞎了，耳朵也聋了。有时候她门开着的话，有点事情我都会去帮忙。不过现在好一些了，有个保姆在照顾她，每天傍晚给她买点菜烧点饭。她生性比较奇怪，一般人去敲门，她是不会开门的。如果她生病了，因为我住在她隔壁，就会去帮忙。”② 有一次虞婆婆在家里晕倒了，金关心第一时间发现并把她送到卫生院救治。

对于新一代棠棣村村民而言，亲属关系呈现出逐渐弱化的趋势，这同样可以归结于经济发展和时代变迁。第一，青年一代的职业选择更为多样，不再局限在花木经营这一块，村里亲属、邻里间关于花木的信息流通显得不再那么重要；第二，经过两代或者三代人合力的接力形式，年轻一代在城里买房的比例不断提升，实现了小家庭进城及安居的城市化目标，完成接力式城市化。③ 居住位置的改变、职业选择的多样性，使得大家庭里包含兄弟关系、叔侄关系、舅甥关系等在内的亲属关系逐渐弱化。

### （三）邻里关系

“远亲不如近邻”，棠棣村的邻里之间守望相助，和谐相处。

由于棠棣村有95%的劳动力从事与花木行业相关的工作，相互之间有很多信息互通与生意往来，邻里间也非常乐意互帮互助，相互支持。

例如钱又夫是村里第一个去广州做花木生意的，在他之后，陆续有100多位村民去广州做花木生意。“村里去的人我都会帮忙的。比如，他们刚到广州时没有地，零租不好租，我就把我租的地转租给他们一部分。刚开始在芳村时，来的老

① 王永良访谈记录。
② 金关心访谈记录。
③ 朱战辉．接力式城市化：一种选择路径 [J]. 重庆社会科学，2017，（5）：72–79.

乡们跟我借钱的比较多，我有一个厚本子记满了账，都是三、五十的。比如借车等力所能及的帮助总有的。因为我已经有了一定的人脉，老乡们有事，我都会尽力帮忙，免费义务帮忙。我能帮忙的我都尽力帮忙，以前家乡这边政府部门来考察也会找我的①。”

在生意往来中，收苗木的一方大多不好意思对本村人赊账，即使周转不了，等过几年还是会把钱还给村民，真正欠债不还的，几年才遇上一个。②村里现有30多个长住村里的外来民工，主要来自江西、重庆和贵州，受雇于棠棣村的花木老板，从事迁苗工作。迁苗工谭克云夫妇已在此干了12年，收入比其他地方高，期间只遇到过一个拖欠工资的老板。③正是这种日常积累起来的信任感，让不少迁苗工的子辈也来到棠棣村从事这份工作。

除了在生意上互相扶持，在日常生活中，邻里之间也相互帮助，鲜有矛盾争吵。

2003年三村合并之前，村里没有专职电工，王永良因为有电工技术，只要村里有电气设备异常的情况，他都会主动将设备修理好。他的热心肠离不开父母的言传身教，“我后面一户人家，叫刘华水，老人家八十六七岁了，子女是领养的，孩子长大了都不在家，他一个人住。我母亲就每天都会去他门口看一下，他有没有开门，有没有不对劲的事情。好多年了，每天都会去看看他”④，王永良家的家训就是“为人善良”。

棠棣村邻里很少发生纠纷，相对来说，建房引起的纠纷多点。对这类纠纷，村委会公正地按照国家政策、国土部门的规划去协调，基本上95%的问题在当天都可以解决。

总结而言，“远亲不如近邻”，邻里关系作为农村社会一种重要关系，在由血缘、姻缘、地缘等多重关系的叠加基础上构建而成的村落中，通过遵循互惠规范以推动社会信任的生产及再生产来维持和发展。在棠棣村，由于村民从事产业的高度相关，使得邻里之间有着信息互通和生意往来的需求，在一次次交往互动中实现信任的生产及再生产。而“人勤春早”的村民通过勤劳致富，不执拗于小矛盾，心态较为平和，因此邻里关系十分和谐。

① 钱又夫访谈记录。
② 钱卫明访谈记录。
③ 谭克云访谈记录。
④ 王永良访谈记录。

# 第二章 棠棣青年

80后、90后这一代棠棣青年生于斯、长于斯，受惠于棠棣村发展带来的红利，自主选择了不完全同于父辈的事业和生活方式。在他们眼里，棠棣村早已超越了居住共同体的意义，更是一个经济共同体、文化共同体，甚至是一个情感共同体。

## 第一节 青少年教育的时代变迁

对个体而言，教育是实现人的全面发展的必备条件；对家庭而言，教育承载着家长“望子成龙”、“望女成凤”的希望；对社会而言，教育是未来经济社会发展的重要投资。改革开放前，受到经济水平和教学条件的限制，只有少部分适龄儿童上得起学；1986年实行九年制义务教育后，棠棣村的平均受教育程度得到了显著提升；随着经济的进一步发展和人民生活水平的提升，人人都能上得起学，但由于户籍的限制，不少儿童因需要在绍兴接受基础教育而成了留守儿童。

旧时，棠棣三个自然村的儿童想要读书，都要到大方学堂上学。大方学堂是所小学堂，承接来自刘家、头社、二社、三社、贾山头、亳岭头、东山下、相家塔等八个自然村的适龄儿童。大方学堂在日本侵华期间停办，这一时期刘家村办了一个私塾，设在大道地老香火堂屋内，面积不足30平方。私塾聘请了一位名叫孙国其的教书先生，先生轮流去学生家里吃饭，学生家长还要付其工钿（工资）。由于一般村民负担不起私塾费用，因此当时刘家私塾只有十来个学生。后来二社村也办起了私塾，私塾设在五间头里钱阿林家，但是读书的儿童也不多。

1950年人民政府在二村白石庙设立小学，从此刘家、头社、二社、三社4个自然村的适龄儿童基本都能有学可上，有书可读。1958年在原大方学堂地址上新设棠棣小学，附近 8 个自然村的孩子都有了上学读书的机会。1967 年棠棣公社在下茅秧设初级中学，自此，棠棣村开始有了初中生。自高级农业生产合作到人民公社化，棠棣村为解决妇女参加劳动的问题，在头社、二社、刘家三个自然村都办过村幼儿班。

1986 年 4 月 12 日，第六届全国人民代表大会第四次会议通过了《中华人民共和国义务教育法》，并于当年 7 月 1 日正式实行。至此，棠棣村的适龄儿童 100% 入学读书，村里不仅初高中学历的村民变多了，每年还涌现不少大学生。

2016 年，棠棣村除去未达幼儿园入学年龄的婴童，文盲率已不足 3%，217 位村民已经有了大专及以上的学历。

表 2–1 2016 年棠棣村民受教育情况

| 自然村名 | 总人口 | 文化结构 | | | | | | |
|---|---|---|---|---|---|---|---|---|
| | | 幼儿园 | 基本扫盲 | 小学 | 初中 | 高中 | 大专以上 | 未达幼儿园入学年龄的婴童 |
| 头社 | 476 | 10 | 19 | 131 | 120 | 76 | 98 | 11 |
| 二社 | 563 | 25 | 31 | 173 | 180 | 36 | 78 | 20 |
| 刘家 | 449 | 13 | 12 | 179 | 139 | 34 | 41 | 18 |
| 合计 | 1488 | 48 | 62 | 483 | 439 | 146 | 217 | 49 |
| 占比（单位：%） | | 3.22 | 4.16 | 39.46 | 29.5 | 9.81 | 14.58 | 3.29 |

2018 年统计数据显示，棠棣村有 274 位村民考上了大专及以上学历，其中本科生 185 名，占比 67.5%；硕士及以上有 15 名，占比 5.5%，其中还有一位村民获得了复旦大学的博士学位。

2000 年以来的一系列教育相关举措，不仅使得村里的文盲率大大降低、初高中学历的比重不断攀升、村民或多或少受过一点教育，还切切实实地验证了“知识改变命运”，改变了一些村民子女未来的人生轨迹。

金关心的女儿初中毕业后，夫妻俩商量着让自己的女儿像当时很多农村女孩一样，完成九年制义务教育后便不再上学，到厂里工作。在女儿进厂工作三个月后，华甫中学的老师打电话来，说他女儿以不错的成绩考入高中，为什么不来读书？金关心夫妻俩商量后，决定再苦苦自己，让女儿重回高中读书。后来，其女考入四川工学院，成为当时棠棣片的第一位女大学生，毕业后从事外贸工作。[①]

自 1978 年开始，部分村民开始边种花木边出去售卖，除农忙时期大队不让出去之外，其余时间可以通过交钱来补足工分。从绍兴到上海，再从上海到东北，最远到过黑龙江省的牡丹江，一路挑担卖花。那时候东北绿色植物少，兰花很稀奇，非常畅销，去一趟东北能挣一两千块钱（当时教师的工资一个月才五六十元），由此积累了第一笔财富。这代人的子女几乎没有吃过苦，且受制于计划生育政策，大多数村民家里只有一二个小孩，因此家长都非常重视子女的教育和培养，村里 90% 以上的人都希望自己的孩子能好好读书，而不是赶紧跟着他们赚钞票。

父辈的辛勤劳作是鞭策子女读书求学的极佳素材。几位村民都提及一种教育方式：在子女有厌学情绪甚至有辍学念头时，父母不会在言语上过多指责，而是将子女带到田间地头，让子女和他们一起劳作。一般体验一两天后，子女都能感受到农作的艰辛，体会到自己能坐在课堂上学习的幸福，都会自觉地好好读书。

钱传康老人家可谓人才辈出，不仅儿女均受过高等教育，孙辈的学业表现也很优秀，提起自己在教养孩子方面的心得时，钱传康十分自豪：

我们对孩子很严格，从小到大都没有零花钱的，农村有些人常乱给孩子钱用。他们从小读书就很好，喜欢读书，经常得奖。要他们注重平时的学习，二女儿怕考不好，问我怎么办？我就安慰二女儿考试不要紧张，平时读好，肯定不会差。我们也让孩子参加田里劳动，做家务，让他们吃苦，他们回到学校才会知道读书有多舒服。棠一村三社自然村有个孩子，很顽皮，不听课，但成绩特别好，后来上北大了。我就去打听，问他：你为什么不学习还成绩这么好？他说他一早就起来预习，不懂的地方划线，听课时划线的地方听懂了就不听了，效率特别高，爱玩（所以）身体也特别好。我取了经回来，就教自家的孩子。[②]

从棠棣村民这种实地教育以及为人父母尽可能为子女提供学习帮助的朴素做法，可以感受到他们对于子女教育的重视和尽心尽责。

对于棠棣村的适龄儿童而言，无论父辈是否在外经营，小孩基本上都会留在村里入学。如前所述，因为高考制度规定高考生要回原籍高考，而且每个省的教材和高考试题都是不一样的，如果孩子在外地的高中就学，就无法很好地适应浙江高考，成绩可能不会很好。而且作为人文渊薮，绍兴的教育质量很好，因此大

① 金关心访谈记录。
② 钱传康访谈记录。

多数在外经营的村民都会将孩子放在老家，由爷爷奶奶或外公外婆帮忙照看，等到寒暑假的时候再与父母相聚。这些孩子在棠棣中心小学和漓渚中学完成九年制义务教育，再根据中考分数考取相应高中。

也有父母为了给孩子营造更好的学习条件，通过“找关系”、交借读费等方式，让子女在绍兴市区完成小学、初中教育。刘梁涛上的就是建功中学：“我初中的时候，建功中学每学期会开家长会，我是我们班的一个特例，因为我父母从来没参加过我的家长会。我班主任也没办法，毕竟也不能为了一次家长会就让我爸从云南赶回来。这件事说出来挺心酸的，你看我爸妈从我小学到大学毕业，一次家长会都没参加过。当然我不是说在怪他们，他们在外面那么辛苦的赚钱也是为了我，我都能理解，只是说这个职业很特殊，没办法。”①

尽管由于村里花木产业的发展，很多父辈外出务工经商，对子女的贴身陪伴减少，但父辈都在努力弥补这份遗憾，子女也都非常理解父母的不易。家长通过勤劳致富，提供给子女良好的经济支持和教育资源，委托留在村里的祖辈照料孩子的日常生活。而作为子女，他们受到父母言传身教的影响，十分能理解父母的辛苦，而且相对独立的生活也让他们相较于同龄人更为早熟。事实上，不少在外经营的父辈意识到自己对父母、对孩子亏欠太多，感受到家庭关系、子女陪伴的重要性，已逐渐将生意往家乡迁移，或者聘请职业经理人在外代为管理。

## 第二节　青年的职业选择变迁

择业观是一种在日常认知和社会实践中形成的，对选择某种社会职业所持有的比较稳定的认知、评价、态度、方法、心理倾向和指导思想。棠棣青年的职业选择表现出很强的时代性特征，即不同时代的棠棣青年表现出不同的择业目标。

棠棣青年职业选择的时代性主要分成三个阶段：1980 年前；1980—2000 年；2000 年后。

### 一、1980 年前

对于 1980 年前开启职业的这代人而言，正好经历了集体经济时代，以工分制为显著特征的“按劳分配”制度，将大多数农民“绑”在了土地上。集体时代的生

① 刘梁涛访谈记录。

产非常忙碌，几乎是从白天干到晚上，很少有休息。而且只有成年青壮男性劳动力作为正劳力才有 10 个工分，女性正劳力工分减半。

当时有部分有手艺的青年会选择外出做泥工、木工等活，获得的收入，比直接在村里参加集体劳动挣得多。但是这部分收入的一部分需要交给生产队折算工分。且外出做工，也不能以个人名义做活，需要挂靠在某个单位名下。

这一时期的青年在时代背景的影响下，家庭普遍贫穷，受教育程度不高，个体的职业选择面非常窄小，基本上都被绑在了泥土地上。部分青年通过家族传承或拜师学艺，习得技艺，收入能稍高于其他村民。

## 二、1980—2000 年

1980 年以后，改革开放的春风拂向神州大地，工分制逐渐退出历史舞台。1982 年棠棣村开始实行家庭联产承包制，分田到户。1987 年以后，全村的土地上基本不种粮，改种花木。到 20 世纪九十年代，已经开始大面积种花木并向外拓展。这一时期的青年，基本上都有到东北、上海等地挑担卖花的经历，“先学做油漆手艺，天热时在工地做油漆工，天冷时出去卖花。去过辽宁的丹东、海城，黑龙江的鹤岗、伊春，那时候东北经济条件比较好，买花的单位和个人比较多”[①]。“那时候本地刚刚兴起做苗圃，我就把北方的茶梅、茶花、五针松等挑回来，卖给本地苗圃，我们这里没这个品种。到 1984 年时赶上经济形势不好，苗木滞销，总的形势都不好，‘龙柏烧狗肉’。以前苗木从外地挑回来是不愁卖的，后来要推销才行。本地卖不掉，要卖给外地的苗圃。本地培育的小桂花我们叫种子桂花，小桂花、小茶花要挑出去卖给外地的国有林场、集体农场。我把苗木挑进来做了 6 年，大的苗木卖给本地苗圃，再把本地培育的小苗木卖给外地，如湖南、江西等地，挣个差价”[②]。

这一时期的青年相较于其父辈，职业选择范围更加宽阔，有经商头脑的青年纷纷寻找自主创业的机会，在花木、五金、纺织等领域均有棠棣青年的身影；同时这代人也亲历了自主创业的艰辛，当这代人成为父母后，他们对孩子的职业选择有了截然不同的参与。

---

① 钱又夫访谈记录。
② 刘建明访谈记录。

## 三、2000年以后

对于2000年后进入职业选择队列的棠棣青年而言，这代人没有经历过特别贫穷艰苦的生活，他们的父辈通过辛勤劳作，积累起了一定的家庭财富，不再需要子女起早贪黑、辛苦经营来补贴家用；而他们自身作为独生子女一代，从小接受良好的教育，不少都是大学本科毕业，就业选择比父辈更加广阔，就业地点也不需要局限在村里。自主选择和父辈建议，成了这一代棠棣青年职业选择的两个重要影响因素。

整体而言，这代青年的职业选择主要有三类：一类是进入政府机关、事业单位和公私企业；第二类是继续做苗木经营，但经营模式有了与父辈不同的创新；第三类是选择与父辈不同的方向自主创业。

1、第一类

作为独生子女一代，父辈甚至祖辈已经积累了一定的财富，他们自幼在较为富裕的家庭环境中长大，大多受过良好的学校教育，不少甚至是大学本科毕业。首先，他们见识过父母经营花卉苗木生意的辛苦，所以很少会主动或被动地选择继承家里的生意；其次，部分在外就学的青年会选择留在大城市的企业或者绍兴市区的知名企业；第三，受“学而优则仕”和“公务员铁饭碗”观念的影响，不少青年考取了公务员。而这一点也最让父辈骄傲，在他们的观念里，自己的花木生意是“玩泥巴”的，靠体力劳动，希望自己的孩子能有一份体面的工作。不少村民提到自己孩子是体制内有稳定、体面的工作时都非常自豪。

2、第二类

有部分青年选择接父辈的班，继续经营苗木。这部分青年的比例并不高，仅11%~20%的村民会选择让子女接班。虽然同样是苗木经营生意，但这代青年的经营模式和经营品类表现出与父辈不同的特点。

80后的钱迪红从初中毕业后就跟随父母到上海摆摊卖兰花，2002年在上海开兰花专卖店。父母那代种植的兰花品种不是很高档，而且因为资金不够，也没有收集、培育名品兰的长远打算。钱迪红接手后，通过自学兰花种植技术，主要种植中高档兰花，既节约了种植空间，利润又比较高；再者，钱迪红也不像父辈那样仅仅采用摆摊或开店的形式售卖兰花，而是积极拓展销售渠道，在微信、网站上均有网店，广告营销、下单、销售等均可在手机上完成，具备互联网思维。他对未来的经营规划也十分清晰，准备在田园综合体的“千亩花苑”承包一块地，贷款投资大棚种兰花，期望未来能把兰花产业做大，做出品牌，形成品牌效应。[①]

没有选择接手父辈生意的青年，他们大多亲历和见识了父辈的辛苦，“到外地做生意太辛苦了，而且现在生意也不好做，成本也高，所以不想接班”[②]。而且他们父辈大多也不希望子女接自己的班，更希望他们有轻松且体面的工作。

3、第三类

选择与父辈不同的方向自主创业的青年比重很少，他们的职业也是在父辈建议的基础上做出的自主选择。对于这类青年而言，他们不少受过本科及以上教育，对传统的花木生意和新兴的创业领域有着自己的理解和思考，同时从小从父辈处耳濡目染的经商之道，在生意场上处事也较为圆融周全。而对于整个家庭而言，可以分散经营，在传统花木生意逐渐式微的现状下，提升家庭抵御风险的能力。

90 后村民刘梁涛在上大学时就看到了教育培训的发展机遇，毕业后在高校当了三年辅导员，积累了一定资源后就回到绍兴自主创业，做少儿培训、学历提升等业务。刘梁涛在谈及父母的生意时说：“在我看来，他们这种模式就是倒买倒卖的模式，就是中间商赚差价，现在市场价格这么透明，这种经济模式肯定要走向衰弱的。在云南……已经是不断压价然后恶性竞争了，已经在低价倾销。现在已经在比拼价格了，你说这种生意还怎么做？”因此他利用自己四年大学和三年学生辅导员时期积累下的资源，回绍兴创业，“说实话也是帮助了一些高考落榜的学生，帮助他们能有一个更好的学习生涯，职业生涯。当然我们是要赚钱，但是学生的读书是（关系到）一辈子的事情，所以我们尽可能的帮学生找到一些好的大学，甚至是一些海外的大学，让他们未来的人生走得更顺一些”[③]。

与父辈相比，棠棣青年有着更为宽广的择业范围，也有了更多样的选择。他们或利用互联网拓宽了交易渠道和交易范围，或直接离开了父辈赖以生存的田地，开辟属于自己的一片天地。而对于使这个村落发家致富的传统模式未来何去何从，可能是需要考虑的一个命题。

---

① 钱迪红访谈记录。

② 钱涛访谈记录。

③ 刘梁涛访谈记录。

## 第三节 青年的居住选择变迁

棠棣青年的居住选择变迁过程，可以简单概括成是从农村逐步走向城市，是一种接力式城市化，这个步伐不是一蹴而就的，它以家庭经济和代际分工为基础，是在家庭资源的代际支持下逐步实现城市化的过程。不同于个体的城市化，这种城市化的实现方式实际上是农民家庭的城市化。

对于现在年龄处于 50 岁以上的棠棣村村民而言，在他们年轻的时候是几乎从未考虑过在绍兴城里买房的。这批村民大多住在村里，通过兄弟分家分得部分房子，或者向镇政府购买宅基地来扩大居住面积。1966 年出生的钱卫明回忆说：他原来住在二社的老房子里，分家时只分到了一楼一底。1992 年开始用挣来的钱一点点地造新房子，地是向镇政府买的宅基地，是原敬老院搬迁后的旧址。①1946 年出生的金关心从 19 岁开始，前前后后翻修了五次老屋，直到 1998 年建成 91 平方、三层楼的砖房。②

随着棠棣村花木产业的兴起和蓬勃发展，村庄里的房子越造越豪华，即使是长年在外做生意的村民，房子仍然会造在村里。不仅造得漂亮，而且打理得整洁，村里每年都要评选庭院整洁户，即使常年在外的村民也会积极参与。

但对于更为年轻的村民来说，住在村里不再是他们唯一的居住地选择。这代人通过上一辈和自己的努力，基于工作或孩子读书方便，会倾向于在绍兴市区买房，从而实现居住地的城市化。特别是对 80 后、90 后这代人而言，他们有着不同于父辈、祖辈的新特点，接受较高程度的教育，不少人在城里工作，而且原生家庭有足够的财富积累，这些人生经历及生活面向，使他们与城市的联系越来越紧密，对于城市的依赖性也越来越强。离开农村，进入城市，成为这部分年轻人普遍的选择倾向。虽然居住空间是分离的，但是农村和城市的联系依然紧密，尤其是大部分棠棣村民家庭都只是在绍兴市区或镇上买房，空间距离不过十几、二十公里。看似年轻的小家庭独自在城市打拼，其实背后是整个村民家庭在共同努力。棠棣青年在城市努力工作，为稳定而体面的城市生活奋斗着，留在村里的父母一方面提供一定的经济支持，另一方面也继续维系着家庭在村庄中的生产、

① 钱卫明访谈记录。
② 金关心访谈记录。

生活，维持着村庄里的社会关系，这些社会关系并没有因为子女的进城而中断。

当然仍然有不少年轻人选择住在村里，由于宅基地紧缺，这代年轻人几乎都没有与父母分家。与父母同住，使刚工作的年轻人可以降低独居成本，也给他们的生活带来了很多便利。90后村民徐燕毕业后在漓渚镇幼儿园任教，她在讲述自己选择住在家里的原因时说："家里烧饭什么的都是奶奶负责，起码我下班回来能有饭吃，如果自己在外面还得自己煮饭烧菜。在家开销少了，没有租房的困扰，而且在外面，生病也没人照顾。"①

即使已经将家安在绍兴市区的年轻人，在他们的情感认知里，还是认为自己是棠棣村人，关注村里发生的大小新闻，积极参与村里的事务，对棠棣村有着极强的认同感。

可以说，尽管棠棣青年有着更为多样的居住选择，大家在居住选择上多考虑职、住相邻，使得村民们在居住地上存在着空间分离，但棠棣村更像是一个文化和情感共同体，早已超越了居住空间共同体和经济共同体，仍然将子代与父代、城市与村庄紧密地联系在一起。这种共同情感和共同记忆，是每位棠棣村民共同奋斗而让村庄蓬勃发展的结果。就像刘梁涛在访谈的结尾提道：

我自己是很喜欢农村生活的，我觉得这很惬意。我是从小在农村长大的，（城市）对我来说好压抑。我前几天自己一个人回家住了一个晚上，我就觉得我从家里走出来，然后走那条路上，风吹吹，然后桂花香闻着很舒服，大概七八点钟的样子，就阵风吹吹，然后桂花香飘过来的风特别凉，不像城里有风也是很混浊的那种风。②

## 第四节　青年心中的棠棣未来图景

80后、90后这一代棠棣青年生于斯、长于斯，将棠棣村当作他们居住空间、经济、文化和情感的共同体，在发展自己的事业、顾好自己的生活的同时，也勾勒出他们心中的村庄未来图景。

在经济建设方面，他们关注到父辈职业无人继承的事实，提出了对未来村庄作为经济共同体的发展模式的见解。棠棣村现有花木种植人员普遍年龄偏大，年

① 徐燕访谈记录。
② 刘梁涛访谈记录。

轻人多只继承花木销售部分，较少参与花木种植，花木产业发展面临未来“谁来种地”问题。此外，目前棠棣村花木产业虽然几家头部企业形成了规模优势，但大部分村民主要依靠自产自销的模式，且以个体户为主，经营较为分散；另外，花卉苗木特别是大型苗木是一种非工业品，没有统一标准，非常依赖线下交易。基于此，棠棣青年提出了他们的看法。

第一，以职业经理人的形式聘请职业的种植专家，来避免无人种植而造成土地荒废的困境；第二，由有经验的人在了解市场行情的基础上带领村民统一种植，再由村民的公司统一销售，这样一来，可以改善自产自销导致的对市场反应不够灵敏且效率低下的局面；[①] 第三，除了发展花木这一实体产业外，把其他分散的职业和产业进行资源整合，嫁接到村里，使得村里除了花木经济这一大产业外，辐射其他小项目；第四，利用村庄现有景观资源，开发生态旅游景点，在不污染环境的前提下开发绿色经济。

在文化建设方面，由于经济发展使得这座村庄有着远高于全省乡村的人均收入，棠棣村在绍兴乃至全省闻名遐迩，棠棣青年提起家乡时充满着自豪感。棠棣青年大多有着浓重的家本位思想，对村集体有着很强的文化和身份认同感，他们会关注与棠棣村相关的新闻，会因有属于自己村庄的公众号而引以为豪，会积极参与到村庄公共事务中。

有棠棣青年提出，除了发展实体经济之外，应该加强村民的职业技能培训和素养提升，使棠棣村对外宣传的名片除了村民“个个是花木老板”之外，还多一张文化涵养方面的名片，提升村民的文化素质，提升村庄的软实力。

① 这一点在现任村总支书刘建明的带领下已经开始改革。

# 第三章　棠棣老年人

“人勤春早”的精神风貌在棠棣村老年人身上体现得淋漓尽致，冬耕夏耘使得他们有能力实现自我养老和依靠家庭养老，而村集体提供的集体养老和社会养老，从日常照料、经济支持、情感慰藉等多方面为老年人提供支持，使得老年人“老有所养”、“老有所依”，同时也让老年人发挥了自主权，实现自我价值。

## 第一节　老年人日常生活

据棠棣村2018年年底村人口统计数据显示，全村共1468人，其中60岁以上老年人有406人，占比27.66%，远远超过10%的老龄化社会标准。然而与工业社会将以60岁或65岁作为统一的年龄标准划分老年人不同的是，农村老年人并不存在真正意义上的年龄分界线。老年人作为家庭人力资源的一部分，只要还能够行动，就需要并且会从事一定力所能及的劳动。[①] 而这一场景，在棠棣村尤为常见。

棠棣村的老年人最令人惊讶的特点便是，村里的大部分老年人每年都有稳定且较为丰厚的收入，而这一点，便是他们“人勤春早”的精神风貌体现。在棠棣村，常常能看到七八十岁的老年人还在田间劳作。

本村老年人的日常生活主要有如下几个方面：

第一，只要是还有行动能力的老年人，几乎都会从事一定量的劳动。这里既有七十多岁还在广东做苗木销售的老年人，也有在自留地或承包地上种植苗木、蔬菜，抑或是在村里做保洁、做小工的。“闲不下来”，是棠棣村老年人日常生活的最真实写照。

① 陈野，等．乡关何处：骆家庄村落历史与城市化转型研究[M]．杭州：浙江人民出版社，2016：190.

金关心的一双儿女自主创业很成功，对父母也很孝顺，但金关心夫妻俩还是每天做小工赚钱，遇上村里的休闲文娱活动，夫妻俩也不太参加。“我跟我老婆这方面很合，都是以干活为根本。像去年有国家干部来我家里采访，主要是采访我儿子，我因为要干活就也没有去接待。别人说哪怕看看国家干部也好，但我还是觉得干活比较重要”[①]。

王永良的父母目前经营六七十亩花木，每年收入大概有二三十万，即使遇上行情不景气，也能有一二十万。但他母亲还应聘了村里的保洁员，每天来回五趟打扫主干道卫生，在樟树落叶比较多的季节，打扫起来更为费力。“不是为了钱，她长期是劳作的，不劳动的话反而会生病，这样子能让她运动起来，让她觉得自己还有用”[②]。据悉，村里的老年人大多被“羁绊”在土地上，种植花木需要经常到田间地头除草、打药水，很多人在大年初二、初三左右就开始在田间干活了，很少外出旅游。

第二，由于村里不少人在外经商，很多老年人需要承担帮子女带孙辈的责任，棠棣村的老人认为这是义不容辞且理所当然的事情。

1993 年出生的钱涛从小就跟爷爷奶奶生活在一起。因为他的父母那时候家庭条件比较困难，连结婚都是借钱办的。父母到全国各地卖花，他就跟着爷爷奶奶住在村里，完成了基础的家庭教育和后续的学校教育。这可以说是棠棣村乃至所有农村都非常普遍的现象。在传统的农村社会，隔代抚养一直作为农村家庭抚养子辈的辅助模式存在，子辈随着父辈长大，父辈承担子代的大部分责任，祖辈只是起到临时照看等辅助性作用。随着城市化、现代化进程的发展，大量村民外出谋生，隔代抚养就从农村家庭抚育孩子的辅助模式转变为主导模式。这其中的更深层次原因还在于祖辈与父辈根深蒂固的家庭伦理本位的价值观。中国家庭以父子关系为主轴，父子关系一系相承，父母的身心骨干都建立在子女幸福的基础上，个人过得好不算好，子孙后代有出息、生活得好才算是真正的好。对于农村的祖辈来说更是如此，他们将子辈与孙辈都视为自己的责任，甘愿奉献一切，也正是因为如此，祖辈才会义不容辞主动承担起照料孙代的重任，隔代教养的家庭结构才会形成。

村里老年人除帮外出经营的子女照料孙辈之外，由于其较为充足的经济实力，

① 金关心访谈记录。
② 王永良访谈记录。

还会在生活中的各个方面贴补子孙的生活，小到日常生活费，大到在绍兴市区买房。他们的朴素愿望就是希望子女能生活得轻松、幸福些，一家人能在一起。像村民王永良在绍兴市区买了房子，他的父母就给兄弟俩每人十万元，希望他弟弟也能在旁边买一套，这样两兄弟可以一直在一起。

第三，除了日常的劳作与照看孙辈以外，还经常参与村委组织的丰富多彩的活动。

村里设置了文化礼堂，用于组织日常文体活动、培训、党课宣讲等各类文化活动，而村委为老年人提供的活动是最多的，“老人这块活动是搞得最多的，……现在村里老年人都笑嘻嘻的”[①]，最受欢迎的就是健康讲座，“因为现在有太多老年人有高血压、糖尿病这些老年病，村里就委托镇政府去请了第二医院的专家，我们村里出钱。来听课的老年人真的很多，他们越来越注重自己的身体了。另外针对老年人，我们现在还在开展扫盲活动，整个文化礼堂全部都坐满了人”[②]。此外，遇到诸如重阳节等老年人专属节日，村里 70 岁以上的老年人会被邀请到文化礼堂，共享节日温馨。

棠棣村老年人的这种日常生活，也在一定程度上体现了老人的品性和精神。

一是旧时贫苦生活已在他们身上打上了深深的烙印，尽管现在生活日渐富裕，村里的老年人仍然保持着“只要有力气，就要去干活”的习惯。近到收拾田里的几亩花木，远到去广州基地亲自负责销售，“人勤春早”、“闲不下来”是贯穿他们一生的真实写照。

二是老年人受传统家庭伦理观念的影响，重视家庭团结和睦，将对子女的付出视为理所当然。这种付出包含多方面，不仅是经济上的支持，还有情感上的付出，如帮忙照料孙辈、负责家庭饮食准备、巩固子女间的亲情关系等等。

三是老年人十分渴望获得自我及他人的认同。在他们有能力的时候，大多不愿麻烦子女，反而期望为子女提供支持和帮助，以此来证明自己的价值，获得他人的认同。在旁人看来是“不服老”的心理，其实本质上是老年人渴望获得认同的愿望。

棠棣村有良好的敬老爱老传统，尽管有很多青壮年劳动力外出经商，平时对老人的照料较为欠缺，但对高龄老人，子女都会轮班回来照顾，或雇好保姆照顾，

① 徐伟风访谈记录。
② 徐伟风访谈记录。

完全丢下老人的情况十分少见；村委和热心村民也为老年人提供了丰富多彩且实用的日常活动和诸多福利，例如在年底的时候，村里会发放油、米等日常生活用品给老年人，绍兴市百花园艺有限公司总经理金利飞每年自费给每位老年人发放12张理发券，供老年人免费理发。为老年人的生活带来了诸多方便，让老年人拥有充实的晚年生活。

## 第二节　老年人养老方式

当人因年老而失去劳动能力时，都有获得家庭或社会赡养的权利，包括物质供养、生活照料和精神慰藉三个方面。家庭或社会对老年人赡养的形式、内容和过程，就构成了一定社会的养老方式。如前所述，棠棣村目前60岁以上老年人口占村总人口比重已远远超过老龄化社会标准，老年人的养老方式和养老需求不可忽视。

当前，占主流的养老方式主要是按养老地点和养老的经济来源划分的标准，有自我养老、家庭养老、社区养老和社会养老四种。

相较于城镇老人而言，国家提供给农村老年人的社会基本养老保障水平较低，基本无法满足老年生活需要，因此在农村，老年人养老主要依靠个人劳动与家庭养老。

棠棣村的养老方式按照主流的分类标准——养老经济来源看，主要有自我养老、家庭养老组成，而社区养老（在农村也称集体养老）和社会养老占比较少。

### 一、家庭养老

在中国，家庭养老是主要的养老方式，也是最基本、最重要的养老制度之一。家庭养老是指老人在家庭中度过晚年生活，由子女、配偶或其他亲属为其提供经济供养、生活照顾及精神慰藉的一种保障模式。在我国，特别是我国农村，家庭养老与经济、政策因素及文化传统息息相关。

由于我国城乡二元结构的社会差异，社会保障体系城乡有别，农村社会保障水平相较城市处于很低的水平，特别是2009年新型农村社会养老保险制度实施之前，农村老年人几乎无法享受国家、单位或集体提供的基本养老保障，故而家庭养老是农村老人最为普遍的养老方式。特别是在严格的计划生育政策未施行之前，

"生儿育女，养儿防老"是农村家庭养老的基础。旧时没有儿子的家庭会通过"招婿婚"的形式，使家里有个"儿子"。因为从旧时伦理角度出发，子女特别是儿子对长辈养老负有全方位的责任，且这一伦理上的责任只针对父系亲属，而从夫制的习俗要求嫁出去的女儿负责服侍她们的公婆。

我国作为一个有着悠久历史的文明古国，在绵延数千年的历史长河中，孝道文化源远流长，我国传统的农村老人的赡养是以孝为核心在家庭内部进行的，家庭养老的内在动力正是传统儒家文化所倡导的孝道思想，在几千年的历史演变中，这已经内化为人们的基本价值观念，通过影响人的价值判断，进而影响人的动机和行为，孝道思想和追求天伦之乐的精神享受是农村养老得以延续的内在动力。在棠棣村，子女完全不承担赡养父母的义务是非常少见的，或多或少会根据自己的能力对父母提供经济支持和日常照料，如果子女对年迈的父母不闻不问，是会遭到村里人议论并"指着鼻子骂"。即使是多子女家庭，在赡养老人方面，兄弟之间也很少出现纠纷。另外，村里会通过评选"文明家庭"、"最美家庭"等活动宣传家庭和睦、敬老爱幼的家庭氛围，进一步在村里加强尊老敬老的宣传、引导。

虽然家庭养老仍是农村养老的主流方式，但这一方式逐渐弱化已成为学界共识。究其原因，主要是面临着如下不足：一是计划生育政策的实施使得家庭小型化，叠加上人口老龄化的效应，使得家庭内部人口的赡养与抚养结构呈现"倒三角"的"四二一"家庭结构，农村养老负担加重；二是年轻人口外流，对老年人的日间生活照料和精神慰藉显得"心有余而力不足"。

## 二、自我养老

自我养老可以从两个方面理解：（1）所谓自我养老是指不依靠他人和退休金，只依靠自己的储蓄、劳作等或者是以自立养老为主、外力养老为辅的养老方式；（2）以陈赛权等为代表的学者认为：自我养老是一种自我积累制，具体是指人们从年轻时开始积累养老的物质资源、健康资源、生活照料及精神慰藉资源，以尽可能不造成家庭、社会和国家负担的一种养老方式。

自我养老是城乡二元经济体制的存在及人口流动下的必然产物。城乡二元经济体制的存在使城市养老与农村养老形成了巨大反差，农村老人无法享有退休金等社会保障待遇，再加上农村的医疗卫生水平和基础设施条件相对较差，使得农村养老问题变得更为严重。同时，国内区域经济发展不平衡已是既定事实，城市享有更多的机会和资源，农村青壮年劳动力向城市转移的趋势愈加明显，农村空巢现象屡见不鲜。在此背景下，农村自我养老无疑更具发展潜力，而这种方式也有利于社会整治和长远稳定。

对于棠棣村老年人而言，其自我养老方式主要有如下三类：

（一）**土地自养**。即农村老人通过掌握土地的使用权、经营权、流转权以及土地上所建房屋的租赁权、产权等经济资源来满足自我养老的需要。在农村，一般身体健康的老人均会独立在土地上劳作，以此来获取自我养老的经济收入。在棠棣村，随处可见老年人在自留地上或多或少种植花卉苗木，并通过中间商在市场上进行售卖以获得经济收入。

（二）**储蓄自养**。即老年人在年轻时为自己积攒将来年老时的养老资金，防止“老无所依”带来的风险。有研究发现，一般有经济生活来源和充裕储蓄的农村老人比较偏向于自我养老。对于棠棣村老人而言，他们早期赶上改革开放、市场经济制度兴起发展等好时候，通过勤劳致富，在年轻时便积累了较多物质资本，有较多的储蓄，对子女的经济依赖较少，完全可以依靠储蓄解决养老的经济问题。

（三）**再就业自养**。是指老年人以雇员身份从事工作来获取养老资源的方式。一般身体条件较好、知识水平和技术水平较高的老人比较倾向于再就业自养。村里一些老年人会通过为其他雇主打小工等方式赚取收入，按专业技能要求的不同，工资也有所不同，工钱一般是按日薪约定，从八十一天到六七百一天不等。

尽管棠棣村老年人有能力在经济条件和日常生活起居中自我照顾，但并不意味着家庭养老的缺失。事实上，尊老敬老的传统在棠棣村民的日常相处中得到了充分的体现，家庭养老功能并未消解，即便一些家庭的成年子女在外购房居住，也能做到“离村不离家”[①]，时常回父母家探望、提供帮助。

### 三、社会养老

与家庭养老、自我养老不同的是，社会养老的核心是由家庭成员以外的社会性主体提供服务。在我国几千年的传统社会中，养老大多以个人和家庭事务的形式出现，只有那些无儿无女、无人照料、贫困残疾的弱势老人才是政府、社会关注的对象，因此家庭养老是传统社会主流的养老方式，社会养老服务只是为孤老优抚对象提供的托底保障。但是改革开放后，一系列的社会变革使得老年人的社

① 陈野，等．乡关何处：骆家庄村落历史与城市化转型研究 [M]. 杭州：浙江人民出版社，2016：190.

会养老服务需求变得迫切，关于社会养老的内涵也日渐清晰。社会养老与家庭养老的主要区别绝不在于一个是由政府出钱，一个是亲属出钱，从本质上讲，社会养老与家庭养老的区别在于：社会养老将养老责任分摊于社会，而家庭养老则只是由家庭内部承担养老责任；社会养老具有社会再分配功能，从而实现社会范围的公平化。社会化养老具有提高养老保障程度、促进社会公平与进步的重要意义。

对于包含棠棣村在内的我国广大农村地区而言，社会养老主要体现在农村社会养老保障制度层面。

农村社会养老保险是指通过个人、集体、政府多方筹资，将符合条件的农村居民纳入参保范围，达到规定年龄时领取养老保障待遇，以保障农村居民年老时基本生活为目的，带有社会福利性质的一种社会保障制度。农村养老保险制度先后经历了初步探索与试点推广（1982—1994 年）、逐步发展（1994—1997 年）、衰退停滞（1998—2008 年）、崭新发展（2008—2014 年）以及城乡统筹（2014 年至今）五个阶段。2008 年 10 月，党的十七届三中全会提出要建立新型农村社会养老保险制度；2009 年 9 月国务院发布《关于开展新型农村社会养老保险试点的指导意见》，规定 2020 年基本建立覆盖城乡居民社会保障体系的目标。新型农村社会养老保险制度是在总结完善我国 20 世纪九十年代开展的农村社会养老保险（简称“老农保”）制度的基础上建立起来的一项崭新制度。新农保制度的创新主要体现在：一是实行基础养老金和个人账户养老金相结合的养老待遇计发办法，国家财政全额支付最低标准基础养老金；二是实行个人缴费、集体补助、政府补贴相结合的筹资办法，地方财政对农民缴费实行补贴。新农保制度，强调了国家对农民老有所养承担的责任，明确了政府资金投入的原则，这是与老农保制度仅依靠农民自我储蓄积累的最大区别。新型农村社会养老保险制度的基本原则是“保基本、广覆盖、有弹性、可持续”。新农保制度的建立，对确保农村居民基本生活、实现农民基本权利、推动农村减贫和逐步缩小城乡差距、维护农村社会稳定具有重要意义。

棠棣村的老年人大都一次性买断了新农保并且开始享受新农保。例如蒋岳兴说自己每月有 2000 元养老保险金，而自己的日常开销主要是 20 元一包的利群香烟和饭前的黄酒，“对现在的生活很满意”[①]。钱迪红的父母都有养老金，每人每月

① 蒋岳兴访谈记录。

2000 多元，大大减轻了兄弟俩的赡养负担。[①] 前妇女主任刘幼珍却因为没有在符合条件的时候一次性补缴而感到后悔：

我当时住在二女儿家，帮她带孩子，带到 13 岁，前两个月刚回村住。当时住在绍兴消息不灵通，而且一次性要交一万八，觉得贵了，所以没交，后来来交，说年龄超了，不能交了……我当过妇女主任，现在镇里每月给 30 元，村里给 200 多元，养老保险没买的人每月也有 100 多，所以我每月大约能拿到 400 多元钱，一年有 5000 多元。[②]

可以看到，新农保作为一种再分配制度，对于缴费的农民而言，一大批农村老年人可以在 60 岁之后每月获得一笔稳定的“工资”，既能满足自己的日常生活基本开销，也能避免向子女伸手要钱的“尴尬”；对于未缴费的农民而言，每月也能获得 100 多元的基础养老保险金。同时大部分村民都以 420 元一年的费用加入的新型农村合作医疗保险，也给了老年人较为全面的托底保障。

但一种在农村较为常见的集体养老模式在棠棣村却并没有发挥太大的作用。我国农村集体养老的资金主要依托于村集体产业、上级政府财政补贴和地区居民自发筹集。对于棠棣村而言，2003 年三村合并之前，集体的山、田、地均分到各家各户，集体的厂房、企业也都转制，集体经济几乎不存在；直到 2015 年以后，集体经济的收入才逐渐增加。因此从经济层面村里缺乏集体养老的资金准备。此外，棠棣村倡导勤劳和孝道，自家的钱自家挣，自家的老人自家养，村里一般不负责直接照顾老年人，只照顾部分孤寡或因病、因意外致贫者。此外，村委为每位 60 岁以上的老年人提供一份意外险，并修建文化礼堂为老年人举办健康讲座、文艺活动等，丰富老年人的精神文化生活。

棠棣村这种以自我养老、家庭养老为主，辅以集体养老和社会养老的方式，从日常照料、经济支持、情感慰藉等多方面为老年人提供支持，切实做到了“老有所养”、“老有所依”；同时也让老年人发挥了自主权，而非简单的被照料者，让老年人的自我价值实现得到满足。

① 钱迪红访谈记录。
② 刘幼珍访谈记录。

# 文化篇

人勤春早　崇德向善

WENHUA PIAN

RENQIN CHUNZAO CHONGDE XIANGSHAN

# 花开富贵

棠棣村是个农业资源比较匮乏的小山村，但地处越兰原产区，历史上因为人多田少，村民在传统的农业生产之外，兼营兰业以维持生计。中华人民共和国成立后，“以粮为纲”，兰业式微。改革开放后，棠棣人重拾兰业，并利用优良的花木生长环境，开始种植并走南闯北地推销花卉苗木，将花木产业发展成了本村的支柱产业，而且不再种植水稻、小麦等农作物，创出了一条以花木为特色的致富之路。在长期的与花木相依存的生产生活和经营发展过程中，棠棣人形成了独特的精神世界和文化特质。

# 第一章　精神和文化

棠棣村能够从一个自然资源相对贫乏的小山村，蜕变成一个现代美丽乡村，与村庄的精神内核是分不开的。棠棣村的精神，比较突出的是两个字："勤"和"善"。棠棣人世世代代鄙视懒惰，靠自己勤劳的双手打拼出了一番天地；棠棣人友爱互助，互相帮扶，这样的精神品质也让散落在全国各地的棠棣花木从业者紧密联系，有了在各种复杂形势下闯出一条路的底气；这样简单朴素的基本共识，是棠棣精神的基本内容。

## 第一节　"人勤春早"的精神

棠棣人非常勤劳，村内无闲人。崇尚勤俭持家，鄙视不劳而获，是棠棣人的朴素共识。棠棣人的精神就是"人勤春早"，"人勤劳是我们棠棣人的精神，人家都还在过春节的时候，棠棣人就已经出门做生意去了，所以说我们棠棣人的春比别人早"[①]。棠棣人的精神世界里，就没有"懒惰"二字，棠棣人的"富"，是世世代代做出来的。

"勤劳"是棠棣人一代代传承下来的精神内核。现年 67 岁的蒋岳兴老人，在回忆 20 世纪六七十年代棠棣人奔走各地卖花的情景时说："那时候都是男女挑担卖花，到东北那边。当时去过沈阳、抚顺、辽阳，吉林。最远到黑龙江省的牡丹江。我 1968 年 16 岁开始跟人去上海菜市场卖兰花。去东北卖花非常辛苦。坐火车要几天才能到。火车上买不到座位就躺在座位下面。从家出去最后到牡丹江差不多要 20 多天。在东北那边住在小旅馆里。吃住都很省，不舍得啊。去四川那边

① 徐伟凤访谈记录。

卖花，从诸暨上火车到成都，人特别多，都是从车窗里爬进去的……”[①] 蒋岳兴老人提到的经历，在棠棣村老一辈花农身上比较具有代表性，也正是老一辈花农这样的勤劳打拼，花木行业才逐渐发展壮大，最终成为棠棣村的支柱产业。

今天的棠棣人已经很富裕了，而村民并没有因为物质上的富裕而贪图享乐，很多村民常年在外经营；行走村中也随处可见衣着朴实、低头劳作的村民，甚至是很多上了年纪的人，也依然在辛苦劳作。比如，刘梁涛的奶奶已经 80 多岁了，仍然自己居住，还下地劳动，因为他们是“闲不住”的，刘梁涛说：“她现在不仅能独立生活，还能下地干活，80 多岁了，自己在后花园里种点蔬菜，天天吃素。”[②]

棠棣村党总支书记刘建明说：“棠棣村村民现在每家都有车，很多人家不止有一辆车，大多车都价值四五十万元以上。500 多户人家，有 1/3 是老年户。老人由子女照顾，村里不负责养老，只照顾孤寡或因病因意外致贫者。以此鼓励勤劳，警示懒人。要帮也只帮事业。老人养老保险都是自家交，失地保险是政府办的。农村合作医疗保险全覆盖，省、市、镇、村、个人，分层负担，但棠棣村一分未付。农保之外，报不了的部分，村里给老年人再保 80%，65 岁以上的老人每年每人给 60 元。”[③]“鼓励勤劳，惩罚懒人”，刘书记非常质朴的治理村庄的理念，也承载着棠棣村代代传承的精神。所以村子里只要是有劳动能力的人都没有“吃闲饭”，村里也没有低保之类的经费预算。不提倡不支持伸手向政府要钱，而是支持村民通过勤劳致富。

棠棣人在兰花交易中有一套自己的暗语，“我们是有‘暗语’的，就是‘暗吃头’，也就是只有我们能听懂，外面人听不懂的。比如我们晚上聚在一起，议论兰花的价格和当天的收入，一就是爱零，二为排字，三为头皮，四为脚字，五为花出，六为南瓜，七为线字，八为拖开，九为挽牢，十为绞起，百千万为……，以此为依。这些话与它们原本的意思毫无联系，但是这个意思我们棠棣人都是知道的”[④]。这样做不仅可以防止商业秘密被别人听去，同时也是一种防身手段，别人不知道他们身上有没有钞票，也就不容易起偷窃、抢夺之心，这一点在社会治安不太好的地方尤其重要。可见棠棣人不仅身体“勤劳”，脑子也很“勤劳”，会想办法解决问题。

---

① 蒋岳兴访谈记录。
② 刘梁涛访谈记录。
③ 刘建明访谈记录。
④ 刘阿锦访谈记录。

浙江"说尽千言万语，走遍千山万水，想出千方百计，历经千辛万苦"的"四千精神"，在棠棣老一辈村民身上有着非常生动的体现。今天，随着电子商务和互联网技术的发展，棠棣人开始利用网络平台，开拓网上市场，形成品牌效应，棠棣人在中国兰花交易网、中国兰花拍卖网、淘宝网等开展兰花网上交易的有 20 多户，而全绍兴在中国兰花交易网上开设网上交易平台的养兰户有 110 多户，形成了"一台电脑网天下"的繁荣局面。兰花已经成为棠棣人心中的福气草，也是棠棣村的"村花"。那种靠肩挑脚走，以重体力劳动为主要方式的经营模式已经一去不复返了。但是，改变的是劳作方式，不变的是精神底蕴，棠棣人骨子里的"人勤春早"精神一直没有改变。

## 第二节 互助诚实的兰商精神

《诗经·小雅·棠棣》诗曰："棠棣之华，鄂不韡韡，凡今之人，莫如兄弟。死丧之威，兄弟孔怀，原隰裒矣，兄弟求矣。脊令在原，兄弟急难，每有良朋，况也永叹……"这是周人宴会兄弟时，歌唱兄弟亲情的诗，不过诗篇对这一主题的阐发是多层次的：既有对"莫如兄弟"的歌唱；也有对"不如友生"的感叹；更有对"和乐且湛"的推崇和期望。"莫如兄弟"的主旨，又从几个方面进行了深刻的阐发：遭死丧则兄弟相收；遇急难则兄弟相救；抵御外辱则兄弟同心。这是《棠棣》一诗颂赞的"兄弟之情"，是歌颂友爱的杰出诗作。我们已经无从考证棠棣村村名是否取自《棠棣》一诗，但是棠棣村民互相友爱互助共生的情谊，与诗中的期盼是相通的。棠棣村地少人多，在村民的记忆中，他们的生活过得并不容易，村民互相之间友爱、帮扶成为一种习惯。今天的棠棣人遍布各地，很大程度上也依赖于这样的互助精神，不断开拓创新，把生活过得越来越好。

棠棣人诚实守信，靠着信誉将"棠棣之花"散播在祖国的各个地方，蒋岳兴回顾自己的经营道路，非常有感触地说："坚持 30 年（花木生意），我最大的感悟是要有毅力，能坚持。要以诚信为主，还要有技术。"① 金关心也讲到他们一家都是埋头苦干的诚实人，"我儿子也一样，在做生意的时候，只有他被别人骗的时候，没有他去骗别人的事情。我儿子做生意那么多年，从来没有发生过年三十别人上门讨债的情况，一次都没有，只有上门来送礼物的。像去年，到正月初一还有人

① 蒋岳兴访谈记录。

送礼过来。这还是能说明我儿子做生意是比较稳重、诚实的”[①]。

## 第三节 泽被桑梓的乡贤文化

乡贤是一个地区的无形资产，也是棠棣村的金名片。乡贤文化是中华传统文化在乡村的一种表现形式，是中华优秀传统文化的重要构成，它植根乡土、贴近百姓、蕴含着见贤思齐、崇德向善、诚信友善的力量。借助传统的乡贤文化形式，赋予新的时代内涵，推进乡贤回归，有利于促进乡村治理，推进新乡贤文化建设，有利于中华传统文化的创造性转化和创新性发展。绵延不绝的文化创造和传承，建构了棠棣这一方热土与历史文化名人之间同生共长、水乳交融、互为成全、人杰地灵的人地关系。

### 一、原住乡贤

发现和发掘乡贤，呼唤乡贤回乡，就是要继承和弘扬有益于当代的乡贤文化，发挥“新乡贤”的示范引领作用，让社会主义核心价值观在乡村深深扎根，在全社会形成争当乡贤、尊重乡贤、崇尚乡贤文化的良好氛围。传递正能量，传承优秀传统，推进基层治理现代化。村庄本身的发展，为乡贤回归奠定了一定的社会基础。2015 年 10 月，棠棣村成立了乡贤参事会，会员 46 人。棠棣村妇女主任徐伟凤这样介绍：“乡贤，主要是我们村里在外做公职的人，平时也很难聚在一起，换届的时候会聚一聚。在外的乡贤，也会对村里的发展献计献策，还有的乡贤在外面比较成功，我们评出来的乡贤，也在精神上影响着村里的人。”[②]乡贤是乡村精英，他们不仅能以自己的经验、学识、专长、技艺支援新农村建设，还能以自身的文化道德力量教化乡民、泽被故土。在外打拼的棠棣人始终不忘家乡建设，乡贤捐款设立了文化礼堂公益基金，为村里的文化活动提供资金保障，让留守在家的村民们居有所乐。乡贤是棠棣乡风文明的引领者。

现任棠棣村党总支书记、村委会主任刘建明，就是棠棣村乡贤的杰出代表。他还是全国人大代表、浙江省党代会代表、绍兴市委候补委员、柯桥区人大常委会委员，还获得全国第一届文明家庭、浙江省优秀共产党员、省千名好支书、市

① 金关心访谈记录。
② 徐伟凤访谈记录。

劳动模范、浙江省新农村建设带头人“金牛奖”、浙江省美丽乡村突出贡献奖等众多荣誉。2019 年，刘建明书记还荣获首届全国“乡村振兴风云人物”称号，全省仅此一位。在他的带领下，棠棣村已先后拿下国家级美丽宜居示范村、全国生态文化村、全国乡村振兴示范村等几十张国家级、省级“金名片”，实现了从偏远小山村到美丽乡村样板的靓丽蜕变。1985 年，17 岁的刘建明和同村人一起外出卖花，开始了走南闯北的历程。20 世纪九十年代，他投资 200 多万元，创立了百花园艺公司，成为村里最先富起来的人之一。“一人富不算富，全村富才幸福。”本着这样朴素的想法，自当选村支书以来，他致力于美丽乡村建设，践行乡村振兴战略，一心带领全村致富，组建花卉专业合作社，进行了“厕所革命”，带领村民发展生态旅游……棠棣村成为漓渚镇的富裕村、美丽村。刘建明积极反映社情民意，先后提交了《关于要求加快福兰新城印染企业集聚滨海的建议》《兰店线快速干道议案》等 9 件建议，目前大部分已得到落实。刘建明书记将精力全部放在村庄的建设与发展上，心系全村百姓，他的办公桌就在文化礼堂的一楼接待服务大厅，前来办事的村民随时都可以和书记聊家常。全国“两会”期间，刘建明书记将棠棣村的建设经验传递到全国的乡村，而身处棠棣村的棠棣人，也无时无刻不惦记着他们的村支书。这样和谐的干群关系，也是促成棠棣美丽乡村成功的重要因素。

再比如，2019 年去世的金定先先生，靠祖传的兰花手艺，2001 年被聘为全国兰协常务理事，他创办的棠棣兰园被中国兰协批准为国字号的“中国春兰样品园”，并著有《中国名种春兰图谱》，可以说是棠棣村兰花事业的代表。用金定先外孙回忆他的话来说：“一生中，他是长子，是可靠的丈夫，是威严的父亲，是睿智的长辈，是整个家族的舵手，也是遐迩闻名的人物；一生中，他做过茧站工人，贩运过苗木，是自学成才的木匠，也经办过印染和绿化等各色企业，更是传承五世，享誉全国的养兰人。”[①] 这样的乡贤，成为棠棣村精神文化符号的重要组成部分，其一生的经历为后人提供了重要的精神滋养——“我们铭记的是他肩上背负了一生的责任，更是他在面对一切艰难困苦时的奋斗和向上的精神。……子孙后代是先人生命和意志的延续，是家族和历史的不断传延。怀念外公最好的方式，或许就是秉承他那坚持不懈的态度，发扬他永不停息的进取精神，去迎接永恒的未来。”[②] 他们既了解乡土文化心理，又熟谙现代社会规则，既经历过传统文化熏

① 徐航波：《我的外公》（金定先外孙为其所作的悼词。）
② 徐航波：《我的外公》（金定先外孙为其所作的悼词。）

陶，又具备现代人文精神。他们以“乡贤组织”为平台，不断传递正能量，传承优秀传统，是乡村文化振兴的重要力量，乡贤通过各种方式在引领着乡村精神的丰富和发展。

一方水土养一方人，棠棣因兰而富，兰因棠棣而华，棠棣人独爱兰花，世代养兰卖兰，由兰而生，因兰而润。思其理，品其志，以兰之意为我意，成就了棠棣乡贤独有的君子之境。兰花有“花中君子”的美誉，种兰养兰的棠棣人，把兰花视作“村花”，也一直深受兰文化熏陶，家风淳朴，代代相传。他们勤劳、坚实、坚毅，有新时期优秀的基层干部、成功的企业家、文人学者、学有所成的医生教师、道德模范等等，在不同的岗位努力拼搏，始终走在时代前列，以忘我的献身精神，激励着一代又一代的棠棣人。他们很多是新时代的棠棣民间人才，而且不断传递着正能量，化育着新时代的“棠棣精神”。

## 二、新住乡贤

新住乡贤，是指本来并不是棠棣村村民，但是由于就业或者创业而在村内常驻，不断融入村庄生活，并且有着一技之长，综合素质相对较高的一类人群。随着棠棣村乡村振兴战略的兴起，棠棣村有将青春奉献给村庄的大学生村官，有入驻村庄的民宿主人，还有不定时回到村庄的艺术家和学者，等等。他们作为新住民，为乡村文化振兴注入了新鲜血液，也是相对封闭的乡村与外界文化沟通的重要桥梁。他们长期或短期住在村内，参与村庄治理和文化活动，已经成为当地乡村文化的重要组成部分。大学生村官赵烨中就是一个典型的例子。①

自 2017 年 10 月 16 日来到棠棣村，赵烨中真正沉下身去，融入农村，服务基层，用脚步丈量村情，用沟通传递民意，投身乡村振兴主战场，勇当乡村振兴主力军，深度参与棠棣村乡村振兴、“五星达标、3A 争创”的各项工作。同时，积极发挥年纪轻、思路活、表达能力强的优势，主动承担棠棣村对外宣介工作，担任棠棣村第一讲解员，运营“棠棣之花”微信公众号，取得了较好的影响，推动棠棣村在“五星达标，3A 争创”工作上以变化见证成效，先后获得“全国生态文化村”、首届“全国乡村振兴示范村”、“浙江省 AAA 级景区村庄”等荣誉。

为来自全国各地的考察团讲述棠棣村的文化底蕴和绍兴乡村建设的独特经验，

① 赵烨中，女，1993 年 10 月出生，中共党员，2017 年开始任柯桥区漓渚镇棠棣村选调生村官。感谢赵烨中本人提供相关资料。

是赵烨中的日常工作之一。赵烨中说：

不知不觉，我讲解接待的人数目前已累计近 3 万人次，其中也有不少副国级领导如全国人大常委会副委员长武维华、最高人民法院院长周强。江苏省连云港市的一个考察团在参观村内文化礼堂时，看到了我们挂在墙上的原创村歌《棠棣花开等君来》，便问我："小姑娘会唱吗？要不给我们来一段？"我看着他们十几双满怀期待的眼睛，心想有朋自远方来参观，定要全方位地向他们展示柯桥区乡村文化的底蕴涵养，便一鼓作气轻声哼唱，"漓水清，渚山奇，兰香满棠棣，美舍依花田，绿荫入春池，悠悠乡音飘来欢声笑语……"。"村歌真好听！""不错不错"，歌声刚落，嘉宾们啧啧称赞。一瞬间，我们之间仿佛就是认识多年的老友，齐声笑作一堂。

赵烨中给前来考察和学习的人传递了棠棣村的美丽，也感染着棠棣村的每一个人。每当赵烨中带领各地考察团经过农户家门口时，村民们都会热情地跟她打招呼。为了更直接地了解民情民意，赵烨中还将原本在二楼的办公室搬到了村服务大厅，这样就有更多机会和大伙交流了。2018 年，棠棣村有个"大动作"，要新建绍兴市棠棣乡村振兴实训基地，向全国介绍棠棣村美丽乡村的建设经验。赵烨中利用大学所学专业知识，积极参与项目建设全过程，实时跟进实训基地规划设计、建设动工、场馆布展、平台维护等工作，经历了实训基地从无到有的全过程，更见证了 76 天从拆除旧厂房到建成新基地的"棠棣速度"。只有真正参与到乡村建设中才会知道这其中的艰辛。在绍兴市"五星达标，3A 争创"工作中，赵烨中积极参与村两委会的所有会议，主动对标查漏补缺，和村干部一起走遍村庄的角角落落并成功通过了上级验收，棠棣村因此成为柯桥区第一批 AAA 级景区村庄。此外，她还经常性参加志愿服务，努力奉献社会、服务人民，积极参与志愿服务等公益活动。

基层是广阔天地，大有可为，基层是施展才华的大舞台，也是历练人生的大课堂。以赵烨中为代表的年轻村官的奋斗精神，已经成为棠棣精神的重要部分，为棠棣文化注入了新鲜血液，使这样一个美丽、勤劳、现代的小乡村更加充满朝气和活力。

# 第二章 人生礼俗和民间信仰

一个个体从出生、嫁娶到最后瞑目而逝，人生的诸多礼俗贯穿于其生命的每个重要节点，旧时乡间出生、婚嫁、丧葬诸多礼俗繁琐，寓意深远，处理较为讲究。棠棣村的节庆习俗，随着时代发展，有些传统节庆被淡化，有些新节庆逐渐兴起，旧习俗与新节庆共同成为新棠棣人的生活组成部分。而棠棣村的民间信仰，是村内白石庙的白鹤娘娘，棠棣村民纪念白鹤娘娘，关心的往往并不是深奥的哲学问题，一般都指向非常具体的现实的事情，体现了非常明显的功利性。白石庙对棠棣村和附近的几个村庄来说，是一个情感上的纽带。

## 第一节 人生礼俗

棠棣村山水锦绣，祖祖辈辈居住和谐，乡间风俗和人生礼俗代代相传，随着时代发展不断移易，有些已被省略和简化，有些得到了不断的丰富和创新。但是旧时人生礼俗蕴含的乐生恶死、祈求平安顺遂等美好愿望没有改变。

“在婚丧礼仪的场合，节俭思想就烟消云散了。人们认为婚丧礼仪的开支并不是个人的消费，而是履行社会义务。孝子必须为父母提供最好的棺材和坟墓。……父母应尽力为儿女的婚礼准备最好的彩礼和嫁妆，在可能的条件下，摆设最丰盛的宴席。”[①] 费孝通先生在《江村经济》中的这段描述，对中国大多数的传统乡村习俗，都大致适用。我国大多数的老百姓注重人生礼俗、讲究人生礼仪，棠棣村也是一样。

① 费孝通 . 江村经济 [M]. 北京：北京大学出版社，2012：107.

## 一、出生和成年

生儿育女是家庭生活中的大事，也是宗族的一件大事。特别是在旧时，人口的增加，可使家庭兴旺，家族发达，人口的增加是提高家庭和宗族社会地位的重要表现。因此，棠棣人对出生是非常敬畏和重视的。虽然到了现代社会，家庭的兴旺与否，不再以人口的多寡为判断依据，而人生礼俗中婴儿出生依然是非常重要的一个节点。

棠棣村孩子出生之前，娘家择初一、十五到女婿家，要送“解缚粽”，意为怀孕解缚——怀孕时候女子颇受束缚，这时已经到解开的时候了；孩子满月了，还要办“剃头酒”。

女子生产之前，由女方的妈妈包“解缚粽”送去女婿家。娘家人去“解缚”，将熟鸭放在罐子里，边走边喊“阿官来哉”！“鸭”“阿”方言读音同，意谓要生男孩。另外，还要带活鸡，雌雄数量不限，但是单数，现在一般是带三只（一只公鸡两只母鸡）、火腿、挂面、白鲞、荔枝、桂圆、红糖等，送到产妇家中，是为“催生礼”。这三只鸡，有“占卜男女”的意味，把三只鸡放在一个鸡笼里，打开笼门，赶鸡出笼，看是公鸡先出来还是母鸡先出来，若是公鸡先出则预兆会生儿子，若母鸡先出则预兆要生女儿，包含着对未来一代的美好期待。解缚还有一个重要环节，会由外婆也就是女方的妈妈当天提前抱一个襁褓，里面有小孩的衣物、日常用品，然后抱到准妈妈的床上，说是小宝宝抱进来了，然后会把襁褓上的裹带解开，寓意生产会很顺利，也表示这快要生产了。生产之后，解婆还会把解缚粽分发给前来探望的亲友、邻居，寓有催生、顺产的意思。①

剃头酒就是“满月酒”，一般婴儿满月会剃头，所以称之为“剃头酒”，这个习俗在今天仍然广为流传。旧时重男轻女，一般只限于男婴举办剃头酒，现在大多一视同仁。家长会选择黄道吉日，娘家则准备小婴儿的日常用品送到女婿家。当天先请菩萨，告知祖宗，放鞭炮，然后摆宴席宴请前来道贺的亲友。剃头的时候要穿红衣服，剃下的头发用红纸包裹，挂在床下，据说可以辟邪。旧时一般要等剃头酒办好，宝宝方可在阳光下走动。

当地谚语说“十岁外婆家，廿岁丈母家”，意思是外孙十岁或者女婿二十岁，外婆家和丈人家要为其庆贺、祝福。十岁、二十岁为孩子办酒的风俗至今仍有沿

① 据棠棣村文化专员朱文清介绍。

袭。旧时人寿命较短，人过了三十六岁，就说过了“本寿”，旧时会举办一次寿庆。现今人的寿命延长，三十六岁这个寿庆，大多都已经省略了，成年人以新潮的祝贺生日为主。从整体上说，现代出生、成年礼仪均趋于简化。诸良峰介绍说：“现在（办满月酒）不收红包也逐渐多起来，以前的‘随份子’可能还是因为条件不够好，有种互相赞助的意思。现在很多人家生活好了，为了简单一点，所以就不收红包了。”[①] 因为大家都比较忙，能聚集在一起不太容易。孩子就是满月、周岁简单办酒，有的人家在十岁、二十岁也会办个酒席，但大多都因为忙碌的生活节奏而有了新的简易庆祝形式或者直接省略了。

## 二、婚嫁

旧时男女结婚，一般无法自由自主，且又有很多迷信，比如有很多因生肖而姻缘难成。男女青年年庚生肖相克，即使彼此有意，也难成眷属。新时代以来，诸如此类的迷信陋习基本都已经消匿，但传统婚姻的订婚、结婚的重要礼仪还保留着。

钱传康老人回忆自己20世纪七十年代结婚的情景：“我们1971年结婚的，给了女方200元彩礼钱，用来买自行车、缝纫机等嫁妆。当时一般都给200元彩礼，农村的还要少点。我叫了几个小伙子，敲锣打鼓去接新娘，走去接，接上还得走回来，村里都是坑洼泥路或小石子路，什么东西都靠挑靠抬。路小，溪流弯弯曲曲的。嫁妆中有棉被、碗、马桶（雕花的，漓渚镇上有箍桶师傅）、双喜瓶等。男方负责修整房屋，准备家具。家具就是村里的木匠金定先做的。”[②] 钱先生这里提到了200元“彩礼”，也就是旧时的“聘礼”，由订婚之日男方向女方下聘。聘礼有钱币、饰物、果品、食物等等，这些统称为“彩礼”，是女方的身价钱，含有偿付女方父母养育费的意思。可见到了20世纪七十年代，旧俗繁复的“彩礼”内容，已经有直接简化为钱的倾向。[③] 结婚之日，女方则将妆奁送至男家，称为“发嫁妆”，新娘随嫁妆一起到男家。

现代社会的婚礼一般都比较简单，婚礼一般会在酒店举行。80后青年诸良峰谈到自己的婚礼时说：“我们这个年纪结婚，就是比较现代了，（与）传统习俗相关的（礼仪），都是长辈在准备的，我也不太了解。但是有些习俗还在保留，比如

---

① 诸良峰访谈记录。
② 钱传康访谈记录。
③ 彩礼的数字并没有统一的定数，像2004年结婚的钱迪红，当时的“彩礼”是八万八。

去迎亲的时候，是要两个小男孩举个火把去迎接的。因为之前我们这里迎亲往往是后半夜，因为之前交通不便，可能会迎到后半夜。男方去女方家迎亲的时候，要带着一个铜炉子过去，然后到了女方家，会加一块炭火，男方再提回来，可能有薪火相传的意思在里面。另外，男方也还要带两棵树过去，松树和柏树，柏树是特定的野生刺柏，这是要留在女方的。新娘子下车，就是铺麻袋在地上，一个接着一个麻袋，有'传宗接代'的意思吧，寓意很浅显也很朴素。然后，入洞房吃汤圆，寓意团团圆圆。"[①] 可见，随着时代的进步，传统婚礼的形式还有一些保留，但是在年轻人心中已经渐渐模糊了。

现代的棠棣青年人结婚，往往利用国庆、春节这样的法定节假日，不再像以往那样择着整年的"黄道吉日"。曾经存在于此地的童养媳、抢亲、补床、转房[②] 等旧俗，已经完全不复存在了。

## 三、丧葬

棠棣村旧时丧礼较为繁琐，一般在家中老人尚健在之时，就会为其备好寿棺之类的用品。从弥留到落土安葬，更是有一系列的民俗，大致包括送终、入殓、出殡、入土、做七等等。进入 21 世纪，政府不断推行绿色殡葬改革，提倡移风易俗、丧事新办，引导和鼓励群众选择骨灰树葬、海葬等生态葬法，推广小型墓、壁葬、寄存等节地葬式，许多礼仪因为过分铺张等原因，已经被简化或摒弃。

棠棣村青年人诸良峰介绍："相对来说，我们村里的习俗是比较简化的，比如说葬礼，我们这里如果有人去世了，一般只在家里停放三天就下葬了。因为大家的时间真的很有限，一般就是三天就结束了。"[③] 按照旧俗，仅仅一个"入殓"的流程，也要经过三天之久。死者入殓，一般在停尸三天之后。在此期间，每天下午或晚上均要请和尚、道士念经，主人家要承担伙食，亲属分担费用。出殡前一天晚上，灵柩前需有人"叫更"，每隔一更，须边烧纸银锭，边呼唤死者归家，恐死者不识家门，使其游魂循声而返。

在棠棣村的葬礼上，吃食也有讲究。"酒席上一碗豆腐肯定是有的，我们吃葬礼饭，就叫作'吃豆腐去了'，吃豆腐去了的意思，就是去参加葬礼的意思。"[④]

① 诸良峰访谈记录。

② "抢亲"是旧时男女仓促完婚的一种，一般是穷苦人家，男方在取得女方家长默许后，突派人强行抢抱女子至男方成婚；补床则是寡妇招男子进门；转房的主要方式有"兄亡弟及""弟亡兄及""姐亡妹续"等等。

③ 诸良峰访谈记录。

④ 诸良峰访谈记录。

另外就是“做七”，棠棣村为死者做“头七”，“五七”算是大七。前一天晚上亲朋聚集，守到子时，预示死者已经返家，第二天则办酒祭祀。“五七”之后，对死者的祭祀基本也算结束。

## 第二节　节庆风俗[①]

棠棣村自古乡风文明，安静和谐，男女老幼安居乐业，节庆风俗代代相传。节庆风俗体现着历史文化的不断积累和传承，也在时代发展中不断充实其内涵，衍生了一些新的节庆，成为新棠棣人精神文化生活的重要组成部分。

### 一、除夕、春节

除夕之夜，全家团聚吃年夜饭。谚云：“三十夜的吃，正月初一的穿。”现代过年，大多以观看春节联欢晚会等电视直播节目、发红包、抢红包、互赠祝福为主，很多人家年夜饭也改在了酒店和餐馆，新风尚逐渐代替旧的习俗。

农历正月初一为春节，俗称大年初一。这是新一年开头的第一天，都要高高兴兴说吉利话，不论贫富都要穿新衣服。家家户户吃汤圆，放很多糖，预示新一年的甜蜜。出门遇见亲朋邻居，相互祝福“恭喜恭喜”、“新年发大财”。现在的棠棣人则和中国很多地方一样，流行网上拜年，很多距离稍远的亲戚不再见面，更便捷和新潮的“过年”方式正在盛行。

### 二、清明

清明祭祖扫墓，也是借机踏青的时节。上坟时，在祖宗坟前石祭台上，摆菜、酒、饭，点香，燃烛，先用三碗饭、两盅酒请山公、山婆，然后请祖先，最后烧纸（锡箔纸折成的银锭），把第一盅酒洒在焚化的银锭上，然后酒在坟圈浇一圈，祭祖结束。

现在，清明成了法定节假日，因此清明节也有了家庭团聚的新的意义，也可以利用这个假期探亲、旅游。但是，祭祖仍然是这个节日最重要的内核，传统的仪式每个家庭都还比较重视。

这一天，村里人还会吃艾饺、艾糕，据说吃了可以避疮毒。

① 关于棠棣村节庆风俗，棠棣村村民刘阿锦老人亦提供了材料，特此感谢。

### 三、端午

农历五月初五为端午节，一般要吃“五黄”，即：黄鱼、黄鳝、黄瓜、黄梅、雄黄酒。“五黄”的具体内容，有时候也偶有变化，有些人家也可能将其中的一种或两种更换为黄豆或者咸鸭蛋。除“五黄”外，还要吃苋菜、煎荷包蛋，说是可以除毒、避痧。

端午节这一天，旧时人们还用艾叶、菖蒲、苍术、白芷为燃料做“焚烟堆”，以烟熏驱蛇、蝎、壁虎、蜈蚣、蟾蜍“五毒”，驱赶虫毒之气，以净住宅。在大门（进家的第一道门）门环上插挂带叶艾条和菖蒲，阻挡晦气入门，以避邪恶。用银朱写黄纸小条幅“姜太公神灵在此，百无禁忌，诸邪回避”，斜贴于大门上，以期宅第平安。旧时乡间还有请戏班演《白蛇传》的习俗。用雄黄酒在小孩在额头上蘸写“王”字以辟邪。妇女则有缝制“香囊”的传统，袋内装填茶叶、香料、樟脑或者药物，挂在小孩胸前，以防虫毒、病害。

### 四、夏至

民间习俗夏至要吃杨梅，“夏至杨梅红通通，小暑杨梅要出虫。”中午要吃面，俗称“冬至馄饨夏至面”。小孩要称体重，要防止小孩坐门槛，传说夏至坐门槛，小孩要“疰夏”。还要给小孩吃整株煨熟的带壳淡笋，说是可以强健脚骨。

### 五、中秋

农历八月十五，正值秋季中度，又是月圆之日。这天，民间称“中秋节”，又称“八月半”。节前，亲友之间互赠月饼，祝福“人月两圆”。这天晚上要用圆的“大月饼”、老南瓜以及丰盛的菜肴酒水请“月亮婆婆”，礼拜后大家分吃月饼，共赏圆月。这一天，外出的家人会尽可能返家团聚，所以中秋又称“团圆节”。

### 六、冬至

冬至，又称数九、冬节、长至节、亚岁，是二十四节气中的一个节气，也是中华民族一个重要的传统节日。由于冬至过后，天地阳气渐强、白昼慢慢变长，所以古人认为冬至代表着进入另一个循环的开始，是大吉之日，预示着新的一年即将来临，值得庆贺。绍兴民间至今仍流传着“冬至大如年”、“冬至大过年”的俗语，棠棣村民冬至一般都要祭祖，俗称“做冬至”。特别是当年去世的人，冬至时家里人要烧寒衣给他（她），寒衣一般要连续烧三年，也有烧一年的，但是不能烧两年，因为两年是双数，祭祖是要禁忌的。

### 七、新节庆

随着国际化的进程和现代网络技术的发达，不断涌现了很多新的节庆。比如棠棣村的年轻人也过“双十一”，村里的现代物流业务也很发达，年轻人也无法抑制买买买的欲望，融入了时代的大流之中。诸良峰介绍自己和家人的日常娱乐活动时说：“我们有时候去市区看看电影，开着车也比较方便。村里的环境比较好，周末爬爬山、钓钓鱼也是经常的。我和我爱人，都比较安静，像我爱人之前是生活在市区的，现在村里也住得牢，这个村子倒是比较适合她，不太喜欢城里的喧嚣，而且村里的生活设施都是很便捷的，下水道都改造好了，网购、快递也都很方便。”①

另外，以花木为支柱产业的棠棣村，村民的生产劳作在现今也不再是纯粹的劳作了，早已被赋予了生态、休闲、文创等众多的新概念。而很多传统的节日，如春节、清明、端午，也因为成为国家法定节假日，在新时代被赋予了新的内涵，对棠棣人来说，这些“小长假”一般也会迎来一个旅游的小高峰。因此，棠棣村民一边在地里劳作，在收拾自家的花木，一边也成了游客眼中和镜头下的风景；棠棣村的马路上，也络绎不绝地行走着不同口音的外地人。这些对棠棣村民来说，已经是司空见惯了。络绎不绝的游人打破了棠棣村以往的安宁和静谧，这是新时代经济腾飞、乡村振兴带来的繁荣景象。

## 第三节　民间信仰

### 一、白石庙的位置、命名及年代

棠棣村有个白石庙，位于棠棣村头社、二社、刘家三个自然村的分界处。白石庙建于清代乾隆年间，距今已经有近300年的历史了。白石庙的建筑设计、格式、雕刻图案充分展现了古代劳动人民的智慧。据说之所以称为“白石庙”，是“因为我们对面的山上，有一块很大的裸露的白色的石头。我们边上的村子，有一块黑色的石头。所以我们这里的庙叫作白石庙，那边叫作乌石庙，都是依据地理

① 诸良峰访谈记录。

环境来命名的”[①]。白石庙是古代乡间村落较具代表性的庙宇建筑，2002 年 12 月被县文保所公布为县级文保点。

## 二、白石庙的传说及庙会活动

传说庙内的白鹤娘娘，原是棠棣村人。一次平水同康村的爷爷菩萨巡游到棠棣东山下时，正好有姑娘和阿嫂在楼上看迎会。姑娘自言自语地说：“为啥只有爷爷菩萨，而没有娘娘菩萨？”阿嫂随口道：“那侬去做娘娘好哉。”一边说，一边顺手推了一下姑娘。这一推，却把姑娘推下楼摔死了。村里人为纪念姑娘，真的封她做娘娘菩萨了。从此，平水同康村的爷爷庙便成了娘娘夫家。村里也建起了娘娘庙，供奉白鹤娘娘。

每隔一年的农历六月，棠棣村百姓就组织队伍去平水同康，迎娘娘回娘家。迎会活动非常热闹，有舞龙、大敲、校尉、地炉、调无常、铁公记、放熜花等等，最惊心动魄的是挂肉心灯。挂肉心灯的人，都是在菩萨面前许过愿的人。凡挂肉心灯的都要赤膊，让灯一盏盏挂在皮肉里，以示诚心谢意。迎到村里后，还要唱三天三夜的戏文。到农历九月，娘娘菩萨要回平水同康爷爷庙了。这时，平水同康的村民组起队伍，同样热热闹闹地来棠棣村接娘娘菩萨回夫家，他们村里也要做三天三夜的戏文。这一民间庙会活动，一直延续到 1951 年才取消。

白石庙的庙会活动，是棠棣人心里的共同记忆，连 90 后钱涛也知道：“白石娘娘（引者注：即白鹤娘娘）就供在平水同康村的白鹤殿，每两年棠棣村要去接过来一次，接的人农历六月十一晚上过去，六月十二把白石娘娘接过来，一路过来，每到一个村，村口都会祭祀。到棠棣村后，会搭起戏台做戏，唱越剧。”[②]

## 三、作为共同情感纽带的白石庙

民间信仰在整合社会意识、实现社会教化方面有其独特的作用。传统社会中，正是通过民间信仰，儒家的伦理道德意识才能在民众的生活中找到落脚点，同时也在传播中不断丰富。正如学者所指出的那样，“民间信仰自身总是处于不断积累之中，它被频繁地纳入不同的观念体系中，不断地被组合，于是原初的形式模糊了，呈现出一种斑驳陆离、不同观念叠加的样式，从而使得意蕴更加丰富却难以

① 诸良峰访谈记录。
② 钱涛访谈记录。

言明”[1]。民间信仰所体现的伦理观、价值观、道德观，至今仍然影响着普通民众的心理意识以及人际交往等各个生活层面，

棠棣村民纪念白鹤娘娘，关心的往往并不是深奥的哲学问题，而是非常直接的个体性问题，村里的老人遇到什么事情，都会去祈求“白鹤娘娘护佑”。村民无论进行何种形式的庙会活动，最终都指向当前的现实利益，体现了非常明显的功利性。其实不止棠棣村，棠一村的三社、贾山头、毫岭头等附近的自然村也都信奉白鹤娘娘，尤其是三社，在历史上它是经常与棠棣村的刘家、头社、二社划归在一起的行政区域，地理、族群、文化的认同感都比较强，因此白石庙的庙会他们一定会到场。在当地老百姓的观念里，这几个村子是有一个共同的情感纽带的，这就是白石庙，就是“白鹤娘娘”。因此，每年农历六月中旬迎接白鹤娘娘的活动，也不仅仅限于棠棣村民。

① 袁瑾.民间信仰中的孝道传播——以绍兴舜王信仰为个案 [J].民间文化论坛，2015，（3）：47.

# 第三章　现代教育和娱乐生活

棠棣村历来有着尊师重教的优良传统，棠棣村不仅是远近闻名的花木村，近年更是高新技术人才辈出，他们凭借崭新的文化知识，一部分人正踩着时代的节拍，接过上一辈的接力棒，不断将棠棣村的事业向着智慧化、集约化的方向发展。棠棣村优美的自然环境和村居建设，也为村民提供了完美的休闲娱乐和体育锻炼场所。走过棠棣四季，看见的是现代美丽乡村的生动和活力。

## 第一节　尊师重教的优秀传统

棠棣村的人历来重视教育事业。截至 2017 年底，棠棣村在机关、事业单位以及国企工作的有 91 人，受过高等教育的有 300 余人。这个村不仅是远近闻名的花木村、富裕村，而且是非常知名的学子村。①

钱传康老人的家庭，堪称棠棣村的“书香家庭”。这是一家与棠棣村普通村民迥异的家庭——家里无人从事苗木产业。钱传康老人很重视孩子的文化教育，他说：“我们对孩子很严格，从小到大都没有零花钱的，农村有些人常乱给孩子钱用。他们从小读书就很好，喜欢读书，经常得奖。要他们注重平时的学习，二女儿怕考不好，问我怎么办？我就安慰二女儿考试不要紧张，平时读好，肯定不会差。我们也让孩子参加田里劳动，做家务，让他们吃苦，他们回到学校才会知道读书有多舒服。棠一村三社自然村有个孩子（后来上北大了），很顽皮，不听课，但成绩特别好。我就去打听，问他：你为什么不学习还成绩这么好？他说他一早就起来预习，不懂的地方划线，听课时划线的地方听懂了就不听了，效率特别高，

① 统计数据来自棠棣村发布的“棠棣之花”微信公众号。

爱玩身体也特别好。我取了经回来，就教自家的孩子。”[①] 钱家子女教育上的成功，也潜移默化地影响着棠棣村的其他村民，村委将钱传康老人家庭树立为尊师重教的典型，具有很强的示范意义。

棠棣青年诸良峰大学毕业后，也没有从事苗木行业。他说：“他们（指父母辈）的观念还是觉得自己是玩泥巴的，靠体力劳动，如果孩子能考上公务员，事业单位，这样的工作他们还是比较认可的，就是希望孩子不像他们那么辛苦。每年春节后，一般初三初四，他们就出去做生意了，觉得背井离乡的，主要还是体力劳动为主，他们不希望我们也一样这么辛苦。但是，村里也有不少接手父母的苗木生意的，没有进入机关事业单位的，他们还在做花木生意。”[②]

67 岁的蒋岳兴拥有自己的“蒋氏园艺场”，经营也可以说相当成功。关于教育，他的话也表达了大致相同的观点：“我自己小学也没毕业，曾当过兵，深知没文化的苦，不外出经营只为了更好地培养孩子。两个孩子都是大学毕业。我们二社自然村基本都姓钱，孩子读书都特别好，但也只有我家儿子、女儿都是大学生。我只想孩子能过得轻松点，还贴钱给孩子买房买车。儿子住在福全，每天回来吃饭的。我们村还是很重视孩子教育的，90% 以上的村民还是希望孩子能读书出去工作的，因为感觉做苗木虽然赚钱多，但太辛苦了。为了培养小孩学习，我就在本地做，没去外地做生意。儿子大学毕业没让他回来接班。做这行太辛苦了。”[③]

有人担心这样下去，棠棣村的花木产业后继无人怎么办？刘建明书记早就在考虑这个问题了，他说：棠棣村的苗木产业“在适应形势发展慢慢转型”，“发展智慧农业”[④]，应该是越来越向集约化、科学化、规模化、现代化方向发展，不断完善现代农业产业体系，实现花木产业化经营，花木种植和经营的科技含量都不断增加。科技兴农，人才为本。棠棣村的花木产业，小而散的经营目前还比较多，未来将需要更多高素质、有技术的青年参与其中，“解决明天谁来种田、谁来建设乡村的问题，需要有关方面协同发力，而教育无疑担负着重要使命。培养新生代农民愿意扎根乡村、服务乡村、振兴乡村的理想情怀，培养能为乡村振兴建功立业的新型农民和专门人才，需要各级各类教育协同配合、履职尽责，形成推动乡

① 钱传康访谈记录。
② 诸良峰访谈记录。
③ 蒋岳兴访谈记录。
④ 刘建明访谈记录。

村振兴的教育合力。”①

因此，从长远来看，这种尊师重教的良好风气，不仅让棠棣年轻人的人生发展方向更加多元，而且将更好更直接地促进当地花木产业的发展。

## 第二节　丰富多彩的文化娱乐

中华人民共和国成立初期，棠棣村组织了秧歌队、锣鼓队等，1951 年村里曾有文工团为村民宣演现代戏，“文化大革命”期间村里也组织过宣传队、俱乐部。改革开放以后，村民文化活动的形式更新了，内容更多了，文化阵地更大了。村里有文化礼堂、文化广场、篮球场、阅览室、健身绿道等众多文化娱乐设施，有舞蹈、书画、摄影等多支文化艺术团队，有固定的健康、文化讲座，有《我身边的家风故事》《江山文化走亲》《我们的村晚》等固定的活动项目，棠棣村民的文化娱乐生活正在变得更文明更健康更高雅。

“棠棣无处不飞花，满目青山绿无涯。”棠棣村村美民富，又有着兰文化熏陶，精神追求自是不凡。村庄里中西合璧的别墅错落有致，庭院绿化也是独树一帜，每家每户都在自家的庭院里种植摆放花卉盆景，仿佛是一幅天然画卷，在房间内摆放名贵兰花更是棠棣人生活品位的象征。

棠棣村优美的自然环境和村居建设，也为村民提供了完美的休闲娱乐和体育锻炼场所。棠棣村老人钱传康说：“我每天散步，要走一万步。老伴跳广场舞，弹电子琴，唱歌。”② 棠棣村青年刘梁涛说：“我自己是很喜欢农村生活的，我觉得这很惬意。……（晚上）我从家里走出来，然后走那条路上，风吹吹，然后桂花香闻着很舒服，大概七八点钟的样子，就一阵风吹过，然后桂花香飘过来的风特别凉，不像城里有风也是很混浊的那种风。”③

棠棣村以文化礼堂为平台，经常组织乒乓球、拔河、骑行、篮球等娱乐与比赛活动，本村村民和居住于本村的外来人员均可参加，有时候也吸引游客加入其中，增添了整个村子的活力。娱乐中的集体活动加强了参加者之间的社会纽带，因此它的作用超出了单纯的生理休息。大家聚集起来，家庭间的联系得到了加强，

---

① 夏仕武．形成推动乡村振兴的教育合力（有的放矢）[N]．人民日报，2019—06—13（13）．
② 钱传康访谈记录。
③ 刘梁涛访谈记录。

感情也更加融洽。[①] 因为棠棣村环境好，设施完备，这里也成了一些政府、团体举行休闲体育赛事的场所，例如 2018 年第四届漓渚镇美丽乡村骑行赛就在棠棣村举行，来自全国各地的 200 余名骑行爱好者参与了这项活动。

① 费孝通 . 江村经济 [M]. 北京：北京大学出版社，2012：113.

# 第四章 家风家训

家庭是子女的第一所学校，好的家风是长辈对子女最丰厚的馈赠，“父母之爱子，则为之计深远”，“爱子，教之以义方”。父母最深沉的爱，是以清白的家风涵养孩子向上的气质，以质朴的家风培育孩子刚健的品格，让孩子们更好地成长成才。好的家风也是汇聚社会正气的重要保障，家风家训可以说是一个社会最基础、最直接、最有效的教育方式，是中国传统文化的重要组成部分，更是维系社会秩序和国家凝聚力的精神力量。

棠棣村美丽蜕变的背后，也有家风家训的一份功劳。家风正，则民风淳；家风正，则政风清；家风正，则党风端。棠棣村通过家风家训以德育人，崇德向善，引导农民自我管理，自我教育、自我提高，为构建自治、法治、德治相结合的基层社会治理开辟了新的路径。

## 第一节 家风家训的主要内容

棠棣村的家训内容，涉及为人处世的方方面面，体现了棠棣人最基本最质朴的人生价值观。

### 一、孝道文化

百善孝为先。孝不仅是中华传统美德之核心，也是现实社会之必需。棠棣村很多家庭的家训是以“孝”为主题的。据村妇女主任徐伟凤介绍，虽然棠棣村的村民家庭普遍和谐共处，为人正直，有着良好的家风，但限于文化水平，并不是每家都有祖传或自拟成文的家训。因此，村里推出“家训集锦”的时候，就收集了一些民间流传较广的家训供村民挑选，没想到整个棠棣村竟然有 12 户挑选了“天地万情和至贵，古今百善孝为先”。可见孝文化是老百姓心中根植最深厚、传播最广远的精神文化之一。

棠棣村民是这样想的，也是这样做的。他们将孝道内化于心、外化于行，把尊亲、养亲、悦亲的孝义践行实实在在地落实到了日常生活的每一个细微之处。例如村里的女企业家金利飞，“每年重阳节都给村里七十岁以上的老人发剃头票，（每人）每月一张，发 12 张，请理发师傅每个礼拜到村里来。因为我们村里的留守老人蛮多的，对一些行动不太方便的老人来说，这其实解决了很大的问题。有些老人其实是两三个月理一次头发，所以很多人还把票送给别人，几乎等于村里所有的老人都是用金利飞送的理发票理发了”①。“细微之处见真情”，理发虽然是一件非常小的事情，但却解决了村里老人的“大麻烦”。她这样做了，而且一直坚持下来，真的是非常难得，这对棠棣村的其他村民也是一种价值引领和精神鼓舞。

棠棣村还通过群众性评选表彰活动，宣传推介孝子（女、婿、媳）动人事迹，开展弘扬新型孝文化的展览、讲座，评选“最美家庭”、“最美儿媳”、“最美婆婆”。这些活动都有着潜移默化的作用，引领着村民精神道德的完善和升华。

## 二、勤俭治家

“勤劳”是棠棣人最为突出的品格，棠棣人今天的富裕生活，是世世代代勤劳苦干、很不容易才得到的。古人云：“强本而节用，则天不能贫。”强调了节用对改善生活、经济发展的作用。勤俭自古以来就是中华民族的优良传统，也是为人、治家、兴国的成功之道。在今天经济持续繁荣发展的形势下，勤劳、节俭也一样是值得重视的美好品质。棠棣人非常珍惜来之不易的富裕，很多人家都将“勤俭”奉为家训。例如：

刘志江家庭：德从勤中来，福向俭中求。

钱阿凤家庭：唯诚唯信行世事，克勤克俭践家风。

刘志平家庭：唯勤唯俭。

勤俭，“天不能贫”。今天，富裕的棠棣村人在村中建成了一栋又一栋的小别墅，与别墅群有点格格不入的，是村中随处可见的衣着朴素、低头劳作的村民。

① 徐伟凤访谈记录。

他们并没有因为经济的宽裕而花天酒地，依然量入为出，勤苦劳动。至于游手好闲的人，在棠棣村可以说是见不到的。

## 三、立身立德

廉洁自律、风清气正的社会环境，不仅需要党员干部身体力行，也需要普通群众有深刻的认识，积极参与其中。党员干部要率先垂范，带头遵家规、守家训；同时严格要求亲属子女，过好亲情关，管好身边人，育好下一代，引导家庭成员自觉遵纪守法，做到公私分明、勤俭自立，带领家庭成员共同经营好家庭、履行好职责、服务好社会。这一点，在棠棣村村民的家训中也有强烈的体现。例如：

刘建明家庭：礼仪忠孝传承良好家训，诚信和谐营造清新世风。

钱志根家庭：成事成名成伟业，立人立德立家风。

钱文英家庭：父母为先立榜样，子女随后争自强。

这些语言并不是空洞的说教，比如刘建明家庭的家训，就是他们家为人处世的真实写照。作为村党总支书记，刘建明凭借着廉洁自律、用心为老百姓谋福利，得到了百姓的一致认可，他的家庭也因此被推选为全国文明家庭。

## 四、家庭和睦，邻里友好

家庭和睦、邻里友好是棠棣村人长期稳定和谐的文化基础，对棠棣人的生产、生活都产生了非常积极的影响。棠棣人的家训，很多都涉及人际关系的和睦、友爱。例如：

张香娥家庭：相亲相爱家庭和睦，互帮互谅邻里温馨。

钱惠芳家庭：世盛千般好，家和万事兴。

刘亚利家庭：不要夫妻千担粮，只要夫妻好商量。

陈建和家庭：上尊老，下爱幼，和邻里，亲家人。

走进棠棣村，最直接的感觉就是和谐。与棠棣人接触一下，就会感到特别顺畅，非常容易沟通和交流——棠棣人似乎有着一种普遍性的具有传染性的"高情商"。比如，棠棣村"文明家庭"金关心家庭，确实人如其名。邻居虞婆婆是个盲人，丈夫去世早，儿女在外地，平时一个人独居，出门不便，金关心和家人经常帮她购买生活用品，蔬菜瓜果。虞婆婆说："千金难买邻里好，没有金关心家庭的照顾，我真不知道该怎么办。”简单平凡的善举，温暖了老人的一颗心。邻里帮助是小事，背后却同样是真、善、美。平凡的小人物也能书写人间大爱，朴素的道德汇聚的恰是和谐的棠棣。

诸良峰说：“我们这边的人总体来讲，是比较和谐的。当然小矛盾也偶尔会有。从原因的角度看，一个就是人富裕了，计较的东西也就少了……我们这里富得比较早，比较早的时候，政策比较宽松，我们这里老百姓建房的问题当时就解决了。另外，人际关系的和谐也和我们主要从事的产业有关系，大多数人都是出去做生意的，潜移默化地也养成了相互照应、比较圆融的处事方式，总体说情商比较高的。”[①] 这里提到了生产生活的特殊性对人与人之间关系的影响，一语中的，由于生意上需要互相照应，大家长期以来形成了一种互助和友爱的关系，小事不再计较得失。和谐的人际关系、邻里氛围，也是棠棣人闯天下的重要人力支持。

## 五、耕读传家

自从隋唐开启科举制以后，“耕读”成了士人的理想，农家的希望。“耕读传家久，诗书继世长”的理念，千百年来融入了中国人的血脉，成为中国特有的文化禀赋。因此，很多村民都将“耕读传家”作为家训。例如：

钱叶青家庭：欲高门第须为善，要好儿孙必读书。

钱光海家庭：少年不知勤学苦，老来方悔读书迟。

诸志泉家庭：寻常人家以勤俭立身，耕读子弟与兰书交心。

棠棣村是一个花木村，同时也是一个学子村。从棠棣村走出去受过高等教育的人，有百余位；现在也有很多棠棣学子，在祖国的各个地方，从事不同的职业。

不过大多数村民家庭，尊崇的家风家训并不是单一的主题，而是从各个方面对自己的家庭成员提出了很多要求和期待，其内容是多层次的。比如，刘幼根家庭的“德勤孝义传家宝，和善信诚处世风”，这句话就从勤俭、孝顺、仁义、诚信诸多方面表达了诸多的期待和要求。还有不少村民家庭的“家训”与别的家庭是重复的，比如“天地万情和至贵，古今百善孝为先”“处世以谦让为贵，做人以诚信为本”“世盛千般好，家和万事兴”“唯诚唯信行世事，克勤克俭践家风”等等，这种简洁易懂、意义明了的“家训”就出现了多次，这可能是村民价值观相同造成的，也可能是文化水平局限。也有一些家庭的家训选得比较随意，有些甚至是村

① 诸良峰访谈记录。

干部帮他们代选的。但不管怎么说，愿选、愿挂就是一种进步，因为精神文明建设本来就是一个逐步深入人心的过程。

家风带来的良好影响，不仅仅体现在有形的文字上，更体现在人的心上、行动上。村妇女主任徐伟风说："钱迪红家，（家训）就是他老爸自己说的'世盛千般好，家和万事兴'，他们家有兄弟俩，一直在一起经营，很和谐。比如有一户人家，她做媳妇的时候对婆婆不太好，现在她自己做婆婆了，我给她设计了一个家训，挂了一个'贤德妇人'的牌子。挂了牌子之后，她反而变得很好了。所以说，家风家训挂上去，也有一种提醒或者警醒的作用。"①

好风气的形成不是一朝一夕的努力就能一蹴而就的，需要长期的积累，在文化的熏染中潜滋暗长。棠棣村的家风文化，是村委有意识的推动和老百姓认识不断加深的成果，也是乡风文明建设、推进乡村振兴的重要途径。

## 第二节 家风家训的主要功能

家规严谨、家风朴厚、家教严正，是古代士人治理家庭的理想，对今天的人们也具有启示意义。家训不仅从家庭的层面实现了对家庭的有效治理，同时也对人的行为制定了规范，一个家教严正的人走入社会显然更有利于社会风气的和谐清朗。家训反映了老百姓最淳朴的价值观，这种价值观的自信，其实是文化自信的核心内容，所以家风家训的弘扬，具有其独特的价值和现实意义。

### 一、修身、齐家

家训的首要功能是"齐家"，即对家庭进行有序治理，重视其规范功能。在儒家传统中，修身是齐家的基础，齐家又是"治国"和"平天下"的前提。家训家规是有形的规范，家风则是无形的传统。在实际生活中，家风的形成、传衍有赖于家训家规的传承发扬。老一辈的家风，代代传承，给小辈们以无形的影响。正如习近平总书记说的那样："广大家庭都要重言传、重身教，教知识、育品德，身体力行、耳濡目染，帮助孩子扣好人生的第一粒扣子，迈好人生的第一个台阶。"②

90后青年钱涛回忆爷爷奶奶时说："我爷爷奶奶感情很好的，爷爷很敬重奶奶

① 徐伟风访谈记录。
② 习近平：《在参加首都义务植树活动时的讲话》，2017年3月29日。

的，他在外时，家里都靠奶奶操持。奶奶去世时，爷爷还给她敬了一个军礼，我当时看了挺感动的。”[①] 钱涛叙述的爷爷、奶奶的相处模式，在棠棣村比较具有代表性。一个家庭里，父母的互动模式，父亲对母亲的态度，尊重与否，影响着整个家庭和谐的程度。在钱涛的叙述里，可见爷爷对奶奶的深情厚意，不仅影响着子女，也影响着孙辈，可以说正是这样互敬互爱的夫妇关系，成为整个家庭关系的定海神针。好的家风，不仅仅是婆媳和睦、父慈子孝、兄弟友爱，其实良好和谐的夫妻关系，正是其他一切家庭关系的基础；爱情和孝悌一样，也是人类情感中最基本的善良之一。夫妻和谐，家庭和睦，正是棠棣村充满安宁生活气息最重要的基础。

又如盛建兰，和婆婆相处得像母女一样，而且又不是那种非常客气和做作才成就的婆媳关系，这种外人看来的和谐，在她们自己身上，觉得就是“非常平常的相处”，“很自然的事情”，“每天一家人都笑嘻嘻的”。在这个年轻人都非常自我，需要张扬个性的时代风气下，真的非常难得。而这样的婆媳关系，在棠棣村是普遍存在着的。棠棣村村民大多从事花木生意，大部分家庭都需要有人在外从事经营，一家人团聚的时候并不是很多。因此，家庭成员之间互相扶持、互相理解、相互依存的风气，也是棠棣人生产经营和日常生活实现良性循环的重要精神支撑。

## 二、塑造文明乡风

党的十九大提出乡村振兴战略，其中一个重要内容就是乡风文明建设。棠棣村对家风家训的传承和弘扬，有利于推动乡风文明建设。棠棣村党支部倡导“学家训、扬家训、用家训”，并通过干部党员示范、先进典型引领来传承家风家训。党员干部率先亮家风，有助于提高党员在村民中的威信，发挥模范带头作用，带动居民形成遵纪守法的良好民风。

棠棣村环境非常优美，每个来棠棣村旅游和考察的人都赞不绝口。棠棣村的人家对每个家庭成员的道德都有着非常高的要求，农村健康、文明、积极向上的氛围正在逐步形成。棠棣村的“村规民约”大家都能够不折不扣地遵守，“乱扔垃圾”等等现象，在棠棣村几乎绝迹——家庭教育成就的小气候已经成为温润社会的大气候。

---

① 钱涛访谈记录。

## 三、培育家国情怀

“在家尽孝、为国尽忠是中华民族的优良传统。没有国家繁荣发展，就没有家庭幸福美满。同样，没有千千万万家庭幸福美满，就没有国家繁荣发展。”习近平总书记的这段论述，清楚地阐释了家国一体的蕴涵，积极向上的家风是培育孩子的第一所学校。好家风的培育，是一个非常长期的过程；一个人会影响一个家庭，一个家庭会带动整个社会。千千万万个家庭，正是国家发展、民族进步、社会和谐的重要基点。

棠棣村通过家风家训的潜移默化，组织“晒家训、亮家风”、“重阳节敬老”等活动，将征集到的村民家训在文化礼堂和村庄主干道的宣传墙上予以展示；树立不同级别、不同类别的优秀典型，评选出“文明家庭”、“书香家庭”、“平安家庭”、“绿色家庭”，以及“好媳妇”、“好婆婆”、“好夫妻”、“好丈夫”等等，营造了非常好的互相学习、效仿先进的氛围。比如，村里洗菜池经常被生活垃圾阻塞，钱子定、钱丽平夫妻两人就拿起工具，认真清理洗菜池。在他们的带动下，周围的邻居也自觉加入了维护村庄整洁的队伍中。钱丽平说：“现在村里建设这么好，我们也想尽所能，就算是我们为村里做一点小事吧！”这样的细微之事在村里有着引领和示范的意义。由于这种精神长久的滋养，棠棣村已经成为全国闻名的美丽乡村，正以开放包容的姿态，贡献全国乡村振兴的“棠棣力量”。

棠棣人不仅热爱自己的家人，更热爱自己的村庄，刘梁涛说：“当时评选浙江省十大美丽乡村，那段时间我每天早上起来第一件事就是打开公众号给它投票，因为我觉得这个是自己的家，再怎么忙肯定也有时间投票的，而且如果真的竞选上了，我们村民脸上也有光。”[①] 为自己的村庄投票和点赞，是现代青年人热爱村庄的最朴素最直接的方式，而家庭是社会最小的单元，热爱家庭和村庄正是家国情怀非常重要的组成部分。

古语云：“道德传家，十代以上；耕读传家次之；诗书传家又次之；富贵传家，不过三代。”今天的棠棣人不仅拥有着比较丰厚的物质财富，更拥有着传承久远、根植内心的价值观念；良好的家风、严格的家训，正潜移默化地影响着每一个棠棣人；慈孝、勤俭、和睦、友爱、廉洁等诸多优良的家风，代代传承，正在不断推动和塑造一个更加美好的棠棣。相亲相爱的家庭关系、弘扬向上向善的家庭美德、

---

① 刘梁涛访谈记录。

体现共建共享的家庭追求，是抵制歪风邪气，弘扬清风正气，支撑起好的社会风气的精神力量。棠棣村的家风家训，成了这个现代美丽小乡村的“幸福密码”。

# 第五章 文化礼堂

2005 年 8 月 12 日，时任中共浙江省委书记习近平在《浙江日报》“之江新语”专栏《文化是灵魂》一文中这样写道：“文化的力量，或者我们称之为构成综合竞争力的文化软实力，总是‘润物细无声’地融入经济力量、政治力量、社会力量之中，成为经济发展的‘助推器’、政治文明的‘导航灯’、社会和谐的‘黏合剂’。”[①] 浙江省委、省政府提出：到 2022 年底，要基本实现 500 人口规模以上村农村文化礼堂全覆盖。果蔬花卉采摘、乡村主题民宿、非遗民俗传承等活动，都为“文化礼堂 +”提供了广阔的结合空间，有力推动了乡村文化产业的发展。

## 第一节 文化礼堂和乡村振兴实训基地

为提升农村公共文化服务水平，打造农民群众的精神家园，棠棣村按照“文化礼堂、精神家园”的定位，以有场所、有展示、有活动、有队伍、有机制等为基本标准，通过 5 个多月的努力，投资 500 余万元，一个集学教型、礼仪型、娱乐型于一体的农村文化礼堂，于 2015 年 9 月初正式落成启用，并日渐成为村民喜爱的文化乐园和精神家园。

“棠棣村文化礼堂”的设计建造，融入了本地的乡情特色，充分整合春泥计划、农家书屋、农村党员电教中心等资源，按照“两堂一廊一窗一展陈”（即礼堂、讲堂、文化长廊、科普橱窗和村史展陈）的格局来规划，堂馆面积严格执行上级标准及“七个一”要求。特色兰文化馆注重挖掘本地文化，设立兰之源、兰之

① 习近平 . 之江新语 [G]. 杭州：浙江人民出版社，2018:149.

器、兰之情、兰之艺四大展区，分别展出棠棣兰业的发展历史、采兰器具、棠棣人培育的名贵兰花以及伟人名流与兰花的故事等，整个展馆素雅大气，充分展示了棠棣兰乡的内涵和兰人的风采。“文化长廊”则用大量图片和文字展示了棠棣村的村史村情、乡风民俗、崇德尚贤、美好家园。文化礼堂和文化讲堂则为棠棣村组织庆典、礼仪、培训、学习、娱乐等群众性文化活动提供了良好的场所。礼堂外的远教广场，设置了大型电子屏，不时播放新闻时事，宣传党的路线和方针、政策。长达 34 米的“科普”宣传栏则是科普工作的重要窗口。

2018 年，棠棣村又开始建设“绍兴市棠棣乡村振兴实训基地”（即绍兴市棠棣乡村振兴讲习所），以便更好地配合文化礼堂的功能，向全国推广棠棣村建设美丽乡村、践行乡村振兴的成功经验。这是一个集参观、学习、培训、食宿与一体的多功能场所，有 25 间客房，一个大型餐厅，一个可容纳 260 人的多功能报告厅，4 间会议室。实训基地借助高校力量广聘“智囊团”，开设乡村振兴、美丽乡村、基层治理、精神文明等方面的课程，为浙江农村在乡村振兴征程中提供一些可借鉴、可复制、可推广的模板。棠棣乡村振兴实训基地可以说是棠棣村展现风采、对外交流的又一个重要平台和窗口。

## 第二节 礼堂的文化功能

### 一、和谐干群关系

为切实发挥文化礼堂作用，村里按照“四个有”的要求，创立了文化礼堂理事会，出台了各项管理制度，并多次组织道德模范、最美人物等评选表彰活动，以确保文化礼堂有序运行。

“四个有”具体是指：一是有人管理。村委落实一名村干部，专门负责文化礼堂的日常管理，包括卫生、安全、电气设备维护、活动组织安排等。每天从上午 8:30—11:00，下午 13:30—16:30，免费向村民和游客开放，双休日和节假日也不关门。二是有章办事。先后建立、健全了文化礼堂的日常维护、管理、活动开展、公益基金使用管理、工作人员职责等各项规章制度。三是有钱办事。发动乡贤捐款，建立了常年 10 万元的文化礼堂活动公益基金，确保活动有经费保障。四是有活动队伍。村里先后组建了舞蹈、书画、摄影、合唱、戏迷、花卉等多支团队，把有相关兴趣爱好的村民组织起来，开展各项活动。

通过这样的制度保障，文化礼堂实际上成为老百姓与村干部交流的纽带。文化礼堂承担着行政办公功能，而且因为这种面对面、有温度的服务，使得村干部与老百姓的关系非常和谐。

## 二、娱乐文化场所

棠棣村文化礼堂积极举办“快乐乡村”活动，广泛组织开展道德教育、文化娱乐、民俗文化传承等活动，让广大村民快乐起来，让快乐的村民讲自己的事、讲快乐的事、讲幸福的事。

文化礼堂的公益性演出以“政府买单、剧团演出、群众看戏、群众自己组织节目”的形式举办。各演艺公司、艺术团体和群众团体将优秀剧目送到基层，让村民在家门口就能看到文艺演出，让村民真正享受到了公共文化服务带来的实惠。

同时，这里也是村民自娱自乐、展示风采的场所，“我们常规的活动是每个周末，都会搞‘周末剧场’。村里的业余文艺爱好者，就过来跳跳舞，唱唱歌，村民自娱自乐，五月份开始到十月底，每个周末搞一次。我们村里有个舞蹈队，叫‘棠棣之花’，我们用文化礼堂的活动经费给她们做了统一的跳舞服装、鞋子，她们就更加有兴趣了。另外，还有书法、围棋、歌曲、朗诵都有的”[①]。

另一个倍受欢迎的节目是“我们的村晚”，已连续举办多届。在村晚舞台上，村民各显神通，歌曲、越剧、莲花落、戏曲串烧、滑稽戏、京歌、绍剧等精彩节目轮番上阵，热情的音乐，动感的节拍，搞笑的演绎，让台上台下成了一片欢乐的海洋。村晚节目大多由村民自编自导，反映了棠棣村民的日常生活，节目不仅体现了棠棣人奋发向上的精神头，也展现出新时代美丽乡村的新面貌。

## 三、村民文化知识充电站

棠棣村文化礼堂设有阅览室，这个阅览室是浙江省社会科学联合会的社科普及基地之一，更是村民文化知识的充电站。阅览室的图书，为村里很多不方便网上查阅资料的花农提供农业技术方面的知识，还有许多宣传国家各项大政方针的宣传资料，是基层党员和群众的“红色知识充电堡”。

① 徐伟凤访谈记录。

文化礼堂定期举办党课、健康保健、农业科技、文学艺术等方面的各种讲座，提高村民的政治思想水平和文化艺术修养。例如，“请市医院的医生，为我们讲一些预防老年三高、心血管疾病的知识，预防妇女乳腺癌、宫颈癌防治等方面的知识；另外还请专家或者村里的种植能手讲一些农业知识，像插花、种植、小苗培育等等，有时候我们村书记还自己给村民上课。”①

随着网络技术日新月异的发展，2015 年棠棣村委开始运营“棠棣之花”微信公众号。村民们可以从公众号上更方便地了解棠棣村发生的诸多新闻、大事，以及各种活动通知，这个公众号也成了棠棣村民了解村庄发展的重要平台。

## 四、村民情感的纽带

棠棣村“文化礼堂”的落成，已经成为村民学习、娱乐、举办各种礼仪的“三有型”的文化殿堂和促进文明和谐的精神家园，也成了村民情感联系的重要纽带，“我们这个文化礼堂还是不错的，2015 年场地建好了，陆续有人开始跳广场舞了。这里晚上挺热闹的，夏天人更多，专业团队也有了。‘村晚’也有了，村民的参与度也比较高。文化礼堂不定期在搞活动，一方面是政府推动的，还有的是村干部组织的，文化活动没怎么停过，还是很热闹的。另外，像冬至的时候，我们村的妇女在文化礼堂做汤圆，然后汤圆可以带回家，然后把做的汤圆也送给村里不方便做汤圆的老人，每家每户都会有的，大家也能够感受这节日的气氛。另外，端午包粽子、重阳节给老人敬茶等等，文化礼堂这个平台利用得还比较好。”②

## 五、传统礼仪进礼堂

棠棣村的文化礼堂，周围风景优美，自建成以来，成了村民举办成人礼、祈福礼、敬老礼、婚礼等人生礼仪的重要场合。

2016 年 10 月，27 岁的棠棣人金超和妻子就在文化礼堂举办了一场草坪婚礼，在亲朋好友和现场村民的见证下，步入幸福的婚姻殿堂。③ 在村文化礼堂举办婚礼，新颖又节俭，是倡导乡风文明、移风易俗的好举措。村民既是新人幸福时刻的见证人，又充当婚礼的服务员，比在酒店里办婚宴的费用要低一大笔。因此，这个举措也是倡导和培育社会文明新风尚，引导广大群众养成勤俭节约、文明高

① 徐伟凤访谈记录。

② 诸良峰访谈记录。

③ 俞立权，赵炜 . 漓渚镇美丽乡村办起草坪婚礼 [N]. 柯桥日报，2016-10-28.

尚的生活方式。文化礼堂草坪婚礼，将传统仪式与现代元素相结合，让婚礼既弘扬优秀家风家训，又结合时代发展融合现代元素。让村民从讲排场、讲气派的陋习转到弘扬比文化、比家风的新风尚，让文明习俗深入人心。

目前，棠棣村文化礼堂已经成为繁荣农村文化和助推乡村振兴的重要载体，成为与文化浙江和“两个高水平”[①]建设相适应的文化地标，与美丽乡村和美好生活相契合的精神家园。2019 年 6 月，棠棣村被评为“2018 年度浙江省善治示范村”。棠棣村的各种荣誉称号，已经占满了棠棣村文化礼堂的一面墙，成为村民的骄傲，也是乡风文明建设成功的重要标志。

今天的棠棣人，传承着老一辈勤劳、诚信、乐观的优秀品格，并且在新时代的洪流中，接受新事物，形成新思想，不断开拓创新，共同守望和建设着美好的棠棣，以文明、和谐的形象向世人展现着整个村庄的风采。棠棣村歌《棠棣花开等君来》，歌词本身满溢着身处美丽乡村的自豪与热情，字里行间蕴含的正是今天的棠棣人充满热情与希望的精神面貌，以及面向外界和未来的开放包容心态，棠棣人正以最好的精神面貌迎接八方来客。歌中唱道：“漓水清，渚山奇，兰香满棠棣。美舍依花田，绿荫入春池，悠悠乡音飘来欢声笑语。昔时天涯兰花客，白石庙前话桃李，棠棣花开等君来，莫负江南春光丽。木葱茏，花旖旎，家乡是棠棣。担花走南北，木华天下知，一花一木邀来莺歌燕语。今日又见兰花客，兰渚山下惜别离，棠棣花开等君来，莫负江南春光丽！”[②]

① 2017 年浙江省第十四次党代会提出：确保到 2020 年高水平全面建成小康社会，并在此基础上高水平推进社会主义现代化建设。

② 陈月芳作词，霄凌作曲、编配，依依演唱。

专题篇

# 棠棣村花木特色产业的发展与启示

ZHUANTI PIAN

TANGDICUNHUAMUTESECHANYEDE

FAZHANYUQISHI

# 花开富贵

棠棣村是绍兴市最早、最大的花木专业村，是名副其实的“绍兴花木第一村”，也是闻名遐迩的“中国花木专业村”。2017 年，棠棣村民人均收入达到 75000 元，2018 年达 8 万元，位居全国村庄前列。村庄的兴旺、村民的富裕靠的就是花木特色产业。

## 一、棠棣村的花木特色产业特在哪里

浙江有不少特色村。一类是工业的特色县、特色村，如乐清上园村的低压电器产业，永康的大五金产业，建德风水镇的签字笔产业，这些特色产业通过大量的中小企业在某一行业内集聚，不断推进专业化分工合作，产生产业集聚效应，弥补了中小企业规模效益的不足，发展成颇有浙江特色的块状经济。还有一类是特色农业，特色农业往往是依赖于当地的地理环境，通过长期的历史演变，形成名扬周边的农特产品。与特色工业可以“无中生有”不同，农特产品与当地的土壤、气候、人文历史密切关联，属典型的“因地制宜”。如庆元的香菇、江山的蜂蜜、千岛湖鱼头、三门的青蟹、玉环的文旦、黄岩的蜜橘等。棠棣村的花木产业也一样，它跟棠棣村的地理环境密不可分。棠棣村位于柯桥区（原绍兴县）漓渚镇域偏西北，距镇所在地 5 公里处，离绍兴市区 18 公里，距柯桥区 20 公里。棠棣村位居北纬 29° 57′，东经 120° 26′，属亚热带季风气候，温和多雨、四季分明、光热资源和自然资源丰富，野生动植物种类繁多。棠棣村村域面积 2.91 平方公里，其中耕地 0.58 平方公里、山地 1.29 平方公里。村庄三面环山，西北部山脉连绵，岩峰竞秀，沟壑争流。山地土壤多为略偏酸性的红黄壤。沙性土壤土层深厚，气候温暖湿润，非常适合花木种植。地形、气候，无疑为棠棣村以兰花为主的花卉种植提供了良好的自然环境。相比较而言，棠棣村特色产业，特在其地位与重要性，特在其丰富的历史人文，特在其高雅的精神文化，也特在其市场宽广。

1. 独占鳌头的地位

棠棣村花木特色产业在村庄经济社会中的地位与作用可以用“四个 95%”来形容：全村 95% 以上的可种植土地种植了花卉苗木；全村 95% 以上的劳动力直接或间接从事花木产业；全村 95% 以上的企业或经营户都是村民自主经营；村民 95% 以上的收入来自花木产业。

相对于浙江省内其他 1500 人以上的村庄的特色农业，棠棣村花木产业的“四个 95% 以上”绝无仅有。多数村庄的特色产业，尤其是农业中的种植业中的某个小行业，可能在收入或劳动力、民营企业占比等单项指标上能达到 95% 左右，但要在四项上占比均超过 95% 还未见。棠棣村全村面积 2.91 平方公里，折 4365 亩，其中耕地 830 亩（水田 705 亩，旱地 125 亩），耕地中村民自种蔬菜约 136 亩。山地面积 1.29 平方公里，折 1936 亩，其中不能种植的陡坡岩石山地约 130 亩，建筑、道路、水库、溪流等非种植土地约 1599 亩。也就是说，棠棣村的所有土地中，除去建筑道路水库溪流等占地、不适宜种植的陡坡岩石山地（总计 1729 亩），剩余耕地和可种植山地共 2636 亩，再去除约 136 亩村民菜地，余下的约 2500 亩可种植土地，全部种植了花卉苗木，占比高达 95%。与此同时，棠棣村人还在村外甚至省外承包了约 5000 亩的土地种植花卉苗木，是村内花木基地面积的 2 倍。也就是说，棠棣村人在全国建立的苗木基地（含村内苗木基地）总面积就达 7500 亩左右，相当于村全部耕地面积（830 亩）的 9 倍！光这项全省以至全国 1500 人以上的大村庄几乎无出其右。2017 年棠棣村村民的人均年收入已达到 75000 元，远高于全国绝大多数农村水平，在浙江农村中也居于前列。而这 75000 元的收入中，其中 72000 左右来自花木产业。毫不夸张地说，正是特色花木业撑起了棠棣村的高收入。

2. 丰富的历史人文

棠棣村的花木产业有着悠久的历史，棠棣村的村名就源自花名，棠棣曾是这里最常见的花木，但这里最有名的是兰花，棠棣村是越兰（即绍兴兰花）的原生地之一，兰花也是现在绍兴的市花、棠棣村的村花。相传越王句践已种兰渚山，棠棣村百姓上山寻兰挖兰，下山养兰、卖兰，平时还要耕种、养殖，一年四季无闲暇。从明清时期至中华人民共和国建立，棠棣村的兰花已名声远播。

绍兴人一直延续着采兰、养兰的传统，到清朝、民国时期，绍兴兰业已相当发达，1926—1931 年是绍兴兰业的高峰。那时，绍兴城里开起了兰花交易所，每年早春举行兰花花会，绍兴兰花的名声也越传越远，誉满上海及长江三角洲一带。抗日战争时期，绍兴百业凋零，兰业一度低迷，懂行的日本人便来绍兴掠夺兰花名品。绍兴之中，最懂兰花的还是棠棣人。这是因为棠棣兰农有着丰富的寻兰、识兰经验，又有精湛的养兰技术。中华人民共和国成立后，和平环境下，兰业得到了较快的恢复和发展，棠棣村人重新把它当成了一个重要的副业。但 1957 年计划经济体制建立后，尤其是“文化大革命”期间，养兰、赏兰被当作封资修的东西遭到批判。“以粮为纲”路线确立后，兰业基本消失。但即使在当时的环境下，棠棣村村民还是有人冒着被抓被批斗的风险，在偷偷做兰花生意。改革开放后，棠棣村兰业终于迎来了大发展的春天，在兰业的带动下，棠棣村的花木产业得到了大发展。

千年的历史与传承，为棠棣村的花木产业打下了丰富的人文基础，这是绝大多数村庄的特色农业所无法比拟的。

3. 高雅的精神文化

中国文化一直欣赏雅静幽香的兰花，尤其是明清以来，备受文人雅士的追捧，被誉为“花中四君子”之一。棠棣村周边山林里有野生兰花，且常能觅得名品。到后来，以兰带花，棠棣村的整个花木产业大发展。粮食、蔬菜、瓜果等种植业，是为了温饱，花木业不同，五颜六色、千姿百态的花木让人们的感观得到美的享受，花木也成为人们生活中必不可少的精神产品。花木是人们在温饱之后对美丽的精神追求。而花木的不同品性，千百年来更被人们赋予不同的精神文化，兰花隐于野而暗香幽远，常被喻为谦谦君子；梅花的傲霜斗雪，象征着坚韧不拔；牡丹艳丽华美，寓意雍容富贵；菊花清丽淡雅，富有傲然不屈的高尚品格……而青松、修竹等同样也是人们在物质生活满足后的更高层次的精神文化追求。自古以来，各种颂扬赞美奇花异卉的诗歌、词曲、文章、书籍源源不断，清朝、民国年间出版的很多兰花著作，如《兰蕙同心录》《兰蕙小史》《兰蕙备忘录》等等，既记载了识兰、艺兰的经验（其中有不少经验来自绍兴棠棣兰农），更有对兰花的品味与鉴赏。

可见小小的花木产品承载了丰富的精神文化，鉴赏性花木的价值也远远高于其他物质农产品，将花木产业称为高雅的文化产业一点也不为过。棠棣的花木产业相对于大多数特色农业，其精神文化价值更大，是文化产业与农业的天然融合。

4. 广阔的市场

一般农产品由于其运输物流成本高、难以保存、地方性风味等特点，市场范围大多局限于当地及周边，很难迈向全国。

棠棣村的花木则不同，本村的村民自己就种花，极少会买花赏花。物以稀为贵，即使在近边的绍兴城里，本地的花木价格也难以卖到好价钱。因此，清朝、民国时期，棠棣人就迈开腿，挑着花担到外地去卖，到经济文化比较发达的上海、杭州、宁波、湖州、苏州等地售卖兰花，随着越兰名声的传播，逐步销售到南京等地。经过战争时期的萧条与计划经济时期的沉寂，改革开放后，花卉的需求开始复苏，棠棣村的兰业得到复兴。棠棣村花农开始大胆地走出去，挑着花担，挤着长途汽车与火车，到杭州、上海、苏州、南京等传统售兰区卖兰花与其他花木。

棠棣村花农有着敏感的市场意识。20 世纪八十年代，东北、华北的人民生活水平与城市化率远高于南方，花卉的需求量大。八十年代初北方出现君子兰热潮，棠棣村花农抓住机遇，纷纷前往东北、京津、河北、山西、山东、陕西等北方地区去卖花木和兰花。棠棣村花木业开始进入“卖全国”阶段。随着花木市场的扩大，棠棣村花农除在本地寻采兰花、培育花木外，还远到宁波、台州、丽水以及福建、湖北、安徽、河南等地寻觅珍稀兰花品种和花木品种。棠棣村花木业又进入了“买全国”的阶段。与此同时，花木经营者也从原来的上山挖掘野生花木卖，开始在自家的承包田繁育、种植花木。接着大量从全国各地购入珍贵品种，大量种植花木。20 世纪九十年代起，不少棠棣村花农在本地或外地专门种植培育花木，把江浙与全国各地的花木运到广东，再从广东批发到全国各地经销。目前，棠棣村全村 1500 人左右，大约有三四百人在外做花木的销售、种植、经纪。棠棣村花木业也真正成为“买全国、卖全国”的大产业。

## 二、棠棣村的花木产业是怎么崛起来的

棠棣村的兰花名扬全国，棠棣村的花木业成为带领村民走上富裕路的特色大产业。棠棣村花木有着极其悠久的历史，为现代花木业的兴盛提供了厚重的基础，但日本侵华、内战与其后的计划经济的 30 年间，棠棣的花木业凋零甚至基本消亡。为什么它能在改革开放后迅速复兴并不断兴旺？总结分析，棠棣村花木业的兴盛靠的是爱兰传承、兰农精神、政策引领、创新发展。

1. 爱兰传承

到改革开放前夕，虽然棠棣村的花木业已基本消亡，但千百年来对兰花的喜爱已在村民的基因中代代传承。通过老一辈的言传身教，不少棠棣人都能识兰、鉴兰、养兰，在计划经济时代，虽然养兰被当作资产阶级奢靡思想进行批判，卖兰更会作为投机倒把被批斗，但不少棠棣人还是冒着风险，会去山上寻兰、采兰，家里都会种上几盆兰花。养兰不仅是对美丽事物的热爱、对幸福生活的向往，也是对前辈与历史的追忆。对兰花的爱好延伸到奇花异草也就顺理成章。当改革开放的春风吹起，兰业迅速生根发芽、东山再起。

但兰花毕竟有限，种兰也要有高技艺。棠棣村的山地土壤多为略偏酸性的红黄壤，沙性土壤土层深厚，气候温暖湿润，非常适合花木种植，山茶花、桂花、罗汉松、广玉兰等花木长得尤其好。因此，越来越多的村民就想到了种花木、卖花木。

2. 兰农精神

棠棣村兰业的千百年历史，培育出独具特色的“兰农精神”，兰业虽然一度中断，“兰农精神”却通过棠棣人的血脉源远流长。

“兰农精神”首先体现在勤劳节俭上。同江南的农民一样，棠棣村农民非常勤劳，一年四季耕作不休，而且吃苦节俭。为了寻采到奇花异草，他们不畏艰险，跋山涉水、攀岩走壁。为了追求美好的生活，他们愿意吃最大的苦，干最累的活。

“兰农精神”其次是体现在专业性上。不同于一般的农民，兰农还要爱兰，能识兰、养兰，其中需要很多的专业知识与经验积累，棠棣村民为了学到更多识兰、养兰的知识，买书学习、拜师学艺、虚心请教、刻苦钻研、勤于探索，兰农可以说就是兰业的行家里手。

“兰农精神”还体现在“兰商”精神上。棠棣村的兰农往往也是兰商，既要识兰、养兰，也要会买兰、卖兰，棠棣的兰农与兰商融为一体（做其他花木的花农和花商也一样）。兰商有着敏感的市场意识，能及时捕捉市场信息，抢抓市场机会，要有冒险精神。改革开放以来浙商拥有的“想尽千方百计、说尽千言万语、踏遍千山万水、吃遍千辛万苦”的“四千精神”，棠棣的兰商都拥有。他们走南闯北推销花卉苗木，不断开拓市场。20 世纪八十年代主攻在当时收入相对较高的东北、华东市场，九十年代广东成为重要城市，九十年代后期以来，以上海为龙头的长三角市场成为棠棣花商的主攻方向。随着城市化建设加快，棠棣人开始组建各种园林绿化公司，承接道路、城建、房产领域的绿化工程项目，为棠棣村花木业拓展了一个乘势发展的新领域。2012 年十八大以来，随着反腐败推进，礼品花卉与盆栽花卉销量大幅减少，棠棣花商发现了另一个重要市场：城市写字楼绿色盆栽需求量大幅增加。棠棣花农马上转向绿萝等盆栽植物的生产，在广州等气候暖温地区建立大规模生产基地，迅速抢占绿色耐阴盆栽植物市场。同时，随着人民生活水平的不断提高，主攻的高档花卉和树桩盆景越来越好卖，市场前景不错，因此一些技术好、实力强的花农就开始加重这一块的种养比例，最有名的就是罗汉松大型树桩盆景，获得了很好的收益。

而且棠棣的兰商还有着诚实守信的精神，走南闯北的棠棣兰商始终把诚信当作生命，把“诚信”当作经营生存和发展的永恒动力。秉持“宁可失钱，不可失信”、“己所不欲，勿施于人”的家风祖训，始终把诚信当作最好的竞争手段，在激烈的市场竞争中，棠棣兰商以“诚信经营，合作共赢”的经营理念，脱颖而出。

3. 政策的引领

在改革开放之初，棠棣村落实联产承包责任制，村民家家养花、户户卖花，迅速走向富裕。1985 年国家信贷紧缩，市场需求减少，全国花木市场萎缩，棠棣村的花木业也陷入低谷，花农损失惨重。面对新形势，棠棣村没有因此否定市场经济和个私经营的优势，但也反思了个体经营单打独斗的劣势，开创了一种松散的“集体”经济模式。发挥村党支部、村委、苗木大户、龙头企业、专业经济合作社的牵头作用，利用乡村熟人社会的情义，促进经营户之间的信息互通与生意互助，逐步形成了一个全国性的棠棣人花木销售网络，大大减轻了单家独户的经营风险。在此后面对 1989—1991 年的经济治理整顿中，也显示出了经营优势。

20 世纪八十年代，棠棣村所在的绍兴柯桥区，是全国闻名的轻纺中心。纺织和漂染企业的经济效益比花木行业还要好。当时的棠棣村也开办了不少漂染、针织类企业。但随着花木业的发展，棠棣村清楚地意识到，小山村的资源有限，需要集中资源才能形成拳头产业。纺织和漂染业难与兰花和花木产业形成产业链，反会因为环境污染，制约花木业发展，也影响村民健康。因此，在九十年代后期陆续关停或外迁了这类产业，从而为花木产业发展提供了更多的资源与空间。

绍兴市、柯桥区和漓渚镇政府也非常关心、支持棠棣村的花木业发展，给予棠棣村宽松的政策。1997 年，棠棣村除少许居民自给自足的蔬菜生产外，全部耕地与适宜的山地都种上了商品性花卉苗木。

进入新世纪后，浙江根据现代农业发展的新要求，以农业增效、农民增收为目标，提出把发展高效生态农业作为发展现代农业的主攻方向，进行农业结构战略性调整。大力进行农业区域结构的调整，着力形成区域特色农业新格局；调整优化农业区划结构，着力培育特色支柱产业，大力发展区域特色农业；着力提高农产品的市场竞争力。浙江省把花卉园艺、水稻、畜禽、瓜果蔬菜、名优特水产等确定为五大省级种子种苗龙头工程，建立了一批繁育基地；着力发展农业产后加工流通业。力争形成贸工农一体化、产加销一条龙的现代农业产业体系。这些政策措施为棠棣村花木业的高速发展提供了有力的支持。

漓渚镇党委、政府把花木产业作为区域特色产业重点培育。在2002年制定了万亩花卉基地规划，力求实现从平面扩展向立体提高转变，由散兵式向网络营销发展，由传统种植向现代种植转变。鼓励引进先进的栽培技术和绿色新品种，引进科技人才，加大基础设施建设力度，开展花卉技术培训，提高花农的技术水平。棠棣村的花木业进入了优结构、提品质、创品牌的高速发展期。棠棣村于2008年被列入全省百乡千村“兴林富民”示范村，成为践行“绿水青山就是金山银山”的典型村庄。

近年来，随着乡村战略、高质量发展战略的相继提出与实施，浙江省农村更加重视特色农业的发展，棠棣村的花木业开始由数量增长型向质量效益型方向转变，品种也从以前单调的乔木、灌木，向高端观赏盆景多元化发展；由“小而全”逐步向规模化、专业化生产转变。通过土地流转发展规模经营，发展以龙头企业带动的产业化经营，逐步形成连片的花卉生产基地和“公司＋农户或工程＋基地、市场＋农户”的经营结构，产、供、销一条龙；由传统交易逐步向现代化流通方式转变。推动商业业态与模式创新，大力发展线上交易，推进线上线下整合；由传统种植方式向科技兴业方向转变，提高花农技术素质，全村已有数百个“星级园艺师”。

4.创新发展

棠棣人富有创新意识，正是不断创新才能促进花木业的可持续发展。棠棣人的创新体现在制度创新、模式创新、技艺创新上。

**一是制度创新**。土地承包责任制改革后，棠棣村村民的生产积极性得到了充分发挥，家家户户养花种花，搞起花木经营，迅速走上致富路。1985年受到银根紧缩政策冲击，市场萎缩，花木业受到严重冲击。棠棣花农意识到个体经营的缺陷，立即在个私经营的基础上，加强联合，形成信息联盟、市场联盟，克服了困难。1992年邓小平南方视察讲话后，中国大步走向市场经济，体制改革加快，对个体办公司的限制取消，不少棠棣人组建花木有限公司、园艺公司、园林绿化公司，逐步由传统个私企业向现代企业制度变革，扩大了规模，增强了实力，顺应了市场经济发展需要。

**二是模式创新**。改革开放初期，棠棣花木业基本上是村民自行寻兰寻花后养兰养花，再肩挑背扛，坐长途汽车与火车，到外地销售；当市场规模扩大后，棠棣人迅速开始全国各地寻找名品优品，进行专业化种植，再销往全国，进入“买全国、卖全国”的模式；20世纪九十年代中期以后，随着市场的迅速拓展，棠棣人大力发展苗木基地，同时纷纷投资外地，建基地建市场，走出棠棣、布局全国。到2018年底，棠棣人在村外全国各地建设的苗木基地就多达5000亩左右，是本村花木基地的2倍；21世纪初以来，随着电子商务的兴起，棠棣人抓住机遇，引进并推进线上交易，同时不断促进线上交易与线下交易的融合。近年来，在政策支持下，建设“千亩花市、千亩花苑、千亩花田”，促进一二三产业融合发展，打造花木业集群，将花木产业与旅游观光业融合起来，将美丽资源转换成美丽经济。模式的不断创新，提高了棠棣花木业生产经营的效率，拓展了产业发展的空间。

**三是技艺创新**。随着市场需求的不断增加，棠棣村花农、花商通过生产与交流学习，种植和营销技术得以不断提高。20世纪90年代中期以来，随着花木产业链的扩展延伸，棠棣村加大专业人才引进，加强学习交流，花农花商的园艺设计水平、花木种植水平与鉴赏水平都有了很大提升；进入新世纪后，棠棣村加大技术研发，努力提高优质花木品种的引进与开发，大力引进“智慧农业”项目，大规模建设现代化的温室大棚，推进花木生产产业化，促进了产品结构的优化调整，大大提高了花木产业的经济效益。

5. 品牌提升

在中国兰花之乡的基础上，棠棣人孜孜不倦的追求终于打造出“绍兴花木第一村”的品牌。为了促进花木业的高质量发展，多年来，棠棣村以主体身份积极参与漓渚镇“花香漓渚综合体”建设，打造三张全国金名片：一是花木集群金名片。田园综合体以花木产业集群为特色，探索构筑一个在全国起标杆示范作用的、集花木种植观光、销售展示、科普教育、研发培训、创意农业景观、环境生态涵养、农事度假体验、农业文化传承等多种功能于一体的全产业链的美丽田园综合体；二是高端兰花金名片。通过田园综合体建设，集中生产高端精品兰花，努力使漓渚镇成为绍兴、浙江乃至中国著名的高端兰花生产示范镇，棠棣村成为示范村，形成全国品牌效应；三是全域美丽金名片。结合漓渚镇花木小镇建设，打造一个充分展示"全域美丽"景致精美的田园综合体。三大金名片的打造，大大提高漓渚镇与棠棣村的知名度，树立棠棣村花木业品牌，为棠棣花木业高质量发展提供助力。

爱兰传承打下厚重根基，兰农精神构筑核心竞争力，政策引领更上一层楼，创新支撑可持续发展，品牌提升促进高质量发展。经过 20 多年的持续发展，形成了"棠棣无处不栽花，棠棣无处不飘香"的壮美景观，花木业成为棠棣村"独树一帜"、"独占鳌头"的大产业。

## 三、棠棣村花木产业如何特下去

棠棣村花木特色产业发展取得了巨大成功，成为带动棠棣村与周边农民发家致富的大产业。但近年来，棠棣村花木业成长中的烦恼也越来越多，一些问题制约着棠棣村花木产业的进一步发展。

### （一）棠棣村花木特色产业进一步发展面临的问题与挑战

这些问题既有传统资源要素的制约问题，也有商业业态变革、研发滞后等新问题、新挑战。

1. 土地与劳动成本不断上升

棠棣村人多地少，耕地有限，95% 以上可种植土地都已种植了各种花卉苗木。随着经济社会的发展与村庄建设的加快，土地资源紧张的矛盾日益突出。多年来，棠棣花农为扩大生产规模只能到村外甚至省外租地租园建花木基地以求发展。但近几年来，随着中西部的崛起与乡村振兴战略的推进，全国各地农村的土地租金、房屋租金明显提高，花木业的生产经营成本也随之不断上升。

同样，多年来，随着经济的快速发展与居民收入的大幅增长，花木业的劳动力成本也持续快速攀升。在棠棣村及其周边乡镇，花木生产临时工劳动日工资从 21 世纪初的一二十元迅速增加到近几年的七八百元，即使苗圃的日常护理人工成本，每天也高达 200 元以上。一些有危险性的体力活，如上山挖树、扛树下山，有时甚至找不到人干。

土地与劳动力成本的大幅上涨，对花木业的成本竞争力提升无疑形成了较大制约，成为棠棣村花木产业可持续发展的最大要素障碍。

2. 传统生产方式与销售模式仍占主流

棠棣村的苗木生产种植主要仍是传统手工劳动方式，属于典型的“脏累苦”的体力劳动，上山挖苗木、杠树下山甚至还有危险性。在现在较为富裕的生活水平下，在当地与周边少有年轻人愿意从事花木种植生产劳动。棠棣村现有从事花木生产劳动的基本上是中老年人，普遍年龄偏大。花木种植面临着“谁接班”的重要难题。这一问题不能解决，棠棣村的花木业就难有美好的明天。

从销售模式看，由于村里的年轻人从事苗木经销的不多，年长的花农、花商对电子商务、网上交易普遍生疏甚至排斥，加之苗木普遍存在的具体化与差异化的特征，使得棠棣村苗木网络经销模式虽早已经引进却仍没有被普遍应用，目前棠棣村的花木营销仍以传统的线下交易方式为主。棠棣村花木在电商市场上的名气，明显小于江苏中北部的宿迁、徐州等地区。

3. 国内市场竞争加剧

多年来，随着中部崛起、西部大开发、长江经济带、“长三角”一体化、乡村振兴等区域发展战略的推进，我国区域均衡发展与城乡一体化建设取得很大进展。尤其是中西部地区在经济社会较快发展的带动下，不少欠发达地区的乡村也大力发展花木产业。借助丰富的土地与廉价劳动力资源，建立起大众花木产品相对明显的价格竞争优势，对棠棣村的中低端花木产品的生产与市场构成了强有力的挑战。棠棣村一些花木产品，如绿萝、桃花、菊花、梅花、普通盆景与大众化果树苗木的市场逐步被吞食侵占，棠棣花木产品的市场拓展难度加大。

4. 技术研发滞后，产品结构难优化

长期以来，棠棣村的花木专业技术人才缺乏，本土技术人才培养难，高端专业技术人才难引进，花农花商主要靠经验吃饭，尚未上升为理论知识加以普及、优化与传承。棠棣村花木新产品与高端产品的开发慢，种植与普及难度大，跟不上市场需要，棠棣村的花木产品品种虽较为齐全，但仍以传统的常见花卉与苗木为主体，传统普通花木难以卖出好价钱，影响花木产业经济效益的提高。技术与人才制约了产品研发，产品结构的调整优化慢，对棠棣村花木业的长远发展与高质量发展形成了较大的挑战。

## （二）以创新为核心，推进花木特色产业高质量发展

要应对发展中的问题与挑战，棠棣村需要以创新为核心，强化新产品开发，优化产品结构，拓宽产业链，推进一二三产业融合，促进花木业的高质量发展。

1. 突出产品创新与结构优化

加大人才培育力度，尤其是加强本村年轻人才培养，鼓励与支持本村年轻人攻读生物专业、花木专业，对攻读花木专业的本村硕士、博士给予奖励，鼓励大学生返乡接班创业；总结棠棣村花农种植生产经验与花商营销经验，将花农花商的经验上升为专业理论知识与技术，并通过书本与教育培训不断传承；加强职业培训，可由乡镇或村委、花木协会等主体牵头，为广大花农培训花木种植与养护等专业知识；加大人才柔性引进力度，更多地借助外部人才，通过与花卉、林业等科研院校的合作，开发新产品、传播种植新技术，逐步降低花木低端产品所占比重，促进花木产品结构的调整优化。

2. 推进花木业产业化、智能化发展

传统的花木种植脏累苦，村里花农二代普遍不愿意接班，严重影响了棠棣村花木产业的可持续发展。棠棣村需要加大产业化力度，改变传统的种植模式，大力推进花木工厂化作业与标准化生产，摆脱花木种植对气候环境的依赖；推进花木种植的机械化、自动化建设，加大投入，完善互联网、物联网、自动灌溉等基础设施，大力发展农业、工业物联网与产业互联网，促进花木智能化生产，降低劳动强度，节约劳动成本，提高花木生产效率，从而突破土地资源与劳动力要素价格不断上涨造成的制约。

3. 强化产业创新与融合

加快产业创新，促进产业链延伸。充分发挥棠棣村的民营经济、市场规模、资本等比较优势，未来在巩固花木种植生产传统优势的同时，要鼓励龙头企业抢占“微笑曲线”两端，强化产品研发、标准制订与品牌营销；拉长花木产业链，拓宽产业面。在旅游、互联网、文创、培训等方面凸显花木优势地位，促进花木研发培育、生产种植、加工服务、展览演示、文化创意、观光旅游等行业的融合发展。近中期要将田园综合体建设作为棠棣村花木产业及产业融合发展的大平台，大力发展花木＋旅游、花木＋产业、花木＋文创以及智慧农业、智慧物流，推进一二三产业融合发展，做大做强花木产业，提高花木业的经济效益与社会效益。

4. 加快经营模式革新

加快龙头企业培育，推进农户生产向园林公司转型；创新“龙头企业＋农户”、“工程＋基地＋农户”、“苗木基地＋公司＋农户”、“研发企业＋营销公司＋农户”、技术联盟、销售联盟等多种经营模式；充分发挥营销网络优势，利用棠棣人构建起的全国苗木营销网络，以及在全国兴办的大批苗木基地，建立市场联盟，强化品牌营销；推进电子商务建设，为花农、花商提供免费培训，促进线上交易普遍化；大力发展新电商，发展生鲜电商、平台电商、直播电商、社交电商、智能电商等新形式，促进花木线上营销；推进漓渚镇花木交易网站建设，根据花木产品的特点，创新线上线下交易融合模式，将线上宣传、线下观赏、线上交易、线下验货、线上质量保障、线下快捷物流等方式结合起来，努力降低交易成本，提高营销效率。

5. 拓展市场

加大海外市场拓展。棠棣村的花卉苗木品种丰富，不少普通品种在气候与地理环境差异较大的地区就是颇具特色的奇异精品。在国内市场竞争越来越剧烈的环境下，要加大海外市场的开拓，鼓励棠棣村的花木企业与花农花商抱团“走出去、引进来”。可以通过行业协会商会与政府牵头，组织花木企业更多地参与国际花木展销会，联合花木企业与花农花商到境外投资开发花木基地兼仓储基地、在海外重要城市建立营销窗口、专业市场、专卖店或展销中心，主攻北美、欧洲、日本、韩国、中东等气候环境差异大的高收入地区，利用阿里巴巴等国际营销平台与跨境电商平台，加强网上国际营销；在“走出去”的同时也要重视“引进来”，从海外市场引进差异化品种与技术，开发国内市场。

## 四、棠棣村花木业发展的启示与借鉴

棠棣村花木特色产业为棠棣村的美丽富裕立下汗马功劳。棠棣村也成为中国农村产业发展与乡村振兴的榜样。总结棠棣村花木特色产业的发展经验能为我国农村产业发展与乡村振兴提供有益的启示与借鉴。

1. 发挥资源优势，坚持绿色发展

长期以来，“农村要致富就要发展工业”的观念根深蒂固。从发展经济学理论看，大部分农业的出路在于产业化，产业化一般来讲就是工业化。但工业化的结果最终就是城镇化，就是农村的消失。是否有可能，在保持农业与农村的前提下，农民也能致富？棠棣村的成功发展实际上就提供了这种可行榜样。棠棣村的花木产业是农业中的种植业，它甚至不同于粮食、棉花、水果、蔬菜等种植业，仅仅是种植业下面的一个小门类的行业。为什么棠棣村的花木业最终能成为引领村民走上致富路的大产业？最根本的是，棠棣村的花木业充分发挥了资源优势。农业产业不同于工业，不能无中生有。棠棣村利用气候地理环境优势，立足悠久的花木历史与人文的传承基础，把绿水青山变成花木大基地，坚持绿色发展，大力发展特色花木产业，把棠棣村建设成美丽的“大花海”，并成功地将它变为“聚宝盆”。可以说，棠棣村花木特色产业的成功发展，充分践行了习近平主席提出的“绿水青山就是金山银山”理念。

对于全国农村而言，地理风俗各异，资源环境不同。要发展农业，绝不能“无中生有”，一定要因地制宜，充分发挥当地资源要素优势，发展特色产业，才能在市场竞争中寻求差异化发展。与此同时，要坚持绿色发展，践行“绿水青山就是金山银山”理念，绝不能为了眼前利益而牺牲环境，要将发展与保护利用结合起来，形成环境与产业良性互动，只有这样才能真正实现可持续发展。

2. 顺应市场大势、抢占市场先机

一个产业要得到发展壮大，就必须顺应市场需求的发展趋势。随着经济的发展与人民生活水平提高，人们的消费需求层级也不断上升，从追求温饱逐步向追求幸福升级，从物质需求向精神追求升级。消费的层级随着收入的增加形成了从食品—衣着—住房—交通—娱乐文化的演进链，而花木产品以其美丽的属性，是物质与精神需求的融合，是娱乐文化的重要组成部分。花木产业就是典型的绿色产业、美丽产业、健康产业。人们在温饱之后，对美丽花木的追求就会日益增长。因而，随着我国经济的持续发展与社会的不断进步，民众对花木产品的需求快速增长，家庭、企业、市政，对花木的需求量不断增加。正因为如此，花木产业才能得到持续较快的发展。棠棣村的花木产业正是顺应了市场需求的演变趋势、顺应了经济社会发展的大势，才能迅速拓展全国市场，才能创造良好的经济效益与社会效益，才能造富于民、造富于村。

放眼全国农村，真正依靠农业致富、发展成功的村庄并不多见。农村发展中的普遍难题是难以寻找到既能发挥资源要素优势，又能顺应市场发展大势的产业。棠棣村的花木产业在改革开放初期就得到了迅速发展，其先人一步建立起了先发优势。而目前，花木产业的竞争越来越剧烈，广大农村如果再生搬硬套将花木产业作为主导产业，将面临巨大的竞争“红海”与后发不足。农村在主导产业选择中，要充分研究市场需求的变动趋势，从中发现变化规律，寻找产业发展商机。

3. 激励农民创业、发展民营经济

只有大众自主创业，才能充分发挥人民群众的积极性，才能使经济具有活力，才能真正实现富民。在浙江，民众一直追求着富裕幸福的生活。当改革开放春风吹起，民营经济犹如原上青草，迅速发芽、成长、生根、结果。民营经济也成为浙江经济的主体，它在浙江经济社会发展中起着极为重要的作用。民营经济是市场经济的组成部分，天生与市场机制融为一体。与浙江各地一样，棠棣村的企业与个体户都是由本村居民自主创业，其中 95% 以上是花木行业个私企业。民营企业对市场有着天然的亲近感，市场的波动即刻会反映到其经营活动上。只有民营经济才能产生“四千精神”，才能适应市场竞争机制，才能在市场竞争中优胜劣汰、凤凰涅槃。棠棣村的花农花商，根据市场的需求，不断创新企业的组织形式、不断调整市场策略与经营模式、不断优化产品结构，才能在市场竞争的风浪中不断成长。而民营经济的属性，使它能很好地落实“富民性”，棠棣村家家创业、户户是老板，棠棣村人人靠自主创业、辛勤劳动经营，才能发家致富，棠棣村才能成为浙江省乃至全国的闻名富裕村。

与此同时，在充分发挥民营经济优势、让市场机制发挥主导作用的同时，棠棣村村委在顺应市场机制的前提下，采取各种政策措施，加强战略引导与协调服务，引导民营经济分工合作，诚信守法，协助解决民营经济发展中的土地制约、资金短缺、竞争不公平、权益受侵犯等困难，从而为民营经济发展起到了保驾护航的作用。

可以说，民营经济是一个地方经济是否具有活力、人民是否富裕的关键指标，我国农村需要大力鼓励农民自主创业、联合创业，同时积极引进外来投资，促进内源、外源良性互动、融合发展。要倡导勤劳节俭理念，清除嫉富仇商的观念与文化。各级乡镇与村政府组织要当好创业者的服务员，坚决杜绝吃拿卡要行为，尽心做好创业者合法权益的保护工作，为创业者和民营经济发展提供良好的营商环境。

4. 推进农业产业化，打造特色产业集群

农业产业基本上是“靠天吃饭”，对气候地理的依赖性强，生产的季节性明显，这严重制约了农业增加值的提高。同时，农业生产受制于地形、土壤、气候等因素，机械化、自动化难开展，脏累苦的体力劳动成为农业的明显特征。棠棣村的花木种植也面临着这一问题。要解决这一难题，必须推进农业产业化，要应用大棚化、车间化、工厂化、浇灌自动化，推进农业的工业化作业，制定农产品生产标准，摆脱对气候地理环境的深度依赖；同时，要借助网络经济、大数字与云计算，建设新型农业基础设施，推进农业生产的智能化，减少劳动用工，提高生产效率。

与此同时，要参照工业中小企业集群的形成机理，鼓励农民创办企业，围绕特色产业与拳头产品，开展良性竞争，促进企业兼并与联合，扶持龙头企业成长。在公平竞争的基础上，引领农民与各类生产经营企业，依托特色产业链各环节，如种子培育、生产、物流、营销等进行专业化分工协作；在此基础上，积极创办专业市场，创办行业商会协会，完善各类配套设施与服务，打造区域品牌、集群品牌，扶持特色产业集群成长。产业集群的形成与发展，将产生巨大的外部效应，弥补农业生产经营规模的不经济，提高特色产业的竞争力，从而为特色产业的长远发展奠定基础。

5. 延伸产业链，促进产业融合发展

在特色产业发展的基础上，要顺势而为，促进产业的可持续发展。一是要不断延伸产业链。农业生产由于处于第一次产业，向上不能拉长，向后也有较大难度，因此产业链往往比较短，如粮食生产的产业链只包含种子培育——粮食种植——收割——运输，产业链短，制约了农业生产的效益提高。拉长产业链需要跳出农业的框框，促进产业融合发展。像棠棣村的花木产业，近年来，借助田园综合体等平台，不断向第二产业与第三产业延伸，发展花木设计与深加工，推进园林设计与文化创意、花木展览与观光旅游发展，从而打破一二三产业的界限，促进产业融合发展，使产业链不断延伸，从而增加产业的增加值与效益。

农业的产业链与产业融合发展大有前途，多年来，韩国和我国台湾地区都大力推进一二三产业融合发展，提出了第六产业（一二三产业相加）概念，为农业生产提供了更广阔的前景。我国农村在促进农业产业化的基础上，也要树立融合发展观念，不断将农业向第二产业、第三产业延伸，如粮食生产在粮食收成、农业生产结束后，可以通过粮食各种深加工，发展食品制造加工、饮料、食用油、保健品、美肤产品、医药等第二产业，还可以发展观光农业、体验农业、餐饮食宿等农家乐，将农业延伸到第三产业。只有这样，才能做大做强农业，才能真正富农强村，才能实现农业的可持续发展。

6. 坚持创新发展，不断培育新动能

市场瞬息万变，一个企业或一个产业的发展绝非一帆风顺，产品与企业的发展有其生命周期，在剧烈的市场竞争中，如何使企业的生命更长、产业发展更旺盛？只有创新。对于一个产业的发展而言，创新包括制度创新、技术创新、产品创新、生产方式创新、商业模式创新、产业组织创新等。制度创新主要体现在企业制度的不断变革上，要根据市场环境的需要，不断变革企业制度，使企业的生产经营能适应市场竞争的需要。比如棠棣村的花木业，从最初的家家户户的个体经营，到20世纪九十年代中期后，转向开办花木公司、园林公司、园艺公司、生产基地，现在一些龙头企业积极向股份公司制度变革；技术创新是产品创新、生产方式创新与商业模式创新的重要基础，它对企业与产业竞争力的提高有着至关重要的作用；产品创新在于不断结合科学发展趋势与市场需求的趋势，研发性价比较高的新产品，满足社会日益增长的需要，促进企业与产业的可持续发展；生产方式创新在于生产工具及其运用方式的创新，从古代的手工生产方式，到工业革命后的机械化、电子科技带动下的自动化，到目前微电子新科技与数字经济引领下的智能化，农业生产也需要紧抓时代脉搏，大力发展智能化生产；商业模式创新主要指对商业经营方式的创新，如棠棣村20世纪九十年代在行商的基础上，引入花木基地，形成基地+公司+农户的经营模式，拓宽了市场。在目前阶段，需要利用互联网技术，发展网络交易与共享经济，促进线上线下融合，减少中间环节，降低交易成本，提高交易效率。同时，利用数字技术，引入共筹模式、共享模式，提高商业经营效率；产业组织创新则在政府、企业、中介组织、市场等产业主体间的有机组织形态的创新。棠棣村从改革开放初期的个体户生产经营模式，通过竞争与专业化分工合作，形成了产业集群，提高了产业竞争力。进入新世纪后，通过龙头企业带动、政府政策引导、中介服务配套、广大农户参与，形成了以龙头企业为中心、广大花农为外围的“中心—卫星”体系，从而使棠棣村花木业在剧烈的市场竞争中，能保持稳定持续的发展。

可以说，创新是永恒的发展主题。只有不断创新，才能使企业与经营主体保持活力，才能使产业保持核心竞争力，才能为产业发展提供源源不断的新动能。

改革开放以来，我国大量的村庄模范村在经济社会长足发展后，融入周边城镇，成为城镇的组成部分，村庄也消失在漫漫的工业化与城市化烟海中。而棠棣村坚持以花木特色产业为主导，在成功发展后，仍得以“农长在、村依旧、业兴旺、民富裕”。尽管棠棣村花木业在未来的发展中，道路不可能平坦如夷，但从棠棣村花木业的发展历史回顾中，我们可以坚信，棠棣村的花木特色产业一定会兴旺发达，棠棣村的“大花海”一定会越来越美丽、棠棣村的村民一定会越来越富裕。

# 访谈篇

## 吾生何为　乐活是乡

FANGTAN PIAN

WUSHENG HEWEI LEHUO SHIXIANG

在一个以农立国、编户齐民的国家里，农民与乡土的关系往往不只是“一生一世”而是“世世代代”。他们的生计在这里，他们的情感在这里，他们的血脉也在这里，他们生于斯，长于斯，是最了解也是最热爱这片土地的人。

## 一、村民访谈活动综述

农民，是中国人口的最大多数，但在历史的长河中，却成了“被迫”失声的一群人，因为他们没有话语权，也没有代言人。没有话语权，是因为话语权总是和权力、阶层联系在一起，只掌握在权力精英手中，也只有他们才能发出“有价值”、“有力量”的言论，才有资格臧否人物、指点江山，故而二十五史几同于帝王将相史；没有代言人，是因为在学而优则仕、君子远庖厨的时代里，很少有人会倾身体察这些泥脚子们的痛苦和欢乐，更不要说为他们奋笔呐喊了。

而农民群体本身，由于普遍性的生活贫困以及长久的教育缺失，文盲比率较高，缺乏将事件记录下来的文字水平，更缺少“记录”的意识。因此，能形成文本的乡村历史很少见。目前能看到的存世乡村文本，大多是一些账目、文书或者谱牒，而更多活生生的和有价值的历史叙述，只东鳞西爪地存留在人们的口耳相传之中。

毛泽东主席说过：“人民，只有人民，才是创造世界历史的动力。”（《论联合政府》）怎么让这些创造世界历史的动力“在历史的磁带上留下自己的声音”[①]？怎么让这些最了解、最热爱这片土地的人们描绘他们的家乡、他们的人生？口述史无疑具有革命性和颠覆性的意义。口述史的意义不仅在于“用人民自己的语言把历史还给人民，它在展现过去的同时，也帮助人民自己动手去构建自己的未

① 张佩国．口述史·社会记忆与乡村社会研究——浅谈民事诉讼档案的解读[J]. 史学月刊，2004，（12）：15.

来”[①]，而且他们的记忆、语言，甚至他们的一些观念、意识，可以让我们反省“权威”、“正统”的观点，从而“更现实、更公平地重构过去”[②]，让我们的历史更加丰满、鲜活，充满生命的韧性。

口述史的讲述者是一个个“个体”，但“人是悬挂在由他们自己编织的意义之网上的动物”[③]，每个人都会从自身的角度，在当时的情境背景下，对所接触到的事件、人物进行一定的意义评价，留下记忆。随着人生境遇和时代背景的变化，有些记忆会被遗忘，有些则可能被唤醒、加深；有些记忆会被否定，有些则可能展现出积极的一面。然而正是这种所谓的“记忆的不稳定性”，让我们在与“正史”记载的对比研究中，清晰地看到了民心所向，道义人心。例如一些正史中大张旗鼓宣扬推进的东西，在民间的记忆里却悄然无迹；正史中一笔带过的东西，在民间的记忆里却被反复歌功颂德甚至神化为信仰、习俗。我们也因此更深刻地理解了习近平主席反复强调的“为民办实事，成于务实”[④]的道理，再好的政策，只有乐民之所乐、忧民之所忧，才能真正惠及百姓，让百姓记在心里。这也正是我们这本书坚持做口述记录的重要原因，在为那些逝去的岁月、为棠棣村的风土民情保留下一份充满乡民喜怒哀乐的鲜活记忆的同时，也为秉笔者和施政者提供一个认识历史和现实的“底层”视角。

在这些或谦卑谨小或粗放豪迈的乡音里，我们努力体察和感悟着村民的勤苦忍耐、纯朴善良和聪明智慧。虽然有些“忍耐”已近于卑微，有些“智慧”已近于“狡黠”，但因为“设身处地”，所以听在我们耳里没有反感，只有深深的悲悯，悲生活之不易，悯人生之艰难。而当这些苦难和不易从他们的口中风清云淡地说出时，我们看到的是乡土的乐观和生命的坚韧。不同于日渐冷漠的世风，宽容和互助仍渗透于乡村生活的各个方面，包括家庭和邻里，这是他们快乐的源泉、坚韧的底气，也是他们几千年来面对艰苦岁月的法宝。

棠棣村现有村民 476 户 1468 人。[⑤]由刘家、头社、二社三个自然村组成，三村各有主姓，以前以务农为主，兼营兰业，个别有出仕、教书、做匠、经商、行医、从军等经历，改革开放后大多从事兰花和花木产业，有不少兰艺传承家庭。

---

① 保尔・汤普逊 . 过去的声音：口述史 [M]. 覃方明，渠东，张旅平 . 译 . 沈阳：辽宁教育出版社，2000：327.
② 保尔・汤普逊 . 过去的声音：口述史 [M]. 覃方明，渠东，张旅平 . 译 . 沈阳：辽宁教育出版社，2000：6.
③ 克利福德・格尔兹 . 文化的解释 [M]. 纳日碧力戈，译 . 上海 : 上海人民出版社，1999：5.
④ 习近平 . 之江新语 [G]. 杭州：浙江人民出版社，2018:247.
⑤ 2018 年年底的人口统计数据。

但村中年轻人的职业趋于复杂，一部分继承了家庭产业，一部分已通过高考、经商等途径走出村庄从事其他职业。从事兰花和花木产业的村民，有些以种植为主，有些以销售和经纪为主；有些主要在本地发展，有些长驻外省。村里还有一些长住棠棣村的外来民工，服务于棠棣村的花木产业，主要从事迁苗工作。

棠棣村调研从 2018 年启动，3 月 12 日，由绍兴市宣传部牵头召开座谈会，组织社科联、文广局、市农办、绍兴文理学院、绍兴职业学院等相关单位的领导、专家、乡贤，为我们介绍绍兴乡村建设的情况和存在的问题、解决的思路。漓渚镇文化站站长吕富君同志为我们介绍了漓渚镇和棠棣村的具体情况。2018 年 7 月 10 日，棠棣村党总支书记、村委主任刘建明给我们做了村庄整体情况的介绍。翌日，村委为我们组织了集体访谈，参加集体访谈的村民有钱传康、钱卫明、钱迪红、蒋岳兴、金锦康，整理出了近 6000 字的访谈记录。在对村庄情况有了基本了解后，我们充分考虑性别、年龄、职业、干群等因素，在村干部的帮助下，逐一确定一对一访谈对象。最后访谈了 25 人，形成了 22 份访谈文本，近 12 万字。访谈都由课题组成员完成，访谈文本也都由访谈人亲自整理。这样做虽然很花时间、精力，但好处也是显而易见的，因为整理的过程就是一个加深印象、理清思路的过程，也是一个发现问题的过程，可做及时补访和纠错。在完成基本访谈内容之后，我们还会根据书本各篇的写作需要，向被访人了解其个人经历之外的各种村庄事务，极大地丰富了本书的论述内容，也算是一种意外收获。访谈文本完成后，我们会及时返回给被访人，请他们核实、修正访谈内容，并签字允许访谈内容用于本书写作。

每一份访谈都是如此珍贵，每一份我们都想完整地保留，但限于书稿篇幅，只能忍痛放弃了近半的访谈（以经历、职业的典型性、代表性为选择原则），而且入选的访谈，也删除了与被访人本人经历关系不大的内容（删减部分以“……”符号标示）。入选的 12 篇访谈是：钱涛（钱仁棠孙子）/ 金静（金定先二女儿）/ 钱传康 / 金关心 / 金伟桥 / 徐伟凤 / 钱又夫 / 刘建明 / 谭克云、魏一梅、王本珍 / 钱迪红 / 盛建兰 / 刘梁涛，篇次安排以被访人的年龄为序（由儿孙代为接受访谈的，以老人年龄排序）。从老到小，这是晚辈对长辈的尊敬，也是体认世事的一种历史视角，“瓜瓞绵绵代代兴，螽斯蛰蛰千秋盛”（某宗祠对联），没有老哪有小，没有前事哪有后业！篇末附有访谈名单，以示对被访人的尊重。

## 二、村民访谈选登

### 钱涛（钱仁棠 [1930 年生] 孙子）访谈录

**被访人：**钱涛，男，1993 年生。 **访谈时间：**2018 年 12 月 27 日

**访谈人：**俞为洁 **整理人：**俞为洁

俞：听说你爷爷（钱仁棠）是抗美援朝的英雄，但因年事已高，不便接受采访，所以我们希望能从你这里了解一些他的情况，谢谢你能如约而来！

**钱：**没事的。

俞：谢谢！能先介绍一下你爷爷的基本情况吗？

**钱：**我爷爷出生于 1930 年 5 月。有一个弟弟，两个妹妹。我太爷爷就是村里的农民，爷爷年轻时是乡里民兵连的连长。

俞：你爷爷是什么时候参加抗美援朝志愿军的？

**钱：**当时参军很自豪的，村里人叫“抢光荣花”，我爷爷抢到了光荣花。但大家心里也知道，当兵是九死一生的事，但我爷爷还是毅然去了。我把他的入伍证带来了，从证上的信息看，爷爷是 1951 年 6 月在绍兴入伍的，1952 年 1 月 5 日进入朝鲜，那时他 22 岁，在华北坦克五团工兵营三连当战士。

俞：你爷爷立过功吗？

**钱：**立过两次三等功。我把他的立功证书和奖章也带来了，你可以看下。据他战友回忆，有次战役中，他们要冲锋，冲锋号一吹，他是冲在最前面的。美军投炸弹，他叫别人快趴倒快趴下，自己却还站着，此时一颗炸弹在他身旁炸开，他整个人被炸起的泥土埋住，战友都以为他牺牲了，挖出来发现他手脚还有点抖动，就把他抢救出来了，送回天津疗养了三四个月，诊断为歇斯底里症。部队给他记了三等功。当时奖状是发到乡里的，乡里敲锣打鼓来送奖状，家里人以为他牺牲了，一看只是受奖，又开心又光荣。奖状上的内容是：“钱仁堂同志在工作中创立功绩，业经批准，记三等功一次，这不仅是个人的光荣，全军的光荣，也是人民的光荣，祖国的光荣。特向钱德有先生报喜。”落款：中国人民志愿军司令部政治部恭贺。1952 年 5 月 10 日。盖章：中国人民志愿军关防。我爷爷原来就叫“钱仁堂”，是他自己后来改成“钱仁棠”的。钱德有就是我太爷爷。1952 年

8月15日他再次立三等功，“立功事迹”的内容是：“工作中积极努力，坚决完成任务。”

俞：听妇女主任徐伟凤说，漓渚镇做过统计，你爷爷是漓渚镇军功章最多的抗美援朝战士。

**钱：**是的，我爷爷是漓渚镇得军功章最多的。当时的朝鲜领袖金日成还接见过他们，只有得过军功章的人才有被接见资格，一般人还没得去的。金日成颁发给他一块三等功的银制奖章，正面是一个抱枪战士的图像，背后是一个朝鲜文，不认识。

俞：当时对军人家属有优抚政策吗？

**钱：**有的。这是我爷爷的“革命军人证明书”：军证字第五六六号。人民政府：兹有钱仁堂同志系贵漓渚区棠棣乡二村钱德有先生之子，于1951年6月参加我军，在战车一团任战士，请按《革命烈士家属革命军人家属优待暂行条例》对其家属给予优待，并希将革命军人证明书转其家属为盼。此致敬礼！中国人民志愿军政治部，1952年4月1日。证书的另一边印着：钱仁堂同志系1951年6月参加我军，现在战车一团工作，其家属得按革命军人家属享受优待，此证。盖的印章是：中国人民志愿军政治部。落款时间是：1952年4月1日。

俞：你爷爷什么时候复员的？

**钱：**1954年11月15日复员。这是他的复员军人证明书：

（23）浙换复字第120317号

钱仁堂同系浙江省绍兴县人，于1951年6月参加中国人民解放军，现为加强国家社会主义建设，特予复员。

中华人民共和国国防部

1954年11月15日

俞：政府还给过他什么荣誉吗？

**钱：**有。这一张是“中国人民政治协商会议全国委员会证”，落款时间是1951年。这一张是“全国人民慰问人民解放军代表团证”，落款时间是1954年2月17日。

俞：你爷爷复员后去了哪里？

**钱：**爷爷回来后去了绍兴钢铁厂（厂在东湖），工作一段时间后分配到了漓渚镇上的漓渚铁矿厂。1970年左右，厂里裁员，他就回村了当农民。我爷爷很低调的，回村后，就本本分分做农民了。

俞：你爷爷有几个孩子？

**钱：** 爷爷有 6 个孩子，四女二男，我爸是最小的孩子。

俞：你爷爷现在是谁在照顾？

**钱：** 爷爷现在 88 岁了，跟我住。因为我爸、我伯伯、姑姑几家人都在外地做花木生意，伯伯已去世（大概是 2002 年去世的），剩下 5 个子女轮流照顾，每人 15 天，轮到者回村来我家里住着照顾他。我就住在二社自然村。奶奶 2015 年去世的。

俞：你爷爷有养老金吗？

**钱：** 爷爷每月有 2000 多养老金，以前少一点，现在逐年在加。孩子们也都会给他钱。每年建军节时，民政局会给钱，最近几年都是 2000 元，以前没这么多。以前镇里会把钱包成红包送来，现在都是直接打在卡里。村里也会拿点礼物来慰问。

俞：爷爷和你住，看来你和爷爷的感情蛮好的？

**钱：** 是的。我从小就是跟爷爷奶奶生活的，父母一起出去做生意了。我父亲 17 岁开始就跟着哥哥姐姐到全国各地去卖花。我妈妈是三社自然村的，和我爸从小就认识的。我爸妈结婚时，还是借钱办的，那时大家生活还是很困难的，后面就靠勤劳致富了。

俞：你有兄弟姐妹吗？

**钱：** 我是独子，当时独生子女政策很严格的。

俞：小时候有堂、表兄妹做伴吗？

**钱：** 有的。我外婆家就在三社自然村。我妈妈的兄弟姐妹和我爸妈一样，也都在外地做生意。他们家的孩子都放在我外婆家养，因为他们没有爷爷奶奶，都去世了。我读小学时，有一半时间是住在外婆家的。我们都是男孩子，只有我舅舅有一儿一女，大家年龄相当，一起玩得很开心，我比较好动，喜欢有个伴。我们一群的男孩子，只有舅舅有一个女孩，大家都特别宠她。

俞：你在哪里读的中小学？

**钱：** 我就是在这里的棠棣乡中心小学读的。初中开始就到绍兴市里去读了，后来一直在外读书。

俞：那你一年很少见到父母了？

**钱:** 父母在河北石家庄市做花木生意，已经做了 20 多年了。学校放暑假时，我就去石家庄和父母住。父母只有过年才回来，过完年他们又走了。我相当于留守儿童了。现在村里还是这个样子，一到过年，村里什么牌照的车都有，村道上车都停满了，正月十五一过又都走了，在北方做的，基本上是过了正月十五走的，在其他地方做的，有些人初七初八就走了。

俞: 你现在在哪里工作？每天能回家吗？

**钱:** 我从杭州的中国计量大学毕业后，考入了绍兴市交警支队，做行政。每天回来的，约 20 来分钟的路程。

俞: 你为什么没接手家里的生意呢？

**钱:** 我爸在大多数时候都在广州组织货源，那里有大规模的种植基地，花木基本都是从广州发货，发到石家庄卖，我妈在石家庄负责销售。我主要是觉得到外地做生意太辛苦了，而且现在生意也不好做，成本也高，所以不想接班。

俞: 改革开放后，你爷爷做过生意吗？

**钱:** 有段时间，爷爷卖过茶叶，骑着自行车，批发点茶叶，到处去叫卖，也种花木卖，我父母不种花木的，只做销售。

俞: 你爷爷现在身体状况还好吗？

**钱:** 现在其他还好的，就是耳聋、腿脚不便，要拄双拐走路。原来他话不多，但挺喜欢动的，现在动不了，脾气就有点爆，老觉得自己没用了，走路都走不了了。“当年行军一小时能走 20 里路”，这句话现在几乎成了他的口头禅了。

俞: 这村里还有你爷爷的战友吗？

**钱:** 棠棣村没有了，旁边的棠一村还有一个健在，叫孙吉根，90 多岁了，身体还很健康，我爷爷常常念叨他。

俞: 你爷爷奶奶感情好吗？

**钱:** 我爷爷奶奶感情很好的，爷爷很敬重奶奶的，他在外时，家里都靠奶奶操持。奶奶去世时，爷爷还给她敬了一个军礼，我当时看了挺感动的。

俞: 你爷爷现在在家里都有些什么娱乐？

**钱:** 平时就看看电视，喜欢看新闻联播，看到电视里的习近平、李克强，他都知道的，看新闻他不会打瞌睡，看别的他会打瞌睡。有时还会自言自语: 习主席什么时候来呀！奶奶在世时，老两口喜欢听绍兴本地台播的莲花落，现在听得少了。

俞: 能和我说说你爷爷的生活趣事吗?

**钱：**我唱革命歌曲，"雄赳赳气昂昂跨过鸭绿江……"，他就很高兴。有一次我给他看他的立功证明书，上面印有毛泽东和朱德的像，他一看就认出来了，但给他看他自己年轻时的照片，他反而不认识了。爷爷把军功章保护得很好，这是他一生的荣誉。70 多岁的时候，他有时会别着军功章去买菜，有人（指文物贩子）想买他的军功章，一次次盯牢他，开始说一千，后来说三千。他说：我不卖的，要留给我孙子的。盯的次数多了，他怕人家抢他的军功章，菜也不去买了。现在他的军功章已经全部交给我保管了。

俞：你小时候，爷爷奶奶是怎么教育你的？

**钱：**爷爷奶奶文化不高，爷爷识字的，奶奶不识字的，对我的教育顺其自然，但做人的道理都跟我讲的。

俞：你是独生子，小时候家里要你干活吗？

**钱：**要我干活的。我会帮外婆干田里的活，跟着外婆到山上采野茶，野茶采来我外婆自己炒绿茶，采雨前茶，很香。还跟着奶奶去挖笋，奶奶是平水镇同康村人，挖笋很有经验的，例如挖冬笋，要看地表笋尖顶出的裂缝，不是乱挖的。笋可以做成笋干。

俞：棠棣村是个山村，以前出行方便吗？

**钱：**不方便。奶奶是平水镇同康村人，后来我的大姑姑（我爸的大姐）也嫁在了那个村。爷爷奶奶年轻时，到同康村去全靠走，都是山路，一大早就要出发了，几乎要走一天才能走到。我小时候，情况好点了，我家每年正月初一到大姑姑家拜年，要先坐车到同康村旁边的一个村，然后翻过一个山岭，才能到达同康村。

俞：为什么先要去大姑姑家拜年呢？

**钱：**其他几个姑姑都住得比较近，只有这个大姑姑嫁得最远了，所以我们家习惯先去大姑姑家，在那里住一晚，第二天把她一起接回棠棣村来过年。后来同康村也通汽车了，我们拜年就能当天来回了。初二是要去外婆家拜年的。

俞：村里有个白石庙，听说和同康村有关系的？

**钱：**是的，白石娘娘就供在平水同康村的白鹤殿，每两年棠棣村要去接过来一次，接的人农历六月十一晚上过去，六月十二把白石娘娘接过来，一路过来，每到一个村，村口都会祭祀。到棠棣村后，会搭起戏台做戏，唱越剧。

俞：谢谢你！

## 金静（金定先 [1938 年生] 二女儿）访谈录

**被访人：**金静，女，1968 年生。　**访谈时间：**2018 年 12 月 27 日

**访谈人：**俞为洁　**整理人：**俞为洁

俞：得知你父亲刚去世不久，真的很遗憾！但你父亲是村里的名人，他的人生经历和村庄的发展息息相关，是我们这本书不能不写的一个人物，所以只能请你帮我们回忆一点你父亲的生平事迹了，辛苦你了！能先告诉我一下你父亲的基本信息吗？

**金：**我爸 1937 年农历 12 月初八生，公历应该是 1938 年 1 月 9 日，今年 10 月 29 日去世的，82 岁了，党员……

俞：你爸有几个兄弟姐妹？

**金：**爷爷在爸爸没结婚时就去世了。我爸是长子，生活担子很重的，下面有四个弟弟，他上面有个姐姐，最小的是个妹妹。

俞：这些兄弟姐妹生活怎么样？

**金：**我大姑嫁到旁边的六峰村，六峰村比这里还穷，婆家原来是地主或富农，我记不清了，因为成分不好常受欺侮，日子难过，我爸老接济她。二叔当兵，退伍后在绍兴市教委开车。三叔在村里搞花木，种兰花。四叔（金伟先）36 岁就去世了。四叔很能干的，上世纪八十年代初的头社漂染厂就是他发起的，也是第一任的负责人，1983 年脑溢血去世了，主要是太辛苦了，跑业务，那时路都很难走的。我四叔因为比较聪明，"文化大革命"时常被村里找去训话。四叔去世后，厂子就由我爸接手了。村书记也来管，厂就分成了两个车间，各管一个。小叔在漓渚镇的矿冶厂工作，老婆是城里来的知青，现在住在绍兴市区。小姑嫁在漓渚镇上，嫁的就是镇上的老字号酱园"浩福昌酱园"那户人家。

俞：你爸有几个孩子？

**金：**我爸生了四个女儿，我是老二，我姐招女婿的，我姐夫（金立成）和我姐没结婚时就以养子的身份住在我家了，他来时大概 20 来岁吧，跟着我爸管理头社漂染厂，我爸去做花市后，厂子就交给我姐夫管了。姐夫后来还到村里做过村书记（就是刘建明书记之前的那一任）。我姐原来也在厂里做的，厂卖掉后就在家里了。

俞：你呢？

**金：**我婆家也是村里的，但公公原先在上海工作的，所以我老公以前也在上海工作的。1993 年我们结婚，他就回村了，我俩一起在头社漂染厂做工，一直做到 2006 年底，我姐夫把头社漂染厂卖掉了。

俞：为啥要卖厂呢？

**金：**因为当时镇里要求有污染的厂都搬迁到漓渚镇工业区，我们不想去，就把执照和设备转让掉了，但厂房还在的。

俞：那你们怎么办呢？

**金：**我们夫妻还在原厂房里做布的后处理，没污染的，一直做到 2015 年，因为美丽乡村建设需要，厂房这块地被列入了拆迁征地的范围，按区政府的标准赔我们钱，基本满意的，当然也是给了领导情面的，我们自己当然希望能还我们一块地，重新造房子办厂的。没有地，我们只能去嵊州租厂房做漂染了。

俞：厂子卖掉后，你姐夫做啥呢？

**金：**他转行做绿化工程企业了。现在负责大地园艺有限公司和棠棣花木有限公司。

俞：那你的两个妹妹呢？

**金：**我两个妹妹，最初和我们一起在头社漂染厂做，厂卖掉后，就到别的厂做业务。二妹嫁在棠一村，小妹嫁到诸暨去了。小妹和妹夫后来到嵊州和我们一起做漂染生意，妹夫还兼做外贸生意。

俞：小时候爸爸宠你们吗？

**金：**爸爸对我们教育很严格，但他人比较保守的，常对我们说：女人嘛，在家要听父母的，出嫁要听老公的。他住院期间，都是我们子女陪的，没有叫护工，老妈每天去，我们晚上陪。他们夫妻感情很好的。我们对他也很敬重。

俞：你们姐妹都有几个孩子呀？

**金：**我姐一儿一女，我一个儿子，二妹一个儿子，小妹一儿一女。二妹的儿子很厉害的，叫徐航波，重庆大学毕业，今年保送到南京大学读研究生，世界历史专业的。我爸追悼会的悼词就是他写的，大家都说写得好，他从小文章就写得很好的。他小时候在我们家里养的，我们院里有口井，有次他掉进去了，我爸和我妈说：这要死了，掉井里去了。后来总算捞起来了，大家都说大难不死，必有后福。医生说其他都没问题了，就是脑子缺氧时间太长，会傻点的。没想到没有傻，反而更聪明了。他和外公很聊得来，两个人在一起有说不完的话。

俞：能和我说说你爸办工厂时的情况吗？

**金：**我爸跑业务很认真的，每天记日记，记到全国各地的企业去跑业务的情况。主要做棉毛衫、汗衫的染色，后来做涤盖棉的染色，再后来慢慢做一些涤、棉的染色。棉比涤难做。九十年代初，村书记管的那个车间经营不理太想，债权债务全部转入我爸管的这个车间，1993 年改制，头社漂染厂改名为“头社漂染有限公司”。很快他就让我姐夫接班管厂，他自己跑去搞漓渚花市了，整个花市就是他搞起来的，销售花卉苗木，也可以承接一些绿化工程，他自己成立了大地园艺有限公司，兼种兰花。

俞：他怎么就放下厂子去做花木和兰花了呢？

**金：**我奶奶有个舅舅，我爸喊舅公的，这个舅公有一儿一女在上海，还有一个儿子在村里，经常跑上海去卖兰花。我爸种兰卖兰就是他舅公带出来的。其实他一直在做兰花的。改革开放前，卖兰花属于投机倒把，要偷偷跑出去卖的。我七八岁时（大约 1974、1975 年左右）家里的阳台上就搭了棚开始养兰花了。之前，兰花就放在屋角落里养，或养在他舅公家。我们原先住的是平房，七十年代中期造了一个二层的楼房，我爸自己会做木匠，比较能干。他做厂长时，也兼做兰花的。

俞：说到你爸的木匠手艺，村里很多人夸呢，说他是村里最好的木匠！

**金：**木匠活是他自学成材的，没跟师傅学过，还带出了很多徒弟，基本是村里的。他大概是 20 多岁时开始自己学着做木工的。我们村和周边别的村经常请他去打家具。村里也有别的木匠，但他打得比别人好。我爸生前老说：二社一户人家床上的“一根藤”是我做的，我要去买回来，别人做不出这么好的工艺。我妈就笑他，都老古董的东西了，买回来作啥！我家只剩一个八仙桌是他自己做的了。

俞：除木工外，还有别的手艺吗？

**金：**不做木工时，他还去外地烘茧赚钱。

俞：顺便问一下，以前村里养蚕吗？

**金：**我小时候，村里有养蚕，村里种桑树，集体有蚕房。也种茶叶，做绿茶。

俞：那时候，你爸外出做木工，生产队不管吗？

**金：**他外出做木工，要交队里钱的，但外面一天赚 6 毛，只需交队里 2 毛，还是合算的。但年底分粮时，因工分不够米就分得比较少，所以我家有时要向队里买米，好在我们都是女孩，吃得不多，如果都是男孩子，那肯定不够吃了。

俞：你爸读过书吗？

**金：**我爸初小毕业，喜欢看书，哲学、历史方面的书看得比较多，孔子、老子之类的。他还自学书法，我最近寄给一个江西兰友几幅我爸的书法，他回复说很喜欢，裱好挂起来了。种花，写字，看书，可以说是他的三大爱好。

俞：真是多才多艺呀！还有什么本领？

**金：**他的记忆力很好，而且看地图的本领很高，他只要看过地图就知道怎么走，我们开车出去，他看着地图都能给我们指路。

俞：你爸参加过村里的挑花队吗？

**金：**没有参加过挑花队，都是自己出去卖。因为当时他做的就是中高档兰花，有比较定向的客户。早期客户主要在上海，后来也常去成都、重庆、大理、昆明等养兰比较多的地方参加兰展，他是全国兰协的理事。湖北随州是蕙兰产地，那里的春兰不怎么香，但蕙兰比较香，那里发现好品种会送过来让他选，好的他会买下来。春兰和蕙兰在江浙一带养的人比较多，浙江的春兰比较香，宁绍地区都有，临安、杭州、金华一带也有。

俞：说说你爸的兰花事业吧！

**金：**我爸上世纪九十年代初就去韩国、日本、荷兰等国交流兰艺。有兰花得了金奖、一等奖时，他很自豪的。七十年代之前基本是采挖野生兰，普通的兰花一般采来都卖掉了，好品种留下繁殖，慢慢就知道哪些是好的了。他全国各地跑，找好品种。好品种要十几万一苗，上百万一苗也有。2004—2005 年，是兰花行情最好、价格最高的时候。那时是盛世，民间有句话叫“乱世买黄金，盛世买兰花”。那也是我们家卖兰花卖得最好的时候，按那时的价格算，我家兰花都要上亿了。

俞：村口的兰花品种园也是他办起来的吧？

**金：**是的，叫“中国春兰样品园”，是中国花卉协会兰花分会命名的，原先办在家里的，后来家里养不下了，就在棠棣村村口租了一块地。全国没有第二个春兰样品园了，收的品种特别全。

俞：你爸写过兰花方面的书吗？

**金：**写过一本书，上世纪九十年代出版的，叫《中国名种春兰图谱》，收录的应该都是他自己养过的兰花，照片也是他自己拍的。

俞：听你前面的讲述，你们子女好像都没有做兰花这行？

**金：**是的。我爸去世后，他留下的兰花就靠我们四个姐妹管了，我们都不太懂的，相对我懂得多点，我很想我儿子能接手，他现在还不太愿意，希望他以后能接上。我妈75岁了，不太懂兰花，没文化，不认字。我爸生病后，我和小妹都不到厂里做了，主要在村里为他管兰花。

俞：耽误了你这么长时间，非常感谢！

附录：金定先先生2009年手写简历。誊抄如下：

本人简历（金定先）

家世居兰花之乡，祖传兰业，本人于1952年已开始在上海卖兰种兰。

1.1962冬天去北京卖兰。

2.1963，往辽宁、吉林、黑龙江销售兰花。

3.1970，前往山东青岛、张店、济南卖兰。

4.1971，往黑龙江齐齐哈尔、北安等地销售兰花。

5.1977，又往山东张店等地推销兰花。

6.1978，前往福建龙岩、永定县等地山上采掘兰花。

7.1979，给邻村六峰办兰花场，往上海、江苏销售兰花。

8.1980，收集春蕙精品，有部分销往日本等地。

9.1984，参加绍兴市兰协，首届兰协理事。

10.1992，由我负责创办绍兴市花卉市场，又创建大地园艺有限公司，任总经理。

11.1993，出国前往日本考察兰花市场。

12.1995，前往欧洲荷兰、比利时、德国考察花卉市场。

13.2001，中国兰协批准我为全国兰协常务理事，我棠棣兰园批准为中国春兰样品园。

14.2009至目前为止，兰园内名兰一万盆以上，计七万余苗珍贵精品。历年参加全国和省市历届兰展，共得金银奖计120多块，现为县高级工程师，县首届民间艺人之一。

国家样品园棠棣兰园金定先<br>2009.12.30

## 钱传康访谈录

**被访人：**钱传康，男，1944 生。　　**访谈时间：**2018 年 12 月 26 日

**访谈人：**俞为洁　　**整理人：**俞为洁

俞：钱大伯您好！您是土生土长的棠棣村人吗？

**钱：**算是吧！

俞：为啥这么说？

**钱：**因为我父母不是这里的，爷爷也不是这里的，但我是这里的。父亲是（漓渚镇）漓渚村人，1950 年到浙江舟山当机械兵，立过几次功，转业回来后到杭州的浙建公司做机电工，他们公司 1956 年造过杭丝联这个工厂，1958 年造西泠饭店，然后公司驻扎在杭州的赤山埠，造刘庄、汪庄、林彪 704 工程，一直做到退休，我妹妹顶职。

俞：那您爷爷呢？

**钱：**我爷爷是（漓渚镇）棠二村大坞自然村的。我爷爷没有儿子，我父亲是爷爷的养子。

俞：那您怎么会到棠棣村的呢？

**钱：**我大姨是（漓渚镇）棠一村三社自然村的人，大姨叫我们来住，我们就在旁边的二社自然村买了块地和一间破房子住下了，我和弟弟妹妹都出生在这里。

俞：您爷爷是做什么的？

**钱：**爷爷种兰花的，挖来野兰，选育品种，如西神梅、宋梅等，一般的草兰是不值钱的。爷爷那时到上海去卖兰，主要也是卖品种兰。有次到上海时染上了传染病，40 岁就去世了，奶奶活到 90 岁。卖兰花很苦，到上海大户人家去卖兰花之前，都要花心思翻来覆去地想：他会问啥，我怎么回答才能把兰花卖出去？家里当年有很多西神梅的照片，大姨的公公和我爷爷一起做兰花生意的，照片都在他们家里，我七八岁的时候都还看到过，还有一些兰花书，大姨家当时比我们家富，房子比较好。我表哥（大姨的儿子）后来也做过兰花生意，但做的都是普通兰花。

俞：您的弟弟妹妹都在哪里工作呀？

**钱：**我有两个弟弟，大弟在村里种花卖花，小弟到部队当兵，河北唐山的北

京空军部队当标图员。复员后到绍兴县矿冶厂工作，工厂倒闭后，到石家庄卖花，后来生鼻咽癌，回到村里，治疗了 8 年后去世。

俞：您父亲退休时，为啥没让儿子顶职，而让小女儿顶职了呢？

**钱：**我当时在广电站工作，小弟当兵了，大弟生意做得很好了，所以顶职就让妹妹去了。

俞：说说您母亲好吗？

**钱：**我父母都是 1953 年入党的。我母亲（钱行企）解放后就参加工作了，先是在村里做妇女工作，参加土改等工作。1956 年到绍兴县农业局工作，负责蚕桑工作。1961 年响应国家号召，回到村里做农民，仍做妇女主任，是村里最早、做得时间最长的妇女主任。在农业局工作时，母亲要管漓渚、柯桥、钱清三个区，都是山区，都要爬山，都靠走。

俞：您父亲在杭州工作，您母亲工作也这么忙，那您小时候谁管您呢？

**钱：**家里家务都靠奶奶管，奶奶对我们小孩特别好，我们对奶奶也特别亲，奶奶 90 岁时高血压去世。我属猴，奶奶也属猴。

俞：您老伴是哪里人？什么时候嫁过来的？

**钱：**老伴是漓渚镇上人，她二哥是我初中的同班同学。她二哥是北大毕业的，和邓朴方（邓小平儿子）、李讷（毛主席的女儿）、廖辉（廖承志的儿子）是同一届，读东方语言系，当时"文化大革命"，外交部都砸烂了，他被分配到浙江宁波象山县石浦镇中学做外语老师，后来到象山县里做宣传部部长。他爸爸是杭州丰衣棉布店的经理，和我爸从小就是好友，当时我爸也在杭州浙建工作。她二哥毕业回来时，碰到我，邀我到家里玩，那是我第一次见到我老伴，一见钟情。当时她在（漓渚镇）大步村支农。两家给我俩拉线，当时我都 27 岁了，我奶奶都急死了。她小我 5 岁，22 岁。

俞：那时结婚有什么讲究？

**钱：**我们 1971 年结婚的，给了女方 200 元彩礼钱，用来买自行车、缝纫机等嫁妆。当时一般都给 200 元彩礼，农村的还要少点。我叫了几个小伙子，敲锣打鼓去接新娘，走去接，接上还得走回来，村里都是坑洼泥路或小石子路，什么东西都靠挑靠抬。路小，溪流弯弯曲曲的。嫁妆中有棉被、碗、马桶（雕花的，漓渚镇上有箍桶师傅）、双喜瓶等。男方负责修整房屋，准备家具。家具就是村里的木匠金定先做的。我有一个老同学王列标，很要好的，结婚时送来了鱼。

俞：为啥给您送鱼呢？

**钱：**他是福全镇下溇村人，下溇村养鱼多，村前就是一条港，这条港可以通到绍兴，港里捕鱼养鱼。那时知青都喜欢下到这个村，有鱼吃。他初中毕业后到下溇村做会计，后来做书记，再后来到福全乡做党委书记，又调到棠棣乡做党委书记，办了好多个集体企业，特别是福全金银饰品厂，到上海去搞关系，这个厂就是上海金银饰品厂拉过来的关系，当时他是政府官员，横向联系搞企业，还在村里办番薯粉丝厂、草纸厂。棠棣村的厂也是他帮着逐渐办起来的。后来又到县政协工作了。过年我会送点番薯丝去，他经常会送点鱼来，当时大家都苦，经常赤脚走路。

俞：您和老伴在家庭生活方面是怎么分工的？

**钱：**家里我主外，她主内，她家务做得很好，挑花边也挑得很好，到漓渚花边厂当过老师，教别人挑花边。后来又到镇上的知青厂做女工，后来厂倒闭了。

俞：您有几个孩子？

**钱：**有三个孩子，大女儿是1973年生的，二女儿1974年生，儿子1976年生。大女儿嫁在旁边的棠一村，女婿是木匠，八十年代美国哈佛大学考察村里时，去过她家，她家里装潢比较好。外孙女孙越，小名甜甜，名字是二女婿帮取的，"越"字代表绍兴，代表超越。她在浙江工商大学学财会，在全省大学生会计比赛中得了第一名，前几天刚参加完考复旦大学研究生的考试。二女儿，浙江幼师毕业，分配到浙江农业大学（现称浙江大学华家池校区）幼儿园工作，在浙江大学华家池幼儿园做老师，刚评上副教授。女婿也在浙江农业大学工作，武汉大学毕业的，和我女儿谈恋爱时他还是研究生，后来读博士、博士后，在浙江农业大学图书馆工作，现在是浙江大学中国西部研究院的副院长，博士生导师。外孙在杭州外国语学校读书，爱好美术，国际美术比赛得了第一名，第二个爱好是机器人，机器人比赛得了全国一等奖，现在澳大利亚读书，读机械设计。我儿子在桐乡电信局工作，是绍兴的浙江省邮电技校毕业的，分配到那里。媳妇在桐乡会计师会务所工作，是厦门大学研究生毕业，高级会计师，全省会计师比赛得了第六名。他们有两个孩子，大女儿读高中，重点班，喜欢英语，全国英语比赛得了二等奖。小女儿比大女儿小了12岁，都属马，在读幼儿园。

俞：在教养孩子方面您有什么心得吗？

**钱：**我们对孩子很严格，从小到大都没有零花钱的，农村有些人常乱给孩子钱用。他们从小读书就很好，喜欢读书，经常得奖。要他们注重平时的学习，二女儿怕考不好，问我怎么办？我就安慰二女儿考试不要紧张，平时读好，肯定不会差。我们也让孩子参加田里劳动，做家务，让他们吃苦，他们回到学校才会知道读书有多舒服。棠一村三社自然村有个孩子(后来上北大了)，很顽皮，不听课，但成绩特别好。我就去打听，问他：你为什么不学习还成绩这么好？他说他一早就起来预习，不懂的地方划线，听课时划线的地方听懂了就不听了，效率特别高，爱玩身体也特别好。我取了经回来，就教自家的孩子。

俞：您兄弟姐妹是怎么分担父母赡养责任的？

**钱：**我爸有高血压，单位比较关心他的。生病到漓渚镇医院住院，到食堂买饭菜时去世了，走得很突然。父亲去世后，母亲就跟我们住了，中间有五年，母亲到杭州妹妹家住的，今年的1月18日在杭州去世了。兄弟姐妹都给母亲钱……

俞：您怎么会到广播站工作的？

**钱：**我1972年到漓渚公社广播站工作的，和漓渚区政府用的是同一个机房。广播站有两个工作人员，一个女的管内勤、播音、接待，我管外面，工资30万(当时一块钱，大家戏称“一万”)，公社发的，半年发一次。公社只有7辆自行车，其中一辆是我的，管漓渚镇的广播、电话，广播、电话都是我装的，“文化大革命”时几乎天天开会，放录音，放造反派头子翁生鹤、张永生的讲话，大喇叭都是我去装的，当时真忙死了。家里农活都是兄弟姐妹帮着干的。我1973年入党，1999年退休。有广播电视后，我就不管电话了，由电信局的人管。

俞：您一个人要管这么多事，真当辛苦！

**钱：**当时很艰苦，到棠棣乡中心小学、到朱家坞接电线，电线都是绑在毛竹上的，当时设备很差，广播和电话虽然各有一根火线，但共用一根地线，所以放广播时，电话就无法听了，接听时电话里都是广播里的声音了，就为了省一根地线。有次到头社自然村一户人家收电话费，一开门，一只大狗就整个扑到我胸口上，两只爪子搭在我肩上，伸着舌头、头转来转去地闻我，我吓得一动不敢动，主人说不要紧的，它在闻你身上的气味，下次来它就晓得你是熟人了。

俞：工作中有什么让您印象特别深刻的事？

**钱：**有一天，有个黄山畈村村民的女儿都快死了，送出来看病，没钱，走到红星村时碰到我，我口袋里有刚发下来的30块工资，都给他了，后来孩子救活了，他很感激我，每次碰到我都要拉我去吃饭。我整天在乡村跑，看到小孩子走失，我都会先收着，广播帮他们找家长。

俞：过去生活苦吗？

**钱：**那时乡村特别苦，干部下村一般也不吃饭。有次县委书记来，棠棣公社的食堂做了一只鸡，算是最好的招待了。剩下的鸡头鸡尾做给我们吃，我们吃得好吃死了。平时我在区委食堂只吃 3 分钱的青菜，漓渚区区委书记会买肉饼蒸蛋吃，一毛五，算是最好的菜了。因为家里实在穷，我舍不得吃好菜的，我也不抽烟不喝酒，到现在也不抽烟不喝酒。

俞：您夫妻俩现在的退休金够用吗？退休金之外，还有别的收入吗？

**钱：**老伴有 2400 元，我有 5100 元。我们在自留地里种点菜，种点花木，但现在不太卖得出去。我们两老还给子女钱，比如外孙考上研究生、出国之类的，就给一万几千的，当奖励。我们平时不要孩子们钱。

俞：退休后为啥不随儿女到城里住，还住在村里？

**钱：**我的户口一直在村里，1971 年结婚时老伴迁入了户口。八十年代知识青年可以迁回城镇了，老伴户口就迁回镇里，成了居民户口，前几个月才重新迁回村里，但自留地没得分了，村里的选举权有的。所以我家的自留地只有我一个人的份。我的组织关系还在镇里。

俞：老两口平时都有些什么娱乐活动呀？

**钱：**我每天散步，要走一万步。老伴跳广场舞，弹电子琴，唱歌。

俞：您家里有人信教吗？

**钱：**老伴参加基督教。唱歌、弹琴就是在教会学的，教堂在漓渚镇上。

俞：听说您还是村民代表？

**钱：**村里选我当村民代表，村里的大事会先让我们村民代表议一议，我们主要作村委和村民的沟通协调工作。

俞：听说您还给来村里的游客做义务导游？

**钱：**有空时做义务导游。2016 年我二女婿陪哈佛大学的学者来考察时，就是我给他们做导游的，他们来了好几次。

俞：很敬佩您的奉献精神，向您致敬！同时也深深体会到您很爱您的家乡，为家乡自豪！……

## 金关心访谈录[①]

**被访人：**金关心，男，1946年生。 **访谈时间：**2019年4月26日

**访谈人：**金海萍 **整理人：**金海萍

小金：金师傅，我们先来聊一下您的工作吧？

**老金：**我年轻的时候，是做泥匠的。我父亲去世比较早，那时候我才5岁（虚岁）。家里比较困难，没有人照顾，只有一间草屋，竹子编织的，后来我自己一点点造房子，前前后后一共建了五次。我看牛看到14岁，我妈的舅舅，相当于我叫舅公的，当时在漓渚建筑大队，有点手艺，就让我去学徒，我才开始学泥工。

小金：那金师傅，你从什么时候开始造房子的？

**老金：**一开始是19岁开始，那时候是用我们当地的沙泥建起来的沙墙屋（注：因泥墙里掺沙比较多，所以叫沙墙屋）。一共三间沙墙屋，一共分开建了3次。到第四次要建房子的时候，家里条件稍微好了点，就想建砖房。由于没办相关手续，（砖房）建到一半就停工了。最后一次，大概1998年的时候，建了91个平方三层楼的砖房，当时用的是五孔板，在村里还比较先进的。

小金：那您是在哪次建房的时间前后娶妻的？

**老金：**讨老婆大概是1974年，那时候还是沙墙屋。

小金：那金师傅您学泥工之后呢？

**老金：**当时正是搞大协作运动，那时候我的户口已经在漓渚居委会了，结果同一年（1960年），户口马上迁回了农村。

我1964—1968年在漓渚铁矿，像东矿啊、西矿之类的，没有固定的地方，一般是在东矿比较多。漓渚铁矿做活是属于漓渚建筑大队承包的，因为那时候工作是需要有单位的，不能个人去做活。

1968—1970年左右在漓渚区建筑大队里做泥工，交过生产队后，每天只能拿到3毛，一个月就有9块钱，都是这么一点点省下来的。后来漓渚区建筑大队按照各个地方分开了，我们这里叫棠棣直供队。我在棠棣直供队干了不到两年，又跟漓渚合并了，称为漓渚建筑大队。我在这里一直做到改革开放以后，就个人承包做活了。

① 因访谈人和被访谈人都姓金，为示区别，访谈记录中金关心称“老金”，金海萍称“小金”。

小金：那您60—68年这段时间做了什么？

**老金：**这段时间我停了一下，回到了生产队做活。然后从18岁开始，又开始做泥工，一直做到近60岁。

小金：那差不多是2004年左右，那之后呢？

**老金：**不做泥工之后，我就帮别人做小工，像家里种点花木，给村里有苗木承包的人家种苗、迁苗等等，没有固定的地点。像兰花这边，[①] 已经是很后面的事情了。

小金：我看你们村里做苗木生意的比较多哦。那您自己在八十年代左右的时候怎么不考虑做苗木？

**老金：**那时候我在村里收入也算比较多了，也是一个5年的小包工头，底下管着十几个人。后来我考虑到做泥工需要爬高，风险比较大，做包工头风险就更大了。我想了想，还是不要做包工头了。但是我从来没考虑过自己做苗木，一是因为我自己这方面的经验不大丰富，我想想还是给别人打工的收入比较稳定。二是别人做苗木都需要去外地，我这人不怎么喜欢出门，我现在连有免费公交卡，都从来没有出门坐过。我老婆跟我的性格差不多，也是喜欢给别人做小工，做一天有一天的收入。三是做苗木需要很多本金的。

小金：金师傅，您刚刚讲到60岁以后自己也种点花木，这个规模大概有多少？怎么去卖掉的？

**老金：**这个规模不大的，就我自己的地，加上附近亲戚的地，一共10多亩。有人要来买的时候，就卖出去一点。也会有中间商来一起收。但是近几年做得不太好，因为现在市场上对苗木的要求越来越高了，我种起来的品种都不太对口，经常种起来后卖不掉，就没有什么信心了。比如之前他们说茶花卖得好，结果我种起来后，茶花变得不对口了，卖不出去。对市场不太了解。而且种苗木的人家，是需要承包的地越多越好，我的地太少了。

小金：那您怎么不考虑种小苗？

**老金：**种小苗需要的土地不够，尤其是种过大的花木的土地很难种小苗，而且种过一次需要换地方，别人都在外面租地，都自己开车去（我不会开车）。

小金：金师傅，能不能介绍一下您跟您妻子认识、在一起的过程？

**老金：**我们原来是邻居，相隔一间屋子的距离。

---

① 接受访谈时，金关心正在金立成的兰花大棚里做小工。

小金：你们有亲属关系吗？

**老金：**我们原来没有亲属关系，她也是姓金。

小金：你们是从小看对眼的吗？

**老金：**就是我在跟我舅公学徒做泥工的时候，通过我舅公牵线认识的。丈人看到我跟我母亲两个人相依为命，觉得我挺老实，很能吃苦，就看上我了。

小金：金师傅我看您结婚其实挺晚的。您对当时的结婚啊、彩礼啊这些还有印象吗？

**老金：**我结婚已经快29岁了。彩礼当时是288元，还要12套衣服，那时候的条件差不多就是这样。

小金：那娶妻的时候，您一个月收入大概有多少？

**老金：**当时一个月差不多有八九十块一个月，因为我当时包活，有2块多一天的收入，交给生产队每天1块钱，其他都归自己，收入已经高起来了。当时漓渚铁矿的工人已经开始羡慕我，觉得还是做手艺收入好。

小金：那那时候您家里条件怎么样？

**老金：**家里条件还是不行，因为基本上都靠我赚钱，我妈妈就在生产队里做活赚工分。

小金：那当时你们结婚办酒席有几桌？

**老金：**当时大概是11、12桌，因为邻居、亲戚什么的加起来，办了一天，吃了两顿。

小金：当时你妻子是做什么的？

**老金：**一开始是做农民的，后来我们结婚后，我带着她做小工，每天9毛钱。当时如果在生产队做的话，只有2毛钱一天。

小金：金师傅，您能跟我介绍一下您家小孩的情况吗？

**老金：**我有两个小孩。一个女儿，一个儿子。女儿属兔，今年45岁了，现在自己在搞外贸。她是四川工学院本科毕业的，英语很好，考出了6级，当时棠棣片女的本科生就我女儿一个，其他人都是大专、中专的。

小金：当时是您一定要让女儿读书，还是她自己想读？

**老金：**起初我老婆说女孩不用读那么高，所以她初中毕业就让她去厂里工作了。她做了三个月后，华甫中学的老师打电话过来，说她成绩考得不错，怎么不来读书了。后来还是让我女儿去读书了，还是开后门进去的，因为别人已经开学一个月了。第一学期有点跟不上，但是她班主任老师就说肯定能跟得上，第二个学期果然就跟上了。她本来可以考的更好，结果高考的时候提前 40 分钟就做好题了，在检查的过程中因为卷子有涂抹，反而被扣了 10 分，被老师骂了一顿。后来就考到了四川工学院。

小金：那她毕业后去了哪里？

**老金：**毕业后，一开始是在杭州工作，因为她英语好，是做外贸的，在别人公司年收入也有 30 万一年，但是给别人打工毕竟受拘束，所以后来就自己出来做了。

小金：那您女儿现在小孩多大了？

**老金：**现在我外孙女都有 19 岁了。我就一个外孙女，一个孙女。

小金：您女儿的对象是自己找的还是您给介绍的？

**老金：**是她自己找的。是在四川读书的时候找来的。一开始他们两地分居，我女婿是在海南岛，现在调回来了，在绍兴塔牌酒厂。

小金：那说说您儿子吧？

**老金：**我两个小孩就相差一岁，属龙的，他小时候书读不进，初中毕业，他现在在无锡，在全国各地做工程。原来他卖过花，后来我儿媳妇说卖花辛苦，就做工程了。

小金：他的工程是花木这块吗？

**老金：**是花木这块。

小金：那这部分手艺是跟村里的人学的吗？或者有村里的一些资源吗？

**老金：**是他自己创业创出来的。他在无锡开了个公司，雇了一帮人。他不太来村里的，做工程也是在全国各地，像去年就在新疆，今年长期在河南、重庆这块。像工程用的绿化苗木，也都是山东、宁波运来的。比如像在新疆做工程，必须要用当地的苗木，我们这边的苗木过去都种不活，种不活的话反而要负责，现在做工程都是要保证三年质量的。

小金：那您儿媳妇呢？是哪里人？他们怎么认识的？

**老金：**我儿媳妇是兰亭人，那时候我儿子长得帅，别人做介绍认识的，我儿媳妇看到我儿子，当时就喜欢上了，一定要赶去无锡跟我儿子在一起。我儿媳妇现在就是当家庭主妇，做做饭之类的。因为我儿子现在赚了钱，就在（棠棣）村隔壁建了房子，属于头社。

小金：那您儿子娶媳妇的时候，有多少彩礼啊？

**老金：**当时我的亲家一分钱彩礼都不要。本来那时候彩礼已经有点高了，差不多是2002年，要求高点的基本上要十几万、二十万。后来我就象征性地给了两万，用来当酒水钱。总不能说我讨儿媳妇一分钱都不出。

小金：两个小孩都被您培养的挺好的。

**老金：**两个孩子都是自己创业的，我这个老头子没什么用，没给太多帮助。

小金：那肯定是您家的家教、家风好，才能把小孩子培养的这么好。

**老金：**我经常跟我小孩说，我们家是忠厚人家，乱七八糟的事情不要去做，什么都要靠自己，不要去赚歪门邪道的钱。

小金：那您跟您妻子平时是一种怎么样的相处方式，是不是潜移默化地对孩子产生了影响？

**老金：**我老婆是埋头苦干的，今天又给别人做小工去了，其他乱七八糟的事情是不做的，也从来不会去骗别人。我儿子也一样，在做生意的时候，只有他被别人骗的时候，没有他去骗别人的事情。我儿子做生意那么多年，从来没有发生过年三十别人上门讨债的情况，一次都没有，只有上门来送礼物的。像去年，到正月初一还有人送礼过来。这还是能说明我儿子做生意是比较稳重、诚实的。

小金：那您跟您妻子平时会有争吵吗？

**老金：**结婚以后我们没有吵过架，顶多我要抽烟的时候，她让我少抽点烟。

小金：您家是“漓渚镇最美家庭”，是因为什么原因被评上的呢？

**老金：**可能是因为我们家从来不跟别人吵架，为人比较和善，其他的话我也说不出来。

小金：那有没有什么故事可以跟我们分享呀？像我看到文化礼堂里写着，您家对虞婆婆的帮助等等。

**老金：**她是一级残废，两只眼睛瞎了，耳朵也聋了。有时候她门开着的话，有点事情我都会去帮忙。不过现在好一些了，有个保姆在照顾她，每天傍晚给她买点菜烧点饭。她生性比较奇怪，一般人去敲门，她是不会开门的。如果她生病了，因为我住在她隔壁，就会去帮忙。

小金：有没有比较细节性的故事呀？

**老金：**有一次她在家里晕倒了，被别人发现了，然后来找我，我就把她送到卫生院里，后来挂了盐水，马上就好了。

小金：金师傅，您今年应该74岁了，村里对你们70岁以上的老年人有没有什么福利呀？

**老金：**一般过年到头有两壶油什么的，平时的活动因为我都在做小工，村里遇到唱戏什么的，我都没时间参加；有时候晚上唱戏的话，我就会去参与一下。有些邻居会说我真忙啊，戏都不来看。但是我还是觉得干活比较重要。我跟我老婆这方面很合，都是以干活为根本。像去年有国家干部来我家里采访，主要是采访我儿子，我因为要干活也就没有去接待。别人说哪怕看看国家干部也好，但我还是觉得干活比较重要。

小金：那村里有事的话，是怎么通知到你们的？

**老金：**一般都是妇女主任打电话通知我的。像今天你们来采访我，也是妇女主任联系我的。其他有事情的话，村里也都会电话通知到我们的。

小金：像你们之前选村书记、干部这些事情呢？

**老金：**村长、村委都是老百姓投票来选的。村里会早点通知，让老百姓都来，如果人不在村里，也要说好让谁来代替投票。

小金：您家是住在头社，您在村里亲戚多吗？

**老金：**我自己亲戚是不太多的，就我爹的堂兄弟在。我老婆姐妹比较多，我丈人的兄弟也多，所以加起来亲戚就多了。

小金：您亲戚少是因为您母亲生的孩子比较少吗？

**老金：**我母亲就我一个，本来上面有两个姐姐一个哥哥的，他们都在2、3岁时生病，发高烧死掉了。亲兄弟的话，我有一个同父异母的哥哥。这个事情说起来，因为我爹人很忠厚老实，但是家里很穷，他前面那个老婆在儿子只有3岁的时候就走掉了，听说后来嫁到杭州去了。那时候我母亲也比较困难，在21岁算老大姑娘的时候，到我爹家，说给他们领小孩。后来生了我。我哥哥18岁，我5岁的时候我爹就没了。那时候我哥哥已经自立了，爷爷奶奶有封建思想，对他好，对我们娘俩一点也不照顾。等到我长大了，已经做泥工的时候，我哥哥的妈妈回来过，我妈才告诉我这是我哥的亲生母亲。那时候我脾气比较差，很不理解我母亲为什么要嫁给我爹来吃苦。从此之后我爹前面的老婆就再也没来过。我哥哥也没了，我前面说的虞婆婆，其实是我的嫂子，我应该照顾她的。就是我嫂子脾气古怪，哪怕她的亲戚来，也不肯开门。我有时候跟她说，有亲戚来看她，还是要出去开门的，不然她摔倒在家里都没人知道。

小金：金师傅，您有上过学吗？

**老金：**读了一年，到小学一年级。本来要升到二年级了，那时候学费就 1 块钱，我妈妈还是拿不出来。别的同学的新书都发下来了，我没有，所以就没读书了，改放牛了。我看牛看到 14 岁，我妈的舅舅，相当于我叫舅公的，当时在漓渚建筑大队，有点手艺，就让我去学徒，我才开始学泥工。

小金：您母亲是哪边嫁过来的？

**老金：**是从漓渚镇街上嫁过来的。

小金：当时您父亲去世的时候您还很小，那您家的田啊之类的活怎么办？

**老金：**我父亲去世是在 1950 年，当时还不是生产队，是个人的田，我母亲当时 31 岁左右，很有能力，她又当爹又当妈，当时我还小，我妈种田、割稻都一个人搞定的。我爹死的那年，她还不会种田，到了第二年，她就学会（种田）了。到 1956 年开始，有互助组、低级社这些。当时困难的时候，她还跟着一帮男人去诸暨挑白竹，把我放在稻桶里睡着，旁边放一碗饭。我们那时候也没有亲戚叔伯照顾。我妈如果在的话，有 102 岁了。她是 74 岁没的。那时候真的苦，我的两个小孩又要读书，确实是我最困难的一段时间。现在我两个小孩经常说起来，奶奶如果活得久一点，就可以享福了。她是真的苦了一辈子。

小金：您刚刚说 1956 年后开始有互助组、低级社这些，当时您母亲有多少工分？

**老金：**她当时是五分钱的工分（注：正劳力有 10 分钱的工分），我小时候看牛有 2 分的工分。等到后来大起来，我做手艺了，就不计工分了……

## 金伟桥访谈录

**被访人：**金伟桥，男，1953 年生。现任棠棣村村委委员。

**访谈时间：**2018 年 12 月 26 日 **访谈人：**俞为洁 **整理人：**俞为洁

俞：金老师，您好！听说您当过老师，我们课题组想要对您做个访谈，您愿意吗？

**金：**好呀！

俞：我想先了解一下，您小时候是在哪里上学的？

**金：**在大方中心小学。大方中心小学是当时棠棣乡的中心小学，位置就在现在棠棣村头社自然村的东头，棠棣村和周边几个村的孩子都在这里上学，我小时候也在这里上学。1966 年我 14 岁，在那里读小学 6 年级，碰上“文化大革命”了，学校师生都去杭州串联，我没兴趣，没去。也就在这一年，我小学毕业了。

俞：然后呢？

**金：**1967 年我就参加生产队的劳动了。但第二年（1968）我就到头社小学教书去了。“文化大革命”开始后，大方中心小学只保留了 4—6 年级，1—3 年级都由各个村里自己办了。1973 年或许是 1974 年的时候，村办小学取消了，各村 1—3 年级的学生又重回大方中心小学上学，大方中心小学也恢复了 1—6 年级的学制。1985 年大方中心小学迁到现在兰心民宿处，因为这里环境更好，朝南，而且地块大。大方中心小学的位置被村民用来造住宅了。我在头社小学一直教到 1970 年还是 1971 年，我记不清了。然后就调到大方中心小学去做老师了。

俞：为啥您能调到大方中心小学去做老师？

**金：**我在头社小学当老师时，工作很努力的。当时大方中心小学的副校长钱泽民，因为“文化大革命”，下放到我们头社劳动，他是公立老师，福全镇人，很有水平的。“文化大革命”的时候，经常要画宣传画的，我们村的很多宣传画都是他画的。我那时就经常去请教他，我读小学时他是我的老师，现在我当老师了，他还是我的请教老师。

俞：您是公办还是民办老师？教什么课？

**金：**我是民办老师。那时大家都是民办老师，只有校长、副校长、教导主任是公家人，教导主任还管学校的日常工作，校长不光管这个小学，还要管镇里其他的中心小学。我教语文，兼教体育。我在这里读书的时候，体育课就在学校旁边的大方水库的土坝上上的，跑步做操，我在这里教书的时候，学校征用了一点周边的土地，学校面积扩大了，有了操场，体育课就可以在操场上上了，不用到坝上去了。

俞：听说大方小学的位置原来是个尼姑庵？

**金：**是的。听说以前对面的棠一村有个和尚庙，庵里尼姑和那个庙里的和尚关系蛮好的。民国时期庵废了，有人利用庵庙的房舍办了个私塾，后来又办了小学。有人还见过尼姑坐化时的大缸，有很多。庵的位置在庙山山脚下，周边农家不多，比较荒凉，旁边的山坡上有很多土坟，你现在看到的石砌坟，都是这些年子孙有钱后，为表孝心，重新砌的，以前都是土坟包。那时我们老师值夜班不敢一个人值，都是两个人搭伴壮胆。庵的地面上都铺着石板，还有大石础，是梁柱架构的房子，学校把庵的大殿隔成几间，就成了我们的教室和老师的办公室、宿舍。

俞：那时候学校之间有业务交流吗？

**金：**棠棣村西面的朱家坞村人比较多，小学也较大，有一个完小，和棠棣村隔着一个岳齿岭，我们经常翻岭到他们那里开会，他们也经常翻岭到我们这里开会，那时会多。开会时要自己带饭盒，饭加霉干菜，到那里的食堂蒸一下就能吃。林彪事件后，政治性会议少了，但学习交流多了，互相听课，提高业务水平。八十年代，学习风气很好，业务交流很多，很多老师还去考师范进修。

俞：当老师，您觉得值得吗？

**金：**值！教书时，大家碰到我，都会叫我一声金老师，我感到很自豪。现在许多人很多年没见了，看见了还会叫我一声金老师，棠一村有个村委委员，也是我学生，现在看到我还是很亲热的。说明我当时教书很认真很努力，得到了大家的认可。我有好几个学生考进了名牌大学，有些学生虽然读书不好，很顽皮，但后来企业做得很好，大部分是大老板了，也是本事。这些都让我很欣慰。而且作为一个老师，无论家庭有什么困难，心里有多烦，一走进教室，看到孩子们的笑脸，就什么烦恼都忘记了，开心了。我在那里一直教到 1984 年。

俞：为什么就不教了呢？

**金：**因为我父亲生病了，治疗费全部是自费的，最后还是没救过来，1982 年去世了。当时家里的钞票用光了，经济压力太大了。那时我教书每月只有 90 元工资，如果我到头社漂染厂做，就有 300 元工资，所以就决定辞职了。

俞：后悔吗？

**金：**后悔的，但当时实在没办法了，家里空了，还有老的小的要养。我辞职时，还和校长吵了一架，他不让我走。因为我学习、工作都很努力的。1981 年漓渚镇各个中心小学的老师，去参加绍兴县教师进修学校的考试，只有我一个人通过了，进修培训一年，拿到了中专文凭，民办老师里算高学历了。唉，如果我那时没辞职，后来也能转成公办老师了，现在每月至少有 6000 多元退休工资好拿了，悔也悔死了。我后来在头社漂染厂里工作时，开始交社保，45 岁开始交的，现在每月有 1700 元左右的养老金。

俞：虽然可惜，但您承担起了家中男人的责任，值得大家敬佩！您辞职后就到头社漂染厂工作了吗？

**金：**是的，我 1984 年辞职后就到头社漂染厂工作了，这个厂当时是头社集体所有，我堂兄金定先负责的。开始技术和设备比较差，只做腈纶漂染，后来设备好了，也做棉和涤纶。起先做的都是布匹漂染，后来主要做老头衫的漂染。我到厂里后，先跑了两年业务，1986 年开始当生产科科长，总管生产这一块，生产科科长实际上相当于副厂长了，老板厂里基本不管的，都是我管，老板主要在外面跑业务。1993 年转制，金定先承包了此厂，当年又转给了大女婿金立成，他自己去做兰花生意了，我仍在这个厂里做。2007 年，金立成把厂转卖给了几何印染有限公司，我仍在这家厂当生产厂长，一直干到 2016 年，我辞职回家了。

俞：辞职回家后，干点什么呢？

**金：**2016 年辞职，2017 年我当选棠棣村村委，现在在负责环境卫生这一块的工作。其实以前我就做过村委工作，2002 年我当选头社村委委员，民政局有红本子给我的，工资是村集体发的，是兼职的，人仍在漂染厂做的，那时金立成是头社的村书记。2003 年头社、二社、刘家三个自然村合并后，村干部过剩了，我就自动退出了。

俞：接下来我想问问您家人的情况，可以吗？能先和我说说您父母的情况吗？

**金：**可以。我父亲是头社人，1982 年去世了。我母亲是漓渚镇上嫁过来的，今年 88 岁了。

俞：您母亲现在的生活有保障吗？

**金：**母亲 75 岁时一次性交了 2700 元养老保险，现在每月 305 元养老金，当时没交的人现在只能拿到 100 多元。我们三个孩子都给她零用钱的，她自己独住，房子就在我弟弟家旁边。日常生活我们都会去照顾，我每天都去的，帮她打好井水，她喜欢用井水。

俞：您父母那一代人的生活，您还有记忆吗？

**金：**父母那一代人很辛苦的，男男女女都要参加生产队劳动。母亲参加大方水库建设时，我还小，嘴巴馋，知道村里几点钟要送点心（麦糕）到工地上去，我就赶着点绕很远的路去吃，其实就是把母亲这份吃掉了，母亲还得饿着肚子继续干活，想想母爱真是伟大。父亲很勤劳，生产队里做工回来，马上到自家自留地里去做，自留地都靠中午做的，吃饭都不准点，快到上工时间了，回来急乎乎扒几口饭，又赶去生产队出工。其实那时每个家庭的男人都是这样的。我做教师后，有休息天了，就可以帮他了。17 岁左右，我也参加劳动了，家里日子就好过点了。

俞：那时农民有休息天吗？

**金：**基本是一年无休。下雪下雨天有时能休息一下，有时也没得休息，要去疏通田里的水沟。农闲时，要去做农田改造，当时叫“大寨田”，或者去修水库。开春又要种田了，正月里只有两三天可以休息，年三十也得参加劳动。头社的田主要就靠那时造“大寨田”造出来的，好了我们后面的人，不然我们饭都要没得吃了。

俞：村里一共修了几个水库？

**金：**村里一共有五个水库，大方水库最大，大方水库是与棠一村共用的，可灌溉两村的农田。其他四个刘家双园池水库、倒山岭水库、刘家青龙湾水库、太山岭下水库（老太山岭下）都是棠棣村独用的。

俞：妇女也参加生产队劳动，那孩子怎么办呢？村里有托儿所吗？

**金：**没有。小孩只能带到工地、田头，放在“草窝”里（一种用稻草束盘扎起来的坐桶，下面可以放个火盆，中间有个竹制搁板，小孩坐在搁板上），有些小孩动来动去，就滑到桶底去了，被自己的大小便弄得浑身脏臭，有些被下面的火盆烫伤了。

俞：花了这么大力气造田修水库，有用吗？

**金：**有的。造田之前，村里主要是山地，种番薯，种大小麦。大寨田是梯田，造好后，就可以种水稻了，靠水库的水灌溉，产量也比较高，六七百斤一亩，当时算高产了。因为是新开田，土壤肥力较足，而且梯田会漏水，田里的水经常会干掉，产量反而比山下长期种水稻的水田高，可能是土壤比较疏松的原因吧。我第一年种没经验，没种好，后来向别人学，产量也很高。后来几年产量也是高的，大寨田真是好……

俞：过去村民日常都吃些什么？

**金：**小麦磨粉，做麦糕、“糕丝”（一种类似于面疙瘩的食品）、馒头、包子等食品吃。当时小麦不去皮的，做出来的面食焦焦黄的，口感很粗糙。大麦磨粉做“糕丝”吃。大小麦还是春荒救饥的重要食物。番薯，有时晒成番薯丝。番薯主要是卖钞票的，也当饭吃。我母亲有时晚餐煮一锅番薯，上面蒸一碗冷饭，大家分着吃。也煮番薯饭吃，或者煮番薯汤吃。我们这里很穷的，饭菜往往一起煮，舍不得吃白米饭，最多中饭吃一餐白米饭。那时肚里无油水，大家饭量都很大，我当教师，比别人吃得少点，可给家里省点粮食……

俞：您有几个兄弟姐妹？

**金：**我有一个姐姐，一个弟弟。我 13 岁时，姐姐 18 岁，嫁在二社，现已过世。当时村里姑娘一般都嫁在附近村。姐姐后面其实还有一个哥哥，小时候就夭折了，我没见过。我弟弟也在村里，自己做布匹生意，商铺在漓渚镇上，生意做得不错。

俞：您什么时候结婚的？

**金：**我 1978 年 26 岁时结婚的，我老伴是旁边福全镇赵建村人，嫁过来后先干农活，一两年后就到头社漂染厂工作了。

俞：您是自由恋爱还是媒婆做媒的？

**金：**是媒婆介绍的。308 元订婚钱，几百块钱办了一个喜酒宴，女方有嫁妆的，她是农村的，嫁妆当时算好的，连军用水壶都带过来了。她娘家赵建村是个平原村，种稻的，米多，饭吃得饱的，嫁到我们穷山村来，以为要吃苦头了，所以能带来的东西都带来了。

俞：您有几个孩子？

**金：**我有两个女孩。生大女儿时，正是计划生育最严的时候。7 年后政策放宽，才生了第二胎。大女儿浙江大学毕业，先考到柯桥区国土局工作，后来考到柯桥区教育局工作，现在在柯桥区纪委工作，住在柯桥，外孙女已 12 岁。小女儿毕业于绍兴文理学院医学院，现在在绍兴第二医院做护士，也结婚了，小孩 6 岁。生活都很好……

### 徐伟凤访谈记录

**被访人：**徐伟凤，女，1964 年生。现任棠棣村村委委员，妇女主任。

**访谈时间：**2018 年 12 月 27 日（宋）；2019 年 4 月 26 日（金）

**访谈人：**宋雪玲、金海萍　**整理人：**宋雪玲、金海萍宋：徐主任您好，根据课题组的安排，对您进行一个访谈。年底看您这里的工作也比较忙，很麻烦您晚上还过来配合我们的访谈。

**徐：**没关系的，是的，年底的工作太复杂了。您也看到我们两委班子的人看起来也挺多的了，但是事情真的多，完全没有空闲。操心太多了，我这个人也是很劳心的命了。

宋：徐主任，那您先讲讲您个人的情况吧。

**徐：**我高中读了一年，就没有读了，就出去了，在绍兴县外贸公司工作，我是做内衣打样的，管生产。1994 年，我 30 岁的时候，为了生二胎，我回到村里来。因为当时的政策，在工作是不能生二胎的。2000 年的时候，小的孩子开始读小学了，我就开始到村委工作，一直干到现在。我有两个小孩，一个女儿一个儿子，也是很幸福的。女儿已经出嫁了，外孙 5 岁。我爱人是做苗木工程的，等于是苗木经纪人，工作也还比较轻松。我个人做事情是比较认真的，每做一件事都想要做得很完美，去年获得了"浙江省最美妇女主任"的称号，柯桥区就我一个；今年又到省里参加了"省妇代会换届"，这在之前也是没有先例的。还有一些困难家庭，我也结了几个对子，每年节假日上门给小朋友送送玩具、新衣服，我们做点好事，收获也是很大的。

宋：咱们这个文化礼堂是 2015 年建的，我了解到这方面的工作主要是您在负责，请您介绍一下，好吗？

**徐：**说起文化活动，我们村里真的很丰富。这些天天气冷了，人稍微少一点。我们常规的活动是每个周末，都会搞"周末剧场"。村里的业余文艺爱好者，就过来跳跳舞，唱唱歌，村民自娱自乐，五月份开始到十月底，每个周末搞一次。我们村里有个舞蹈队，叫"棠棣之花"，我们用文化礼堂的活动经费，给她们做了统一的跳舞服装、鞋子，她们就更加有兴趣了。另外，还有书法、围棋、歌曲、朗诵都有的。每逢节日，比如冬至，我们组织村里的妇女一起做汤圆，做好了，村里的低保户、孤寡老人我们去给他们送几颗。像清明节，我们做艾饺；重阳节，我们组织村民给老人敬茶，给老人过重阳节，每年的活动形式都不一样。现在我们被评为五星级文化礼堂。

宋："周末剧场"参加的人规模大概有多少？

**徐：**观众经常是座无虚席，站还站了很多，一般一两百人是有的，还有的村民觉得室内的空间太小，想要到外面露天去演，老百姓很喜欢的，参与感也很强。

另外，我们还组织一些培训，像健康讲座、妇女卫生讲座，等等。比如我们请市医院的医生，为我们讲一些预防老年三高、心血管疾病的知识，预防妇女乳腺癌、宫颈癌防治等方面的知识；另外还请专家或者村里的种植能手讲一些农业知识，像插花、种植、小苗培育等等，有时候我们村书记还自己给村民上课。我们这里的老人很多的，像重阳节，我们每年设计的都不一样，比如今年就设计了老年人签名仪式，他们像明星一样。然后我们给老人送礼物，今年给他们每个人买了羊毛的红围巾，还给他们表演老人们喜欢的文艺节目，老人们都非常高兴的。另外特别值得一提的是，我们村里的金利飞。她公司开得很成功，每年重阳节都给村里七十岁以上的老人发剃头票，每月一张，发 12 张。请理发师傅每个礼拜到村里来，因为我们村里的留守老人蛮多的，对一些行动不太方便的老人来说，这其实解决了很大的问题。有些老人其实是两三个月理一次头发，所以很多人还把票送给别人，几乎等于村里所有的老人都是用金利飞送的理发票理发了。这其实为很多出门打工的子女解决了很大的困难。

宋：这是一个个人的行为，真的是很难得。理发这个事情虽然是小事，但是很少有人能想到这个事情，可是她都做出来了。

**徐：**是的，真的很不容易，这么多年坚持下来的。我曾经问她，这个要多少钱。她说没多少的，一两万块钱。她这个人很低调，考虑问题很细致很全面的，常常给村里特殊困难的人送钱，这都是她个人的行为。还有的老人不到七十岁，但是有些困难的，比如身体不好，小中风，她也送给他们。

宋：还有，我们这有个乡贤参事会，有没有比较固定的活动？

**徐：**乡贤，主要是我们村里在外做公职的人，平时也很难聚在一起，换届的时候会聚一聚。在外的乡贤，也会对村里的发展献计献策，还有的乡贤在外面比较成功，我们评出来的乡贤，也在精神上影响着村里的人。棠棣人的精神就是“人勤春早”，人勤劳是我们棠棣人的精神，人家都还在过春节的时候，棠棣人就已经出门做生意去了，所以说我们棠棣人的春比别人早。

宋：徐主任，还有我们村里的“家风家训”，这方面的情况请您介绍一下。昨天我问了刘老先生，他说他家里没有。

**徐：**“家风家训”，我们第一批做的时候，是作为美丽乡村建设，是主干道上的家庭；然后第二批，是村里的党员家庭、最美家庭，我们设计了很多家风家训，他们自己选择适合自己家的；当然也有一些村民家里的“家风家训”，是他们自己设计的，比如钱迪红家，就是他老爸自己说的“世盛千般好，家和万事兴”，他们家有兄弟俩，一直在一起经营，很和谐。比如有一户人家，她做媳妇的时候对婆婆不太好，现在她自己做婆婆了，我给她设计了一个家训，挂了一个“贤德妇人”的牌子。挂了之后，她反而变得很好了。所以说，家风家训挂上去，也有一种提醒或者警醒的作用。

宋：也就是这样的小事情，推动了乡村的精神文明建设。

**徐：**是的，我们村里还有一个“巾帼志愿队”，经常给村里长期在外经商的村民家里清理庭院。村里干群关系一直都很和谐。有一次我看到一家人，长期不在家，里面的荒草都要长到院墙外来了，我就爬过他家的围墙进去帮他家收拾了院子。后来，这户人家外出经商时，就把院子的钥匙给我了，我们志愿队会定期去给他们打扫，老百姓也满意并支持我们的工作。老百姓对我们的情感，也是点点滴滴积攒起来的。

金：徐老师，我们现在开始吧。因为确实这几次过来看到您都非常忙，对村里的事务非常尽心尽责。

**徐：**只是打杂啦！

金：没有没有，因为之前问各位村民村里的事务都是怎么通知的，大家都说是您一个个打电话过去。

**徐：**是这样的，因为我们是便民服务中心，相当于一种窗口性的服务。如果哪一天做得不好的话，你做得好的话，他记住了；做得不好，他更加记住了。所以肯定得做得好，尽量去做，尽量为老百姓办实事，能帮他们处理好的事情尽量处理好。这肯定是需要做得最细致、最极致的一点。因为我的工作上面，绝对也是做了应该做的事情，把本职工作都做好了，（除此之外还要）协调村两委会工作。

金：有没有一些具体的事例，这样写到书里，人物也比较鲜活。

**徐：**我做得最好、最细致的就是我的本职工作。具体的真的不太好说，因为我做的都是我职责范围内的事情。比如说计划生育这一块，现在领取准生证的时候，都是在 app 上让村民自己领。我把 app 发给他，帮助指导他们操作，再确定证到底领了没有。第二点，在服务这块，要做得很细致。比如说我们村里一胎妈妈、二胎妈妈，避孕这块，（发放）避孕工具有点尴尬，那么我就想了个办法，把所有需要用避孕药具的人，组建微信群，我在群里统一发，因为现在国家政策规定，避孕药具可以免费领取，这一点大家必须都知道，会有人打电话给你们。

金：给这些村民建群，是一胎、二胎的都放在一起吗？

**徐：**是的，有些人是生了一胎不要生二胎，有些是生了二胎，政策不允许继续生，那避孕这块怎么做呢？大家年纪都轻，都30出头，有的只有20多岁，我就跟她们说，我自己亲身经历了这个过程，如果意外怀孕，人工流产的话对身体有很大的伤害，一定要把避孕这块做好。现在国家可以免费发放避孕药具，如果你们不想用免费的产品，也可以自购，通知我一声，我在系统上说明一下；如果你们在外地的话，只要你们需要，私聊我也行，群里说一声也行，我会送货上门，在外地的话我就邮寄给你们。我曾经两次寄到广东去，邮费我自己出。（在本地）我送货上门的，我一般选晚上等他们在家里的时候，拿着一袋子给他们送到家里去。有的人不在家，我就放到他们家里，拍个照片告诉他们放在哪个位置。

金：工作真的非常细致。

**徐：**这个肯定要做到的，现在国家查得很严，有时候会给育龄妇女打电话，问他们知不知道国家免费发放避孕药具的政策，如果村民说不知道的话，相当于我们工作不到位。我给这80多个人建好群后，在群里声明这个群除了我发通知以外，不能发其他不相关的东西，因为这是我们计划生育的工作群，也是我们育龄妇女姐妹沟通的平台。比如讲有人问这个用套不太好，能不能有另外的方式。我就会建议她们其他的避孕方式。这些在群里都是可以沟通交流的。上次有个记者来采访，就让我把整个群的聊天记录给他拍下来。他说，你真的这样做的啊，我说，这哪里有假的。这个工作肯定要做到。

第二呢，我除了计划生育这块，其他工作，比如年底收医疗保险，我也做出纳这块工作。医疗保险这两年还好，因为普及很广泛了，村民们比较认同。前几年（这块工作）难啊，最多的时候我一年自己要垫付1万多、2万多。因为村民好多都在外地，前两年微信支付也没有那么普及，我就先帮他们垫付了，等村民回家，再一一还给我。这样呢双方得益。一方面么老百姓放心了，我都帮他们交好了，另一方面呢我也多交了几个朋友。现在什么都能少，朋友不能少。朋友多了，工作也好做了。我有时候去村里转，有些老年人会往我口袋里塞东西，把我当作自己的子女一样。上次俞老师（指本课题负责人俞为洁）她们来，我说我收到很多老年人送的东西，有干菜啊、蚕豆啊、土豆，虽然这些东西不值钱，但是我真的很感激。他们待我像待自己的子女一样。这一点呢肯定也是我以前的工作做的细致的结果。有的时候我晚上吃过晚饭收拾好家务活，我就去村里几个老年人家里转一下，去问下他们子女在外面的情况，家里有没有需要帮助的事情。他们也很乐意跟我讲。晚上到我家里来咨询的人也有很多，说说他们家出了什么情况，问我有没有可以帮忙的，我能帮的话肯定都帮的。

金：每天晚上基本上都会有一些村民到您家来，一般有多少人呀？

**徐：** 这段时间少一些，前两年最多，因为我们之前千亩花海（即千亩花田）改造的时候，涉及苗木处理款，发放现金不能超过 5000，超过 5000 需要做存单。做存单是需要身份证的，身份证一般情况下很难拿到，村民们多少有些顾虑。但是如果我去拿的话，只要电瓶车转一圈，全部都能拿到。这就是我以前工作做得到位，村民们比较相信我。这样对我的工作来说，也更好、更快开展。

金：徐主任，我想问一下，这个医疗保险是不是镇政府出一部分，然后村里出一部分。

**徐：** 我们村里 2019 年是每个人 420 元，但实际上全部费用要 1100 多，这是市、区两级补贴下来，我们再自己承担 420 元。这样村民的负担轻一些，而且赔付率也挺高的。

金：赔付率大概多少？

**徐：** 这个要看药的种类。

金：一般最高能报销多少钱？

**徐：** 现在好像封顶是 28 万 8 千，毕竟只付 420 块钱，这个（赔付率）已经挺高了。

现在我们正在普及，让村民在支付宝上面缴，我们全村 480 多户人家，1000 多个村民，我就通过把缴费链接发给大家，一来可以让大家再次确认自己的身份信息，老百姓也是非常配合。我们今年要缴医疗保险的是 1100 人左右，因为其余人都参加了社保，不需要缴了。

金：那医疗保险这块，相当于咱们村一共 1500 多人，有 1100 多人缴了这个医疗保险。

**徐：** 因为有些学校里缴了，有些自己参加社保，就不需要重复在村里缴了。另外这 1100 多人中，第一年推广的时候就有 700 多人自己在支付宝上缴费，也算是推广效果挺好的。所以我相当于主要是两块工作，一个是计划生育，一个是出纳。

金：出纳这块主要是医疗保险的收费这些是吧？

**徐：**医保收费是比较容易的，还有一块发放比较难。比如说田租费的发放。因为我们建造的东西、项目比较多，老百姓用地的地方也比较多。每年到年底的时候，租金都需要发放。这个比较麻烦，因为金额比较小，最少的2块钱也有，但这每年都要发的。本来我想大冬天的，可以坐在办公室空调房里发，但是比如说办公室到刘家，差不多要走10多分钟，来领钱的人大多是老年人，所以我就到自然村里面去发放，带上验钞机，拿着钱，直接到各自然村去。这样发放，第一是快，第二村民就不需要下来了，只要我上去就行。

金：确实您的工作做得很到位。

**徐：**我们妇女工作这块，比如说家风家训，我们第一批做的时候也是这么细致。我们有美丽乡村一条示范带，就是刘家上去那条路，在2016年的时候被评为绍兴市美丽乡村示范带，也是我们妇联牵头的。那这个家训怎么来的呢，我就是每家每户都上门去收集，我每天晚上吃过晚饭就出门。第一呢，村民可以自报，第二呢，我们也配备了50多条供村民自选。待全部收集以后，我们村里统一来制作，我们当时差不多花了10万左右，每块都要1000多呢。另外呢，文明家庭（的牌子）也都全部上墙了。

家风家训这块，我从第一年开始，就把每家每户的照片都拍下来，我说以后哪家哪户要用的时候，我就把照片拿出来，我都不需要看门牌号，根据这个家风家训就知道是谁家了。

还有庭院整洁这块。庭院整洁怎么来衡量标准呢？第一呢，我们有个庭院整洁户的衡量标准，庭院必须做到美化、绿化、净化。这样呢，我们就有了五星、四星、三星的分类标准。在执行工作中也真的挺难的，有的家庭户说，为什么上面一家是五星，下面一家也是五星，为什么我只有四星。我就会让另外两家打开园子，让他自己看，他们是怎么做的。有一次我看到中间一家，女东家也就30多岁，有一天她用板刷在刷门口，我看到了，就问她说，你家今天是有客人吗？她说，你给上面一家也是五星，下面一家也是五星，我这一家是四星，客人来了也难为情。所以我就要弄干净。我说，你弄干净了，我下个月马上把你家的四星换五星。

金：咱们这个庭院整洁户，是多久评选一次啊？

**徐：**我们差不多每年都在更新。在庭院建设这块，我们也碰到了比较多的难处。像我们村外出人口比较多，路边有几家（围墙）是铁艺的，镂空的，干不干净外面一看就看得出来。那怎么办呢？有一次我走在路上，看到有一户人家庭院里有挺多杂草，家里又没人，我们就商量了一下，借了梯子，爬进去给他们把杂草搞干净。第二年的时候，那家人家说，把庭院的钥匙给我，这样他们过年回来也干干净净的。

金：那谁来做这块工作呢？

**徐：**我们村里也是组建了志愿服务队，差不多一个季度左右，给他们整理一次庭院。

像我们志愿队里面，一般是50偏上，差不多60岁左右。然后我给她们组织的活动也挺多的。像我们文化礼堂这块，我叫一声，她们就都过来了。你看（注：徐伟凤调出手机照片）这是我们清明节的时候搞的，人虽然不多，但是服装都是统一的，是我们花香娘子军的服装。还有元宵节的时候，我们做了很多汤圆，给村里几个低保户、孤寡老人上门送去汤圆，虽然每个人也就一小袋。我们村里还有舞蹈队，差不多每个周末剧场都会搞一下活动。因为五星级文化礼堂的活动，每个月不能低于四次，所以这块工作也是有点压力的。（照片）这些都是我们的村民，大家都是玩得不亦乐乎。（照片）这是老年人的知识讲座，因为现在有太多老年人有高血压、糖尿病这些老年病，村里就委托镇政府去请了第二医院的专家，我们村里出钱。来听课的老年人真的很多，他们越来越注重自己的身体了。另外针对老年人，我们现在还在开展扫盲活动，整个文化礼堂全部都坐满了人。

我们还请来卫生院的护士上门来给老年人量血压。这是卫生院配合我们做的，免费上门服务，我们发点纸巾给护士们纪念一下。

金：那我们村里有没有一些针对老年人的福利，无论是讲座的，还是说过年这些福利？

**徐：**有的，一个是我们给村里每位60岁以上老年人保了一份意外险，老年人嘛，意外事故肯定有，刘书记就决定给每位60岁以上的老年人参保。第二呢，就是每年重阳节的时候，我们就把70岁以上的老年人请到文化礼堂来，给他们过重阳节，会给他们送礼，哪怕他们小孩不在身边，也能让他们享受到这种温馨。

金：一般有什么活动？

**徐：**礼品肯定是必买的，另外还会给老年人敬茶，（年纪）最大的几个老年人我们还会送上鲜花。有些我们会把他们子女请过来，今年还请了学校里的小朋友来敬茶。像今年，我们给每位老年人围上围巾，还在入口做了签名仪式，让他们感受一下当明星的感觉，还请厨师专门来烧汤圆。

老年人这块活动是搞得最多的，大头是健康讲座，第二块是年底慰问，第三块就是节假日的一些活动。现在村里老年人都笑嘻嘻的。去年年底发放物品的时候，老年人都笑得很开心。这块确实是刘书记做得细致，丰富老年人的生活。看上去这些活动都很简单，但实际上组织起来也挺麻烦的。

金：老年人都不会用微信，那你是如何通知他们的？

**徐：**对老年人，我们先列好名单，然后专门到自然村里叫一个威望比较高的老人，比如以前的村民小组长，让村民小组长去挨家挨户通知。如果有些通知不到，我们还是会把礼物留起来，我再骑着电瓶车把礼品送上去。其实老年人信息很灵的，虽然有些躺在床上，但是我不送上去，他们心里肯定会有想法，所以我就挨家挨户地送上去。

我记得我们有个老人，会把我误认为他的女儿，说我怎么好几天不去看他了，他家保姆说，是把我认成他女儿了。我们棠棣村外出做生意比较多，老年人照料这块确实欠缺，但是完全丢下老人的情况是很少的，基本上家里都有保姆……

## 钱又夫访谈录

**被访人：**钱又夫，男，1967 年生。　　**访谈时间：**2019 年 4 月 26 日

**访谈人：**闻海燕　　**整理人：**闻海燕

闻：钱总，您好！按照课题安排，我们想跟您做个访谈，可以吗？

**钱：**好的。

闻：听说您是村里第一个去广东做生意的？哪年去的？

**钱：**我是 1997 年香港回归那年去的广东。

闻：去广东之前你做什么工作？

**钱：**去广东之前和村里人一样全国各地挑担卖花卖草。我初中毕业后先学做油漆手艺，天热时在工地做油漆工，天冷时出去卖花。去过辽宁的丹东、海城，黑龙江的鹤岗、伊春，那时候东北经济条件比较好，买花的单位和个人比较多。我做油漆工差不多做了十年。

闻：后来为什么选择去广东做了呢？

**钱：** 广东气候比较适合苗木的生长，种类比较多，是全国的苗木交易中心。同时广东开放比较早，政策也要比内地好很多。我在丹东卖花时掌握了当地市场对苗木的需求情况，当时就把广东的苗木主要是阴生植物卖到丹东，有一定的基础。

闻：从广东到丹东，一南一北，路途遥远啊！

**钱：** 我曾经从广东发货到丹东，一辆大货车跑了六天六夜。当时我们是 4 人合伙，4 个人挤在一间驾驶室里，到丹东后，因为没提前找到放苗木的地方，我们就把遮阴网铺到地上，直接睡在地上。第二天要上门推销给各单位。当时当地的治安也不好，还要应付他们，饮食也不适应，非常艰苦。第二年认识了一个朋友，帮助我们在林场找了场地，吃住都解决了，才稍微好了些。现在我还和丹东的这个朋友有联系，有 20 年了。

1997 年与同学合伙在广州芳村区（现在的荔湾区）找了两块地，有 15 亩，年租金 1 万 3 千元每亩，投入有 20 多万。同学生意做得好，出了 15 万，我出了 5 万。第二年又扩建了一个花场，有 8 亩地，租金是每年一万两千左右每亩。

闻：条件有改善了吧？

**钱：** 当时花场旁边就是马路。我们租了店铺有二层，下面是放自行车等杂七杂八的工具，上面是阁楼。我们就住在阁楼上。阁楼只有一米高，腰直不起来的。房顶是石棉瓦铺的，不散热，夏天很热，也没有空调，还没有楼梯，我就从老家带个楼梯安上。

闻：这样持续了多久？

**钱：** 两年后，与合伙人分开，我们俩各建了一个花场。我在芳村经营有十多年。租了 8 亩地，主要做盆景。当时主要做小盆景，价值几十元到几百元、上万元的。不过盆景档次在不断升级，现在主要卖价值高的、几万元的，专业做罗汉松。产值每年都在增长。把浙江的罗汉松毛坯树运到广东，进行再加工，做造型，提高附加值，一般要培育三五年再出售。产品主要走高端路线。罗汉松最高端的是日本进口树。我做的盆景在国产树里也算是高端了，产品细分很多的，我主要做庭院绿化和风景树。专业做这块，技术和管理就会越来越强了。

闻：从本村及周边进货多吗？

**钱：** 不多，只占一小部分。为什么？主要是我们这里的品种档次不高。

闻：现在的公司情况怎么样？

**钱：** 我现在的公司在广东佛山陈村花卉世界，叫顺风花场，有 20 亩地，共有三块地。一块地是年租金 9 万元 / 亩，另两块是 2 万多 / 亩，年付租金有 60 多万元，签了 15 年合同。门面和基地是在一起的，前店后场。

闻：现在公司有多少员工？

**钱：** 负责浇水、打药、除草、养护的工人有 4 人，负责修剪、造型的技术人员有 4 人，管理及销售人员 2 人，还有一个亲戚（老婆的弟弟）帮我负责管理，他已跟我二十年了。

闻：主要都从哪里进货？

**钱：** 宁波滕头园林公司、广西等地进货，村里比较少。一般都是先跟公司联系，如果没有货了，就自己去找。

闻：进货的苗木产地是规模化的公司还是散户？

**钱：** 规模化的有，散户也有。一般都是有经纪人介绍的，也有自己去找的。以前都是从滕头公司里收，现在那里档次低了，好的苗比较少，我只好自己去找。谁家的苗木质量好我就买谁家的。我现在生意比较稳定了，每年卖出多少我就补多少。现在产值每年有一千多万。

闻：有没有打算在田园综合体里投资？

**钱：** 我已在千亩花市租了 9 亩左右的地，在精品盆景区。2019 年 5 月底水电、道路等基础设施全部搞好，6 月份我们入驻，进行内部建设，道路、水电铺设等。现在广东的生意请人管理，我今后重点放在千亩花市这里。田园综合体管委会经常请我回来商量千亩花市的精品盆景区的事情。我做生意时间长了，对市场比较了解。前几天把我和几个股东代表叫到一起商量花市的发展情况。

管理费是每亩每年 2000 元，租金八千八百元每亩。这个价格是管委会跟我们多次协商商定的。现在精品盆景区已经招满了。

闻：回家乡发展，也是参与家乡经济发展。

**钱：** 这里考虑的因素很多。第一，广东的市场基本饱和了，浙江这边经济发展快，消费能力强，是成长型的市场。第二，父母、孩子都需要照顾。早些年在广东发展，当时大女儿才 6 岁，一直由父母带大，现在小女儿上高中。忙于做生意，一直对父母、孩子亏欠很多。

闻：您是村里第一个去广州的，对村里人帮助很大吧？

**钱:** 我去得早，后来村里有 100 多人去广州搞花场。村里去的人我都会帮忙的。比如，他们刚到广州时没有地，零租不好租，我就把我租的地转租给他们一部分。刚开始在芳村时，来的老乡们跟我借钱的比较多，我有一个厚本子记满了账，都是三、五十的。比如借车等力所能及的帮助总有的。因为我已经有了一定的人脉，老乡们有事，我都会尽力帮忙，免费义务帮忙。我能帮忙的我都尽力帮忙，以前家乡这边政府部门来考察也会找我的。

现在花卉世界有 50 多人，平时联系很多的。有专门的浙江苗木批发市场，早在 20 多年前就有，是自发的，大部分是老乡（一个镇里的）。当时我在这个市场有一小部分。

闻：村里的事情会参与吗？

**钱:** 村里的事务也都会参与讨论的，村里有微信跟我们联系的。

闻：以前村里修路很多苗木经营户都捐款了，你也捐了吧？

**钱:** 村里修机耕路我捐了两千，而且地上的苗木无偿迁出。当时我在广东，我委托朋友帮忙把苗迁出去了，村里的事情还是要支持的。

闻：对回来发展有信心吗？

**钱:** 有信心。现在村里建设得越来越好。以前广东那边发展得好，现在看看我们这里发展得更好。我刚去广东时最早住在一个村长家里的，那时候感觉他们很富，住的都是楼房，很宽敞。去年去村长家喝喜酒，也是二十多年的朋友了，发现他们村里变化不大，楼房都是五六层，密密麻麻的，都租给外地人，村庄一点都不美。

农业是个周期长的产业，还希望国家的农业政策要有稳定性，农业投资环境也要稳定，这样我们才敢长期投资。

闻：今天就到这里吧，谢谢您。

**刘建明访谈录**

---

**被访人:** 刘建明，男，1967 年生。现任棠棣村党总支书记、村委主任。

**访谈时间:** 2019 年 4 月 24 日

**访谈人:** 闻海燕　张秀梅　**整理人:** 闻海燕　张秀梅

---

闻：刘书记您好！按照课题安排，我们想跟您做个访谈，可以吗？

**刘：**好的。

闻：刘书记，您也是很小就出去卖花了吗？

**刘：**我初二下半年 14 岁就外出卖花。那时候家里穷，记得大哥订婚时的白色的确良衬衣都是向别人借的。我有三个哥哥。记忆中，家里有三间草房加上一个小阁楼，家里住得很挤，几个人都塞在一起的。寒假暑假去卖花，卖花回来后有时间我又接着读书。那时候整个国家生活水平都不高，只有大城市能买得起花。我就利用暑假去上海卖花。一次能挣几十块钱，一直做到 1980 年左右。那时候本地刚刚兴起做苗圃，我就把北方的茶梅、茶花、五针松等挑回来，卖给本地苗圃，我们这里没这个品种。到 1984 年时赶上经济形势不好，苗木滞销，总的形势都不好，"龙柏烧狗肉"。以前苗木从外地挑回来是不愁卖的，后来要推销才行。本地卖不掉，要卖给外地的苗圃。本地培育的小桂花我们叫种子桂花，小桂花、小茶花要挑出去卖给外地的国有林场、集体农场。我把苗木挑进来做了 6 年，大的苗木卖给本地苗圃，再把本地培育的小苗木卖给外地，如湖南、江西等地，挣个差价。当时村里规定务农的人是不能外出贩花的，因为要完成粮食产销任务，要把粮食交到粮管所。所以我们都是偷偷去外地贩花的。

我后来到绍兴卖涤纶丝做了 6 年。那时候国有公司多，需要营销。我把涤纶丝买回来又卖给广东佛山那边，也是挣差价，一年能挣十多万。又在绍兴县头社漂染厂做业务员，做了 5 年。之后我自己开了一家制衣厂，同时，在 1996 年办了一个苗圃，名字是"绍兴百花园艺场"，这两个企业自筹资金大约二三百万吧。制衣厂主要做外贸，后来不开了。

闻：那时候三个哥哥都做什么工作呢？

**刘：**大哥在家务农，二哥在河北保定当兵，后来转了志愿兵，三哥在刘家苗圃、棠棣二场苗圃工作，工资都不是很高。

闻：现在百花园艺公司经营还好吧？

**刘：**目前有基地 400 亩，主要种苗木。土地主要是漓渚、兰亭的土地租过来的。公司主要做工程，包括房产和市政。基地的苗木大部分是自己做的房产和市政工程消化掉了，少部分零卖给一些客户。2018 年产值在 4000 万～5000 万之间。

闻：公司有多少人？

**刘：**公司有职工 25 人左右，主要是施工员比较多，大部分是根据工程情况聘用。一般女工工资 80 ～ 100 元 / 天，男工工资是 200 ～ 350 元 / 天。

闻：公司有几级资质？

**刘：**原来公司是二级资质。后来国家取消园林资质评选了。现在是绍兴市及柯桥区农业龙头企业。

闻：听说您还牵头成立了专业合作社？

**刘：**当时是 5 家亲戚朋友合股成立的。在销售上把零散型的散户种的小苗木收购过来卖给大公司。联系了 40 ～ 50 户。合作社采取股份制形式，我是大股东。目前运营正常。

闻：您可以把棠棣村花木经济的发展过程简单概况一下吗？

**刘：**棠棣村花木经济的起步阶段可以概况为：山上挖兰、培育→外地推销。发展到目前阶段是：公司 + 农户、工程 + 基地等多种方式。

闻：村集体经济发展怎么样？

**刘：**因为以前集体的山、田、地都分给各家各户了，集体的厂房、企业也都转制了，所以在 2003 年之前可以说集体经济是没有的。这些年特别是 2015 年后集体经济收入在逐渐增加。这其中大部分是项目收入，比如美丽乡村奖励资金。不过我对村集体经济未来的预期比较高。

闻：为什么这么说呢？

**刘：**我们村这两年陆续建成了村委办公楼和文化礼堂、乡村振兴实训基地，这些都属于集体资产。同时，我们把农户的承包田、地流转到村集体的土地再次流转给大户，随着国家级田园综合体建设，流转收入会有增加。同时，随着乡村振兴实训基地启用、智慧农业发展，相信村集体经济收入会有很大增长。

闻：在和村民访谈交流时大多数村民都不希望子女做苗木种植这一行，那么棠棣村将来也面临“谁来种地”的问题，您怎么看？

**刘：**下一代人不愿种苗木是因为种苗木太辛苦，而且周期长见效慢。所以，我们要发展附加值高的树桩盆景和高品质的苗木。培养园艺师，同时还要发展智慧农业。因为信息技术应用到花卉种植上，可以几个月就出花，成熟快。我们村里边也在适应形势发展慢慢转型。我们与杭州电子科技大学合作发展智慧农业。合作方式是村集体以土地和基础设施入股占 30%—40%，田园综合体公司出资金，占 30%，校方以技术入股，占 30%。千亩花市和千亩花苑可以为花木经济发展提供更多的机会。千亩花苑里主要是培育兰花，村里已有花农租用几十亩千亩花苑的土地培育兰花。田园综合体有政策支持，比如部分租金减免、大棚也有一些补助，同时银行贷款可以免抵押物，是信用贷款。千亩花市可以拉动村里的花木经济发展。最有吸引力的应该是智慧农业了，可看、可游，有较好的经济收入，又体面，可以给下一代创造更多的就业机会。

张：刘书记，接下来聊聊您是怎么管理村子，带领大家一起发展的。

**刘：**我是 1997 年 1 月份到村里工作的，那时候还是小村，就是刘家村当支部书记。镇里的领导已经和我说了几年了，一直希望我到村里来工作。我那时已经在办厂开公司，说白了呢，也是要放弃自己的经营，所以一直也没同意。那天镇里的党委书记跟我谈了一个上午，一定要我担任村里的书记，就是任命的。那时我们小村经济上也没有什么东西，通过一两年时间，我把整个刘家村从几个方面都做到领先。一个是“厕改”，就是厕所改革，把露天粪坑改成小型集中；一个是“坟改”，就是坟墓改革，当时规定“可视范围”内，看得到的地方，必须把坟墓迁走，原来规定是 30 米到 50 米范围。这两个我们刘家村在全镇是走在前列的，因为像这种工作在很多村庄是做不下去的。

张：刘书记，那您在推动这两项工作过程中，也是有难度的吧？

**刘：**难度是大的。那时候老百姓还没有卫生意识，觉得方便就好。以前需要有机肥，露天粪坑一个是解决老百姓上厕所，一个是解决有机肥。厕所改革的话，我们要做得好首先拆要拆光，就是要集中处理。一是我们选的点比较好，老百姓要方便。二是我们集中处理后还能让老百姓使用有机肥。坟改，一是靠上面的政策，二是要实实在在地做工作，挨家挨户地走。关键是要靠个人魅力，村干部要有威信，农村里讲“买你面子”。我认为村干部的威信很重要。一年到头，我们村里老百姓到我办公室来反映问题的，可以说寥寥无几，基本上没有的。不像有些地方，书记、村长办公室像会客室，专家门诊一样，忙得不得了。便民服务中心就是办事的地方，办完事就走了，不是聊天抽烟的地方，我们不放烟缸的。我们村只要不放烟缸就是不让抽烟的。要有规矩，没有规矩几个月时间就乱了。

张：刘书记，那您说个人的魅力或是威信是怎么来的呢？

**刘：**这个靠平时一点一滴积累起来的。老百姓“买你面子”也会买，不买你面子你也没办法，十样事情，一样不好的话，就都说你不好。不是说一生出来就有威信，而是靠一点一滴做出来的。我们村两委会人员很团结，我们村合并后，村干部一个也没有换过，村干部确实都会做事情，所以到我这里来反映问题的不多的。我只要“对上”，信息要灵，好的项目要去争取，这样就行了。我开玩笑说，我们村从“无”到“有”，到现在基础设施走在全镇的前列，比如我们的村办公楼、文化礼堂、便民服务中心、乡村振兴实训基地。我们村的发展也得到市里领导、区里领导关怀与支持，工作上对我们认可，需要村干部能干事，事情要干好，上级的项目才会给你。

张：我们村都做了哪些项目呢？

**刘：**我们村真正发展快起来是2013年开始。之前也就是2010年绍兴市里提出来叫环境整治，村庄扫扫干净，就像衣服一样，破没关系，洗要洗干净。2011年我们做了一个大的动作，提出来就是美丽乡村建设，我们把村的外墙面都做了一下改造，几个主要的节点也做了改造，比如建了廊、亭。2013年我们把路灯都改了，路面也改了，去争取了浙江省最美村庄。我们把以前的“小型集中”的厕所，一次性全部拆掉，全部改成了水冲式公厕，那时候水冲式公厕是最好的了。一共是三个，每个自然村一个。这个也是有难度的，因为老百姓要施肥嘛，那么，我们一个是留好出口，一个是做工作。在2013年以前我们把污水已经纳管处理，政策贴的钱是800元每户，一般的话是做不下来的。我们做了一个试点，把刘家村自然村作为县里的试点。资金上我们自己也凑一点，工程上也欠一点，有钱了再付给他们。2013年我们还处理了1000多个柴堆、草堆。这个柴堆、草堆都是几十年堆下来了，有的都二十多三十年了，老百姓是用这个来占地的。清理出来以后，这些土地就变成集体公用的。

张：刘书记这个清理柴堆、草堆的工作也不好做吧，我们是怎么推进的呢？

**刘：**我们把好清的先清掉，后来再慢慢地做工作。你说95%的人都清掉的话，就几家人没清掉的话，他们也没面子的。农村里一般比较难做工作的也就那几户，但是符合村庄发展的还是要按照这个要求来的。

张：刘书记我们做项目或是具体工作的流程一般是怎么样的呢？

**刘：**重要的事情都是支委、村两委讨论过的，决定要做的事情，就要开党员大会、村民代表会议、户长会议，所有大的项目我们都必须开这几个会。开会，一个也是决策；另一个也是推进工作，开会要把意图讲清楚，要让他们去领会。

张：我们村民因为要外出经营，流动的多，那是怎么参与村务，参加这些会的呢？

**刘：**他们要一直在外面的话，我们会电话跟他们基本说一下大致的情况。一般来说是老婆在外面，在花卉市场门市部的多，老公进进出出的多，因为他要找苗木的，因为苗木不是工业产品，每一棵都不一样，相差很大，苗木找得好一点，价格也好一点，所以要找。党员活动，每个月 10 号。在外的党员，如果长期在外面的话，我们就没有要求参与活动，但是叫“离乡不离党”，我们有“党员群”微信群，一般的事情上面发发就可以了。重要的事情会再通知他们的。现在上面有 39 个党员，年纪大的有一些不会弄微信的，没在上面。我们还有“村事大家管”微信群，村里的事情都会在上面说的。如果具体的事情，会让他们回来，或者让他们亲戚代一下，有一些需要签字什么的事情。在外地的话，沟通相对难一点。你说我们让他们回来的话，来回的车费我们也不能报销。像我们去年有个项目是“旱地改水田”，涉及坟墓 120 多只要迁移，还有苗木、土地面积，你要在家嘛就方便了，这种事很多农户不放心的，你做工作就比较难做。要么，他们电话打给我，要么我打给他们。像这种项目我们前期工作做比较细，上级党委政府一直都在夸我们。每一个项目做下去的话，老百姓都比较愉快，没有一个人有想法、意见。我们迁的 120 只坟墓，基本上涉及整个村，因为一个坟墓可能五家人都有份，你说如果一家同意，另一家不同意，肯定不行。在这当中我们涉及的人开会开得多少个会。没有一家人有意见，都是说做得好。这是最大的难事。现在我们村这个旱改项目将近 480 亩土地。下个礼拜我们就要测绘测好，放样放好，苗木的话都要迁移。面积上都有差异，以前的话，地也好，田也好，分给他们的话，这个面积多少都有差异，这次我们要确定下来。

张：迁坟墓、苗木都涉及赔偿，我们的标准是怎样的呢？

**刘：**苗木的话，我们是两万块钱一亩。我们叫“面花迁移补偿费”。就是一刀切，不管好也好，不好也好，就是两万块钱。

张：那他们没意见吗？

**刘：**肯定是有几家不愿意的。所有工作都是一样的。因为涉及上百户人家，大的范围，愿意的先做下去，后面一家两家我们再做工作了。

张：那工作难做的，补偿费要多给吗？

**刘：**那不行的。这个是不允许的。我们现在村里的账都是要交到镇里的，我们村里只有管一下，发票都要到镇里去审，“三资管理办”，包括我们的合同也好，包括村里有存款的话，我都要签字，付出去也好，拿进来也好，我们只不过是过了一下账，没有权利的。我们做得很规范的……

张：我们村现在还有没有种田的了？

**刘：** 没有了。除了我们现在这个旱地改水田项目，上面要求我们三年都要种农作物。我们已经改了有230亩，地是老百姓这里流转过来的。我们准备转包给种粮大户，他是诸暨的。跟我们村里签转包合同，一年一年签。

张：三年以后有没考虑是种什么？

**刘：** 主要是考虑到整个村庄要做旅游，种植一些经济作物。

张：2015年我们村承办了两个比较大的会？

**刘：** 对，全省美丽乡村现场会和全省精神文明现场会，是绍兴市的一个参观点。

张：这个筹备过程是怎样的？

**刘：** 上面的领导也比较重视的，实施是我们在实施，我们在几个月当中，就把事情做好。包括这幢楼的话，我们建好就花了一个月的时间。他们都说我们做事情的话，是“棠棣速度”，人家一般是做不到的。我们这条路也就两三个月时间就做好了，就是兰泽路。去年我们乡村振兴实训基地通过75天时间，全部拆掉建好。人家都说是不可能。建设一个月时间，装修也一个月时间。十九大提出乡村振兴是五个振兴，我们村里人勤春早，是有五个勤：勤快、勤奋、勤勉、勤劳、勤俭。

张：刚才说到“棠棣速度”，这个是我们自己说的，还是别人这么说的？

**刘：** 领导也这么说的。我们所有的项目在建设当中，都要做到“棠棣速度”，因为项目定下来以后，时间一般都是比较紧的。时间上没有退路可退的，一定要做好。

张：这个是不容易。刘书记，乡村治理方面的经验您再谈谈？

**刘：** 一个就是我们村两委班子比较团结。整个班子人员都会干事，坐着位置，你不干事，这个村庄肯定治理不好的。还有一个就是，我会对上面的政策比较要了解。现在光靠我们自己的资金，要建设一个村的话，是不可能的。现在项目投资都很大的，你小打小闹，这个村庄到何年何月能建设好。那么，我们一定要领会上面的精神。比如美丽乡村建设，我们2010年开始的，那时候就是弄干净就可以了，不用做什么节点，现在呢，我们都是要做有品位的节点。要根据上面的要求，从中央到省市区，他们要建设哪一块，乡村振兴也好，美丽乡村也好，我们要紧跟好，上面的项目我们要抓住机遇。比如2013年我们争取了浙江最美村庄，

2013 年到 2016 年我们被评为国家级美丽宜居村庄，2018 年我们村被评为全国生态文化村、全国乡村振兴示范村，2020 年又获得全国文明村、全国乡村旅游重点村、中国美丽休闲乡村三项荣誉。

张：那我们是怎么领会政策呢？

**刘：**要多走动，否则光靠文件是不行的。所有的政策不可能是普惠的，要牢牢抓住机遇，这个就是村干部最主要的责任。失去的话，几年可能都跟不上了。后面也要做好，你做不好的话，以后要去争取，就难了。我们这几年都做得很好，给我们村的项目多点。

张：刘书记，那么对我们村庄治理未来的规划是怎么样的呢？

**刘：**基层治理上面呢，我们一定要服从上级大的方针政策，因地制宜在小的方面我们去创新。我们还要去多走走，看看别的村庄是怎么做的。

闻：您做这么多年的村干部，最大的感受是什么？

**刘：**一个是做村干部，我觉得村干部既是干部又不是干部。是干部就要把工作做好。即使以后不做村干部了，也要在老百姓心中说你是一个好的村干部。目前，整个村里对村两委、对我的评价都很好。

另一个是要"双带"。就是要带好"小家"、"大家"。村里现在事情要做得硬，将来过得去，舍小家，顾大家。同时，家风也要引领好，村干部要起带头作用。我家里被评为全国第一届文明家庭，全国五好文明家庭标兵户，接受习近平总书记的亲切接见和表彰。这些年，因为村里的事情离不开，家里的事情管得少，孩子的培养、家庭、公司都管得少，都是由老婆在管，对家里亏欠很多很多……

### 谭克云，魏一梅，王本珍访谈录①

**被访人：**谭克云，男，1976 年生。外来民工。

魏一梅，女，1977 年生，谭克云的妻子。

王本珍，女，1969 年生，谭克云的老乡。

**访谈时间：**2019 年 9 月 18 日

**访谈人：**金海萍　俞为洁　**整理人：**金海萍

① 这三位被访人都是长期租住在棠棣村从事迁苗工作的外来民工及其家属，棠棣村里有 30 多个这样的民工。

金：谭师傅，我们简单聊一下，您过来这边多久了呀？

**谭：**我们来了有 12 年了。

金：您老家是在哪边？

**谭：**老家是重庆的。

金：您当时是因为怎样的契机，知道这边需要迁苗，然后来到这里的？

**谭：**老乡他们先来的，然后告诉我们，我们就过来了。

金：您是哪一年过来的？

**谭：**我 30 岁的时候过来的。

金：之前是在哪边工作呢？

**谭：**之前也是打工，先在广州那边。

金：当时是怎么考虑说从广州来了绍兴呢？

**谭：**反正哪里好挣钱就到哪里，打工都是这样的。

金：您在村里主要做的是什么？

**谭：**我们这里主要是挖苗、挖树。

金：当时一天的工钱大概有多少呢？

**谭：**以前就 100 多块钱一天，后来慢慢涨到了 500 块钱一天。

金：这个涨幅是普遍涨了，还是说因为您变熟练了？

**谭：**是普遍涨的。我们这边统称小工，挖苗都是 500 块钱一天。

金：男女都是这个价格吗？

**谭：**没有女的，女的干不了这份活。

金：一天能挖多少苗呢？

**谭：**按照树的大小看，大的话一天挖两棵；小的话一天几十棵。

金：能不能跟我们介绍下您的家庭情况，比如您什么时候结婚的？孩子多大了之类的。

**谭：**我是 22 岁在老家结婚的，然后媳妇跟我一起出来干活。孩子 20 岁了，在读大学。

金：孩子小时候是你们带在身边呢，还是放在老家？

**谭：**放在老家，他奶奶带着。我们过年回家的时候可以见到孩子，或者 7、8 月份这边淡季的时候，孩子会过来玩。

金：我们聊聊在这边的工作吧。你们现在是如何知道村里哪户人家有挖苗的需求啊？是有个类似于包工头的人，还是说自己去应聘？

**谭：**我们有个带头的人，这个头叫我们一起去做。老板一般告诉这个头，然后头按照工作多少来叫人。

金：工钱是怎么结算的呢？

**谭：**有些是年底结清，有些是现场付清的。

金：年底结清是怎么样的模式？

**谭：**就是年底前核算这一年你做了多少工，该付给你多少钱。

金：这样的模式不就会导致平时没有收入吗？

**谭：**因为也有部分人是现场现金结清的，所以平时会有收入。通常年底结清的一般是做得比较多的老板，大家相当于比较信任了，经常去给他干活的，然后到年底会结算。

金：您在这边工作忙吗？能不能大概估计一下一个月大概会做几天？或者一年大概会出多少工？

**谭：**这个我没具体算过，一般有事就干活，没事就出去玩。我们这个活像夏天不挖，就是成天玩；忙起来的话基本上每个月有20来天出工。

金：那算起来一个月能有一万块出头。

**谭：**算起来差不多。我们迁苗还有一种模式，是承包给我们，叫“包活”。比如说迁一棵苗是100块钱，10棵苗承包给我，如果我两个人一上午就能迁好的话，相当于一上午就能赚500块钱。这种比较少，但遇到这种，基本上一天能赚1000多。

金：那看上去，包活赚的多，你们肯定想要包活吧？

**谭：**这个看老板的。比如有些要送到广州去的，就需要做得细致一些，老板就按天算，让我们做得好一点，慢一些无所谓的，但是苗一定要做得好。苗很重要的是下面的泥球，泥球打得好跟打得差，运到广州去卖，价格能相差几百块钱。所以说如果要运到广州去，一般会包天。

金：谭师傅能不能跟我们形容一下挖泥球的过程。

**谭：**这个不好形容，要现场去看。一般我们就用锄头和锹，先用锹把圆形切好，然后用锄头挖。然后挖多少直径的泥球，有些是按照老板的要求，有些是按照比例，比如说树干直径跟泥球直径是1:8，树干直径10公分的话，泥球的直径就是80公分。如果冬天树叶掉的比较多，泥球可以稍微小一点，比如1:7这样子，泥球主要是为了给树保持水分，保持养分。

金：在挖树、做泥球的过程中，您觉得哪一步是最难的？

**谭：**最难的就是打出来。还有挖球的时候，遇到有石头的地方工具不好搞，需要慢慢地用锄头刨出来，再把泥填上去，然后再用草绳包起来，可以保护泥球，不容易破掉。挖的时候需要把根砍掉，这个全是体力活，也是技术活，好的泥球打出来是需要很圆的，像苹果差不多。

金：谭师傅，我们来聊一下您在这个村里的感受吧。

**谭：**我觉得这个村挺好的，领导好，村民也好，对我们外地人都挺好的。大家跟我们讲话都还挺客气的，没有把我们当外地人。

金：您未来有什么规划吗？是会一直在村里挖苗，还是说未来可能自己种苗之类的。

**谭：**现在暂时没有想要自己种，因为自己种的话没有销量，卖不出去，必须要是村里的人才好销售出去。销不出去的话，就赚不了钱。

金：所以短期来看，您还是会以体力活为主是吧？那您在绍兴赚的钱，会寄回老家呢，还是考虑说在绍兴买房之类的？

**谭：**要给孩子念书，他现在还不能挣钱，还在消费。我家两个儿子，一个上大学，一个上初中。我们挣的钱主要就是给他们花。

金：魏阿姨，您在这边主要是做什么呀？

**魏：**我就在刘家村一个做铜管的家庭作坊里面打工。我主要是做空调里面那些支架、弯头、三通这些五金方面的东西。

金：您做工的话，是按天算，还是按月结？

**魏：**我们是做一天算一天的，忙的时候一个月天天要工作，不忙的话做20多天，收入的话就3000块钱一个月。

金：这个铜管厂也有淡季吗？

**魏：**每年八九月份都没什么生意，跟花木的淡季差不多的。

金：王阿姨，我了解到您当时是你们中最先过来的，您当时是如何了解到这个消息的呢？

**王：**我来的时候不在这个村，是在旁边的一个砖厂，我刚来的时候工资很低的。

金：您当时是怎么知道这边有用工需求，然后来到绍兴的呢？

**王：**我也是重庆的，也是这边有老乡，老乡介绍到了砖厂。我在砖厂待了十多年，后来知道这个村种花的人多起来了，我就到了这个村来做小工。

金：您来棠棣村多久了？

**王：**很多年了，都记不清了。大概过来有 22、23 年了，我是第一批过来棠棣打工的。

**谭：**他们过来的时候，村里还是种水稻的。

金：您来村里主要是做什么工作？

**王：**以前村里有个漂染厂，我那时候在厂里工作，然后我老公已经开始做迁苗了。后来谭师傅他们就过来了。差不多他们比我们晚来了十年吧。

金：您现在是在做什么？

**王：**我现在在家带孙子，我儿子也在绍兴迁苗，我现在在家给他带小孩。

金：您媳妇现在是做什么呢？

**王：**她在绍兴卖衣服。

**徐（徐伟凤，棠棣村妇女主任）：**迁苗的人普遍都这样，把老婆带过来的。然后老婆在厂里面打工。

金：您老公现在多大了？还在做迁苗吗？

**王：**我老公 52 岁了，还在迁苗。村里做到 60 多岁的都有，60 多岁就做不动了。

俞：现在这个村里大概有多少人在做迁苗的工作？

**谭：**应该有 30 多个。都是江西、重庆还有贵州这些地方的人，一般都是我们老乡带老乡这样出来的。

金：这些老乡都是住在村里吗？村里的房租要多少钱啊？

**谭：**这边不同的房子价格不一样。像我们租的房子，有楼上楼下两层，一个月 200 块钱，一年下来 2400 块钱。

俞：水电费需要自己付吗？

**谭：**水的话就是井水，电的话就按电表来付钱。

**王：**我家的房子比他们的小一点，2000 块钱一年。我儿子他们自己在绍兴（市区）老板娘那边睡，有时候回来睡。

**徐：**他们在棠棣村里走，根本看不出他们是外来务工人员，穿得比我们还漂亮，气色比我们还好（笑）。

**王:** 我们在这里，好像比家里还要幸福一点。我孙女也在漓渚上学了，上一年级。

金: 在这边上小学需要户口吗?

**王:** 只要买养老保险就行，父母其中一个人买了就行。

俞: 从你们的角度来说，这几年的收入跟前几年比起来，是好了还是不好了?

**谭:** 跟一开始来的时候比，肯定是现在比较好。跟前两年比的话，还是前几年好一些。因为现在村里把种苗的地改成良田（即旱改水项目）了，相对来说迁苗的机会也少了很多。前两年苗木生意好，我最早的时候 4、5 点钟出门，晚上要干到 5、6 点以后才回家，偶尔有几次 7、8 点回家。

俞: 像村里很多人的苗地在诸暨、兰亭这些地方，你们都要过去吗?

**谭:** 对的。一般我们自己骑电瓶车过去。

俞: 你们在村里迁苗也有二十几年了，你们觉得大概哪几年是最好的?

**谭:** 就是大概 2、3 年前，是十年当中最好的，那时候是最忙的时候。

俞: 那你们现在这个行当，特别是这几年经济不是很景气，整个花木行业不是很好的情况下，会考虑去另外地方做另外行业吗?

**谭:** 因为我们人在这里，走不出去，这个活干着也挺好的。

**徐:** 虽然现在迁苗的需求少了，但是谭师傅在这边活干得好，一般谁家需要挖苗，都会请他，我们本地人根本干不过他们。

俞: 你们主要有三个地方来的老乡，你们之间存在竞争关系吗? 互相之间处得好吗?

**谭:** 没有，没有，我们相处得都挺好的，有活大家一起做，钞票一起挣。基本上就这些活，我们这些人干干好了。

金: 所以你们已经形成了一种相对稳定的状态。

俞: 你们有没有那种相对固定的关系，比如这家老板特别喜欢叫谁，那家老板比较喜欢叫谁?

**谭:** 对对对，是这样的。我们做多了，都比较熟了，比如说我挖的是什么样子，他心里都有数，给的工钱也比较合理。

俞: 这里的工资跟周边比，有竞争力吗?

**谭:** 大致来讲比如宁波要稍微低一点，这里的老板还是比较大方的。

金：我了解到不少打工的，还是比较流动的。向你们这样固定在一个地方待比较长时间是怎么考虑的呢？

**谭：**反正在哪里都是赚钱，在哪里都一样。这边有事做能赚钱，就待在这边。而且空下来像我可以钓钓鱼，有些打打牌。

俞：我们之前访谈，有一次村里的老板讲到：去山上起苗会比较危险，坡陡，所以给的工钱比较多，是这样吗？

**谭：**不危险，只是说去山里走的路比较多，比较辛苦。但是真的太远的话，也挣不到钱，因为需要很多时间把树苗运出来，挖的苗就少。

金：您对您孩子未来的职业规划会有什么想法吗？会让他来绍兴这边吗？

**谭：**不不不，不会让他来这边。他自己念书出来，让他自己找事。我们不去干涉他们。我没什么学历，我初中毕业，只能提供一些经济上的支持，鼓励他们好好读书，其他就需要他自己去奋斗。

金：那王阿姨，您的儿子怎么考虑说也来迁苗了呢？

**王：**他一开始是开摩托车店，后来不想开了。我就叫他来这边干活看累不累，结果他一做就做习惯了。

金：你们这么多年，有遇到过拖欠工资的老板吗？

**谭：**很少，几乎没有。有时候会遇到一个。然后大家都不会做他的活了。有一个人欠了我们一帮人 2000 块钱，现在人不知道去哪里了……

### 钱迪红访谈录

---

**被访人：**钱迪红，男，1981 年生。　**访谈时间：**2018 年 12 月 26 日

**访谈人：**闻海燕（上午）、俞为洁（晚上）　**整理人：**闻海燕、俞为洁

---

闻：钱师傅你好！按照课题安排，我们想跟你做个访谈，你愿意吗？

**钱：**好的。

闻：请说说你初中毕业后的工作。

**钱：**初中毕业后和父母去上海摆摊卖兰花。2000 年入伍，在北京空军某部后勤工作。两年后退伍在上海开兰花专卖店，生意还行，比在厂里上班好一些。从绍兴镇里进货，家里也培育一些，父亲在种。原来品种不是很高档，主要有绿云、

大富贵、宋梅等，现在经营品种多一些，档次也高。从退伍回来到现在主要是养花、种花、卖花，还有少量的苗木（主要是父亲在做）。当时，兄弟两个，跟家人一起开店。收入在全村中等水平，一处两间三层的楼房，与父母一起住。现在父母六十多岁，在田里也种些花。上海的店有 20 多个平方，做中高档兰花，年营业额大约在 50 万左右，兄弟二人合作。目前完全由弟弟做了。

闻：请问你家承包地的情况？

**钱：**家里有人均田 3 分，2 分地（菜、茶），半亩林地。

闻：什么时候回到村里的？回来的原因是什么？

**钱：**2018 年上半年才回到村里，原来一直在上海开店，现在交给弟弟管理，效益一直很好。2017 年下半年村里建田园综合体，打造千亩花苑，觉得很有发展前景。就想回来投资，准备承包 5 亩地种植兰花。

闻：看到你家院子里也有兰花培育。主要是什么品种？

**钱：**主要是春兰、蕙兰。家里设施总投入 4.5 万，日常投入主要有水、肥料、杀菌剂等，每年需要 2 到 3 千元。没雇外人，主要由我自己负责管理。棠棣村是春兰发源地，以前都是从山上挖种苗，再分株繁殖，这项技术已经很成熟。现在村里养兰花的约有 10 多户，记忆中最多时估计三个（自然）村有五六十户。

闻：现在你的这项收入能有多少？

**钱：**我的收入主要是卖兰花收入，纯年收入在 20 万左右。

闻：田园综合体的招商开始了吗？

**钱：**已经报名了。2019 年开春时差不多能定下来。向村集体承包。租金每亩 1048 元，以后可能要涨价。十年期。另外，政府要求统一建棚，每亩补贴 3 万多元。

闻：父亲那里还有地吗？

**钱：**父亲那里有五亩地种苗木，以前流转他人地 600—700 元 / 亩，现在是 1000 元左右。

闻：流转土地都有合同吗？有没有毁约的？

**钱：**没有正式合同，但是都会签个协议。我家流转的到现在为止还没有毁约的，听说别人家有毁约的，不多。

闻：父亲这边的收入怎样？

**钱：**好的时候一年有十几万，现在有1.2万。销售渠道主要是有人上门来收购……

闻：你在网上有销售吗？

**钱：**有。微信、网上都有。主要是打广告、下单、销售。客户大多数还是喜欢到家里现场选，基本上是批发零售各半。主要客户是兰友。引种，与兰友交流……

闻：请问你每年在兰花培育方面的技术投入都有哪些？

**钱：**每年引进新品种要花掉二三十万元，现在生意越来越难做，品种更新快。一年中会去看兰展。去上海、江苏、杭州等地。费用都要自己解决。有时候也参展，不交门票和摊位费的。一般一个兰展也能做个几万元的生意。有的兰展是卖花，有的是被邀请去的。

闻：扩大规模会遇到哪些问题？

**钱：**建大棚需要资金。五亩地需要设施投入一百万元，再加上苗木引进、流转土地都需要资金。可能贷款不是很好贷吧。目前对一些政策还不是很了解。销售这块，已有一定的客户群，但是想做成品牌形成产业化还是有一定难度的。

闻：有哪些重大事件对你有影响？

**钱：**我家住在二社。三个村（自然村）合并后新农村建设加快、美丽乡村建设、污水治理这些把我们村建设得越来越好，我感觉住在村里很舒服，也很自豪。没在市里买房子。

闻：请问对未来有哪些想法？

**钱：**兰花产业技术含量高，在体力上不是很辛苦，现在陆续有年轻人做了。我想把兰花产业做大，做出品牌，不过有一定难度……

俞：钱先生，你好！本来准备和闻老师一起给你做访谈的，因为时间排不过来，只能晚上约你做个补充访谈了，辛苦你了！你能否先介绍一下你和你家庭的情况？

**钱：**我初中毕业。1999年年底参军，到北京空军机要局做后勤，两年后复员。回到村里。参军之前就跟父母到外地去卖花木、兰花，复员后再做这个工作。父亲是老党员，村里曾经让他做书记，他都推掉了。我有一个弟弟，弟弟也做兰花生意。

俞：你知道你家祖上哪一代迁居棠棣村的吗？

**钱:** 不知道，至少太爷爷已在村里了。

俞：听说你爷爷辈就开始采兰卖兰了，能和我说说你爷爷的事吗?

**钱:** 我家最迟在我爷爷手里就开始做兰花生意了，到附近的山里挖野生兰花卖，种的很少，主要是因为那时技术不够好，而且栽培条件也不够，没有棚，冬天兰花都要冻死的。

俞：那山上的野生兰花为什么不会冻死呢?

**钱:** 野生兰有地气，所以不会冻死，种在花盆里不接地气就会冻死。

俞：你爷爷出去卖兰花吗?

**钱:** 爷爷主要从事采兰，大爷爷在上海卖兰花，爷爷采来交给大爷爷卖。爷爷那时候不太出去卖兰花。

俞：你父亲有几个兄弟?

**钱:** 父亲有一个哥哥，两个妹妹。

俞：他们也做兰花生意吗?

**钱:** 他们也都从事过兰花生意。

俞：还记你小时候家里做兰花生意的情景吗?

**钱:**（漓渚）镇上有钱的养兰人，经常到我们家来，挖到好的，他们就来买，主要买去繁殖，这些人也算是种兰名家。当时我家条件差，没条件养，挖到好品种卖点钱就算了，没有长远打算。

俞：你父母和村里其他人一样挑花出去卖吗?

**钱:** 是的。春节出去一两个月，跑新疆等地。快要农忙时，就跑上海等近的地方。私下换全国粮票出去。我母亲也挑花出去卖，还被人用假币骗过。

俞：你父母都出去卖花了，谁照顾你们小孩子?

**钱:** 父母一起挑花卖，我们跟爷爷奶奶过，我 9 岁就自己烧饭吃了，照顾弟弟。我表弟（姑姑的儿子）也跟我们住，当时奶奶有病，我们基本上是自己照顾自己。

俞：挑花队是生产队里组织的吗?

**钱:** 不是。挑花队都是自愿组合的，大多是一家人或和亲戚组成一队，我父母出去时都是在同一个挑花队的。

俞：当时家里除了采兰卖兰外，还有什么营生?

**钱:** 不种田后也种过苗木，大概是我复员回来后开始专做兰花。

俞：你的种兰技术是祖传的吗？

**钱：**种兰技术主要是自学，和兰友交流得来的。现在我父亲还在种点苗木，我全部种兰花了。我弟弟种兰花基本也是我带起来的……

俞：江浙地区经常有兰展，你去参加吗？

**钱：**江浙一带的兰展我基本上都去参加的，一般也能做几万块钱的生意。兰展大部分不收摊位费。有些兰展主要是为了卖货，有的是为了评奖。

俞：你为什么选择做中高档兰花？

**钱：**我种的时间比较长了，技术也比较好了。做中高档兰花，可节约种植空间，利润比较高。兰花生意 2005、2006 年最好做，是兰花价格高峰期。

俞：你的兰花生意怎么样？

**钱：**我家兰苑（前沿兰苑）里，春兰有神话、绿云、盖圆等名品，蕙兰有程梅、关顶等名品。我卖出的最贵的兰，程梅等一盆大概五万左右，2015、2016 年左右，蕙兰价格比较好，当时同济大学土木建筑系的一个教授一次性买了四盆，20 万左右。现在兰花生意不如以前了，但我这几年每年的生意还是一年比一年好。

俞：你一年大概有多少收入？

**钱：**一年 20 万左右。

俞：你的兰花得过奖吗？

**钱：**得过的。这些是我的得奖证书。

俞：好，我记一下。第一张是“张荷素兰”得银奖的证书：

钱迪红同志：

您培育的张荷素兰花在绍兴市柯桥区第十三届兰文化节绍兴市第三十二届兰花展销会暨漓渚镇建镇百年纪念活动上荣获银奖。

特发此证

绍兴市柯桥区兰花协会

绍兴市兰花协会

2016 年 2 月

这张是“天娇牡丹”得金奖的证书：

前沿兰苑：

您送展的天娇牡丹在2017上海兰花展上荣获金奖

特颁此证，以资鼓励

2017上海兰花展组委会

2017年4月2日

还有两张是同时送展的“鼎红蕊蝶”和“江南新极品”得银奖的证书。

还有一张是今年“大富贵”得铜奖的证书：

钱迪红：

您培育的大富贵兰花在2018年浙江省兰花博览会暨绍兴市第三十四届兰花展销会、柯桥区第十五届兰文化节上，荣获铜奖

特发此证，以资鼓励！

浙江省兰花协会

绍兴市兰花协会

柯桥区风景园林（兰花）学会

2018年3月

俞：你做兰花生意最大的经验和教训是什么？

**钱：**一定要讲诚信。做生意一般只和熟人做，陌生人再便宜也不敢收购，外面做假还是蛮多的，我弟弟曾被人骗过。和兰友要多交流，信息要灵光点，要随时注意价格变动。比如某种兰花外面已卖500元一苗，你800元收进，就吃亏了。

俞：兰花交易中的暗语是棠棣村兰农独有的吗？

**钱：**对，就是棠棣兰农用的，有时连（漓渚）镇上的人也不知道。当时外出都带现金，主要是不让人知道身上带了多少钱，当时北方等地比较乱。

俞：这种暗语是什么时候出现的？

**钱：**（20世纪）九十年代才出现的。

俞：你们两兄弟是怎么分担父母赡养责任的？

**钱：**我们两兄弟共同照顾的。父母都有养老金，每人每月2000多，造村委会大楼时我家的地被征地征掉了，征地补偿充作母亲5年养老金，母亲自己交了10年。父母有时还会给我们钱。父母有自留地，又租了点地种苗木。

俞：你什么时候结婚的？是自由恋爱吗？选择妻子时内心有什么标准吗？

**钱：**我2004年结婚的，老婆是棠一村毫岭头自然村人，是媒人做媒的。没那

么多讲究，觉得差不多就可以了。

俞：结婚时有什么讲究？

**钱：**要给彩礼，八万八，嫁妆随意。汽车接亲。

俞：夫妻俩在家里是怎么分工的？

**钱：**家务两人分担的。她在绍兴市电力公司上班，合同工，以后有退休工资的。我老婆上过中专，学画画方面的，后来搞设计，现在主要做广告设计。家里经常是我做饭的。她每天回来的。家里钱基本上归老婆管。

俞：你现在住的房子是谁的？

**钱：**是父母的。父母的房子给我了，稍微做了点修整。我补了点钱给弟弟。爷爷的老房子现在空在那里，爷爷的房子给弟弟的，爷爷的房子比较小，比较旧，而且没有院子。

俞：你有几个孩子？

**钱：**只有一个女儿，2005 年生的。今年上初二，14 岁，在漓渚镇华甫中学读书，每天可以回家的。她读书很好，这几年考试同年级都是第一名。弟弟家有一个男孩，比我女儿小一岁。

俞：孩子主要是你管还是你妻子管？

**钱：**我每天自己接送她上下学。家长会都是我老婆去开的。

俞：孩子这么优秀，你们是怎么培养的？

**钱：**幼儿园就开始给她上兴趣班，小学也上兴趣班，画画，书法，古筝。古筝现在没空学了，考了 6 级后就没时间学了，也很花钱，一个小时不到就要 200 来块。她会说话时就教她背唐诗，她现在记性也比较好。

俞：为什么不再生一个呢？

**钱：**老婆是城镇户口，计划生育被控制了。后来又流产了一个，就没再要了。

俞：你对孩子有什么希望吗？准备让她继承家业吗？

**钱：**让她自由发展，如果她以后工作找不好，也可以继承家里产业……

### 盛建兰访谈录

被访人：盛建兰，女，1987 年生。　访谈时间：2019 年 9 月 18 日

访谈人：金海萍　俞为洁　　　　　整理人：金海萍

金：您好，村里已经向您简单介绍了我们这次访谈的目的，我主要负责生活篇的写作，所以想简单了解下您的家庭生活这块，包括婆媳关系之类的。请问您是那一年嫁过来的？

**盛：** 2010 年。

金：您家是在附近村吗？

**盛：** 在九板桥，就下面过去一点点路，就隔了三四个村。

金：您跟您丈夫是从小认识吗？

**盛：** 是亲戚帮我们牵线的，他的堂嫂和我的婶婶帮我们牵线的，我们小时候不认识的，他还比我大 5 年呢。

金：听说下个月你就要去广州工作了吗？

**盛：** 是的，我们是在广州做生意，卖花的。然后只有我一个人去，我公公婆婆还有我老公都在村里的。

金：那你家的模式是你负责在外面销售是吧？

**盛：** 是的，他们在村里负责给我发货，我在外面负责卖。

金：能不能简单介绍一下你在广州的情况。

**盛：** 我们家是在广州做花木的，属于自产自销的模式，我公公我婆婆还有我老公三个人负责，他们种出来，然后帮我运出来，我在那边卖。广州那边天气太热了，一般我们就做半年生意，还有半年是待在家里的。因为中间这段时间太热了，苗木运出去容易烤焦，等到 11 月份这边也凉快，那边也凉快一点了，然后我就开始去了。

金：那这次出去，得等到过年才能回来了？

**盛：** 过年一般在农历二十五六左右回来，然后我一般等过了元宵节再出去，因为我对这种节日还是蛮注重的，蛮有仪式感的。

金：你们在广州那边，跟村里的人联系密切吗？因为之前了解到好多村里的人都在广州做生意。

**盛：** 我们村里去广州做生意的人基本上都在一块的，在花卉世界，是广州很有名的 5A 景区。

金：那您去了广州，您的孩子是留在家里吗？

**盛：** 对的，我儿子今年十岁了，就在绍兴。上学什么的也在我们漓渚镇中心小学，现在上四年级。

金：您是从什么时候开始到广州的？

**盛**：就在我们结婚那一年。上半年我们结婚，下半年在广州租了个摊位。

金：是您嫁过来之后才开始？

**盛**：对，我来了之后，我们先成家，后立业。

金：当时有考虑说让小朋友跟爷爷奶奶住，还是自己带呢？

**盛**：因为我并不是一年四季都在外面，我其实是有7个月的时间在家里的，过年一个月，夏天六个月。平时他爷爷奶奶还有爸爸都在家里，可以照顾他。然后我在家的这段时间，我全部都自己弄的。

金：听说您跟您婆婆的关系很好，能不能跟我们分享一下？

**盛**：我跟我婆婆之间互相比较尊重，是很友好互敬的。然后做家务这块，我们相互都不是很计较。比如说我早上起来有事情出去了，家里的卫生啊、我个人的衣服没弄，我婆婆都会帮忙。反过来也一样，如果我婆婆有事情外出，家里剩下的家务啊、她个人的衣服之类我也都会做完，我们是互相帮忙的那种。我们家不会出现那种这件事一定归谁做的感觉，家里的事情都是大家分担的，谁有空就谁来做，不需要吩咐谁来做，谁看到就谁做了。我们一直以来是这种相处模式。当然，一般情况是我婆婆主外比较多一些，我主内比较多一些。

金：她主外是指？

**盛**：因为我们自产自销，我婆婆跟我老公还有我公公都在外面种花之类的，有时候要拔草、打药水之类的。

金：您主内是说您在家的7个月内，会负责家里的事情比较多一些？

**盛**：对的，一般我在家里，洗衣做饭、打扫卫生这些最平常的事情都是我来做。如果连续下雨几天，我婆婆就不出去工作了，她就会在家里帮我一起弄家务，一起分担，反正很和谐。然后因为我老公是独子，我婆婆也没有女儿，所以她也把我当成亲生女儿对待，我也把他们当自己的父母一样对待，我家挺和谐的。

金：那您在广州的五个月时间里，你们是每天会联系吗？

**盛**：我们每天会电话、视频聊天，跟我小孩、跟老人、跟老公，每天都会视频聊天，打打电话这样，只能靠这样联络。也还好，因为下半年我出去是两个月，然后中间就回来了，然后过年，过完年又是去广州两个月，5月份就回来了，也不说是很长时间的分开。

金：小朋友从幼儿园到现在上小学，接送是谁来负责呢？

**盛:** 我在家是我接送，我不在家的时候是我婆婆和我老公两个轮流接送，反正谁有空就谁去接送。

金：您在跟您婆婆的相处过程中，有没有一些细节性的，让您印象比较深刻的事情？

**盛:** 其实我们在家就是过着很平常的生活，我们一直都是这样的模式。我记得我刚刚嫁进来的时候，那时候我们还住在老房子里，洗衣服需要到边上的小池塘那边去洗。我那时候也是刚刚从小姑娘经历到人母，那时候我们一家五口人的衣服，我搬出去洗的时候很轻松，但是洗完浸了水，搬回家就很费力，我一般要分好几次，搬一下，停一下。一般我婆婆看到的话会马上跑过来帮我。

还有一件事情也挺感动的，但说出来挺不好意思的。我婆婆那时候还没绝经，我有帮她洗过内裤，她也帮我洗过，我俩就像母女一样，不会忌讳这种事情。我坐月子的时候，我的贴身衣物也都是我婆婆帮我洗的。

我们的相处就是这样，都很贴心，这些事情我有时候经常会回忆，内心也蛮感动的。她能那样对我，我也能那样对她，我们俩都很尊重对方。我们绍兴有些人叫婆婆是叫“姆嚒”，我就叫她妈妈，跟我叫自己妈妈的叫法一模一样。然后我叫我公公也是，直接叫爸爸，跟自己的爸爸没什么区别。

然后平时我们一家人坐在一起吃饭，我家有个规矩，一定要所有人都坐下来了才好动筷。有时候我儿子放学回来饿了想吃饭，我都会跟他说爷爷奶奶、爸爸在田里那么辛苦，我们一定要大家一起坐下来才能动筷。小孩子有时候实在忍不住，我就给他吃块面包、饼干这些。我们吃饭的时候会互相给对方夹菜，把好吃的菜夹给对方。这种事情对我们来说太平常了，并不是特意这么做，就是每天生活中都会做到的，所以也不会觉得特别感动。像我公公婆婆年纪一点点大了，他们身体有一点小毛小病，都是我带他们去看医生的，都不需要我老公去，因为我老公比较忙。反正都是这些很平常的事情。

俞：但事实上现在能相处这么好的，确实很少见，这些事情在我们听来真的很感动。

**盛:** 我们是很平常的，每天回来一家人都是笑嘻嘻的。

金：那这么多年下来，会有争吵吗？遇到意见不合的时候会怎么解决呢？

**盛:** 说实话一家人在一起，意见不同的事情肯定是有的，当时可能我会站在我的立场，他会站在他的立场，但事后比如这件事是关于我的事情，那他们会站在我的立场替我想；如果是他们的事情，我也会站在他们的立场上考虑问题。就是会换位思考，互相尊重彼此的意见。毕竟舌头跟牙齿都会打架，一家人有意见不合的事情是很正常的，但是我们家是不会把这种事情扩大的，不会真的争得面红耳赤。事情都是可以沟通的，虽然当下可能一下子不能沟通的那么顺利，但我们都不会把问题隔夜，肯定都能沟通好。

金：你们可能当下会比较激烈，那后面又怎么能做到心平气和去把事情沟通好呢？

**盛：**比如开始的时候两个人意见不一致，可能会不说话之类的，然后比如遇到开饭了，我叫一声“妈妈吃饭了”，或者她叫我吃饭了，又比如问问小孩的学习情况，大家话又说到一起去了，气氛马上就融洽了。就是在我们感觉到尴尬的时候，就会自己去寻找一个点，让大家的气氛活跃起来，事情就会过去。像我老公有时候也会帮我们圆场。但我们几乎很少出现这种有矛盾、很尴尬的时候。

我是这样想的，毕竟我公公婆婆就这么一个儿子，我们又不分家，说难听点，我跟我公公婆婆还要相处几十年，而且我们基本上是 24 小时都在一起的，如果两个人关系不好，天天在一起很别扭，互相都不开心，小孩也不开心，何必呢？

金：家和万事兴嘛！

**盛：**我觉得这句话还是非常有智慧的。毕竟大家要生活一辈子呢，大家各退一步，你尊重我，我也尊重你。

金：您这种家庭观念是如何形成的？是会受到自己父母的影响吗？

**盛：**这个我倒是要讲一下，我记得我出嫁的时候我爸爸跟我说了一句话：“如果你对你公婆不好的话，你不要回来了。”这句话我印象特别深刻，就是在我上婚车的时候我爸爸跟我说的。我当时很不理解，觉得别的父亲嫁女儿不都是说受了委屈可以回娘家来，怎么我爸爸会对我反着说。后来我才知道，他也是从别人那里深受启发。他看到很多人家婆媳有矛盾，关系不和，最后家庭分裂，所以他才会这么跟我说。

金：真的是一种智慧。我想问一下您跟公婆住在一起，生意也都在一起，你们的家庭财政是谁来负责的呢？

**盛：**我们是这样的，我在广州那边销售，所有进来的钱都在我这边。我公婆还有我老公在家这边负责种植还有运输给我，花钱的地方在他们这边。我一般会固定给他们钱，用来买苗啊运输啊，也不一定需要他们开口，反正我老公在这边，他也会跟我说最近可能买苗比较多，我就多打点钱回来。

金：相当于钱的进口在你这边，出口在绍兴这边。

**盛：**是的，我们都在一起的，不是那么分得开。我想反正我们都是一家人，而且我公婆家也就我老公一个儿子，他们会觉得最后钱都是要给儿子的，现在给和将来给都一样。而且我老公在绍兴这边，家里的情况他都知道，有用钱的地方我就多打点回来。

金：这样真的很难得。想问下现在国家放开二胎政策了，您对二孩政策怎么看，现在政策放开了，会考虑再生一个吗？

**盛：**我自己是不想生。我为什么不想生呢，主要因为我哥哥有两个女儿，两个侄女跟我啊跟我儿子都相处得很好。我大的侄女已经十八岁了，对我儿子就像对亲弟弟一样。她现在在外面读书，礼拜天回来了就肯定打电话到我们家，让弟弟去她家，辅导弟弟写作业。所以我觉得他们关系一直保持这么好就可以了，不需要再生一胎。而且说实话我挺怕生一胎还是男孩，那我压力就太大了。虽然小时候养养花费差不多，但是未来要成家立业了，男孩女孩还是有差别的。万一以后女方父母要求有房有车，我们办不到的话，不是让小孩为难嘛。

我也不想给自己太大压力，觉得现在把一个小孩教育好也挺好的，然后家庭也挺和谐的。如果我生二胎的话，广州那边我至少 1 ~ 2 年不能去，必须要放弃那边的生意，挺麻烦的。我婆婆她们前几年拼命催我，想让我生，毕竟他们那时候严格，不能生。这几年她心态变好了，因为她看到很多年轻人不愿意生，但是父母逼着生，结果生下来了家庭矛盾越来越大，她看到这种反面教材，也就顺其自然了。

其实我怕的是二胎又是个儿子，包我生女儿我是要的。因为我们家有这种遗传性，生儿子的几率比较高。而且我去算命，算命先生说我要生的话，肯定还是儿子，“一篓子都是儿子”，说我就是生儿子的命。而且我算命的时候，我还没结婚呢。

俞：那你就认命吧（笑），两个儿子也挺好的。

**盛：**两个儿子不好，一方面压力比较大，另外我有朋友，家里有两个儿子，然后老人又有点钱，兄弟俩反而变得不和睦了，两妯娌之间也不讲话。他们对待老人就像走流程一样，没有什么亲情感，如果我儿子变成这样的话，我宁愿只有一个孩子。

俞：你教育孩子方面，有什么心得吗？

**盛：**教育孩子方面，我挺传统的，我就希望母慈子孝。我不要求他非得考状元之类的，就希望他身体健健康康，然后我们之间有聊不完的话题。就像我小的时候条件很差，我们坐在院子里，躺在躺椅上，然后扇子扇扇，聊聊天，桌上放西瓜什么吃，我就觉得这种气氛是很好的，我喜欢这样子。

我就希望他能健康一点，开心一点，该有的规矩得有，爱心也要有，在外面能帮别人就尽量帮忙。在学习方面我没什么要求，如果他哪门课落下了我尽量帮他找老师补课，但是没有强制性的，非要他怎么样。我觉得太强制反而会适得其反，搞的他连自己的兴趣爱好都没有了。我就希望他有好的人品，尊敬长辈，对外人不要有敌意，为人和善。

我经常跟我儿子说，他在学校相处好的同学可以带到家里来玩，我说妈妈很欢迎他们。

俞：我们之前跟年纪大一点的大伯交流，谈到他们教育子女的方法，因为他们都没文化，然后他们有个很简单的方法，就是让子女去干农活，这种体验式的教育让孩子知道读书是最轻松的事，就会好好读书。

**盛：**我儿子也会跟我们去田里，但并不是非要他干什么，就是会告诉他一些事情。比如说今天我们拔草，我会告诉他草是怎么拔的；比如今天放肥料，我会告诉他肥料放在哪个位置。主要是想告诉他这些知识。另外他在田里，可以抓抓青蛙，跟大自然接触挺好的。小孩有小孩的天性，我们做父母的不能太压抑他们的天性……

## 刘梁涛访谈录

---

**被访人：**刘梁涛，男，1992 年生。　**访谈时间：**2019 年 9 月 19 日

**访谈人：**金海萍　俞为洁　　　　　**整理人：**金海萍

---

金：刘老师你好，我先简单介绍一下，我们是浙江省社科院的，我们是要在全省几个市里面，每个市选一个村作为村庄样本，最后是每个村会写成一本书，会一起发表出来，绍兴选的就是棠棣村。我主要负责写咱们村民生活的一个生活篇，主要是想了解一下咱们村民的一些生活方面的东西，选择您作为访谈对象，

主要是想了解一下关于一些 90 后的小时候的成长经历、教育经历、长大后的职业选择以及对棠棣村未来发展的一些愿景，主要是从这几个方面来简单地聊一下。咱们先聊一下你小时候的成长经历吧。

**刘：**我是 92 年的，也是 90 后前期的一代人，如果用现在流行的一个词来说，其实就是留守（儿童）。因为棠棣村的话，你现在应该也能了解到，我爸妈那一代一开始都是背着大包小包去外面卖小花，后来稍微经济好一点，就租一块地或者大棚之类的，在那边开一个苗圃或者花厂，我感觉像我们村子里面应该百分之八九十的小孩子，我们都是像留守儿童一样，都是爷爷、奶奶、外公、外婆带大的。因为爸妈都是在外面做生意，所以我们这代小孩子的独立性都很强。

在教育这方面，我幼儿园和小学都在前面的漓渚镇中心小学棠棣分校读的，现在那边已经拆掉，改成兰心民宿了。初中的话，很多同龄人都是在漓渚镇中学读的，我自己是在绍兴读的，因为我爸妈那个时候还是挺重视对我的教育的，所以我是以借读生的身份去市区的建功中学读书的。所以说对于我个人而言的话，教育这一块的话，我可能享受的比在这边的大部分的一些同学朋友更加先进一点，更加科学化、系统化。毕竟市区的中学跟乡镇中学肯定有点差别的。

金：当时你在建功中学上学，是走读还是住校啊？如果走读的话，上下学应该挺不方便的。

**刘：**我当时是住校的，后来听班主任说，我们那届和下一届是最后两届接收住校和借读生的了。那时候我表弟也在建功中学，所以我俩平时住校，到周末一起回家。我们一般先坐 9 路车到漓渚镇上，那时候 309 路公交车比较少，我们就包个三卡，两个人 10 块钱，就这样回家。那时候交通相对来说还是挺落后的，不像现在我们公交车也通得挺多的，然后私家车每户人家都有了。

金：你是父母双方都在外面做生意吗？是在广州一带吗？

**刘：**我爸妈是在云南昆明那边。我爸爸是在我 5 岁的时候过去的，妈妈是在我 7 岁还是 8 岁的时候过去的，所以我从小学开始，就完全是跟爷爷奶奶、外公外婆一起住，等到放暑假的时候到昆明去避暑，然后再等到寒假的时候我爸妈回来待上 20 几天。

金：所以你父母的模式并不是像村里很多人一样，自产自销。

**刘：**对，我家的苗圃是这样，我妈在昆明那边管着，我爸需要经常去湖南、广州，或者有时候绍兴、萧山这边负责发苗，我家苗圃的主要基地是在云南。我爸有时候可以多回来几趟，我妈基本上一年就回来一次。

金：我理解了，你妈妈主要负责销售，然后你爸爸负责发货。我听村里很多在广州做生意的，都是可以回来半年左右，为什么你父母一年只能回来一趟啊？

**刘：**广州天气很炎热，到了夏天根本卖不了花，苗容易晒死。所以他们有这么一段像假期一样的时间可以回来陪孩子。除了广州，像四川成都，然后我们云南昆明那边，还有湖南、重庆那些地方，基本上就是一年回来一次，然后小孩子暑假接出去，就这么聚两次，我们这边除了广州的小孩子以外，其他地区父母跟孩子见面基本上就是一年这么两次。

俞：你们暑假是自己坐火车过去，还是会有父母来接啊？

**刘：**我们那时候绍兴没有直达昆明的火车，一般是要先到义乌，再坐38个小时的绿皮火车到昆明，差不多两天两夜。

俞：有家长来接吗？

**刘：**小一点的时候爸爸妈妈会回来接，大多数时候都是有做生意的大人正好要从浙江过去，就会帮忙照看，一般我们都三四个小孩一起过去。不一定是自己村，也有隔壁村的，基本上做生意的大家都认识了。

另外，就像我刚才说的那样，我们这边的小孩比城里的小孩会早熟一些，毕竟从小父母不在身边，很多事情我们都自己做主了。我想起来一个故事。我初中的时候，建功中学每学期会开家长会，我是我们班的一个特例，因为我父母从来没参加过我的家长会。我班主任也没办法，毕竟也不能为了一次家长会就让我爸从云南赶回来。这件事说出来挺心酸的，你看我爸妈从我小学到大学毕业，一次家长会都没参加过。当然我不是说在怪他们，他们在外面那么辛苦地赚钱也是为了我，我都能理解，只是说这个职业很特殊，没办法。

金：你是怎么看待你父母的职业的呀？他们会影响到你之后的职业选择吗？

**刘：**我个人认为，在现代社会，他们的职业其实已经是走向一个低谷了。因为他们的模式完完全全是实打实的，从这边买进来，那边卖出去，甚至都不会网上去售卖，而且像他们这种大型苗木网上售卖其实是很困难的，不像鲜花之类的。我家做的主要是绿化带，都是大型苗木，只能走线下，这种经济模式在我看来是挺落后的了。

我自己呢，在大学的时候就感觉到教育这块是比较有前景的，所以我毕业后就决定从事教育这块工作。其实那时候我爸挺想让我跟着他一起做，还好我妈看得比较远，说我家的工作就是每天跟黄土地打交道，说我一个大学生来做这个可惜了。说实话我家的工作没什么技术含量，另外我本身也不是很喜欢。我觉得我父母的工作太辛苦了，而且顾不到家。每天如果生意好，他们搬花搬来搬去很累，生意不好，心里还要备受煎熬的。所以说你不管生意好还是生意差，对身体都是一种折磨，所以我是不太喜欢这个生意的。

金：你爸妈现在还在云南那边吗？

**刘：**对的，不过昨天刚刚听我爸妈说，他们把苗卖掉准备回家了。我觉得这样也好，你们干不动就别干了，身体最要紧。我爸妈现在都 57 岁了，差不多该回家养老了。我跟他们说，我现在自己已经有工作了，现在这份工作能顾到家，一家人的开销我也能保障，你们回来好了，也不用那么累了。虽然我也不是赚到了大钱，但至少一家人能在一起。

金：现在教育这块应该还是比较有前景的，毕竟"再苦不能苦孩子"嘛。

**刘：**对，这句话很有道理。不仅是小孩子，现在在社会上已经工作了的，他们要升职加薪，对不对？他们也要提升自己，提升自己的一个职业素养，所以说教育这一块还是挺有前景。

金：你们小家庭的话，现在是住在村里还是住在绍兴市区？

**刘：**现在我的小孩还小，刚刚过一周岁，现在是住在丈母娘家。等我爸妈回来，如果他们可以帮我带孩子的话，就还是会回村里来，因为我自己是喜欢住在村里的。

金：我之前了解到，村里是会给满 18 周岁的男性宅基地的，你成年的时候有给你宅基地吗？

**刘：**这个我不是很清楚，我记得在我很小的时候有说过分地，我的名下是有点地的。不过我家就这么一块（宅基）地，因为现在村里土地挺紧张的，如果每个男生成年都能分到宅基地的话，村里的地早就不够分了。不过说实话，我们村里每户人家的房子都造得挺大的，房间也足够多，老两口跟小两口住在一起，房间是完全够的，哪怕之后给我女儿单独弄个房间也是绰绰有余。

金：那之后等小孩长大些，是会继续住村里，还是去绍兴市区买房呀？

**刘：**肯定有在考虑（去市区买房）的，就像你刚刚说再苦再累也不能苦了孩子，孩子的教育我们肯定是放在第一位的，对吧？现在还小，可能还没有多少感觉，等到真的要上幼儿园了，要上小学了的话，我们肯定是希望能让孩子接受市区比较好的教育的。

金：接下来我想问问你跟你妻子的事情，你是刚结婚吧？你在婚姻选择这块是怎么考虑的？

**刘：**我跟我老婆是在朋友聚会上认识的，两个人看对眼了相处了一段时间，然后结婚的。

金：你妻子也是附近村的吗？

**刘：**她是绍兴市区的，在鹅境公寓那边。

金：现在国家二胎政策放开了，你们会考虑说一定要有几个孩子吗？有没有这种偏好？

**刘：**我跟我老婆就觉得顺其自然就行，现在大家生活条件都挺好的，多生一个或者少生一个对于家庭经济是没多大压力的，我们如果考虑二胎的话，会等女儿稍微大一些，大概三岁左右。

金：接下来想跟你聊一下，你对于整个村里的建设、未来的规划，你有没有什么想法？我是想了解 90 后青年对于自己的村的一些看法。

**刘：**我个人觉得我们村本身是靠花木做起来的，这块的实体经济是不能改变的，而且这个基础是已经在的。我们村里的书记本身也在带领我们村民在做绿化这块的改革，带动村民种一些绿化植物，由书记帮我们统一销售，这样很多村民都不需要去外省了，就可以在自己家里面，然后通过我们村长、书记这样带动起来的话也可以销售出去，所以说这是一条很好的路。

还有一个的话，现在我们 90 后这一代，我觉得从事（花木）这一块的应该是很少的。很多小孩子他不是从事花木这一块的。他们的职业有很多，像我是教育，有些是老师，有些是医生，还有一些别的什么职业的，我觉得可以把这些职业资源整合一下，把棠棣村除了苗木经济为大主题以外，就各个小项目辐射开来，把这些分散的职业都整合一下，都嫁接到我们村里面来。我们这些从村里走出去的人对家乡肯定是有感情的，如果我们棠棣村有这个机会、有实力整合起来的话，他们都愿意回来的。

至少对于我来说我是很愿意的，如果是教育这一块，村里如果能整合资源，我是愿意回来帮村里做教育培训、村民素质提升这一块的工作的。所以说我觉得除了实体经济以外，这些提高村民素养，然后提高整个村子的一个素质的一些职业之类的也能加进去。我之前就有设想过，比如我们村里一些 70 后、80 后村民，可能教育程度不是很高，差不多都是初中毕业、高中毕业的水平。所以我当时设想能不能在我们村里面组织这么一类一批村民，然后给他们做个培训，或者直接给他们做一个学历提升，让我们的村民至少都有一张大专文凭对不对？有些如果自己想学的可以去考个本科，这样对外说出去的话，棠棣村的村民不仅仅是生意做得好，家庭经济还挺可观的，他的整个人的一个素养，家庭的一个素养，文化知识、文化底蕴也挺高的。我当时有过这么一个设想，只是说是现在我自己可能实力还不够，然后村里面可能现在还没有规划（教育提升）这一块，所以说我现在还没有提出来或者怎么样。

俞：现在村里可能偏向于硬实力的建设，软实力这块可能还没上来。

**刘：**对，现在的话肯定以村里整体建设为主的，等到村的整体建设全部做好了，我就觉得可以建议能不能把其他一些项目引进来。因为我现在做教育这一块做多了的话，我就觉得文凭这块还是挺重要的，在职场上就是一块敲门砖。职场上面你没有文凭，你连敲门砖都没有，你就算有这个实力，你进不去也展现不出来。

金：你现在是自己开公司吗？能不能大概讲一下你的职业选择？

**刘：**我现在是自己开了家公司，跟杭州、南京的一些大学都有合作。比如一些定向的专升本、还有一些出国留学之类的。最近还投资了一家少儿艺术培训机构。

金：现在公司规模怎么样？

**刘：**我自己公司的规模不是很大，因为我们做学历提升这块，不需要太多人，我们只有一个教务老师和几个招生老师，加上我自己管理一下就行。然后少儿艺术培训学校现在有两百多位小朋友吧，开设一些口才班、声乐班、钢琴班之类的，老师也是从音乐学院临时聘请过来的。

金：你们村子里的90后有没有聚在一起探讨的机会呀？

**刘：**现在说实话没有，其实你说的这个建议我觉得挺好的，我觉得真的可以这么去做。大家可以信息互通、资源共享。我们90后一批不全是做花木生意的，大家的职业各不相同，如果真的能把大家凑在一起，坐下来讨论各自的职业，看看能不能资源共享。

俞：你可以起个头。

**刘：**真的可以这样做，我到时候去发动大家看看，至少建个微信群。

金：能明显感觉到，村里年轻一辈跟老一辈的视野啊、关注点都会有很大的差异，大部分年轻人已经脱离了这片土地，有着更为丰富的视野。

**刘：**对，像我们 90 后这批，基本上都上过大学，一般都在杭州、宁波甚至更远的城市呆过几年，大家见过一点小世面，能接受很多新鲜事物，而有些年纪大一些的人可能在接受新事物方面能力稍弱些。

金：有关村里事务这块，你有参与吗？比如一些基本的消息告知，或者去竞选一些职务。

**刘：**我们村竞选书记、村长之类的，每个村民都有投票权，我都会去投票。但是我自己是不可能去参加竞选的，实力也不够，对吧？另外村里比如举办一些活动，发到村里的公众号上，我都会到朋友圈转发一下，让大家知道我们棠棣村有多好，我真的很自豪。我还会跟朋友说我们村是国家示范村，是试验点。那时候还评选什么浙江省十大美丽乡村，那段时间我每天早上起来第一件事就是打开公众号给它投票，因为我觉得这个是自己的家，再怎么忙肯定也有时间投票的，而且如果真的竞选上了，我们村民脸上也有光。

俞：现在棠棣村应该至少在绍兴地区名气还蛮大的吧？

**刘：**对的，我们村知名度还挺高的，甚至有时候在绍兴打出租车、打滴滴的时候会跟司机师傅聊起来，司机说你是哪里的？我说漓渚棠棣的，他们第一句话就说你们那里都是苗木老板。在他们的认知中，我们棠棣村还是个卖苗木的，这确实是一个很响的名片。就像我刚刚说的，这个实体是我们的基础，让人家认知我们的基础。现在有些知道的人还会说我们棠棣村是浙江省示范村，风景很漂亮，建设得很好。我记得好像每个礼拜都有几辆大巴车过来参观一下，感觉好像一个旅游景点。现在绍兴在提一个口号：五星达标，3A 争创。这个口号还是我们书记在绍兴市一个会议上提出来的。所以我觉得书记的眼光挺不错的，思想很超前。在他的带领下，我们村至少目前看来还是很不错的。而且现在我们村的发展很符合习大大提出来的“绿水青山就是金山银山”，这句话表面上看很简单，好环境就是我们的财富；从深层理解，这么好的一个环境，我们可以开发成生态旅游景点，在不污染环境的前提下，村民的收入还能提高，是一种绿色经济；再深层一点，我理解绿水青山，好的环境可以修身养性，身体好了，寿命就长了，时间就是金钱。

金：关于“五星达标，3A 争创”，这些信息你是从何得知的呢？

**刘:** 这句话我应该是从哪个电视节目或者公众号上看到的。我会比较关注跟自己家乡有关的消息，关于棠棣村的一些新闻我基本上都会看。

金: 我还想问一下，现在在村里你跟你的父母还没分家对吧？那在你们这个大家庭里，是由谁来当家做主呢？比如村里的事务一块，还有你们家庭内部的决策一块。

**刘:** 因为我家户口本上还是我爸的名字，所以村里的一些签字啊、事务通知啊，都还是由我爸出头的。但就家庭内部而言，我家还是比较民主的。特别是我成年以后，我爸很多意见都会听我的，谁说的有道理就听谁的，不像小时候，我爸会比较强势。

金: 那中间这种转变，你觉得大概是从什么时候开始的？

**刘:** 我觉得是从我上大学开始的。我记得很清楚，就是大学第一年，他们很多事情就都会过来跟我商量了。对于我不懂的一些事情，我会通过他们的描述，给到他们一点我想象当中可能有帮助的建议，看看能不能帮到他们。

俞: 他们觉得儿子在外面是见过世面的，眼界比较广。

**刘:** 对的，他们那时候还跟我说过这么一句话，他们说我现在人在杭州，有些杭州的事物他们没接触过的，可以跟他们分享一下，看看对他们有没有帮助。另外村里有一些什么通知，他们也会来跟我商量。他们会觉得我在杭州，是省会城市，消息会灵通一些。然后有些决定，他们也会让我自己来做。

金: 跟我们讲讲你的大学和职业选择吧？

**刘:** 我大学是在浙江外国语学院，前身是浙江省教育学院。我学的是环境艺术设计，那时候想法很简单，觉得学出来可以帮我爸做绿化工程这块，我来设计我爸来做。那时候的职业规划还是想着可以跟家里的生意挂钩，但不完全是我父母那种倒买倒卖的简单模式，我还是希望能有些技术含量。结果却阴差阳错地做了教育。

金: 看来你对你父母的生意有自己的看法，能不能具体说说他们的生意呀？

**刘:** 在我看来，他们这种模式就是倒买倒卖的模式，就是中间商赚差价，现在市场价格这么透明，这种经济模式肯定要走向衰弱的。在云南我很明显的感受就是，大概五六年前还是七八年前，我爸爸那样的苗圃在昆明那个市场差不多不到十家；三年后我再过去，那个市场里已经有差不多 70 多家了，你说这样的生意怎么做呢？而且我爸妈的苗圃还算大，有些人就租个一亩地甚至几分地，种上几颗苗木就说自己是苗圃了。这些小一点的店铺只要不低于成本价，稍微能赚点钱，他们就会卖掉，因为为了生存；但我家都是老苗圃，苗木质量好，价格不可能压很低，所以现在那边已经是不断压价然后恶性竞争了，已经在低价倾销。现在已经在比拼价格了，你说这种生意还怎么做？……

金：你是大学一毕业就自己创业了吗？

**刘：**不是。我大学是院里的学生会主席，后来临近毕业，团委老师问我要不要留校当辅导员，我说好。所以我就先在我们外国语学院干了两年，后来又去杭州电子科技大学做了一年左右。我的性格其实是喜欢走来走去到处结交朋友的，我觉得当辅导员太无聊了。其实一开始因为我大学考差了，我爸说大学不用读了，让我跟着他做生意，说我读大学这三年如果跟着他做生意，可以赚好多钱。但我不喜欢他们做生意的方式，无非就是跟大家喝喝酒、聊聊天。而且他们得天天待在苗圃里，我不喜欢这种生活。那个时候可能人的性格棱角还是很鲜明的，不想这么快就被磨平。所以我自己的切身经历就是，读书还是很重要的。然后到2018年的时候，我结完婚回绍兴创业的。2018年的4月11号，我公司申请下来的。

俞：你毕业后留校的经历应该跟创业有点关系吧？

**刘：**是的，就是因为我在杭州当了三年的辅导员，积累了资源，所以才会到绍兴办教育机构。我心里是想了很久的，（对于创业这件事）心里还是有底的。那时候回来创业主要是因为结婚了，想顾着点家。一开始没想好创什么业，后来想想在杭州积累了这些资源，那么多高校老师都认识，不能浪费。

金：创业的启动资金这块是谁来支持的呢？

**刘：**做我们这块，不需要太多启动资金，我当时的启动资金就是我们结婚的红包钱，那时候大概收了不到10万块钱。我们开教育公司无非就是人员工资和场地租金。场地的话，我现在在柯桥，一年的租金差不多四、五万左右，人员的话一年下来差不多七、八万，总的成本加起来也就十四、五万。我们招生老师的底薪是很低的，主要是拿提成。教务老师也不高，就3000多块钱。

金：所以公司的业务还是主要偏向学历提升、职业教育这块是吧？

**刘：**对的，主要是学历提升，另外我们今年刚刚合作了一家公司，他是专门做员工的上岗培训。因为我觉得我公司的业务得慢慢拓展，不然光走一条路，竞争很激烈，路容易被堵死。所以我现在的业务范围很宽，职业教育也做，学历提升也做，员工上岗培训也做，出国留学也做，少儿培训也做，甚至有些高考考不上的，我给他们去安排大学。

金：安排大学这块指的是？

**刘：**像有些浙江的考生考不上大学，落榜了，大学不就没得读了？那我通过我高校的资源，到外省去给他们找这样的学校，通过先读预科班的形式，让他们去读统招的大学。不然他们在浙江只能读成教（成人教育），读成教肯定是不划算的。

金：所以其实是解决了信息不对称导致的问题？

**刘：**对，说实话也是帮助了一些高考落榜的学生，帮助他们能有一个更好的学习生涯，职业生涯。当然我们是要赚钱，但是学生的读书是（关系到）一辈子的事情，所以我们尽可能地帮学生找到一些好的大学，甚至是一些海外的大学，让他们未来的人生走得更顺一些。

金：你做的这块确实需要很多资源来支持。那这块在绍兴的竞争大吗？

**刘：**单一渠道的竞争大，比如光做学历提升这块，竞争就特别大。但是像我这样的话，做的业务比较多，绍兴没有几家像我这样的。别人的想法是专门做一块，想把市场垄断掉，但像我这样（多业务）铺开来，别人一是没有那么多资源，二是没那么多精力。

金：我想问下你妻子是做什么的？

**刘：**她在绍兴世茂那边一家公司里做会计。

金：那你们夫妻俩还是有比较多时间待在一起的。

**刘：**对，我俩基本上就是朝九晚五的工作时间，而且我的时间更加自由。只要没有什么特别的事情，我都可以提早走。我个人对生活的想法是很简单的，每年赚个二三十万元、三四十万元，可以过上小资生活，然后每年有 2 ~ 4 次机会可以去旅游。然后最重要的是把小孩子培养好。我其实没有很重的事业心，不会每年给自己定下赚多少钱的目标，我就希望一家人能开开心心，过上小资生活，把女儿培养好。

俞：你现在在村里这边，跟爷爷奶奶住在一起吗？

**刘：**我爷爷在我很小的时候就去世了，现在只有奶奶在。今年外公也去世了，外婆前两年也刚去世。我爷爷奶奶、外公外婆都是这个村的，外公外婆在下面的二社，爷爷奶奶家在刘家，我家在中间，我小的时候去爷爷奶奶和外公外婆家都只要五分钟，可幸福了。现在奶奶有自己的老房子，自己一个人住。我奶奶有三个儿子，当时给每个儿子一块地用来造房子。具体怎么分我不清楚，反正我出生的时候，我们家已经是分家后独立的了。

俞：那你奶奶有跟另外的叔叔或者伯伯一起住吗？

**刘：**没有，我奶奶是在一个独立的老房子里自己住。

俞：那现在谁照顾她呢？

**刘：**我奶奶现在很健康，周围的邻居都很照顾她，我基本上每个礼拜或者隔上一段时间就买点东西过去看看她。她现在不仅能独立生活，还能下地干活，80多岁了，自己在后花园里种点蔬菜，天天吃素。

俞：她吃素是因为信仰还是自己愿意吃？

**刘：**我们村里很多老太太都是念佛的，她们觉得念佛的人不能吃荤。我奶奶365天里有350天在吃素。就过年那几天，或者说有哪户亲戚结婚什么的，她开个荤。她已经吃素吃习惯了，如果让她开荤的话，她反而肠胃会不太舒服。所以只要她自己开心，身体健康，我们就不会多说什么。

金：你奶奶的生活费主要是谁来负责呢？

**刘：**每年过年，三家子女都会一次性给她生活费，还有压岁钱。

金：是一次性不是月付之类的？

**刘：**一次性的，因为我奶奶年纪大了，不会用银行卡存钱。另外她自己有农保（新型农村养老保险），每个月生活费是足够的，所以说过年我父母他们都是一次性给她。

金：奶奶的农保是一次性买断的那种吗？还是在单位交的？

**刘：**她没有单位的，就是一次性买断，然后每个月好像就有几百块钱，虽然不多，但是她平时吃吃、买买菜就够了。

金：那这个每月的几百块钱，应该是打到存折上的吧？奶奶是自己能够去取吗？还是子女代取？

**刘：**她一般是存一个季度，有个一、两千块钱，就坐309路（公交车）到漓渚镇上的银行取出来，反正她们老年人坐车不要钱，她们一般到银行门口下车，取个钱然后买个菜，再坐309回来，一般8点多出门，10点钟就回来了，或者6点出门8点回来这样。我们村里6点多、7点半那趟309路很挤的，全是老年人，大家相互之间都认识。

金：那蛮有意思的。

**刘：**对。所以说我自己是很喜欢农村生活的，我觉得这很惬意。城市里的话对我来说，从小农村长大的人，（城市）对我来说好压抑。我前几天自己一个人回家住了一个晚上，我就觉得我从家里走出来，然后走那条路上，风吹吹，然后桂花香闻着很舒服，大概七八点钟的样子，就阵风吹吹，然后桂花香飘过来的风特别凉，不像城里有风也是很混浊的那种风。

附录：棠棣村村民访谈名录：

---

**被访人：**钱涛（钱仁棠［1930 年生］孙子），男，1993 年生。

**访谈时间：**2018 年 12 月 27 日晚上

**访谈人：**俞为洁　　**整理人：**俞为洁

---

**被访人：**刘阿锦，男，1933 年生。　　**访谈时间：**2018 年 12 月 26 日上午

**访谈人：**宋雪玲　　**整理人：**宋雪玲

---

**被访人：**金静（金定先［1938 年生］二女儿），女，1968 年生。

**访谈时间：**2018 年 12 月 27 日上午

**访谈人：**俞为洁　　**整理人：**俞为洁

---

**被访人：**钱传康，男，1944 年生。　　**访谈时间：**2018 年 12 月 26 日下午

**访谈人：**俞为洁　　**整理人：**俞为洁

---

**被访人：**金关心，男，1946 年生。　　**访谈时间：**2019 年 4 月 26 日上午

**访谈人：**金海萍　　**整理人：**金海萍

---

**被访人：**刘幼珍，女，1947 年生。　**访谈时间：**2018 年 12 月 27 日下午

**访谈人：**俞为洁　**整理人：**俞为洁

**被访人：**蒋岳兴，男，1952 年生。　**访谈时间：**2018 年 12 月 27 日上午

**访谈人：**闻海燕　**整理人：**闻海燕

**被访人：**金伟桥，男，1953 年生。现任棠棣村村委委员。

**访谈时间：**2018 年 12 月 26 日上午

**访谈人：**俞为洁　**整理人：**俞为洁

**被访人：**钱亚琴，女，1957 年生。　**访谈时间：**2018 年 12 月 26 日下午

**访谈人：**闻海燕　**整理人：**闻海燕

**被访人：**金立成，男，1960 年生。现任棠棣村党总支副书记。

**访谈时间：**2019 年 4 月 25 日上午

**访谈人：**闻海燕　张秀梅　**整理人：**闻海燕　张秀梅

**被访人：**钱火光，男，1964 年生。现任棠棣村党总支委员。

**访谈时间：**2019 年 4 月 24 日下午

**访谈人：**张秀梅　**整理人：**未整理成稿。

**被访人：**徐伟凤，女，1964 年生。现任棠棣村村委委员，妇女主任。

**访谈时间：**2018 年 12 月 27 日晚上（宋）；2019 年 4 月 26 日上午（金）

**访谈人：**宋雪玲　金海萍　　**整理人：**宋雪玲　金海萍

---

**被访人：**钱卫明，男，1966 年生。　　**访谈时间：**2018 年 12 月 27 日下午

**访谈人：**闻海燕　　**整理人：**闻海燕

---

**被访人：**钱立新，男，1966 年生。现任棠棣村村委委员，文书。

**访谈时间：**2019 年 4 月 23 日上午（俞）、24 日下午（张）

**访谈人：**俞为洁　张秀梅　　**整理人：**俞为洁　张秀梅

---

**被访人：**钱又夫，男，1967 年生。　　**访谈时间：**2019 年 4 月 26 日上午

**访谈人：**闻海燕　　**整理人：**闻海燕

---

**被访人：**刘建明，男，1967 年生。现任棠棣村党总支书记、村委主任。

**访谈时间：**2019 年 4 月 24 日

**访谈人：**闻海燕　张秀梅　　**整理人：**闻海燕　张秀梅

---

**被访人：**王永良，男，1971 年生。现任棠棣村村委委员，基建监督。

**访谈时间：**2019 年 4 月 25 日下午

**访谈人：**金海萍　俞为洁　　**整理人：**金海萍

**被访人：** 谭克云，男，1976 年生。外来民工。

魏一梅，女，1977 年 2 月生，谭克云的妻子。

王本珍，女，1969 年 2 月生，谭克云的老乡。

**访谈时间：** 2019 年 9 月 18 日晚上

**访谈人：** 金海萍　俞为洁　　**整理人：** 金海萍

---

**被访人：** 钱迪红，男，1981 年生。　**访谈时间：** 2018 年 12 月 26 日

**访谈人：** 闻海燕（上午）、俞为洁（晚上）　**整理人：** 闻海燕、俞为洁

---

**被访人：** 诸良峰，男，1982 年生。　**访谈时间：** 2018 年 12 月 27 日下午

**访谈人：** 宋雪玲　**整理人：** 宋雪玲

---

**被访人：** 盛建兰，女，1987 年生。　**访谈时间：** 2019 年 9 月 18 日下午

**访谈人：** 金海萍　俞为洁　**整理人：** 金海萍

---

**被访人：** 刘梁涛，男，1992 年生。　**访谈时间：** 2019 年 9 月 19 日晚上

**访谈人：** 金海萍　俞为洁　**整理人：** 金海萍

---

**被访人：** 徐燕，女，1995 年生。　**访谈时间：** 2019 年 9 月 18 日晚上

**访谈人：** 金海萍　俞为洁　**整理人：** 金海萍

# 文献篇

鸿爪雪泥　村史留痕

WENXIAN PIAN

HONGZHAO XUENI CUNSHI LIUHEN

# 花开富贵

中国有源远流长的耕读传统，即使是曾经文盲成堆的乡村，也总会有那么几个识字的人，这些识字人就是乡村文献的主要秉笔者。他们的文笔未必高妙，但书写的都是乡民们需要的文书，记录的都是乡民们的日常。乡人历来敬惜字纸，尊重读书人。这些文献被珍藏，被传承，虽似鸿爪踏雪泥，终究为乡村留下了几点历史的印痕。

## 一、碑牌证书

### 百年校史牌[①]

早在清光绪三十二年（1906年），这时西学逐渐影响到华夏大地，对于漓渚范围内，尤其是在街上，办起了几所学堂。当然棠棣的有识之士也不甘落后，经乡贤一致商定，利用大方的尼姑庵庵舍，23亩庵田作为办学资费，办起了一所学堂，后经申报为“公立大方初等小学堂”，有混合班1个，学生数20来人。校长为傅定安，校董为胡吉生。

民国期间政府曾下令普及义务教育，但实际效果并不明显。民国廿九年（1940年），棠棣小学改名为“绍兴县漓渚乡第十保国民学校”。此其间曾开设过两个班级，教师也有增加，由张如方担任校长兼教师。

解放后，学校更名为“棠棣乡棠棣小学”，生源激增，校长屠燕根。前后几次更名乡中心校、社中心校。“文化大革命”期间还办过初中部，贫下中农管理学校时，学校的政治由贫管委说了算，各村还办有村校。

1984年10月易地新建的教育楼竣工投入使用，小学部的学生从大方庵迁居新教育楼学习。

1992年9月撤区并乡，棠棣乡并入漓渚镇，学校更名为“棠棣分校”，校长为王漱玉。

2006年8月，定为“棠棣完小”，由于生源减少等原因，至2010年7月教育

① 此木牌悬挂在兰心民宿的园墙上，此地原为棠棣乡中心小学校址。

网点调整，棠棣小学停办，全体师生转入漓渚镇中心小学。

有着百年校史的棠棣小学，承载着丰富的文化底蕴和积淀，必将为漓渚的腾飞与乡愁留下浓重的一笔。

## 浙江省绍兴县（市）土地房产所有证命字第 1460 号[①]

绍兴县（市）漓渚区棠棣乡居民钱大章潘美秀钱坤荣钱定荣钱阿定

依据中国人民政治协商会议共同纲领第二十七条“保护农民已得土地所有权”之规定，确定本户全家、本人所有土地共计可耕地弍段伍亩肆分叁釐零毫，非耕地叁段拾壹亩零分零釐叁毫。房产共计房屋□间，地基□段□亩□分□釐□毫均作为本户全家、本人私有产业，有耕种、居住、典卖、转让、赠与等完全自由，任何人不得侵犯，特给此证。

县（市）长和亮晨

计开

<table>
<tr><td colspan="7">土地</td><td colspan="2">房产</td><td></td><td></td></tr>
<tr><td colspan="2">坐落</td><td>马岭头</td><td>头社坂</td><td>大树山</td><td>二社</td><td>二社</td><td colspan="2">坐落</td><td></td><td rowspan="14">一九五一年十月□日发</td></tr>
<tr><td colspan="2">种类</td><td>田</td><td>田</td><td>山</td><td>什</td><td>什</td><td colspan="2">种类</td><td></td></tr>
<tr><td colspan="2">都（区）</td><td>六</td><td>六</td><td>六</td><td>六</td><td>六</td><td colspan="2">都（区）</td><td></td></tr>
<tr><td colspan="2">图（段）</td><td>二〇</td><td>一八</td><td>一八</td><td>一八</td><td>一八</td><td colspan="2">图（段）</td><td></td></tr>
<tr><td colspan="2">地号</td><td>二五七〇</td><td>三四五－一</td><td>二三〇八</td><td>二九二二－二</td><td>二七六八－一九</td><td colspan="2">地号</td><td></td></tr>
<tr><td rowspan="4">面积</td><td>亩</td><td>肆</td><td>零</td><td>壹零</td><td>零</td><td>零</td><td rowspan="4">面积</td><td>亩</td><td></td></tr>
<tr><td>分</td><td>柒</td><td>柒</td><td>柒</td><td>零</td><td>弍</td><td>分</td><td></td></tr>
<tr><td>釐</td><td>弍</td><td>零</td><td>陆</td><td>肆</td><td>零</td><td>釐</td><td></td></tr>
<tr><td>毫</td><td>玖</td><td>壹</td><td>弍</td><td>壹</td><td>零</td><td>毫</td><td></td></tr>
<tr><td colspan="2">四至</td><td></td><td></td><td></td><td></td><td></td><td colspan="2">间数</td><td></td></tr>
<tr><td colspan="2">长宽尺度</td><td></td><td></td><td></td><td></td><td></td><td colspan="2">地基四至</td><td></td></tr>
<tr><td colspan="2">附属物</td><td></td><td></td><td></td><td></td><td></td><td colspan="2">地基长宽尺度</td><td></td></tr>
<tr><td colspan="2">备考</td><td></td><td></td><td></td><td></td><td></td><td colspan="2">附属物</td><td></td></tr>
<tr><td colspan="2"></td><td></td><td></td><td></td><td></td><td></td><td colspan="2">备考</td><td></td></tr>
</table>

① 原证件内容为竖排，无标点。证书中涉及的人名、地名和数字为手写毛笔字填写，其他为印刷体繁体字。“一九五一年十月□日发”处盖有“绍兴县人民政府印”印章，此印章和县长签名均为朱色。引录时，原件未填写数字处用“□”表示。

## 大放水库碑记[①]

围绕稳粮、增收、强基础、重民生、保安全，进一步加快小型农田水利基础建设，绍兴县从 2009 年起被列入中央财政小型农田水利重点县建设之一，全面实施山塘整治工程。

大放山塘，总库容 5.3 万方，总投资 84.65 万元。

建设单位：绍兴县水利管理总站

设计单位：绍兴县中源设计咨询有限公司

施工单位：浙江广川建设有限公司

监理单位：杭州耀海建设工程管理有限公司

质监单位：绍兴县水利工程质量监督站

绍兴县财政局

绍兴县水利水电局

二〇一〇年十月

# 二、党务村政

## 党支部民主生活会制度

1、以党支部为单位，每半年召开一次专题组织生活会和民主生活会，对党员进行民主评议，评议结果作为年终民主评议党员的主要依据。

2、专题组织生活会及民主生活会要按照“四公开”（公开会议时间、公开会议主题和要求、公开内容、公开整改措施）、“五不开”（班子成员和党员思想状况摸不透不开、谈心活动开展不广泛不开、发言提纲达不到要求不开、上级党组织领导不参加不开、班子成员或党员缺席较多不开）、“四不谈”（不谈成绩、不谈客观原因、不谈细枝末节、不谈空话套话）的要求召开，生活会要重点解决党员的思想问题，要确保生活会质量。

3、民主评议党员的专题组织生活会和民主生活会，要按照“自己找、群众

① 此石碑立于大方水库堤坝上。“大放”即“大方”，村民们习惯叫“大方”，但此碑写作“大放”。

提、相互评、组织点”的方法召开，着重查找和解决党员在党性、党风方面存在的主要问题，要扎实开展自我批评和相互批评，召开会议要吸收群众代表参与。

4、党支部要根据党员讲评、党员互评、群众参评以及征求到的党员群众意见建议、民主评议情况和党员的一贯表现，实事求是地对每个党员提出书面评议意见。评议意见包括工作思想表现、取得成绩、测评结果、存在问题及努力方向等四个方面。

5、要认真搞好意见反馈。对党员提出的评议意见，党支部负责人要逐人当面向党员个人进行反馈，肯定成绩，提出问题，提出整改及努力方向。对不履行党员义务、不具备党员条件的党员，党支部要进行批评教育，帮助认识问题并区别情况，提出具体的教育转化措施及具体的组织处理意见。

## 财务监督制度

一、民主理财、财务公开制度

1、村集体经济组织要建立以懂财务、有威信村民代表为主的民主理财小组，民主理财小组的成员应由村民代表大会推选产生，人数视村规模大小，任务轻重而定，一般为三至五人。

2、民主理财小组对本单位的下列财务活动进行监督：

①财务制度和财经纪律的执行情况。

②财务计划和收益分配方案（预决算）的实施情况。

③重要的财务收支项目的实施情况。

④集体积累的提取与使用情况。

⑤农业承包合同及其他经济合同的履行情况。

⑥现金、存款、固定资产、材料物资的库存和使用情况。

⑦其他重要的财务活动。

3、民主理财小组要一月一次对村（居）级财务收支进行审核。并要一年一次对村（居）级财务账目和财产物资进行检查，将检查结果予以公布。

4、民主理财小组在监督中发现有违反财经纪律和财务制度的，有权进行调查处理，并向上一级部门反映。

5、村集体经济组织要实行财务公开。村（居）级财务要按照《绍兴县规范村务公开实施办法》的要求和县经管总站规定的具体内容，如实向村民公开。财务公开统一格式，实行规定的时间要求公开，对专项的或重点的财务活动，要单独、及时向村（居）民公布。公开的内容须由街道会计代理站会计填写，行政村（居）盖章，村（居）民主理财小组长签章。公开形式以公开栏为主，对公开的内容由文书每月记入村（居）务公开登记簿。公开栏旁要设立意见箱，以及时了解群众对村（居）级财务的意见和建议。

二、合同管理制度

1、村集体经济组织所有的生产、经营、服务等项目，凡采用承包（租赁）形式的，以及单位和个人使用集体资源的均应签订承包（租赁）合同，确定法律关系。

2、订立承包（租赁）合同，要严格按照《经济合同法》和《浙江省农业承包合同管理试行办法》的要求，按照平等互利、协商一致、等价有偿的原则，做到权利和义务对等。

3、承包（租赁）合同，应一式四份，经双方当事人签字并盖章后，由街道经管站统一签证，如当事人认为必要，可到公证机关办理公证手续。合同资料上报街道农经站、会计代理站各一份、村与承租（包）人各一份。

4、承包（租赁）合同生效后，双方必须依法履行，任何一方违约，都必须承担违约责任。如遇不可抗力，一方要求中止合同的，应向对方说明理由，达成协议后方可解除合同。

5、承包（租赁）合同发生纠纷的，双方应及时协商解决。协商不成的，任何一方均可向上级承包合同管理机构和仲裁机关申请调解和仲裁。也可直接向人民法院提起民事诉讼。

三、基建工程管理制度

1、村集体经济组织对所有工程项目，必须实行招投标制度，参加招投标的单位必须是有资质的单位，招投生效，要落实专人负责施工，工程项目均应签订工程承包合同。

2、建设工程项目实行监督制度，可由村委或村招投标监督小组选派代表进行监理，也可商请街道城建办或有关单位进行监理。

3、工程款按工程进度和合同规定相关条款支付，支付时必须有监理人员签字盖章后才能支付。

4、工程竣工后应及时办理验收手续，对重大工程项目，要请县、街道内审机构或社会中介机构进行竣工决算审计，凭审计决算的造价在扣除一定的质量保证金后，方可支付余款。

四、审计制度

1、村（居）级财务应当接受县农村集体经济审计中心的审计。农村审计的主要范围是：

①财务制度的建立、健全及执行情况。

②财务收支和有关的经济活动及其经济效益。

③收益（利润）分配情况。

④章程、合同、协议的签订和履行情况。

⑤审核资产、负债、所有者权益。

⑥审核村干部的报酬、福利、通讯费补贴的兑现情况。

⑦各种承包金、租金、土地征用费的收取、管理和使用情况。

⑧在合资、合作、联营中，与村集体经济组织收益有关的经济活动。

⑨基本建设项目的招投标、工程质量管理、资金支付等情况是否符合合同条款，是否做到公开、公正、公平的原则。

⑩村主要干部的任期目标完成情况。

2、审计采用定期审计和不定期审计相结合的方法。街道农经站会同县农村集体经济审计中心每年常规审计三分之一的村。有下列情况发生时，实施不定期审计。

①村级领导班子换届、离任、调动时。

②村级合作经济组织发生重大问题时。

③村民主理财小组认为必要时。

④当地街道政府认为必要时。

⑤村民反映强烈时。

3、开展审计时，委托县农村集体经济审计中心派员进行审计，镇农经站人员做好配合工作，审计工作班子一般由两人或以上人员组成，相关人员应实行回避。

4、审计结束后，由审计工作班子出具审计报告。并将审计报告送交街道办事处和村委，并视审计类别，在村（居）民代表或村（居）两委会、党员会议上通报审计情况。

## “美丽宜居村庄”建设工作总结（2017年）

2015年以来，我村被列入柯桥区“国家美丽宜居村庄”创建村，为加快推进“美丽宜居村庄”建设，棠棣村结合漓渚镇“美丽宜居村庄”创建的总体部署，立足实际，发挥优势，以创建“美丽宜居村庄”精品村为目标，在镇政府的正确领导和各级部门的大力支持下，按照“村村优美、家家创业、处处和谐、人人幸福”的建设要求，科学规划，广泛动员，创新破难，全面提升了环境、产业、服务和素质“四大工程”，进一步提升了全村的新农村建设水平。现将有关创建工作总结如下：

一、基本情况

棠棣村位于柯桥区漓渚镇北部，属于西部山区，社区总面积2.91平方公里，辖8个居民小组，490户，人口1507人，共有党员64人。社区现有耕地面积714亩，山林面积1936亩，包含生态公益林，绿化花木等经济作物林。有95%以上的劳动力直接或间接从事花木的生产和经营，是远近闻名的花卉特色专业村。社区内有农贸市场、社区卫生服务站、健身广场、农家书屋、老年活动室等公共配套设施。自2003年行政村合并起，棠棣村着力整治村庄环境，美化村庄环境，大力发展花卉特色产业，村民家庭经济收入逐年提高，生活条件也大为改善。2015年，社区居民人均年收入达31500元。已获得县级“文明村”、“先进基层党组织”、“市级生态村”、“五好村党支部”、“治安安全示范社区”、“市级科技示范村”、“绿化生态村”、“环境整治示范村”、“省级兴林富民示范村”、“省级全面小康示范村”等荣誉称号，2013年我村被评为“浙江最美村庄”，2016年被评为“浙江省生态文化基地”，2017年被评为“浙江省文明村”。

二、在区委、区政府的正确指导，村两委的全力部署，全体村民的大力支持下，棠棣村“美丽宜居村庄”精品村建设开展得如火如荼，进程非常顺利。

（一）加强宣传发动，争取“美丽宜居村庄”建设工作的主动

“美丽宜居村庄”建设工作是一项艰苦的工作，也是一项长期工程，但能够为老百姓带来实惠，推动农村社会改革，促进农村产业结构调整、生活方式转变、环境提升、文化娱乐繁荣、民主法制普及，因此我乡以全力实施“美丽宜居村庄”建设为重点，做好发动和宣传工作，使广大村民家喻户晓，积极参与。同时调动村里党员、组长、村民代表的积极性，积极投入棠棣村“美丽宜居村庄”建设。在建设过程中，广泛采纳党员、组长、代表们的意见，共同谋划建设项目。通过宣

传发动，使“美丽宜居村庄”建设工作得到了全体村民积极响应和大力支持。

（二）制定建设规划，提高“美丽宜居村庄”建设的效率和品位

为做美、做绿、做靓中心村，我村委托绍兴越州都市规划设计院对棠棣村进行规划设计。以建设布局合理、经济适用、环境优美、交通便捷、设施配套功能齐全的居住区为目标，对健身广场、休闲广场、停车场、道路交通和绿化、给水排水、污水处理、电力电讯、部分居住房等进行设计规划，为棠棣村以后的国家级美丽宜居村建设打下基础。

（三）“美丽宜居村庄”建设项目进展情况

棠棣村以“美丽宜居村庄”建设为平台，积极争取上级资金，推动棠棣村集体经济发展壮大，集中力量办群众个人办不了且群众需要办的大事、实事；以“抓项目、增后劲、促发展”为抓手，抢抓机遇、抢抓时间，自加压力，使“美丽宜居村庄”的项目建设如火如荼地进行。根据棠棣村的实际，长期规划、分期建设、稳步推进。

2016 年以来，棠棣村“美丽宜居村庄”建设做了如下几项工作：

1. 首先对棠棣村按“国家级美丽宜居村”进行总体设计，对村主要景点进行风貌设计，总投入设计经费 26.8 万元。

2. 拆除危旧房 30 间，计 750 平方米，总投入 20 万元。

3. 8 户困难家庭危房改建，村民投资约 550 万元，已全部完成改造。

4. 拆除影响村容村貌破旧房 17220.8 平方米，总投入 1159.86 万元。并已改造为“兰谷苑”。

5. 农房外立面改造 53670 平方米，总投入 144.92 万元。目前已全部完成。

6. 村入口及主要节点景观营造，入口及节点改造，总投入 34.17 万元。目前已全部完成。

7. 村落空间整治美化，二社至刘家公路沿线美化，总投入 40 万元。目前已全部完成。

8. 路面、围墙、水渠、挡墙等设施提档改造，道路改造工程，面积 4064 平方米，总投入 40.64 万元。目前已全部完成。

9. 道路亮化：兰泽路太阳能路灯安装，总投入 104 万元。目前已全部完成。

10. 文化设施：新建露天戏台，计划投入 25 万元，目前已全部完成。

11. 兰文化博物馆：总投入 100 万元。目前已全部完成。

12. 农户太阳能热水器安装，由村民投入 19.5 万元。

13. 污水集中处理和智能终端 2 座，总投入 131.43 万元。目前已全部完成。

14. 公共厕所改造建设，新建水冲式厕所 4 只，总投入 32 万元。目前已全部完成。

15. 水体清淤整治：村内溪沟池塘清理，总投入 16.96 万元。目前已全部完成。

16. 新建垃圾中转站 2 只，总投入 12.01 万元。

17. 村庄绿化 2000 平方米，总投入 12 万元。

18. 庭院绿化，鲜花进村，总投入 93.5 万元。

19. 山体水体等生态修复：棠棣村“旱地改水田”工程。总投入 1612.2 万元。工程正在进行中，预计年底完工。

20. 刘家自然村道路沿线农房改造及景观建设，总投入 60.7 万元。

21. 扎实推进耕地质量提升工程，总体规划 1000 余亩，目前已推进 230 余亩，一期工程已完成。

22. 引进“智慧农业”增加村级集体经济收入，促进花卉产业升级

23. 推进花香漓渚“千亩花田”田园综合体建设，建成后棠棣村将打造成农旅结合、产村融合美丽宜居村庄。

三、未来展望

在区、镇领导的高度重视下，在广大群众的大力支持下，棠棣村的“美丽宜居村庄”建设进展顺利，工程项目完成情况较好。但是由于资金有限、时间仓促，建设中肯定存在一些问题。村两委将尽快调整工作重点，将工程遗留问题全部解决完毕，而对于棠棣村来说，建设“美丽宜居村庄”的重要性不仅仅是使村庄环境得到改善，而是要借此机会，在今后的几年里，进一步促进棠棣村的经济、环境、卫生、文化等方面全面发展，迈进国家级“美丽宜居村庄”的先进行列，使村庄发展得更快、村民生活得更好、村庄整体实力更强，更好地造福村民。

棠棣村民委员会

2017 年 12 月 30 日

## 三、乡规民约

### 禁赌协会工作职责

1、学习并宣传法律法规及村规民约，用正反两方面的典型事例教育广大村民认识赌博的危害性，帮助村民提高认识明确禁赌的重要性。

2、督促村委与村农户签订的《禁赌责任书》的执行，及时做好信息反馈工作。

3、广泛地联系群众，随时掌握赌博动态，发现苗头及时举报。

4、严格执法冲击赌场，做出处罚。对构成犯罪的，报司法部门依法处理。

5、妇女禁赌小组每月活动一次，执规小组每月分析一次，平时一有举报，马上冲击。

6、协会会员自觉不参赌，并教育管好其家庭成员不参赌。

7、建立协会活动记载档案，每年年终进行回顾总结，对工作积极，取得成绩的协会会员予以表彰。

### 村民卫生公约

为了积极创建市级卫生村，实现我村的村容村貌、环境卫生达到美化、净化、绿化、硬化的目的，必须引起全村村民的高度重视，形成一个人人参与室内外环境卫生管理，个个动手清除卫生死角的氛围，正确树立大卫生观念，做到爱护公物，保持整洁，从我做起。为此，特与全村村民制订卫生公约如下：

一、维护公共场所的环境卫生，做到不乱堆垃圾（粪便），不随地大小便，不乱搭乱建建筑物，不乱堆乱放建筑物。

二、注意饮食、饮水卫生，做到不喝生水，不吃不洁腐败变质的食物，经常开展以灭鼠为中心的“除四害”活动。

三、增强卫生保健知识，树立讲卫生光荣、不讲卫生可耻的良好生活习惯。

四、严禁向河道倾倒一切废弃物，圈养家禽，严禁生猪散放，不准养狗。

五、认真执行爱国卫生实施办法，搞好门前及四周卫生和保护绿化。

六、积极参加卫生义务劳动，搞好环境美化，创建卫生之家，弘扬社会主义精神文明新风尚。

漓渚镇棠棣村民委员会<br>2008 年 1 月 1 日

## 四、社会文化活动

### 善行义举人物评选（2014 年）

2014 年 6 月 30 日我村召开了全体党员、村民代表会议，认真讨论和评议本村的善行义举的年度人物，经大家一致推举，结果如下：

钱爱珍，出生于 1968 年 3 月，二社村人。

钱爱珍是棠棣村的一位村内保洁员，无论春秋冬夏，无论日晒风吹，她总是坚守在自己的岗位上。她每天清晨都很早地出现在自己的保洁区内，拿起扫把，熟练地打扫路上的垃圾。有时候为了打扫干净路面，她甚至连饭都来不及去做，匆匆地吃两口冷饭，就又拿着扫把去工作了。她见不得一点点的垃圾，总是说："我做了这份工作，就要对得起这份工作。"

钱丽平，1963 年 1 月，二社村人。

人们常说：远亲不如近邻。在漓渚镇棠棣村就有这样一个好邻居，她的名字叫钱丽平。她总是闲不住，经常主动清扫巷道，热心帮助四邻，受到周围居民的认可，不仅增进了彼此之间的感情，而且带动了周边居民整体文明程度的提高。

钱丽平说：以前这洗菜池经常被生活垃圾阻塞，她和邻居拿起工具，认真地清理洗菜池。渐渐地，她的行为得到了大家的认可，巷道变得越来越整洁。

钱丽平说："我们帮助别人，不图名和利，就图个乐，没事找点事干，心里踏实。现在村里建设这么好，我们也想尽所能，就算是我们为村里做一点小事吧！"

好夫妻刘金浩和刘霞雅

丈夫刘金浩，出生于 1937 年 11 月，刘家村人；妻子刘霞雅，出生于 1946 年 11 月，刘家村人。

两人于 1964 年结婚，至今 50 年，夫妻和睦，育有三子。1970 年开始到 1987 年，刘金浩一直在刘家村里做现金保管员，之后 2003 年棠棣村行政村合并开始，继续回到村委里做事。妻子刘霞雅一直在家，处理家务。刘金浩夫妻团结友爱，侍奉老人，重视子女的教育，是村民公认的好夫妻。

好丈夫钱传来，出生于 1957 年 8 月，二社村人。

钱传来与邵彩亚结为夫妻 25 年来，与妻子鹣鲽情深。妻子经常说："当年亡夫撒手而去，自己像塌了半边天，自己常有病痛，多次住医院，都是依靠传来不离不弃的悉心照料，才让我挺过一次次的难关。他不仅仅是我的丈夫，更是我的恩人！”钱传来不仅爱护妻子，更是悉心教导亡夫所留的两个儿子。当时钱传来与邵彩亚结婚时，大儿子只有10岁，小儿子只有4岁，一家人住在低矮的房子里。而今，凭着两夫妻的打拼，平屋变楼房，出入有汽车，孩子也有自己的事业。钱传来的付出，孩子都看在心里，都把他当作亲生父亲一样敬重。

好婆婆张香娥，出生于1947年7月，原六峰村人。

张香娥19岁嫁到头社，到如今已有48个年头，邻里和睦。她育有二女一子。她平时很注重节俭，从不乱花一分钱，不仅自己如此，也教育自己的儿子儿媳要这样做。人们常说做个好婆婆难，但是她却认为做个好婆婆不难，只要不把儿媳当外人，用心疼爱，真心包容，家庭就会和谐美满。她总说：媳妇虽说不是亲骨肉，但她背井离乡来到这里，是要和儿子过一辈子的人，就应该把她当作自己的女儿。

好媳妇赵银花，出生于1963年8月，头社村人。

1983年，20岁的赵银花走进了头社一个普通家庭。2009年，婆婆突患中风导致半身不遂，她为了让婆婆早日康复，放弃在外面的生意，回到棠棣，侍奉婆婆。她每天为婆婆喂水喂饭，洗洗涮涮。常言说“久病床前无孝子”，但婆婆在床上躺了六年，她为婆婆洗澡、梳头、理发、捶背、剪指甲，精心侍候，从不厌烦。终于在她的悉心照料下，婆婆从卧床不起变得渐渐康健，能够缓慢地行走。婆婆逢人便说：“有好儿不如有个好媳妇，我家银花待我比亲闺女还亲。”

**党员志愿服务群众活动记录（选录）（2015年）**

| 时间 | 2015年5月1日 |
|---|---|
| 地点 | 棠棣村 |
| 主持人 | 刘建明 |
| 活动内容：<br>今天是“党员志愿服务日”，本村开展“五水共治”党员志愿者奉献在社会活动。主要是响应镇党委“五水共治”的号召。召集30名青年党员在头社、二社、刘家村内陈年垃圾溪进行垃圾清除工作。共清理垃圾15吨。 | |

| 时间 | 2015 年 7 月 1 日 |
|---|---|
| 地点 | 棠棣村 |
| 主持人 | 刘建明 |

活动内容：
一、今天是“党员志愿服务日”，本村开展“党员志愿者奉献在社会”活动。上午主要是对棠棣村社会学校的学生进行开展学习辅导、教育培训服务。
二、棠棣村自开始春泥计划活动以来，主要以社会学校为载体，以丰富农村未成年人文化为切入点，通过开展道德实践、社会体验和文娱活动，改善农村未成年人校外文化生活，提高未成年人的思想道德素质和科学文化素质。
三、正值夏季，是花农们忙于繁殖的季节，下午党员们立足本村实际，结合本村产业特色，带领社会学校学生到花木种植基地，讲解花木的品种，扦插的繁殖方式等知识。

## 村道德讲堂计划安排（2015 年）

| 时间 | 主要内容 | 主持人 | 报告人 | 参加对象 |
|---|---|---|---|---|
| 1 月 | 百善孝为先 | 刘建明 | 刘定华 | 全体党员、村民代表 |
| 2 月 | 健康生活方式 | 刘建明 | 刘来荣 | 妇女姐妹 |
| 3 月 | 心态与健康 | 刘建明 | 柴老师 | 年轻村民 |
| 4 月 | 文明礼仪常识 | 刘建明 | 陈月芳 | 年轻村民 |
| 5 月 | 礼貌用语 | 刘建明 | 陈月芳 | 年轻村民 |
| 6 月 | 告别陋习，共建美好家园 | 刘建明 | 刘来荣 | 妇女姐妹 |
| 7 月 | 身边的善行义举评选 | 刘建明 | 柴老师 | 全体党员、村民代表 |
| 8 月 | 文明礼仪常识 | 刘建明 | 陈月芳 | 全体妇女姐妹 |
| 9 月 | 礼貌用语 | 刘建明 | 陈月芳 | 年轻村民 |
| 10 月 | 古代：伤仲永的故事 | 刘建明 | 刘来荣 | 全体老年人 |
| 11 月 | 曾国藩的故事 | 刘建明 | 柴老师 | 全体党员、村民代表 |
| 12 月 | 刘备：不以恶小而为之，不以善小而不为 | 刘建明 | 陈月芳 | 全体党员、村民代表 |

## 五、媒体报道

**《我们的书记叫“刘宝”：绍兴市柯桥区棠棣村党总支书记刘建明二三事》**[①]

“‘刘宝’，就是块宝啊！”走进绍兴市柯桥区漓渚镇棠棣村，问起村支书刘建明，大家都这样说。

一身绛红色条纹西服熨得笔挺，一尘不染的皮鞋亮得能映出人影，第一眼见到这位被村民视若珍宝的村支书，并不是我们脑海中“标准”的村干部形象，倒是标准的商界“成功人士”范儿。

成功，还真不是假的。苦孩子出身的他，靠自己创业致富，23年前就开上了全村乃至全镇的第一辆宝马车，于是村民在背后喊他“刘宝”。

起初这一声声“刘宝”，多少夹杂着羡慕嫉妒恨——那辰光，村里不少人连公交车都还没坐过几回呢。

后来，出任村党总支书记、村委会主任的他，让这个曾经默默无闻的偏远山区小村如“开挂”般逆袭，先后拿下“国家级美丽宜居示范村”“全国生态文化村”“全国乡村振兴示范村”等几十张国家级、省级“金名片”。现在，全村年人均纯收入超8.5万元，村集体收入近200万元。

如今一口一个“刘宝”，藏不住村民的满腔钦佩和由衷喜爱。口口相传中，“刘建明”这个本名没人喊了，“刘宝”这个绰号，倒是叫开了。

12月中旬，整整两天，我们跟着刘建明在棠棣“巡村”，看家家户户楹联高悬，看村里村外花团锦簇。当然，最重要的是看这位“刘宝”，究竟给村里用上了什么法宝。

精明人的“亏本买卖”

刘建明承认，自己打小算是个精明人。

21世纪80年代初，花木产业刚刚兴起。听说北方苗木品种多，15岁的他扛起扁担就往辽宁丹东闯。

当地老板介绍了几十个品种，他独独挑中此前从未听过的茶梅，挑好10株就挤上了回程的火车。同去的伙伴嘲笑他：“你这趟估计是笔亏本买卖。”他也忐忑，

① 何苏鸣，李攀．我们的书记叫“刘宝”：绍兴市柯桥区棠棣村党总支书记刘建明二三事[N]. 浙江日报，2019-12-19（1-2）。此文获时任省委书记车俊批示：刘建明同志确实是个宝，不仅自己能致富，还能带领全村人致富。这体现了共产党员的初心和使命。2020年1月9日，在全省“不忘初心、牢记使命”主题教育总结大会上，也提到了刘建明书记的事迹。2020年刘建明书记荣获全国劳动模范称号。

在火车上站着守护了五宿，没承想幼苗没几天就被抢购一空。那一趟旅程，让他明白，自己能吃苦，眼光也不赖，“适合吃经商这口饭”！

打这之后，刘建明先是走南闯北卖苗木，又建起苗圃、开起服装厂，1996 年就成为全村第一个“百万富翁”。宝马车开进村那天，看热闹的村民堵住了他家的大门。

照这个势头发展，“刘宝”的身价不可预期。谁能料到，精明人真的做了“亏本买卖”。

“建明，你见的市面多，又是致富能手，镇里想让你回村当书记，成不？”1996 年，宝马车的里程还没上万，刘建明就被时任漓渚镇党委书记请进了办公室。

作为本村人，刘家村（后与另外两村合并为棠棣村）账上的情况，刘建明心里清楚，村两委班子不团结，又是出了名的“后进支部”“后进村”“薄弱村”。“不干，不干！”他扭头就跑。

大多数“弃商从政”的村干部背后，大抵都有一个乡镇干部“三顾茅庐”的故事。镇党委书记和组织委员往他家里跑了多少次，刘建明真记不清了，他只记得，约莫一年以后，已经相熟的镇党委书记拿话激他：“干满一届就换人，你就不敢试试？”

“他那时候肯定就知道，干满一届，这事儿没完。”想起当时镇党委书记脸上强掩笑意的样子，刘建明至今都觉得自己是“上当”了。

可生意人讲诚信，“上当”归“上当”，事情总是要干的。花了几天时间，家里的企业该停的停、该转的转，1997 年 1 月，刘建明正式上任，成了“刘书记”。

### “西装书记”的“厕所革命”

活了大半辈子，如果说，这个世界上有什么让棠棣村妇联主席徐伟凤觉得“违和”，刘建明绝对算一个。

她告诉我们，刘建明刚上任那会，她还在家带孩子，每回路过村委，都会探头往里面看看，再在心里嘀咕一句：“又是亮黄色西装、白色西裤，还戴一副墨镜，这么耍酷的书记能干事？”

她没想到，这么酷的书记，是真的能干事。干的第一件事，居然还和粪坑有关。

当时刘家村有150多户人家，几乎家家种花，“农家肥”宝贵，花田内外遍布300多个露天粪坑，空气充满奇怪的味道。

“‘刘宝’要拆露天粪坑了！”消息在村里不胫而走。

“‘上头’没要求，干了又没收益，干啥没事找事？”有村干部不理解。

“你‘刘宝’管天管地，还管人拉屎放屁？”很多村民不答应。

可刘建明有自己的“小九九”：“村庄没有改变，老百姓怎么会服你？”他不声不响拆了自家花圃的两个粪坑，又不急不恼挨家挨户上门做工作。

村民老刘家门口有个占地近30平方米的粪坑，说什么都不肯拆，刘建明前后上门十几次都收效甚微，最后这一次，他使出“杀手锏”：“上海亲戚来村里，是不是都不肯住你家？每次去上厕所，是不是都眯眼捏鼻，满脸藏不住的嫌弃？”

老刘很快妥协，第二天就自己动手拆了粪坑，门前的村道拓宽了一截，还布置出一片颇有规模的花田。一场轰轰烈烈的“厕所革命”，就这样推开了。原先把种花当生计，习惯给别人做“嫁衣”的花农们，也开始学着用花装点自己的生活。别说，这感觉还真不赖。

两年前，老刘看到电视里说，农村要推广“厕所革命”，“这不就是20年前刘宝带我们做的嘛！”

2003年，刘家村、头社、二社3个家底子都不厚的村要合并。“干满一届了，你还要不要继续？”并村前，镇干部来“征求”刘建明意见。

“先把另外两个村的粪坑拆掉再说咯！”刘建明没有正面回答。可大家知道，这笔“亏本买卖”，他是答应继续做下去了。

高级工程师的“供给侧改革”

刘建明是个对自己有要求的人。

以前种花，他抽空到浙江林学院、湖南农业大学进修，考取了风景园林高级工程师职称。如今“治村”，他更是一头扑在政策文件里，寻求发展之道。

2015年，中央农村工作会议提出要着力加强农业供给侧结构性改革。这个听起来拗口的专业名词，引起了这位高级工程师的兴趣。

琢磨了好几天，刘建明有了灵感，“这不就是我们棠棣嘛！”当时，中国花卉市场库存增大，花卉苗木的利润空间已不断被压缩，年轻一代也对这门一半靠体力的行业失去兴趣。“供给侧改革说的就是，棠棣得想办法改革转型，走‘卖农产品’到‘卖风景’的新路。”他的劲头又来了。

棠棣村的“供给侧改革”，是从一条3.2公里长的路开始的。

以前，棠棣村只有出村小路，大半还是泥土，窄到只能通行一辆拖拉机，一下雨，坑洼遍地，泥泞不堪。游客来了兴趣大减，投资客一看直皱眉头，村里种植的苗木要运出去，也得费老大的劲。

可修路不是小事，拿到项目图纸一看，征地涉及170多户人家，占到全村50%以上村民。

土地是农民的命根子，动一分一厘，都可能引发大纠纷。即便是“老江湖”刘建明，在启动征迁前考虑到了方方面面，合同条款改了又改，却还是在村民老金家“卡壳”了，卡壳的面积还挺“心塞”，就一分。

“老金啊，你家征用的就一分地，给我个面子？”刘建明赔笑脸说好话。

“一分地也是地，这是我们家上一辈传下来的，不能丢在我手里！”老金也是言之凿凿。

怎么办？刘建明知道，一个人干不过一群人，一群人干不过一村人！他建起“村事大家管”微信群，每户人家派一个代表入群，每天，他把修路的进展“丢”进群里，交给大家议。

“修路是为了村里发展！”“路修好了，你家的苗木运出去也方便！”你一言我一语的，渐渐地，老金觉得有道理，便点头同意了。

一星期完成征用，4个月修成村道，“棠棣速度”带来的是游客和工商资本的不断涌入。如今，村里“兰谷苑”的玻璃花房里，培育着“宋梅”“素心”等上万盆不同品种的兰花，郁郁葱葱，一盆可以卖到数千元，引来众多兰花爱好者；“花香漓渚”国家级田园综合体上，300多亩分散的丘陵山地改造成连片农田，种上了鲁冰花、向日葵、彩色水稻，单这一个“网红”景点，一年就吸引十万余名游客前来“打卡”。

有了这条“致富路”，不仅村民的苗木生意成倍增长，原本捉襟见肘的村集体经济也有了进账，家底日丰。

“‘刘宝’，‘刘宝’，脑袋不大，主意不少！”刘建明的名气“飘”出了棠棣。

### 文明带头人的“新风实验”

说来有趣，两年前，刘建明开始在茶余饭后同在苗木企业工作的妻子金利飞讨论起“企业文化”。“你们公司有 100 多人，规模也不小了，应该往这方面考虑考虑。”刘建明说。

起初，金利飞听得一头雾水，后来才明白，老刘想的还是村里的事。

2017 年，党的十九大报告从“产业兴旺、生态宜居、乡风文明、治理有效、生活富裕”五个方面对实施乡村振兴战略做出总体要求。刘建明把这 20 个字一遍遍默念，找出了棠棣村的短板——乡风文明。

与“美生态”“改产业”相比，“乡风”这盘看不见、摸不着的“棋”更难下。可刘建明也有自己的主张，“一个村有一个村的味道和记忆，乡村振兴一定不能把传承记忆的东西给破坏了，把自己的特色给弄没了”。

漓渚满目绿无涯，棠棣无处不逢花。兰花有“花中君子”的美誉，种兰养兰的棠棣人，把兰花视作“村花”，也一直深受兰文化熏陶，家风淳朴，代代相传。

“我们支委带头把家训刻到家门口好不好？”一次支部会议，刘建明提议，村里来搞一场“新风实验”。

“我们党员的家训能不能也上墙？”几天后的党员大会上，党员代表积极响应。

村干部带动普通党员，党员又带动身边群众，短短一个月，棠棣村 400 余户村民家门口，都统一刻上了工整的家训。

村民张金华常年在外做生意，听说别家都热热闹闹亮出了家训，急忙“打飞的”赶回来，“这样的事怎么能少了我们家！”

亮出来的家训，是让大家看的，更是让大家身体力行传承的。这两年，刘建明又在村文化礼堂打造“笑脸墙”，评选包括“好儿女”“好公婆”“好媳妇”“好邻居”等在内的“棠棣好榜样”，并载入棠棣荣誉册，像家谱一样代代相传。

这场“新风实验”的“溢出效应”，多少出乎刘建明预料。村民对丰富精神文化生活的追求，一天比一天热烈，小小一个村竟然有了戏迷俱乐部、书画俱乐部、摄影俱乐部等 9 个村级民间文艺组织，各类文化活动开展得如火如荼。

在外打拼的棠棣人不忘家乡建设，商议成立乡贤参事会，捐款设立文化礼堂公益基金，为村里的文化活动提供资金保障，让留守村民老有所乐……大家都说，在“刘宝”的带领下，棠棣，越来越温暖了。

“‘刘宝’，这几年在村里干，有成就感吗？”

“以前一个人开宝马，风光是风光，可总觉得缺了点什么。现在，村里家家户户盖楼房，开宝马的也越来越多了……”

嘿，“刘宝”又顾左右而言他了。可我们知道，他说得没错：一块宝不是宝，家家都有宝才是真的“宝”！

附录：棠棣村荣誉汇总表（截至2020年）

| 序号 | 年份 | 荣誉名称 |
|---|---|---|
| 1 | 2004年 | 绍兴县人民调解工作先进集体 |
| 2 | 2004年 | 绍兴县文化村 |
| 3 | 2005年 | 绍兴市级生态村 |
| 4 | 2006年 | 绍兴县绿色生态村 |
| 5 | 2007年 | 省级兴林富民村 |
| 6 | 2007年 | 绍兴市卫生村 |
| 7 | 2007年 | 绍兴县环境优美村 |
| 8 | 2007年 | 绍兴市绿色生态示范村 |
| 9 | 2007年 | “五好”基层党组织 |
| 10 | 2008年 | 省级全面小康建设示范村 |
| 11 | 2008年 | 浙江省卫生村 |
| 12 | 2009年 | 巾帼示范村 |
| 13 | 2010年 | 绍兴市民主法治村 |
| 14 | 2011年 | 妇联基层组织建设示范村（社区） |
| 15 | 2013年 | 浙江最美村庄 |
| 16 | 2015年 | 绍兴市级文明村 |
| 17 | 2015年 | 柯桥区五星级基层党组织 |
| 18 | 2016年 | 国家级美丽宜居示范村 |
| 19 | 2016年 | 浙江省特色精品村 |
| 20 | 2016年 | 外国人眼中的最美村庄 |
| 21 | 2016年 | 绍兴市美丽家园示范村（带） |
| 22 | 2016年 | 柯桥区五星级基层党组织 |
| 23 | 2017年 | 浙江省AAA级景区村庄 |
| 24 | 2017年 | 2017年度“美丽宜居浙江样板”双百村 |
| 25 | 2017年 | 绍兴市社会科学普及基地 |
| 26 | 2017年 | 柯桥区五星级基层党组织 |
| 27 | 2018年 | 浙江省文明村 |
| 28 | 2018年 | 全国生态文化村 |
| 29 | 2018年 | 浙江省休闲旅游示范村 |
| 30 | 2018年 | 柯桥区五星级基层党组织 |
| 31 | 2019年 | 全国乡村振兴示范村 |
| 32 | 2019年 | 浙江省民主法治村 |
| 33 | 2019年 | 中国美丽乡村 |

续表

| 序号 | 年份 | 荣誉名称 |
| --- | --- | --- |
| 34 | 2019 年 | 全国最具特色魅力村 |
| 35 | 2019 年 | 柯桥区五星级基层党组织 |
| 36 | 2020 年 | 全国乡村旅游重点村 |
| 37 | 2020 年 | 中国美丽休闲乡村 |
| 38 | 2020 年 | 全国文明村 |
| 39 | 2020 年 | 全国民主法治示范村 |
| 40 | 2020 年 | 绍兴市柯桥区党员教育培训基地 |

# 参考文献

R E F E R E N C E S

特别说明：本书稿未注明出处的数据，均来自村委会提供的资料，以及由多人合撰的《棠棣村村志》草稿和钱立新撰写的《棠棣村村志》草稿。

## 一、专著

[1] 保尔·汤普逊．过去的声音：口述史［M］．覃方明，渠东，张旅平．译．沈阳：辽宁教育出版社，2000.

[2] 岑仲勉．唐人行第录［M］．北京：中华书局，2004.

[3] 陈桥驿．绍兴地方文献考录［M］．杭州：浙江人民出版社，1983.

[4] 陈从周．帘青集［M］．上海：同济大学出版社，1987.

[5] 陈峰．乡村治理的术与道［M］．北京：社会科学文献出版社，2016.

[6] 陈野，等．乡关何处：骆家庄村落历史与城市化转型研究［M］．杭州：浙江人民出版社，2016.

[7] 费孝通．乡土中国生育制度［M］．北京：北京大学出版社，1998.

[8] 费孝通．乡土中国［M］．北京：北京出版社，2005.

[9] 费孝通．江村经济［M］．北京：北京大学出版社，2012.

[10] 高启安．信仰与生活：唐宋间敦煌社会诸相探赜［M］．兰州：甘肃教育出版社，2013.

[11] 克利福德·格尔兹．文化的解释［M］．纳日碧力戈，译．上海：上海人民出版社，1999.

[12] 《漓渚镇志》编纂委员会．漓渚镇志［M］．北京：中华书局，2012.

[13] 卢福营．当代浙江乡村治理研究［M］．北京：科学出版社，2009.

[14] 绍兴县土壤普查办公室.全国第二次土壤普查：浙江省绍兴县土壤志[M].绍兴：绍兴县蚕种场印刷厂，1984.

[15] 《绍兴县志》编委会.绍兴县志[M].北京：中华书局，1999.

[16] 习近平.之江新语[G].杭州：浙江人民出版社，2018.

[17] 知堂.过去的工作[M].上海：上海书店，1985.

[18] 中央文献研究室.邓小平年谱（1904—1974）[M].北京：中央文献出版社，2009.

[19] 中共中央文献研究室.十八大以来重要文献选编（上）[G].北京：中央文献出版社，2014.

[20] 中共中央文献研究室.十八大以来重要文献选编（中）[G].北京：中央文献出版社，2016.

[21] 中共中央党史和文献研究院.十八大以来重要文献选编（下）[G].北京：中央文献出版社，2018.

[22] 中共中央党史和文献研究院.十九大以来重要文献选编（上）[G].北京：中央文献出版社，2019.

## 二、论文

[23] 樊纲治，王宏扬.家庭人口结构与家庭商业人身保险需求——基于中国家庭金融调查（CHFS）数据的实证研究[J].金融研究，2015,（7）.

[24] 何苏鸣，李攀.我们的书记叫“刘宝”：绍兴市柯桥区棠棣村党总支书记刘建明二三事[N].浙江日报，2019-12-19（1-2）。

[25] 贺雪峰.关于实施乡村振兴战略的几个问题[J].南京农业大学学报：社会科学版，2018，18（3）.

[26] 雷波.党员干部要当好乡村振兴“台柱子”[N].大理日报，2018-04-09（1）.

[27] 马晓河.推进农村一二三产业深度融合发展[J].中国合作经济，2015,（2）.

[28] 马可远，张兴刚.绍兴“花木第一村”全面关停污染企业：棠棣之花，开在满山遍野处[N].浙江日报，2015-11-10（19）.

[29] 四川乡村振兴战略研究智库.实施乡村振兴战略的系统认识与道路选择[J].农村经济，2018,（1）.

[30] 苏毅清，游玉婷，王志刚．农村一二三产业融合发展：理论探讨、现状分析与对策建议 [J]. 中国软科学，2016，（8）.

[31] 孙经纬．十八大以来国家对乡村治理秩序的形塑——基于 8 个“中央一号文件”的考察 [J]. 河南农业大学学报：社会科学版，2020，22（3）.

[32] 夏如兵．近代中国水稻育种科技的发展历程 [J]. 农业考古，2010，（4）.

[33] 夏仕武．形成推动乡村振兴的教育合力（有的放矢）[N]. 人民日报，2019-06-13（13）.

[34] 熊小林．聚集乡村振兴战略，探究农业农村现代化方略——“乡村振兴战略研讨会”会议综述 [J]. 中国农村经济，2018，（1）.

[35] 杨勇．论招赘婚姻对解决农村人口老龄化问题的积极意义 [J]. 人口与计划生育，1998，（6）.

[36] 叶兴庆．新时代中国乡村振兴战略论纲 [J]. 改革，2018，（1）.

[37] 游修龄．古代早稻品种“六十日”之谜 [J]// 游修龄．农史研究文集 [G]. 北京：中国农业出版社，1999.

[38] 袁瑾．民间信仰中的孝道传播——以绍兴舜王信仰为个案 [J]. 民间文化论坛，2015，（3）.

[39] 袁志刚．人口与土地资源文献综述 [J]. 合作经济与科技，2020，（8）.

[40] 俞立权，赵炜．漓渚镇美丽乡村办起草坪婚礼 [N]. 柯桥日报，2016-10-28.

[41] 云霞．当代中国农村招婿婚姻研究述评 [J]. 合肥学院学报：社会科学版，2009，26（4）.

[42] 张佩国．口述史·社会记忆与乡村社会研究——浅谈民事诉讼档案的解读 [J]. 史学月刊，2004，（12）.

[43] 张锟．依靠法治提升乡村治理能力 [N]. 河南日报，2019-03-18（6）.

[44] 周立，李彦岩，王彩虹，方平．乡村振兴战略中的产业融合和六次产业发展 [J]. 新疆师范大学学报：哲学社会科学版，2018，39（3）.

[45] 朱战辉．接力式城市化：一种选择路径 [J]. 重庆社会科学，2017，（5）.

## 三、古籍

[46] 陈嘉谟．本草蒙筌 [M]. 陆拯，赵法新，校点．北京：中国中医药出版社，2013.

[47] 范成大．范石湖集 [M]. 富寿荪，标校．上海：上海古籍出版社，2006.

[48] 洪迈 . 夷坚志 [M]. 何卓，点校 . 北京：中华书局，2013.
[49] 暨阳西安白浦刘金氏宗谱（忠孝堂）[M]. 金春标，等 . 总理 . 刻本 .1868（同治七年）.
[50] 暨阳白浦刘金氏宗谱（忠孝堂）（十卷本）[M]. 金足民，等 . 纂修 . 木活字本 .1937（民国二十六年）.
[51] 乾隆绍兴府志 [M]. 李亨特，修 . 平恕，徐嵩，纂 . 刻本 .1792（乾隆五十七年）// 绍兴丛书编辑委员会 . 绍兴丛书：第 1 辑第 5 册 . 北京：中华书局，2006.
[52] 暨阳开化刘氏宗谱（二十四卷本）[M]. 刘元夔，等 . 纂修 . 木活字本 .1947（民国三十六年）.
[53] 陆游 . 陆放翁全集 [M]. 北京：中国书店，1995.
[54] 吕不韦 . 吕氏春秋 [M]// 诸子集成 . 杭州：浙江古籍出版社，1999.
[55] 康熙会稽县志 [M]. 吕化龙，修 . 董钦德，纂 . 刻本 .1674（康熙十三年）// 绍兴丛书编辑委员会 . 绍兴丛书：第 1 辑第 7 册 . 北京：中华书局，2006.
[56] 施宿 . 嘉泰会稽志 [M]. 李能成，点校 //（南宋）会稽二志点校 . 合肥：安徽文艺出版社，2012.
[57] 建昌县乡土志 [M]. 谭鸿基，修 . 吴士仁，纂 . 刻本 .1907（光绪三十三年）.
[58] 脱脱，等 . 宋史 [M]. 北京：中华书局，1977.
[59] 王谠 . 唐语林校证 [M]. 周勋初，校证 . 北京：中华书局，2012.
[60] 吴恩元 . 兰蕙小史 [M]. 唐驼，校订 . 周膺，吴晶，点校 . 北京：当代中国出版社，2014.
[61] 徐渭 . 徐渭集 [M]. 北京：中华书局，2019.
[62] 嘉庆山阴县志 [M]. 徐元梅，朱文翰，等 . 纂修 . 刻本 .1803（嘉庆八年）// 绍兴丛书编辑委员会 . 绍兴丛书：第 1 辑第 8 册 . 北京：中华书局，2006.
[63] 俞樾 . 春在堂随笔 [M]. 张道贵，丁凤麟，点校 . 南京：江苏人民出版社，1984.
[64] 张淏 . 宝庆会稽续志 [M]. 李能成，点校 //（南宋）会稽二志点校 . 合肥：安徽文艺出版社，2012.
[65] 张拯滋 . 螭阳志 [M]. 铅印本 .1920// 绍兴丛书编辑委员会 . 绍兴丛书：第 1 辑第 10 册 . 北京：中华书局，2006.
[66] 朱彧 . 萍洲可谈 [M]. 李伟国，校点 // 宋元笔记小说大观：第 2 册 . 上海：上海古籍出版社，2007.

# 后 记

POSTSCRIPT

我们这一代人，大多是通过中小学课本里的鲁迅文章知道绍兴的，但小孩子们大多是不喜欢鲁迅的，他笔下邋遢穷酸的孔乙己、疯疯癫癫的祥林嫂、慌兮兮的女吊、恐怖的人血馒头……，没有一个能让孩子喜欢，唯一有点兴趣的可能只有百草园和小时候的闰土了。以笔为匕的鲁迅，确实不是长在红旗下的孩子们能理解的，鲁迅的伟大需要人生阅历去体味。但作为课文读过，“绍兴”这个地名算是留在脑子里了。

2017 年，浙江省社科院启动“中国村庄发展：浙江样本研究”课题的选村工作，浙江省 11 个市每市选一村，绍兴市由我负责选村并组建课题组。我在网上查找资料进行初选，发现在绍兴这块人文昌盛、百姓勤劳智慧的土地上，值得写的村庄实在是太多了。经过一次次的讨论取舍，实地走访，最后选定了漓渚镇的棠棣村。这其中其实也有一点我自己的私心，棠棣村有兰业传统，现在又靠兰花和花木业致富，曾是绍兴花木第一村，而我出生在园林工人家庭，对花花草草自有一份由心而生的喜欢。

绍兴市委市政府很重视我们的工作，还没最后选定村庄之前，就由绍兴市宣传部牵头，组织社科联、文广局、市农办、绍兴文理学院、绍兴职业学院等相关单位的领导、专家、乡贤，专门为我们召开了一次座谈会，介绍绍兴乡村建设的情况和存在的问题、解决的思路，给了我们很多的启发。例如，胡华钢讲道：乡村文化最大的问题是乡土文化的断裂。黄伟英讲道：城市是陌生人社会，讲究规则；乡村是熟人社会，讲究人情。城市人要标显个性，乡村人更看重互助。在谈到棠棣村的时候，大家都强调这个村的书记是致富领头人，这个村的民风很好。

开始入村调研后，我们便一步步体验了这个村的“好”。

棠棣村村民很富有，村里没有人做农家乐之类的“小生意”。我们第一次去调研时，只能住在漓渚镇。这里是村富镇穷，镇上的旅馆很简陋，好在离村很近，自驾只需 10 分钟左右。村党总支书记、村委主任刘建明很过意不去，一再请我们去绍兴市区好点的旅馆住。我们只好不停地和他解释我们是来工作的，不是来度假的，条件艰苦点不要紧，市区太远，来回要一个来小时，太耽误时间。很快，棠棣村和棠一村合办的兰心民宿开业了，但兰心民宿是高档民宿，住宿费远超我们的出差标准，为此刘书记又马上出面协调，给予了我们最优惠的公务接待标准。紧接着，村里又造起了乡村振兴实训基地，食宿物美价廉，我们在这里吃住和工作就彻底安心了。三年驻村调研的食宿经历，让我们无意间也体验了一把“棠棣速度”的惊喜。当然，棠棣人的那份热情和体贴，更是时时温暖着我们的心。

绍兴历史悠久，文化底蕴深厚，史志资料丰富。“一方之志，始于《越绝》”，中国历史上的第一本地方志《越绝书》写的就是绍兴。据陈桥驿先生统计，绍兴仅志书（包括存佚）就有 140 种以上。[①] 但方志所记史料很少会涉及一个村，除非这个村出过世家大族和名人，发生过重大事件，或许还会因人因事连及村情。但显然，棠棣村没有这个优势，历史上的棠棣村就是绍兴西南部一个普通的穷山村，没出过什么大官富商，也没出过名人，唯一有点名气的白石庙，还是个娘娘（白鹤娘娘）庙，平时和其丈夫白鹤大帝一起被供奉在平水镇同康村的爷爷庙里，每两年才能被村民迎回一趟。因此，在古代方志和人文笔记中，我们几乎找不到和棠棣村有关的文字记载。“礼失而求诸野”，史料缺失，我们只能通过大量的村民访谈去弥补。但棠棣村几乎家家有产业，个个都是大忙人，当时我们很担心，访谈很费时间，村民是否叫得动？没想到，村委的同志一安排，他们二话不说，都放下手头的工作来配合我们的访谈，有些白天实在没时间，我们忐忑地提出是否能约在晚上，他们也都一口答应。这让我们在感慨村民素质好的同时，也深深地感受到了棠棣村良好的干群关系，村民对村干部很信任，对村里的工作很支持。

这里我要特别感谢赵烨中、金伟桥、钱立新、钱传康和徐伟凤同志。

赵烨中是我们课题组和村里工作的联络员，小姑娘又漂亮又勤快，许多细碎的杂务都是她在帮我们做。包括课题组最初的食宿安排，都是她利用下班时间，亲自跑到

① 陈桥驿 . 绍兴地方文献考录 : 前言 [M]. 杭州：浙江人民出版社，1983:1.

镇上去看过、对比过几家旅馆后，再帮我们预订好的。我们整理好的所有访谈稿，都是以电子稿的形式发给她，由她打印后一份份发回给被访谈人，被访谈人修订并确认、签字后，她再一份份收回来，寄回给我们。

金伟桥是个特别热情、做事又很认真的人。因为他当过民办教师，文化水平比较高，我们比较喜欢找他咨询事情，他都不厌其烦地帮我们解答，有些他自己也不知道，就帮我们去问村里的老人，再一一回复我们。有时隔很久，会突然收到他的回复，惊喜之余很是感动，说明他一时问不到答案的事，并没有放弃，一直不停地在找人问，我至今仍保留着他的所有微信。知道我们很缺村史资料，他又去老人那里借来了棠棣金氏族谱的复印件供我们参考。我们想对村庄地理和村落古旧建筑有个直观的了解，他又几次带着我们走遍了村庄的角角落落，沿途不停地给我们讲解、释疑。有次下雨，我跟在他身边随手记画的笔记和草图，都被雨滴糊掉了；有次艳阳高照，晒得我皮肤都过敏了。但这种苦真不是白吃的，踏着这一方土地，听着这方土地养大的人，絮絮叨叨地和你诉说着这里的水土、物产、人情，你才能真正感同身受地去理解他们的生产和生活，他们的文化和情感。

钱立新内向本分，话不多，但对我们的支持却很大。我们需要的电子版资料，只要他有，都马上找出来拷贝给我们。他爱好收藏，收集了村里所有能收到的 20 世纪五十年代初期的土地证，为村庄保留下了宝贵的历史资料，知道对我们有用，就主动拿出来给我们看，还让我们拍照记录。最初合写村志的几位村民年纪大了，没精力再修改完善村志草稿，村委就让他负责重写。我们本不知道这个事，但他主动告诉了我们，因为考虑到版权问题，我们都不好意思问他要，他却主动让我们拷贝了重写稿（草稿）的电子版，一句也没提版权之类的话。投桃报李，村民给予了我们信任，我们就必须对得起这份信任，这两份村志草稿都已列在了文末的主要参考文献中。

钱传康是个乐观通达的老人，非常注重孩子的教育培养，家里子孙辈读书很好，都很有出息，因此对我们这些“文化人”也特别亲切，访谈之余还热情地邀请我们到他家里去做客。晨练时碰到我们在“逛村”，又执意陪着我们到村里转转，给我们当义务导游，介绍我们认识路上碰到的村民，带我们参观村民的庭院家居。他的这种陪伴和介绍，让我们和村民有了更“随意”的交流，看到了村民生活更真实的一面。

徐伟凤是村里的妇女主任兼出纳，是个做事认真、凡事为他人着想的“劳碌命”，村民有这样的妇女主任是幸运的，我们有她更是幸运的。她和村民的关系特别好，村民很信任她，都愿意给她面子，因此我们的访谈对象都是她帮我们联系落实的，没有她，访谈工作不可能做得这么顺利。有些访谈约在晚上，她怕村民和我们不熟，有顾虑，又怕我们晚上到村民家里不自在，一下班匆匆扒两口饭就陪村民到我们住处，或陪我们到村民家里做访谈，几个小时就这样陪着。回杭整理访谈稿时，发现有些录音不清楚或有些事还有疑问，也都是一次次拜托她帮我们去找村民核实，有些老年人电话里说不清，她只能跑到人家家里去问清楚。徐伟凤 2017 年荣获“浙江省最美妇女主任”的称号，柯桥区就她一个，2018 年又以村妇女主任的身份到省里参加省妇代会换届，这在之前也是没有先例的，但这份荣誉她当得起！

做这个课题，是一个工作过程，更是我们受教育的一个过程，感触良多，受益匪浅，略谈三点：

1，作为改革开放初期在千军万马中冲过了高考独木桥的“天之骄子”，虽然知道谦逊使人进步的道理，但内心多少存着点骄傲。但在棠棣村，与我们年龄相近的“成功人士”一抓一大把，他们的学历普遍不高，却把村庄治理得很好，把生意做得很大，把生活过得多姿多彩，让我们切身感受到了什么叫藏龙卧虎，也因此让我们彻悟：在乡野，比我们勤奋、比我们能干、比我们有天赋的人多得是，只是因为师资、贫穷、家庭拖累等等原因，他们没能跨过那座独木桥。作为有幸冲过独木桥的我们，除了感恩命运，加倍努力，还有什么好骄傲的呢？

2，我们的青春年代，恰逢改革开放，社会经济繁荣昌盛，连带着把我们的性情也物质化了。我们习惯于用金钱来衡量一切，包括孝心。但在棠棣村我们看到：七八十岁的老人大多还在田间地头忙碌，没有孩子强迫他们要休闲养生，老人觉得干得动就说明他们还有用，有用才快活；老人可以为了老邻居、为了小菜园甚至为了一口水井（觉得井水好喝）而独居老屋，孩子们为他们修整好老屋，并不强迫他们搬入自家的豪宅同住；老人习惯穿着沾满泥土的鞋子田头、屋里随意跑，孩子们的豪宅就放弃了进门换鞋的“规矩”……。孝顺，孝顺，原来“顺”才是最难得的！

3，访谈时，有个村民讲到，父亲送她上花轿出嫁时，对她最后的叮嘱竟然是：“如果你对公婆不好，你就不要回家来了！”细细体悟，这真是人世间的大智慧和真修养呀！课题组的金海萍姑娘感叹：我有机会参与这个课题组工作真是太幸运了，和村民的访谈，让我学到了太多做人的道理，治家的经验，我以后的生活一定会因此少走很多弯路，会更幸福的！何尝不是呢，连我这个白头婆都在遗憾有些道理知道得太晚了，但不要紧，知而后行，总比永远不开窍要好。

我的专业并不是现代乡村研究，由我负责这个课题组只是工作安排的需要，因此内心压力很大。主持这个项目的陈野副院长非常理解我，全程“扶”着我一路走下来，这其中有她对工作的负责、对下属的关心，也有我们共事多年的同事情谊。还有我们课题组的成员，他们包容我的不专业，不仅不给我添麻烦，各自尽心尽力地完成自己负责的篇章，而且还一次次地帮我出主意、想办法，解决问题，能与你们共同完成这个课题，是我的幸运。

最后，我们要衷心感谢陈根宝、胡柏青、徐建平、凌利琴、郭红东、夏勇老师以及各位匿名评审专家的指导和评审，正因为有了您的专业指点，书稿得以稍称完善，所以这份感谢也必须写在这里。

本书是集体合作的成果，绪论和史地篇由俞为洁撰写，治理篇由张秀梅撰写，经济篇由闻海燕撰写，生活篇由金海萍撰写，文化篇由宋雪玲撰写，专题篇由徐剑锋撰写。因本人水平有限，通稿能力不足，书中的错误在所难免，恳望读者予以批评指正！

俞为洁<br>2020 年 12 月

# 丛书后记

P O S T S C R I P T

“中国村庄发展：浙江样本研究”项目研究和书稿撰写，由浙江省社会科学院组织院内外相关科研人员集体承担。此刻，面对11部厚重书稿，回顾项目组寒来暑往五春秋的研究历程，前期酝酿筹措的漫长经过、奔波于乡村大地深入调研的艰辛历程、埋首于电脑键盘奋笔疾书的种种身影，均历历在目。感怀系之，作此以记。

本项目于2016年初由浙江省社会科学院副院长、研究员陈野倡议谋划，旨在整合全院从事乡村研究的科研力量，加强顶层设计，开展重大项目研究，为本院凝练一个可持续的科研方向和学术品牌。经与院乡村研究中心主任、研究员闻海燕反复磋商，咨询省市农办，赴村实地调研等前期摸底筹备，于2016年正式动议有关村庄发展研究的事宜。

2017年2月6日，时任浙江省省长车俊在《历史大变局下的农村新集体经济文化建设调研与思考》调研报告上做批示予以肯定。2017年2月13日，时任省委常委、宣传部部长葛慧君批示要求“在本省多选一些村庄做深入研究，形成一批实践样本。如需要，省社科院一起参与”。2017年2月16日，省委宣传部常务副部长来颖杰批示：“请社科院再做深入调查，进行样本总结。”省委省政府和省委宣传部的指示和要求，使我们更加明确和坚定了开展村庄发展研究的思路，加快了项目筹划的进度。

2017年6月，村庄发展研究项目被立项为浙江省社科院重大专项课题。2017年9月，被立项为浙江省第二期文化研究工程重大项目，陈野研究员为项目负责人，浙江省农办原副主任、著名乡村研究专家顾益康先生和闻海燕研究员为首席专家。期间，根据实地调研情况、省市县农办意见、省规划办和评审专家建议，项目研究方案经过十数次的调整修改，最终确立为在全省11个设区市中各选一个村作为研究个案，撰写11部专著，形成“中国村庄发展：浙江样本研究”丛书。

研究与撰写过程中，项目组发挥前期学术积淀深厚、科研人员学科背景多样、组织协调机制高效灵活、项目组成员高度团结等优势，深入乡村和各级农办、档案局、史志办、文旅局等政府部门实地调研，广泛收集谱牒档案、镇村史志、契约账册等文献资料，驻村开展上千人次的口述访谈。项目组全体成员冲寒冒暑，以认真负责、刻苦钻研、严谨踏实、精益求精的研究态度和工作精神，为课题研究尽心竭虑，无私奉献，并在研究中形成了精诚团结、友好合作、交流研讨、互帮互助的优良团队氛围。各子课题负责人认真组织、悉心筹划、精心统筹、务实开展课题研究，带领各自课题组成员通力合作，为如期完成研究和撰稿任务起到关键作用。各子课题的具体科研工作情况，可参见各部专著的后记，此处不做一一赘述。

项目负责人陈野研究员对项目高度负责、执着认真，全力投入、全程负责项目的启动、开展和推进，承担了策划项目，确立研究思路、主题、体例、理论分析框架和研究内容，设计篇目大纲等全局工作；定期组织召开内部讨论会，研讨篇目框架、研究内容、行文规范；数次邀请专家进行指导评审；多次率队赴省市县相关政府部门座谈请教，倾听学习来自乡村建设实践的真知灼见；先后深入数十村庄开展实地调研访谈；根据自查结果和专家审稿意见与每一位子课题负责人商议修改计划，对 11 部书稿作三次全面统稿，并做多种局部调整。

项目首席专家顾益康先生自始至终关注关心本项目研究，在百忙之中数次参加项目组研讨活动，对研究方案提出具体思路建议，认真评审数部子课题书稿，指导子课题负责人开展研究，特别是以其丰富的乡村工作经验、深厚的学术研究造诣和对本项目的深入了解，为丛书撰写了站位高远、剖析深入、具有提纲挈领作用的丛书绪论。

首席专家闻海燕研究员在项目对接农办系统、联系专家学者、选择村庄个案等方面发挥重要作用，以长期从事农村经济研究的学术积淀帮助相关子课题开展研究。在项目开展的全过程中认真、积极、负责地协助项目负责人陈野研究员开展实地调研、组内研讨、稿件审读等相关工作。尤其力挑重担，担任“绿水青山就是金山银山”科学理论发源地，在我国新时代生态文明建设中具有重大价值、重要影响力的余村发展研究子课题负责人，带领余村课题组取得丰富研究成果。

浙江省社会科学院科研部王玮老师承担了项目组内勤外联、会议记录、通知纪要、送审打印等具体编务工作，以其认真负责、细心周到、任劳任怨、不计报酬的工作态度和精神，为项目完成起到不可或缺的保障作用。

借此丛书书稿完成撰写、即将交付出版之际，我们衷心感谢中共浙江省委宣传部、浙江省社科联、省规划办和来颖杰、盛世豪、郭华巍、邵清、陈先春、刘东、董希望等领导对本项目研究的信任肯定及在研究过程中的悉心关怀！衷心感谢夏阿国、邵峰、杨建武、郭占恒、王景新、毛丹、赵兴泉、梁敬明、郭红东、胡豹、任强等专家学者对书稿质量的严格审阅把关和学术指教！衷心感谢张伟斌、迟全华、俞世裕、何显明、胡海良、潘捷军、毛跃、陈柳裕等院领导对本项目研究的重视、关心和指导！衷心感谢北山村、花园村、龙峰村、缪家村、蚂蚁岛村、清漾村、上园村、邵家丘村、沙滩村、棠棣村、余村村两委会和全体村民的热情参与、积极配合和无私奉献！衷心感谢相关省市县农办、宣传、文旅、社科、文化、旅游等众多政府部门对本课题研究和实地调研的大力支持和鼎力相助！衷心感谢浙江大学出版社和责编老师专业、细致、负责的编辑出版工作！

由于我们水平所限，书中错漏不足之处在所难免，恳望各位领导、专家、学者，各位读者予以批评指教！

2020 年 11 月 26 日